HAINER PLAUL ILLUSTRIERTE

KARL MAY

BIBLIOGRAPHIE

Unter Mitwirkung von Gerhard Klußmeier

EDITION LEIPZIG

Plaul, Hainer:
Illustrierte Karl-May-Bibliographie / Hainer Plaul.
Unter Mitw. von Gerhard Klußmeier. – 1. Aufl. –
[Leipzig] : Edition Leipzig, 1988. – 444 S. :
681 Ill. (z. T. farb.)

© 1988 by Edition Leipzig
Gestaltung: Horst Adler
Reproduktion und Druck:
H. F. Jütte (VOB), Leipzig
Printed in the German Democratic Republic
Liz.-Nr.: 600/34/88
Bestell-Nr.: 594 513 9
ISBN 3-361-00145-5

VORWORT

Das folgende Schriftenverzeichnis umfaßt sämtliche deutschsprachigen Texte Karl Mays, die nach heutiger Kenntnis bis einschließlich 1912, seinem Todesjahr, gedruckt und verbreitet worden sind. Das bedeutet, daß nicht nur sein erzählerisches Werk bibliographisch aufgenommen wurde, sondern auch seine populärwissenschaftlichen Beiträge, seine lyrischen und kompositorischen Arbeiten, seine Prozeßschriften und Flugblätter, seine publizierten Einsendungen und Erklärungen an die Presse sowie autobiographische Zeugnisse einschließlich Brieftexte, sofern diese im genannten Zeitraum in vervielfältigter Form in die Öffentlichkeit gelangt sind. Ferner haben außer den Erstveröffentlichungen auch alle seinerzeit erschienenen Nachauflagen und Nachdrucke Berücksichtigung gefunden, und zwar unabhängig davon, ob ihre Veröffentlichung autorisiert oder nichtautorisiert erfolgt war. Wo es erforderlich schien, wurden den bibliographischen Beschreibungen Kurzkommentare oder erläuternde Anmerkungen beigegeben. Die vorliegende Bibliographie stellt in diesem Sinne ein Gesamtverzeichnis der Werke Karl Mays dar.

Die Titelaufnahme beruht bis auf ganz wenige Ausnahmen auf der unmittelbaren Einsicht in die Originale bzw. auf der Kenntnis von Reprints und Originalkopien der verzeichneten Texte.

Ein spezielles Anliegen dieser Bibliographie besteht darin, in bestimmtem Umfang auch die typographische und buchgestalterische Seite des verzeichneten Materials zur Geltung zu bringen. Dies geschieht durch die bildliche Wiedergabe von Titelseiten, Heftumschlägen, Textanfängen, Zeitungs- und Zeitschriftenköpfen sowie, am Schluß des Bandes, von separaten Buchausgaben. Zugleich sollen die Abbildungen aber auch eine dokumentarische Funktion erfüllen. Angesichts des enormen Umfangs von Karl Mays Werk und gerechtfertigt durch die gestaltliche Ähnlichkeit, die bei Titelseiten, Heftumschlägen und Bucheinbänden innerhalb einer mehrbändigen Ausgabe gleichen Titels (z. B. »Im Reiche des silbernen Löwen«) oder innerhalb einer Serie mit wechselnden Titeln (z. B. bei der Bandedition der großen Kolportageromane in der späteren Münchmeyer-Fischer-Ausgabe) besteht, erfolgt die Bildwiedergabe nicht zuletzt auch unter dem Gesichtspunkt des Exemplarischen.

Besonderer Wert wird im Rahmen dieser Arbeit auf die möglichst
genaue Feststellung der Erscheinungsdaten der aufgenommenen
Texte gelegt. Dazu reichte allerdings das übliche bibliographische
Instrumentarium bei weitem nicht aus. Neue Quellen mußten er-
mittelt und erschlossen werden. So wurden nicht nur die einschlä-
gigen zeitgenössischen Bibliographien herangezogen, sondern auch
Verlagskataloge, Prospektmaterial und Briefe ausgewertet. Sorgfäl-
tig wurde das bibliographierte Material auch selbst auf Datierungs-
hilfen hin geprüft; abgesehen von direkten Zeitangaben zählen
dazu Verlagsanschriften, Werbeanzeigen, Preisaufdrucke und Hinweise auf Zeitereignisse und Jahresfeste; durch Vergleiche können
auch Druckbesonderheiten, erfolgte Druckfehlerkorrekturen und
Unterschiede in den Illustrationen zu solchen Hilfen werden. Bei
Texten, die in Zeitungen und Zeitschriften veröffentlicht worden
sind, stimmt der Zeitpunkt ihres Erscheinens logischerweise mit
dem der betreffenden Periodika überein. Allerdings, zumal bei
Zeitschriften, müssen die aufgedruckten Daten und die tatsächlich
erfolgte Ausgabe nicht unbedingt immer identisch sein.

Als Hauptquelle für die Feindatierung haben sich das »Börsenblatt
für den Deutschen Buchhandel« und die zwischen Oktober 1894
und Juni 1896 erschienenen »Nachrichten aus dem Buchhandel«
erwiesen. In beiden Fällen handelt es sich um buchhändlerische
Fachblätter, speziell beim »Börsenblatt« um das amtliche Veröf-
fentlichungsorgan des »Börsenvereins der Deutschen Buchhändler«, das im Unterschied zu den »Nachrichten« auch nicht öffentlich zugänglich war. Was beide Blätter dem Bibliographen so
wichtig und nützlich macht, ist der Umstand, daß sie ganz präzise
Titelanzeigen enthalten. In einem Anzeigenteil annoncieren die
Verlage, wenn eines ihrer Produkte erschienen ist bzw. daß es soeben erscheint oder zu welchem Zeitpunkt es erscheinen wird; im
amtlichen Teil sind unter der Rubrik »Erschienene Neuigkeiten«
(das können durchaus auch Nachauflagen sein) die Titel dann angezeigt, wenn sie definitiv erschienen sind. Daraus ergeben sich
vier verschiedene Datierungen, die in der vorliegenden Bibliographie auch alle zur Anwendung kommen. Es sind dies der Hinweis
auf bereits fertige Bücher, Zeitschriften usw. (FB), die Mitteilung
über ein Soeben-Erscheinen (SE), die Vorankündigung (VA) und
die Verzeichnung als erschienene Neuigkeit (EN).

Für die Aufnahme in das »Neuigkeiten-Verzeichnis« existierten
übrigens genaue und verbindliche Vorschriften. Für den Bibliographen dürften vor allem folgende Bestimmungen wichtig sein: »Alle
Neuigkeiten, Fortsetzungen und neuen Auflagen des deutschen
Buch- und Landkartenhandels sind an die J.C.Hinrichs'sche Buchhandlung ... sofort bei Erscheinen behufs Aufnahme in das Verzeichnis der ›Erschienenen Neuigkeiten des deutschen Buch- und
Landkartenhandels‹ im Börsenblatt für den Deutschen Buchhandel ... in einem Exemplare unverlangt einzusenden« (§ 1). – »Jedes
aufzunehmende Werk muß bei der Anfertigung des Verzeichnisses
im Original vorliegen; einfache Titeleinsendungen bleiben ohne
Berücksichtigung« (§ 2). – »Die Aufnahme in das Verzeichnis erfolgt unmittelbar nach Empfang seitens der J. C. Hinrichs'schen
Buchhandlung; in der Regel erfolgt der Abdruck im Börsen-

blatte ... zwei Tage später, als die J.C.Hinrichs'sche Buchhandlung
in den Besitz des Werkes gelangt ist« (§ 4). – »Von der Aufnahme
ausgeschlossen sind: a) alle Artikel, die nicht innerhalb eines halben Jahres nach ihrer Ausgabe an die J.C.Hinrichs'sche Buchhandlung eingesandt worden sind, auch wenn sie früher noch nicht im
Buchhandel vertrieben wurden; Zeitschriften müssen innerhalb
vier Wochen eingeschickt worden sein« (§ 9 der »Bestimmungen
über die Aufnahme in das Verzeichnis der erschienenen Neuigkeiten des deutschen Buch- und Landkartenhandels«).
Natürlich ist auch diese Quelle, so ausgezeichnet sie ist, kritisch
einzuschätzen und mit Sorgfalt zu benutzen. Vor allem zwei Vor-
behalte müssen gemacht werden. Erstens haben nicht alle Verlage
jedes ihrer Produkte eingesandt. So sind also auch hier Lücken zu
verzeichnen, über die aber zum Teil die Annoncen der Verlage im
Anzeigenteil hinweghelfen. Und zweitens haben sich nicht alle
Verlage in jedem Fall an die Bestimmung gehalten, die Einsen-
dung ihrer Titel »sofort bei Erscheinen« vorzunehmen. Vielfach
können diese Einsendungen auch erst zu einem späteren Zeitpunkt
erfolgt sein (bei Büchern allerdings nicht später als innerhalb eines
halben Jahres, bei Zeitschriften nicht später als innerhalb von vier
Wochen). Eine solche Annahme erscheint jedenfalls dann als begründet, wenn ein Verlag viele seiner Produkte gleichzeitig ein-
schickt, die dann logischerweie auch alle am selben Tag im Neuigkeiten-Verzeichnis angezeigt werden. Andererseits ist aber auch zu
berücksichtigen, daß die Verlage aus ökonomischen Gründen ein
natürliches Interesse daran hatten, ihre Erzeugnisse dem Buchhandel so früh wie möglich anzubieten. Alles in allem ist jedoch davon
auszugehen, daß es sich bei der Anzeige im Neuigkeiten-Verzeichnis (EN) immer um das späteste Erscheinungsdatum handelt.
»Von Zeitschriften, die ganz-, halb- oder vierteljährlich berechnet
werden, wird bloß das Heft oder die Nummer, womit die Berech-
nung erfolgt« bzw. »nur das erste Heft oder die erste Nummer eines
Bandes ... oder Jahrgangs« in das Neuigkeiten-Verzeichnis aufgenommen (§ 7). Unter Berücksichtigung der Erscheinungsfolge eines
Blattes und des Erscheinungsbeginns des nachfolgenden Bandes
oder Jahrgangs kann auf das Ausgabedatum einer Nummer oder
eines Heftes im laufenden Erscheinungszeitraum geschlossen werden. Allerdings ist dabei zu bedenken, daß es sich in diesen Fällen
immer nur um eine ideale Datierung handelt; in der verlegerischen
Praxis kann und wird es zum Teil auch zeitliche Verschiebungen
gegeben haben.
Trotz dieser Einschränkungen sind »Börsenblatt« und »Nachrichten« als Grundlagenmaterial für den Bibliographen kaum zu über-
schätzen. Wenn diese Quelle bisher dennoch nie umfassend und
systematisch für eine größere bibliographische Arbeit ausgewertet
worden ist, so mag das nicht zuletzt auch daran liegen, daß eine
solche Auswertung mit einem enormen zeitlichen Aufwand verbunden ist. Beide Blätter wurden außer sonn- und feiertags täglich
ausgegeben, was für eine Feindatierung der Titel eben so außerordentlich hilfreich ist. Für die vorliegende Bibliographie waren im-
merhin mehr als 370 000 Seiten durchzusehen.
Ein Gesamtverzeichnis der Werke Karl Mays, wie es diese Biblio-

graphie anstrebt, liegt bisher noch nicht vor. Aber es existieren
Teilbibliographien, die dankbar zu Rate gezogen worden sind. Hervorzuheben sind insbesondere die Arbeiten von Hans Wollschläger
(im Anhang zu der von ihm verfaßten Biographie »Karl May in
Selbstzeugnissen und Bilddokumenten«, Reinbek 1965; Neuausgabe unter dem Titel »Karl May. Grundriß eines gebrochenen Lebens«, Zürich 1976; auch sein dort erwähntes Bibliographie-Manuskript über May-Erstdrucke konnte in einer frühen Fassung
dankenswerterweise eingesehen werden) und Jürgen Wehnert (veröffentlicht in dem Studienband »Karl May«, herausgegeben von
Helmut Schmied, Frankfurt/M. 1983). Als außerordentlich hilfreich erwiesen sich auch die Titelbibliographien, wie sie namentlich von Herbert Meier den von der internationalen Karl-May-Gesellschaft (KMG) besorgten Reprints von May-Erstdrucken
beigegeben wurden, wie überhaupt das großartige Reprint-Programm der KMG der vorliegenden Arbeit sehr förderlich gewesen
ist. Das gilt in gleicher Weise für die von dem Karl-May-Verleger
Roland Schmid herausgegebene und von ihm mit materialreichen
Nachworten versehene vorzügliche Reprint-Edition der »Freiburger
Erstausgaben« Karl Mays (Karl-May-Verlag, Bamberg) und für die
ausgezeichneten Reprints, vor allem von Mays Kolportageromanen, die von der Olms Presse, Hildesheim – Zürich – New York,
vorgelegt worden sind. In die Reihe dieser nicht zuletzt wegen der
ihnen beigegebenen bibliographischen Informationen so nützlichen reprographischen Nachdrucke gehören auch die vom Verlag
A. Graff, Braunschweig, gemeinsam mit dem Karl-May-Verlag,
Bamberg, veranstalteten Reprints der sogenannten Union-Bände,
darunter sind die seinerzeit bei der Union Deutsche Verlagsgesellschaft erschienenen Jugendbücher Karl Mays zu verstehen, und der
vom Rissener Kinder- und Jugendbuch-Verlag, Hamburg, besorgte
Reprint der ersten Buchausgabe Karl Mays »Im fernen Westen«.
Das Zustandekommen der vorliegenden Bibliographie ist aber
nicht nur auf diese relativ gute Materiallage zurückzuführen. Vielmehr hat es dazu auch der Mithilfe von Sammlern und Kennern
des Mayschen Werkes und des Entgegenkommens zahlreicher Institutionen bedurft.
Neben Gerhard Klußmeier, Rosengarten, haben in herausragender
Weise die Arbeit mit vielen Auskünften und Bildvorlagen unterstützt: die Herren Ekkehard Bartsch, Bad Segeberg; Ruprecht
Gammler, Bonn; Anton Haider, Pettnau-Leiblfing/Tirol; Werner
Kocicka, Wien; Heinz Mees, Rüsselsheim; Herbert Meier, Hemmingen; Heinz Neumann, Bietigheim-Bissingen; Karl-May-Verleger Roland Schmid, Bamberg; Dr. Karlheinz Schulz (†), Hamburg;
Joachim Simon, Köln, und Dr. Wilhelm Vinzenz, Maisach. Ihnen
allen möchte ich meinen herzlichsten Dank aussprechen.
Für einzelne Auskünfte und Bildvorlagen möchte ich ferner herzlich danken: den Herren Dr. Siegfried Augustin, München; Karl
Frey, Wien; Ekkehard Fröde, Hohenstein-Ernstthal; Walter Henle,
Trier; Klaus-Peter Heuer, Berlin (West); Ludwig Hirschberg, Hamburg; Walter Ilmer, Bonn; Günther Kosch, Sindelfingen; Bernhard
Kosciuszko, Köln; Gernot Kunze, Berlin (West); Prof. Dr. Jan Murken, München; Peter Nest, Klarenthal; Uwe Neßler, Pirna; Heinz

Pollischansky, Wien; Prof. Dr. Claus Roxin, Stockdorf; Hartmut Schmidt, Berlin; Knut Schulz, Jüterbog; Friedhelm Spürkel, Düsseldorf; Hans-Dieter Steinmetz, Dresden; Jürgen Wehnert, Göttingen; Herbert Wieser, München; Johannes Wolframm, Erkerode, und Stefan Wunderlich, München.

Mein besonderer Dank gilt darüber hinaus folgenden Institutionen: Badische Landesbibliothek Karlsruhe; Bayerische Staatsbibliothek, München; Berliner Ratsbibliothek; Berliner Stadtbibliothek; Bundesarchiv Koblenz; Deutsche Staatsbibliothek Berlin; Deutsches Buch- und Schriftmuseum der Deutschen Bücherei Leipzig; Essex Institute Salem, Mass., USA; Germanisches Nationalmuseum Nürnberg; Hessische Landesbibliothek Fulda; Institut für Auslandsbeziehungen, Stuttgart; Institut für Zeitungsforschung der Stadt Dortmund; Internationale Jugendbibliothek Schloß Blutenburg, München; Königliche Bibliothek Stockholm; Kreisarchiv Glauchau; Landesbibliothek Oldenburg; Lenin-Bibliothek Moskau; Oberösterreichisches Landesarchiv Linz; Öffentliche Bibliothek Aachen; Österreichische Nationalbibliothek Wien; Pfälzische Landesbibliothek Speyer; Sächsische Landesbibliothek Dresden; Schweizerische Landesbibliothek Bern; Staatliche Museen Preußischer Kulturbesitz, Berlin (West); Staatsbibliothek Bamberg; Staatsbibliothek Preußischer Kulturbesitz, Berlin (West); Staatsbibliothek der Tschechischen Sozialistischen Republik Prag; Staats- und Stadtbibliothek Augsburg; Staats- und Universitätsbibliothek Hamburg; Stadt- und Kreisbibliothek Bautzen; Stadtbibliothek Koblenz; Stadtbibliothek Wrocław; Steiermärkische Landesbibliothek am Joanneum Graz; Universitätsbibliothek Berlin; Universitätsbibliothek Bonn; Universitätsbibliothek Düsseldorf; Universitätsbibliothek Erlangen-Nürnberg; Universitäts- und Stadtbibliothek Köln; Universitätsbibliothek Leipzig; Universitätsbibliothek Toruń; Universitätsbibliothek Wien; Universitätsbibliothek Wrocław; Württembergische Landesbibliothek Stuttgart; Zentralbibliothek der Gewerkschaften, Berlin; Zentralbibliothek der klassischen deutschen Literatur, Weimar; sowie den Stadtarchiven Auerbach, Hildesheim, Hohenstein-Ernstthal, Kaiserslautern, Kleve, Nossen, Passau, Radebeul, Radolfzell, Witzenhausen, Wuppertal, Zwickau.

Berlin, im August 1986 *Hainer Plaul*

BENUTZUNGS-HINWEISE

1. Anordnung der Titel. Die Verzeichnung des Titelmaterials erfolgt chronologisch. Bei Texten, die sich über einen längeren Erscheinungszeitraum erstrecken, ist das Datum des Erscheinungsbeginns maßgebend.

2. Briefe. Entscheidend für die chronologische Einordnung von Briefen und anderen autobiographischen Zeugnissen ist der Zeitpunkt ihrer Veröffentlichung, nicht der ihrer Niederschrift.

3. Datierung. Das einer FB-Angabe (»Fertige Bücher«) zugrunde liegende Datum entspricht entweder dem Datum der darauf bezüglichen Verlagsmitteilung oder dem Ausgabetag der betreffenden

Nummer des »Börsenblattes«. Das gilt gleichermaßen für das Datum der SE-Angabe (»Soeben erschienen«). Das einer VA-Angabe (»Vorankündigung«) zugeordnete Datum bezieht sich entweder auf den angekündigten Ausgabezeitpunkt selbst oder ebenfalls auf das Datum der diesbezüglichen Verlagsanzeige bzw. auf den Ausgabetag der betreffenden Nummer des »Börsenblattes«. Die EN-Angabe (»Erschienene Neuigkeiten«) bezeichnet immer den spätesten Erscheinungszeitpunkt (siehe auch im Vorwort dazu). – Ist ein Erscheinungsdatum mit dem Zusatz »vermutlich« gekennzeichnet, so ist diese Datierung aufgrund quantitativ oder qualitativ unzureichender Anhaltspunkte im Sinne von »wahrscheinlich« oder »möglicherweise« mit Vorbehalt aufzunehmen.

4. Deckelbild-Nummer (DB). Diese Zahl ist identisch mit der Bild-Nummer im Abbildungsteil »Separate Buchausgaben«.

5. Erscheinungsjahre. Alle Jahresangaben, die nicht in Klammern stehen, sind entweder durch den Aufdruck im betreffenden Buch, in der betreffenden Zeitschrift usw. oder durch eine entsprechende Verzeichnung in buchhändlerischen Fachblättern, Bibliographien, Verlagskatalogen, Prospekten oder in anderer Weise dokumentarisch gesichert. Alle in Klammern befindlichen Angaben gehen auf Ermittlungen und Berechnungen des Bibliographen zurück. Dasselbe gilt hinsichtlich der Jahrgangsbezeichnungen.

6. Erschienen. Das hierauf folgende Datum bezeichnet stets das Ersterscheinen eines Titels. Ist als Erscheinungsdatum angegeben: »zwischen ... und ...«, so bedeutet dies, daß der betreffende Titel im Zeitraum zwischen den beiden genannten Eckdaten ersterschienen ist; Nachauflagen sind in dieser Angabe nicht mit enthalten.

7. Illustrationen. Diese werden nur dann mitgezählt und verzeichnet, sofern sie sich auf den bibliographisch aufgenommenen Text oder seinen Autor Karl May selbst beziehen.

8. Pseudonyme. Karl May veröffentlichte seine Texte mehrheitlich unter seinem richtigen Namen (Karl May, Carl May, K. May, C. May, May, Karl Mai, Carl Mai, bis 1903 zum Teil unter Beifügung des Doktortitels), daneben verwendete er aber auch Pseudonyme, folgende sind bekannt: Ramon Diaz de la Escosura, M. Gisela, Hobbelfrank, Hobble=Frank, Karl Hohenthal, D. Jam, Prinz Muhamêl Latréaumont, E. v. Linden, Ernst von Linden, P. van der Löwen, Kara Ben Nemsi Effendi, E. Pollmer, Emma Pollmer. Einzeltexte mit den Urhebervermerken G. Guhl, Emma May, K. M., K. My., Franz Langer, Richard Plöhn, Pollmer, C. G. Pollmer, Wilhelmine Schöne sind möglicherweise bzw. sehr wahrscheinlich ebenfalls von ihm verfaßt. Einige, meist kürzere Texte sind auch anonym ersterschienen.

9. Seitenzählung. Gezählt werden jene Seiten, auf denen die Seitenzahl aufgedruckt ist. Ausgeschlossen von der Zählung bleiben alle unpaginierten Seiten, sofern sie nicht den bibliographisch verzeichneten Text enthalten wie Inhaltsverzeichnisse, Reklameseiten usw.

10. Titel-Numerierung. Jeder aufgenommene Titel einschließlich der Nachauflagen ist mit einer Nummer versehen. Texte in Sammelbänden sind durch die Haupttitelnummer mit angefügtem Großbuchstaben gekennzeichnet; Parallelausgaben erhalten nach der Haupttitelnummer ein »P« angeschlossen. Bei Nachauflagen ist die Haupttitelnummer - nach einem Punkt - durch die Zahl der betreffenden Auflage ergänzt.

11. Titel-, Verfasser- und Verlagsangaben. Die Titel der verzeichneten Texte, der Bücher und Periodika sowie die Verfassernamen werden originalgetreu wiedergegeben. Bei den Verlagsangaben bleibt der genaue gewerberechtliche Status der Firmen unberücksichtigt; es wird nur vermerkt, wo und durch wen der betreffende Titel »in Verlag genommen« worden ist.

12. Übergangswoche. Liegen einschließlich des Montags zwei bis vier Tage einer Woche noch im vorhergehenden Monat (mit Ausnahme des Februar im Normaljahr) bzw. einschließlich des Sonntags fünf bis drei Tage im nächsten Monat, so wird die Bezeichnung »Übergangswoche« verwendet; in allen anderen Fällen wird der Terminus »Woche« benutzt.

13. Voredition, Nachedition. Beide Begriffe zeigen an, daß von dem betreffenden Text teilweise oder in Gänze ein oder mehrere Vorabdrucke bzw. Nachdrucke existieren, deren bibliographischen Nachweise aus den beigegebenen Titelnummern zu ersehen sind. Über Grad und Umfang einer etwaigen Bearbeitung jener Texte wird dabei allerdings nichts ausgesagt.

14. Zitate. May-Texte als Zitate in Rezensionen Mayscher Werke bleiben von einer Verzeichnung in der vorliegenden Bibliographie ausgeschlossen.

ABKÜRZUNGEN

Abb.	- Abbildungen
Bd.	- Band
DB	- Deckelbild (siehe Benutzungshinweise, Punkt 4)
EN	- Erschienene Neuigkeiten (siehe Benutzungshinweise, Punkt 3)
FB	- Fertige Bücher (siehe Benutzungshinweise, Punkt 3)
Illustr.	- Illustrationen
Jg.	- Jahrgang
Lfg.	- Lieferung
N	- Nachdruck

NA	– Neue Ausgabe
Nr.	– Nummer
OT	– Obertitel
P	– Parallelausgabe (siehe Benutzungshinweise, Punkt 10)
Red.S.	– Redaktionsschluß
RT	– Reihentitel
S.	– Seite
SE	– Soeben erschienen (siehe Benutzungshinweise, Punkt 3)
Sp.	– Spalte
T	– Titel
Taf.	– Tafel
TR	– Titelblatt-Rückseite
unpag.	– unpaginiert
VA	– Vorankündigung (siehe Benutzungshinweise, Punkt 3)
ZT	– Zwischentitel

Börsenblatt

für den

Deutschen Buchhandel

und die mit ihm

verwandten Geschäftszweige.

Zweiundvierzigster Jahrgang.

Redigirt von Julius Krauß.

Erster Band.

Monat Januar bis März 1875.

Leipzig

Verlag und Eigenthum des Börsenvereins der Deutschen Buchhändler.

(Commissionär der Expedition: H. Kirchner.)

1
Zu kaufen gesucht … H. G. Münchmeyer in Dresden.
In: Börsenblatt für den Deutschen Buchhandel und die mit ihm
  verwandten Geschäftszweige.
  Leipzig, Eigentum des Börsenvereins der Deutschen Buchhänd-
  ler.
  42. Jg. 1875. 303 Nummern (Januar-Dezember 1875). gr. 4°
  Nr. 61, S. 938
Erschienen: 16. März 1875

Mit an Sicherheit grenzender Wahrscheinlichkeit von Karl May
verfaßte Suchanzeige in Vorbereitung der Zeitschrift »Schacht und
Hütte«.

Officielles Central-Organ
für sämmtliche
Militär- & Krieger-Vereine in Sachsen
und der.
Königl. Sächs. Invaliden-Stiftung.

Erscheint jeden Sonnabend mindestens 1 Bogen stark. — Preis vierteljährlich pränumerando 1 Mark. —
Inserate werden für die dreigespaltene
Zeile mit 20 Pfennig, für Ankündi-
gungen von Vereinen mit 10 Pfennig
berechnet. Vereins- und Festberichte
werden gratis aufgenommen.

Organ
des
Militär-Feuerversicherungs-Vereins
und von
Sachsens Militär-Vereins-Bund.

Abonnements nehmen sämmtliche
Postanstalten an. — Orte ohne Postanstalten wollen bei der Expedition
in Pirna bestellen. — Briefe franco.
— Kleinere Manuscripte werden nicht
zurückgesandt. — Einzelne Nummern
kosten 10 Pfennig.

Verantwortlicher Redacteur: F. W. Staub in Pirna.

№ 17. Sonnabend den 24. April 1875. 13. Jahrgang.

Rückblicke eines Veteranen

am Geburtstage Sr. Majestät des Königs Albert von Sachsen.

Horch! klingt das nicht wie ferner Schwerterklang?
Die Marsch bebt unter dampfenden Schwadronen.
Es jagt der Tod den weiten Plan entlang
Und erntet unter brüllenden Kanonen.

Bei **Düppel** ist's; des Dänen trotz ger Sinn
Will deutsches Recht in deutschen Landen beugen;
Drum ziehen alle kampfbegierig hin,
Ihm deutsche Kraft und deutschen Muth zu zeigen.

2

Rückblicke eines Veteranen am Geburtstage Sr. Majestät des Kö-
nigs Albert von Sachsen.
In: Der Kamerad. Officielles Central-Organ für sämmtliche Mili-
tär= & Krieger=Vereine in Sachsen und der Königl. Sächs. Invali-
den=Stiftung. Organ des Militär=Feuerversicherungs=Vereins und
von Sachsens Militär=Vereins=Bund.
Pirna, Verleger und Eigentümer F. W. Staub.
13. Jg. 1875. 52 Nummern (Januar-Dezember 1875). 4°
Nr. 17, S. 134
Erschienen: 24. April 1875
Nachedition: 169 (S. 1688), 325 (S. 2037), 329 (S. 2037), 355, 356, 357,
358, 359, 360, 361, 362, 388 (S. 1688), 394.1 E (S. 421), 445.1 E (S. 421)

— 169 —

Die Rose von Ernstthal.

Eine Geschichte aus der Mitte des vorigen Jahrhunderts.

Von Karl May.

Nachdruck wird gerichtlich verfolgt.
Bundesgesetz Nr. 19, vom 11. Januar 1870.

Zwischen den Ausläufern des sächsischen Erzgebirges, da, wo das berühmte Zwickauer und Wünschitzer Kohlenbecken sich bis in die Nähe von Chemnitz zieht, liegen am nördlichen Rande desselben die beiden Schwesterstädte Hohenstein und Ernstthal, welche dem freundlichen Leser ihres Gewerbfleißes wegen gewiß bekannt sein werden. Besonders ist es Ernstthal, dessen Weberei schon vor langen Zeiten sich eines weitgehenden Rufes erfreute und für seine Waaren nicht blos in Deutschland und den angrenzenden Ländern, sondern auch über die See hinüber ein weites Absatzgebiet fand.

Aber der Webstuhl vermag der Hand auch des fleißigsten Arbeiters keine Reichthümer zu bieten, und so schmiegt sich das arme Städtchen klein und bescheiden an die Thalsenkung, welche das Auge des Touristen nicht durch landschaftliche Schönheiten zu fesseln vermag und keinen andern Ruhm beansprucht als den, der friedliche Tummelplatz eines rührigen und genügsamen Völkchens zu sein.

fand endlich dieses Asyl, in welchem ich mich sofort häuslich niedergelassen und geschlafen habe bis Anno jetzt."

Er erhob sich von dem harten, steinigten Boden, ergriff das Felleisen, welches ihm als Kopfkissen gedient hatte und trat vor den Eingang der Höhle.

„Guten Morgen, Du lieber, schöner, grüner Wald! Schüttelst zwar Dein immer junges, hundertköpfiges Haupt mißbilligend über den faulen, schlaftrunkenen Kumpan, der ich heut bin, bietest mir aber doch Waschgeschirr und Morgentrunk in altgewohnter, fürsorglicher Weise. Hab Dank für diese Aufmerksamkeit, Du alter, treuer Spezial Du!"

Er nahm Handtuch und Seife aus einer Seitentasche des Felleisens und trat an das Wasser, um sich zu waschen. Bei dieser Gelegenheit können wir uns den noch jungen Mann etwas näher betrachten.

Die Kleidung eines gewöhnlichen Handwerksburschen, welche er trug, hatte durch den Gewitterregen, die Irrfahrt im Walde

3

Die Rose von Ernstthal. Eine Geschichte aus der Mitte des vorigen Jahrhunderts. Von Karl May.

In: Deutsche Novellen-Flora. Sammlung der neuesten, fesselndsten Romane und Novellen unserer beliebtesten Volksschriftsteller der Gegenwart.

Neusalza, Verlag von Hermann Oeser.

1. Bd. 24 Lieferungen (vermutlich August 1874-September 1875). gr. 4°

Lfg. 11, S. 169-174
Lfg. 12, S. 185-188
Lfg. 13, S. 201-203
Lfg. 14, S. 217-221

Erschienen: Vermutlich Ende April bis Ende Mai 1875
Nachedition: 123, 123 P

4

Wanda. Novelle von Karl May.

In: Der Beobachter an der Elbe. Unterhaltungsblätter für Jedermann. Dresden, Verlag von H. G. Münchmeyer.

2. Jg. 1875. 52 Nummern (Dezember 1874-September 1875). gr. 4°

Nr. 26, S. 413-416
Nr. 27, S. 430-432
Nr. 28, S. 446-448
Nr. 29, S. 462-464
Nr. 30, S. 478-480
Nr. 31, S. 495-496
Nr. 32, S. 510-512
Nr. 33, S. 526-528
Nr. 34, S. 542-544
Nr. 35, S. 558-560
Nr. 38, S. 606-608
Nr. 39, S. 622-624

Nr. 40, S. 638-640
Nr. 41, S. 654-656
Nr. 42, S. 669-672
Nr. 43, S. 684-688
Nr. 44, S. 696-700

Erschienen: Erste Juniwoche bis zweite Augustwoche 1875 (mit
    Ausnahme der zweiten und dritten Juliwoche = Nr. 36, 37)
Nachedition: 128, 128 P, 342, 400, 446.2, 447

Parallelausgaben

4 P 1
Der Beobachter an dem Bober. Unterhaltungsblätter für Jedermann.
Bunzlau, Commissionsverlag von E. Lange.
1. Jg. 1875. 52 Nummern (Dezember 1874-September 1875). gr. 4°

4 P 2
Der Beobachter an der Havel. Unterhaltungsblätter für Jedermann.
Dresden, Verlag von H. G. Münchmeyer.
1. Jg. 1875. 52 Nummern (Dezember 1874-September 1875). gr. 4°

4 P 3
Der Beobachter am Main. Unterhaltungsblätter für Jedermann.
Dresden, Verlag von H. G. Münchmeyer.
1. Jg. 1875. 52 Nummern (Dezember 1874-September 1875). gr. 4°

4 P 4
Der Beobachter an der Saale. Unterhaltungsblätter für Jedermann.
Dresden, Verlag von H. G. Münchmeyer (Expedition von Wilhelm Müller in Halle).
1. Jg. 1875. 52 Nummern (Dezember 1874-September 1875). gr. 4°

No. 1

Hannoverscher

Familienfreund.

Unterhaltungsblatt für Stadt und Land.

Commissionsverlag von J. Brandstedt in Hannover. — Redigirt von Otto Freitag in Dresden.

1. Jahrg.

4 P 5

Der Beobachter an der Spree. Unterhaltungsblätter für Jedermann.
Dresden (ab Nr. 9: Berlin und Dresden), Verlag von H. G. Münchmeyer.
1. Jg. 1875. 52 Nummern (Dezember 1874-September 1875). gr. 4°

4 P 6

Chemnitzer Sonntagsblatt. (Untertitel: ?).
Dresden, Verlag von H. G. Münchmeyer.
1. Jg. 1875. 52 Nummern (Dezember 1874-September 1875). gr. 4°

4 P 7

Gubener Volksfreund. (Untertitel: ?).
Guben, Verlag von Domke & Otterburg.
1. Jg. 1875. 52 Nummern (Dezember 1874-September 1875). gr. 4°

4 P 8

Hannoverscher Familienfreund. Unterhaltungsblatt für Stadt und Land.
Hannover, Commissions=Verlag von I. Branstedt (in einigen Nummern: Hannover, F. Branstedt).
1. Jg. 1875. 52 Nummern (Dezember 1874-September 1875). gr. 4°

4 P 9

Der Hausfreund. (Untertitel: ?).
Dresden, Verlag von H. G. Münchmeyer.
1. Jg. 1875. 52 Nummern (Dezember 1874-September 1875). gr. 4°

4 P 10

Der Hausfreund am Rhein. (Untertitel: ?).
Dresden, Verlag von H. G. Münchmeyer.
1. Jg. 1875. 52 Nummern (Dezember 1874-September 1875). gr. 4°

4 P 11

Pommer'scher Familienfreund. Unterhaltungsblatt für Stadt und Land.
Stargard, Verlag von J. L. Leuschner.
1. Jg. 1875. 52 Nummern (Dezember 1874-September 1875). gr. 4°

No 46.

Pommer'scher

Familienfreund.

Unterhaltungsblatt für Stadt und Land.

1. Jahrg.

Verlag von J. L. Leuschner in Stargard. — Redigirt von Otto Freitag in Dresden.

Dieses Blatt erscheint jede Woche im Umfange von zwei Bogen oder einem Doppelbogen und kostet 1½ Groschen pro Nummer.

4 P 12
Sächsisches Vaterhaus. (Untertitel: ?).
Dippoldiswalde, Verlag von L. Kästner.
1. Jg. 1875. 52 Nummern (Dezember 1874-September 1875). gr. 4°

4 P 13
Sächsischer Volksfreund. (Untertitel: ?).
Dresden, Verlag von H. G. Münchmeyer.
1. Jg. 1875. 52 Nummern (Dezember 1874-September 1875). gr. 4°

4 P 14
Sonntagsblatt. (Untertitel: ?).
Dresden, Verlag von H. G. Münchmeyer.
1. Jg. 1875. 52 Nummern (Dezember 1874-September 1875). gr. 4°

4 P 15
Stettiner Volksfreund. (Untertitel: ?).
Stettin, Verlag von J. L. Leuschner.
1. Jg. 1875. 52 Nummern (Dezember 1874-September 1875). gr. 4°

Es ist nicht ausgeschlossen, daß hiervon noch weitere Parallelausgaben existieren.

5

Der Gitano. Ein Abenteuer unter den Carlisten von Karl May. (Als Probe der unter dem Titel »Aus der Mappe eines Vielgereisten« in unserem »deutschen Familienblatte« veröffentlichten Abenteuer und Characterschilderungen.)
In: Der Beobachter an der Elbe. Unterhaltungsblätter für Jedermann.
Dresden, Verlag von H. G. Münchmeyer.
2. Jg. 1875. 52 Nummern (Dezember 1874-September 1875). gr. 4°
Nr. 52, S. 822-828
Erschienen: Erste Septemberwoche 1875
Nachedition: 45, 110, 110 P, 350 G, 397 G, 446 G.

Parallelausgaben

wie Nr. 4 P 1 bis 4 P 15: 5 P 1 bis 5 P 15

Deutsches

Familienblatt.

Wochenschrift für Geist und Gemüth
zur
Unterhaltung für Jedermann.

Erster Jahrgang.

Dresden.
Redaction, Druck und Verlag von H. G. Münchmeyer.

Aus der Mappe eines Vielgereisten.
Erzählung nach wahren Begebenheiten.

„Mein Frühling ging zur Rüste,
Ich weiß gar wohl warum:
Die Lippe, die mich küßte,
Ist worden kühl und stumm."

So klang es über die weite Ebene hin, und Swallow, mein wackerer Mustang, spitzte die kleinen Ohren; schnaubte freudig durch die Nüstern und hob graziös die feinen Hufe wie zum Rennet.

Warum grad' dieses Lied, welches ich zuletzt vor drei Monaten in Cincinnati von einer Tyroler Gesellschaft gehört hatte, mir über die Lippen tönte, ich weiß es nicht. Noch hatte mich kein Mund geküßt, und mein Frühling konnte also wohl beginnen, doch beileibe nicht schon zu Ende sein, aber das Leben war mir bisher Nichts gewesen als ein Kampf mit Hindernissen und Schwierigkeiten, ich war einsam und allein meinen Weg gegangen, unbeachtet, unverstanden und ungeliebt, und bei dieser Abgeschiedenheit hatte sich eine Art Weltschmerz in mir entwickelt, zu welchem der klagende Inhalt dieser Strophen recht gut paßte.

Schon neigte sich die Sonne demjenigen Theile der Rocky-Mountains, welcher die Grenze zwischen Nebraska und Oregon bildet, zu, und noch immer ließ sich keine Senkung der mit gelbblühendem Helianthus übersäeten Ebene wahrnehmen. Das Pferd bedurfte der Ruhe; ich selbst war müde, und so sehnte ich mich je länger desto mehr nach New-Venango, wo ich mich von langer Wanderung einmal einen ganzen Tag lang gehörig ausruhen und die ziemlich alle gewordene Munition wieder ergänzen wollte.

Plötzlich hob Swallow das Köpfchen seitwärts und stieß den dampfenden Athem mit jenem eigenthümlichen Laute aus, durch welchen das echte Prairiepferd das Nahen eines lebenden

Mappe. (T. 87. II.)   1

6

Aus der Mappe eines Vielgereisten von Karl May. Nr. 1. Inn-nu-woh, der Indianerhäuptling.
In: Deutsches Familienblatt. Wochenschrift für Geist und Gemüth zur Unterhaltung für Jedermann.
Dresden, Verlag von H. G. Münchmeyer.
1. Jg. (1875/76). 52 Nummern (September 1875-August/September 1876). 4°
Nr. 1, S. 8-11
Erschienen: Erste Septemberwoche 1875
Nachedition: 47, 77, 215 (S. 1-32), 263 (S. 1-26), 326, 350 F, 397 F, 446 F

7

Ein Stücklein vom alten Dessauer. Humoreske von Karl May.
In: Deutsches Familienblatt. Wochenschrift für Geist und Gemüth zur Unterhaltung für Jedermann.
Dresden, Verlag von H. G. Münchmeyer.
1. Jg. (1875/76). 52 Nummern (September 1875-August/September 1876). 4°
Nr. 1, S. 12-16
Nr. 2, S. 24
Erschienen: Erste und zweite Septemberwoche 1875
Nachedition: 43, 100, 106, 106 P, 164, 182

Redaction, Druck und Verlag von H. G. Münchmeyer in Dresden, Jagdweg 14.

Nr. 1. Filialen: Berlin, Ruppinerstraße 44; Wien, Josephädter Hauptstraße 35; Breslau, Alexanderstraße 26; Dortmund, Düpplerstraße 13. **1. Jahrg.**

8

Aus der Mappe eines Vielgereisten. Erzählung nach wahren Bege-
   benheiten.
In: Bisher nicht feststellbar. (In 8 Teilen; Schluß: S. 113-120).
   Dresden, Verlag von H. G. Münchmeyer, (vermutlich 1875).
   gr. 8°
   S. 1-120 (Pagina 13 und 16: keine Textseiten), 6 Illustr.
Erschienen: Vermutlich 1875 (vor Ende Oktober)
Nachedition: 22, 113, 179, 201, 242 (Kap. 5 und 6), 350 E, 387
   (S. 171-186), 397 E, 446 E, 468 (Kap. 5 und 6)

9

Schätze und Schatzgräber.
In: Schacht und Hütte. Blätter zur Unterhaltung und Belehrung für
   Berg= Hütten= und Maschinenarbeiter.
   Dresden, Verlag von H. G. Münchmeyer.
   1. Jg. (1875/76). 52 Nummern (September 1875-September
   1876). 4°
   Nr. 1, S. 5
Erschienen: Zweite Septemberwoche 1875

Mit hoher Wahrscheinlichkeit von Karl May verfaßt.

10

Mit Dampf um den Erdball.
In: Schacht und Hütte. Blätter zur Unterhaltung und Belehrung für
   Berg= Hütten= und Maschinenarbeiter.
   Dresden, Verlag von H. G. Münchmeyer.

1. Jg. (1875/76). 52 Nummern (September 1875-September 1876). 4°
Nr. 1, S. 5-6
Erschienen: Zweite Septemberwoche 1875

Mit hoher Wahrscheinlichkeit von Karl May verfaßt.

11
Die Fastnachtsnarren. Humoreske von Karl May.
In: Deutsches Familienblatt. Wochenschrift für Geist und Gemüth zur Unterhaltung für Jedermann.
Dresden, Verlag von H. G. Münchmeyer.
1. Jg. (1875/76). 52 Nummern (September 1875-August/September 1876). 4°
Nr. 2, S. 28-29
Nr. 3, S. 42-45
Nr. 4, S. 59-62
Erschienen: Zweite Septemberwoche bis Übergangswoche September/Oktober 1875
Nachedition: 52a, 63, 350 D, 397 D, 446 D

12
Bete und arbeite!
In: Schacht und Hütte. Blätter zur Unterhaltung und Belehrung für Berg= Hütten= und Maschinenarbeiter.
Dresden, Verlag von H. G. Münchmeyer.
1. Jg. (1875/76). 52 Nummern (September 1875-September 1876). 4°
Nr. 2, S. 14
Erschienen: Dritte Septemberwoche 1875

Mit hoher Wahrscheinlichkeit von Karl May verfaßt.

13
Die Helden des Dampfes.
In: Schacht und Hütte. Blätter zur Unterhaltung und Belehrung für Berg= Hütten= und Maschinenarbeiter.
Dresden, Verlag von H. G. Münchmeyer.
1. Jg. (1875/76). 52 Nummern (September 1875-September 1876). 4°
Nr. 2, S. 14-15
Erschienen: Dritte Septemberwoche 1875

Mit hoher Wahrscheinlichkeit von Karl May verfaßt.

14
Die Helden des Dampfes. James Watt.
In: Schacht und Hütte. Blätter zur Unterhaltung und Belehrung für Berg= Hütten= und Maschinenarbeiter.
Dresden, Verlag von H. G. Münchmeyer.
1. Jg. (1875/76). 52 Nummern (September 1875-September 1876). 4°
Nr. 3, S. 22-23
Nr. 4, S. 30-31

Erschienen: Übergangswoche September/Oktober und erste Oktoberwoche 1875

Mit hoher Wahrscheinlichkeit von Karl May verfaßt.

15

Der blinde Bergmann.
Es neigt die Sonne sich zur Rüste ... Karl May.
In: Schacht und Hütte. Blätter zur Unterhaltung und Belehrung für
Berg= Hütten= und Maschinenarbeiter.
Dresden, Verlag von H. G. Münchmeyer.
1. Jg. (1875/76). 52 Nummern (September 1875-September
1876). 4°
Nr. 3, S. 24
Erschienen: Übergangswoche September/Oktober 1875

16

Ein königlicher Proletarier.
In: Schacht und Hütte. Blätter zur Unterhaltung und Belehrung für
Berg= Hütten= und Maschinenarbeiter.
Dresden, Verlag von H. G. Münchmeyer.
1. Jg. (1875/76). 52 Nummern (September 1875-September
1876). 4°
Nr. 4, S. 29
Nr. 5, S. 37-38
Nr. 6, S. 45-46
Erschienen: Erste bis dritte Oktoberwoche 1875

Mit hoher Wahrscheinlichkeit von Karl May verfaßt.

17

Deutsche Sprüchwörter. »Des Menschen Wille ist sein Himmel-
reich.«
In: Schacht und Hütte. Blätter zur Unterhaltung und Belehrung für
Berg= Hütten= und Maschinenarbeiter.
Dresden, Verlag von H. G. Münchmeyer.
1. Jg. (1875/76). 52 Nummern (September 1875-September
1876). 4°
Nr. 4, S. 31
Erschienen: Erste Oktoberwoche 1875

Mit hoher Wahrscheinlichkeit von Karl May verfaßt.

18

Blumen deutscher Kirchenlieder.
In: Schacht und Hütte. Blätter zur Unterhaltung und Belehrung für
Berg= Hütten= und Maschinenarbeiter.
Dresden, Verlag von H. G. Münchmeyer.
1. Jg. (1875/76). 52 Nummern (September 1875-September
1876). 4°
Nr. 5, S. 38-39
Erschienen: Zweite Oktoberwoche 1875

Mit hoher Wahrscheinlichkeit von Karl May verfaßt.

19
Ade!
Ich sah der Sonne letzten Gruß ... Karl May.
In: Schacht und Hütte. Blätter zur Unterhaltung und Belehrung für
   Berg= Hütten= und Maschinenarbeiter.
   Dresden, Verlag von H. G. Münchmeyer.
   1. Jg. (1875/76). 52 Nummern (September 1875-September
   1876). 4°
   Nr. 5, S. 39
Erschienen: Zweite Oktoberwoche 1875
Nachedition: 32 (3. Abt., S. 87), 99 (S. 765), 99 P (S. 765), 137
(S. ?)

20
Deutsche Sprüchwörter. »Ehrlich währt am Längsten.«
In: Schacht und Hütte. Blätter zur Unterhaltung und Belehrung für
   Berg= Hütten= und Maschinenarbeiter.
   Dresden, Verlag von H. G. Münchmeyer.
   1. Jg. (1875/76). 52 Nummern (September 1875-September
   1876). 4°
   Nr. 6, S. 46
Erschienen: Dritte Oktoberwoche 1875

Mit hoher Wahrscheinlichkeit von Karl May verfaßt.

21
Herbstgedanken.
In: Schacht und Hütte. Blätter zur Unterhaltung und Belehrung für
   Berg= Hütten= und Maschinenarbeiter.
   Dresden, Verlag von H. G. Münchmeyer.
   1. Jg. (1875/76). 52 Nummern (September 1875-September
   1876). 4°
   Nr. 6, S. 46-47
Erschienen: Dritte Oktoberwoche 1875

Mit hoher Wahrscheinlichkeit von Karl May verfaßt.

22
Aus der Mappe eines Vielgereisten. von Karl May. Nr. 2. Old Fire-
hand.
In: Deutsches Familienblatt. Wochenschrift für Geist und Gemüth
   zur Unterhaltung für Jedermann.
   Dresden, Verlag von H. G. Münchmeyer.
   1. Jg. (1875/76). 52 Nummern (September 1875-August/Septem-
   ber 1876). 4°
   Nr. 7, S. 107-109
   Nr. 8, S. 123-125
   Nr. 9, S. 139-141
   Nr. 10, S. 155-157
   Nr. 11, S. 173-176
   Nr. 12, S. 188-192
   Nr. 13, S. 204-208
   Nr. 14, S. 220-224

Nr. 15, S. 236-240
Nr. 16, S. 253-256
Nr. 17, S. 269-272
Erschienen: Dritte Oktoberwoche bis vierte Dezemberwoche
1875
Voredition: 8
Nachedition: 113, 179, 201, 242 (Kap. 5 und 6), 350 E, 387
(S. 171-186), 397 E, 446 E, 468 (Kap. 5 und 6)

23

Die Helden des Dampfes. Robert Fulton.
In: Schacht und Hütte. Blätter zur Unterhaltung und Belehrung für
Berg= Hütten= und Maschinenarbeiter.
Dresden, Verlag von H. G. Münchmeyer.
1. Jg. (1875/76). 52 Nummern (September 1875-September
1876). 4°
Nr. 7, S. 53-54
Erschienen: Vierte Oktoberwoche 1875

Mit hoher Wahrscheinlichkeit von Karl May verfaßt.

24

Haus- und Familienreden. 1.
In: Schacht und Hütte. Blätter zur Unterhaltung und Belehrung für
Berg= Hütten= und Maschinenarbeiter.
Dresden, Verlag von H. G. Münchmeyer.
1. Jg. (1875/76). 52 Nummern (September 1875-September
1876). 4°
Nr. 7, S. 54-55
Erschienen: Vierte Oktoberwoche 1875

Mit hoher Wahrscheinlichkeit von Karl May verfaßt.

25

Trost.
Horch, klopfte es nicht an die Pforte? ... Karl May.
In: Schacht und Hütte. Blätter zur Unterhaltung und Belehrung für
Berg= Hütten= und Maschinenarbeiter.
Dresden, Verlag von H. G. Münchmeyer.
1. Jg. (1875/76). 52 Nummern (September 1875-September
1876). 4°
Nr. 7, S. 55-56
Erschienen: Vierte Oktoberwoche 1875
Voredition: 3 (S. 187)
Nachedition: 123 (S. 475), 123 P (S. 475), 174 (Lfg. 26, S. 610), 181
(Lfg. 67, S. 1585-1586), 374.1 C (S. 473-474), 376.1 B (S. 182),
443.1 C (S. 473-474), 444.1 B (S. 182)

26

Deutsche Sprüchwörter. »Freunde in der Noth / Gehn hundert auf
ein Loth.«
In: Schacht und Hütte. Blätter zur Unterhaltung und Belehrung für
Berg= Hütten= und Maschinenarbeiter.
Dresden, Verlag von H. G. Münchmeyer.
1. Jg. (1875/76). 52 Nummern (September 1875-September
1876). 4°
Nr. 8, S. 62-63
Erschienen: Erste Novemberwoche 1875

Mit hoher Wahrscheinlichkeit von Karl May verfaßt.

27

Die wilde Rose.
Es glänzt der helle Thränenthau ... Karl May.
In: Schacht und Hütte. Blätter zur Unterhaltung und Belehrung für
Berg= Hütten= und Maschinenarbeiter.
Dresden, Verlag von H. G. Münchmeyer.
1. Jg. (1875/76). 52 Nummern (September 1875-September
1876). 4°
Nr. 9, S. 71
Erschienen: Zweite Novemberwoche 1875
Voredition: 4, 4 P 1 bis 4 P 15 (S. 448)
Nachedition: 128 (S. 652), 128 P (S. 652), 174 (Lfg. 15, S. 347, 350),
342 (S. 42), 376.1 A (S. 473, 476, 566), 376.1 E (S. 394), 387 (S. 8),
400 (S. 42), 444.1 A (S. 473, 476, 566), 444.1 E (S. 394), 446.2
(S. 42), 447 (S. 42)

28

Haus- und Familienreden. 2.
In: Schacht und Hütte. Blätter zur Unterhaltung und Belehrung für
Berg= Hütten= und Maschinenarbeiter.
Dresden, Verlag von H. G. Münchmeyer.
1. Jg. (1875/76). 52 Nummern (September 1875-September
1876). 4°
Nr. 13, S. 102
Nr. 14, S. 110
Erschienen: Erste und zweite Dezemberwoche 1875

Mit hoher Wahrscheinlichkeit von Karl May verfaßt.

29

Geographische Predigten von Karl May.
In: Schacht und Hütte. Blätter zur Unterhaltung und Belehrung für
Berg= Hütten= und Maschinenarbeiter.
Dresden, Verlag von H. G. Münchmeyer.
1. Jg. (1875/76). 52 Nummern (September 1875-September
1876). 4°
Nr. 15, S. 117-118
Nr. 16, S. 125-126
Nr. 17, S. 133-134
Nr. 18, S. 141-142

Geographifche Predigten
von Karl May.

1.
Himmel und Erde.

„Die Himmel rühmen des Ewigen Ehre;
Ihr Schall pflanzt seinen Namen fort;
Ihn rühmt der Weltenkreis; ihn preisen alle Heere,
Drum lobet ihn, den großen Hort!"

„Wenn die Nacht mit begeisternder Herrlichkeit emporsteigt," ruft einer unserer bedeutendsten Geographen aus, „und sie den Schleier von Sonnenstrahlen hinwegzieht am Firmamente; wenn wunderbar aus ewigen Fernen, aus den Tiefen des Weltenalls, tausende neue Sonnen, neue Erden schimmern: dann erhebt sich unser entzückter Blick nicht zur stillen Pracht der Gestirne, ohne Seiner Hoheit, Größe und Macht zu gedenken, Seiner, in dessen Lichte unermeßliche Welten wie geringe Sonnenstäubchen spielen und dessen Schöpfungen keine Schranken kennen.

Jene Gestirne predigen Seine Majestät herrlicher, als es der Geist eines Sterblichen vermag. Jene Gestirne, die aus dem ewigen All uns anstrahlen, sind heilige Offenbarungen von oben her, sind Propheten der Ewigkeit, die uns anrufen, sind Weissagungen von dem unbekannten Jenseits, das unserer wartet.

Vielleicht haben wir schon, unbewußt, den Blick in das Geheimniß der Ewigkeit geworfen. Vielleicht sehen wir schon Strahlen einer Welt — dereinst unsre Welt — in der verklärt und veredelt die Geister unserer Geliebten mit überirdischem Entzücken wallen. Sehnen sie sich nach dieser Erde zurück? Vielleicht erkennen sie dieselbe kaum noch als kleinen Punkt unter den Sternen, wissen nicht, daß dieser Punkt einen kurzen Traum lang ihr Wohnort war, — wissen nicht, daß noch auf diesem Punkte ein liebendes Herz wohnt,

innern Drange nach Erkenntniß getrieben wurden, die kühne Hand nach dem Lichte der Wissenschaft auszustrecken, um die Räthsel des Seins zu beleuchten und zu ergründen. Aber mit jedem Schritte, den sie vorwärts thaten, wuchs der Zweifel und der Durst nach neuem und größerem Wissen; von den Finsterlingen mit dem Anathema belegt, sahen sie sich von dem Spötter verlacht, von dem unverständigen Haufen verkehrt und mußten in ewiger Kerkerhaft oder gar auf dem Scheiterhaufen ihr Heldenthum büßen.

Doch ist der göttliche Funke, einmal in Brand gesteckt, nimmer wieder auszulöschen; mag der Denker unter dem Bannfluche seufzen und zum Märtyrer seiner Ueberzeugung werden, so ist es doch unmöglich, die Errungenschaften seines Geistes mit dem Interdicte zu belegen und die Idee, die ihn erleuchtete, lebt fort und geht auf andere Geister über, um unter Sturm und Drang immer weiter entwickelt und ausgebildet zu werden. Jetzt sind jene Zeiten vorüber, die Fesseln gefallen und die Scheiterhaufen verkohlt, und unbesorgt dürfen wir uns in die Schöpfungen der Männer versenken, welche nach dem Glanze der Wahrheit strebten und Antwort suchten auf die Frage nach Ursprung, Wesen und Zusammenhang des Bestehenden.

Diese Frage, obwohl zunächst an irdische Verhältnisse gerichtet, hebt unfehlbar doch zuletzt den Blick empor zum Himmel und lenkt das forschende Auge auf die hellen Punkte, von denen jeder eine Welt bedeutet. Im Glanze der Sterne nur entfaltet die Wunderblume der Erkenntniß ihre Blüthen, und mit Recht mahnt der Dichter die nach Licht und Klarheit Strebenden:

Erschienen: Dritte Dezemberwoche 1875 bis vierte Juliwoche 1876
(mit Ausnahme der Übergangswoche Februar/März 1876 = Nr. 25)

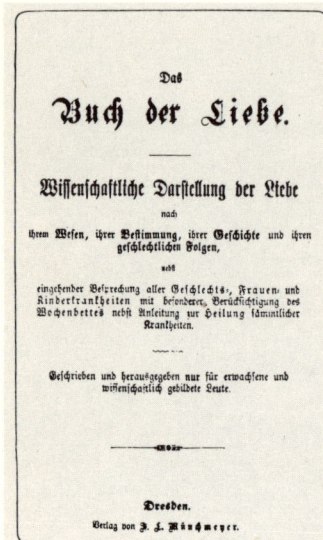

30

Herrn H. P. in Oberl. Postkarte genügt ... Besten Gruß. K. My.
In: Schacht und Hütte. Blätter zur Unterhaltung und Belehrung für
    Berg= Hütten= und Maschinenarbeiter.
    Dresden, Verlag von H. G. Münchmeyer.
    1. Jg. (1875/76). 52 Nummern (September 1875-September
    1876). 4°
    Nr. 26, S. 208
Erschienen: Erste Märzwoche 1876

Als Redakteur dieser Zeitschrift hatte Karl May auch die Korrespondenz mit den Lesern des Blattes zu führen. Daher darf ange-
nommen werden, daß er die ständige Rubrik »Briefkasten« weitge-
hend selbst betreut hat und die dort veröffentlichten Antworten,
Ratschläge, Hinweise usw. im wesentlichen von ihm stammen (vgl.
ebenda Nr. 49, S. 392).

31

Wenn um die Berge von Befour ...
In: Schacht und Hütte. Blätter zur Unterhaltung und Belehrung für
    Berg= Hütten= und Maschinenarbeiter.
    Dresden, Verlag von H. G. Münchmeyer.
    1. Jg. (1875/76). 52 Nummern (September 1875-September
    1876). 4°
    Nr. 44, S. 352
    Nr. 46, S. 368
Erschienen: Zweite und vierte Juliwoche 1876
Nachedition: 32 (3. Abt., S. 115), 105 (S. 290, 291), 174 (Lfg. 6,
    S. 129; Lfg. 7, S. 165; Lfg. 9, S. 211; Lfg. 12, S. 282; Lfg. 15,
    S. 347-348, 350; Lfg. 18, S. 411, 412; Lfg. 91, S. 2177), 376.1 A
    (S. 192, 246, 307, 397, 474, 477, 556); 376.1 E (S. 386), 387
    (S. 12-13), 444.1 A (S.192, 246, 307, 397, 474, 477, 556), 444.1 E
    (S. 386)

32

(Erste Abtheilung) und Dritte Abtheilung. Die Liebe nach ihrer
    Geschichte. Darstellung des Einflusses der Liebe und ihrer Ne-
    gationen auf die Entwickelung der menschlichen Gesellschaft.
In: Das Buch der Liebe. Wissenschaftliche Darstellung der Liebe
    nach ihrem Wesen, ihrer Bestimmung, ihrer Geschichte und
    ihren geschlechtlichen Folgen, nebst eingehender Besprechung
    aller Geschlechts=, Frauen= und Kinderkrankheiten mit besonde-
    rer Berücksichtigung des Wochenbettes nebst Anleitung zur Hei-
    lung sämmtlicher Krankheiten. Geschrieben und herausgegeben
    nur für erwachsene und wissenschaftlich gebildete Leute.
    Dresden, Verlag von F. L. Münchmeyer, (1876). gr. 8°
    Auch in 26 Lieferungen.
    (Erste Abtheilung), S. 11-144
    Dritte Abtheilung, S. 1-?
Erschienen: Vermutlich innerhalb der ersten acht Monate des Jah-
    res 1876

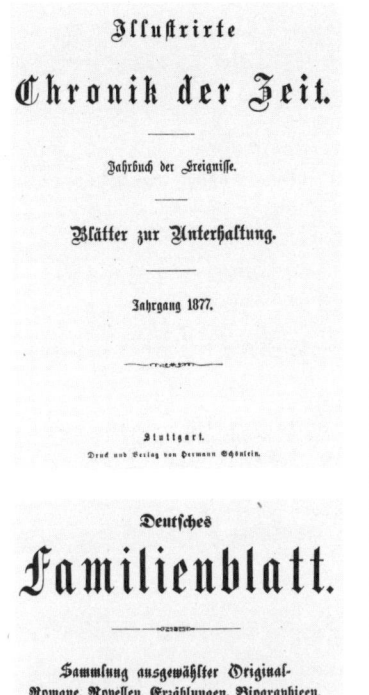

Die Zweite Abtheilung besteht aus dem Werk »Die Geschlechts-krankheiten des Menschen und ihre Heilung. Mit besonderer Be-rücksichtigung der Syphilis, ihrer Entstehung und Folgen«, das zwei Jahre zuvor erschienen und verboten worden war und als des-sen Verfasser oder Mitverfasser Karl May nachweislich nicht in Be-tracht kommt.

33

Ausgeräuchert. Humoreske von Karl May.
In: Illustrirte Chronik der Zeit. Jahrbuch der Ereignisse. Blätter zur
Unterhaltung.
Stuttgart, Verlag von Hermann Schönlein.
6. Jg. 1877. 26 Hefte (August 1876-Juli/August 1877). 4°
Heft 1, S. 10-12, 14-15
Erschienen: EN: 18. August 1876
Nachedition: 78, 90, 117

34

Auf den Nußbäumen. Humoreske von Karl May.
In: Deutsches Familienblatt. Wochenschrift für Geist und Gemüth
zur Unterhaltung für Jedermann.
Dresden, Verlag von H. G. Münchmeyer.
1. Jg. (1875/76). 52 Nummern (September 1875-August/Septem-
ber 1876). 4°
Nr. 51, S. 815-816
Nr. 52, S. 821-829
Erschienen: Vierte Augustwoche und Übergangswoche August/
September 1876
Nachedition: 142, 350 A, 397 A, 446 A

35

Unter den Werbern. Humoristische Episode aus dem Leben des alten Dessauer von Karl May.
In: Deutsches Familienblatt. Sammlung ausgewählter Original-Ro-
mane, Novellen, Erzählungen, Biographieen, Scizzen der Vor=
und Neu=Zeit.
Dresden, Verlag von H. G. Münchmeyer.
2. Bd. (1876/77). 54 Hefte (September 1876-September 1877).
4°

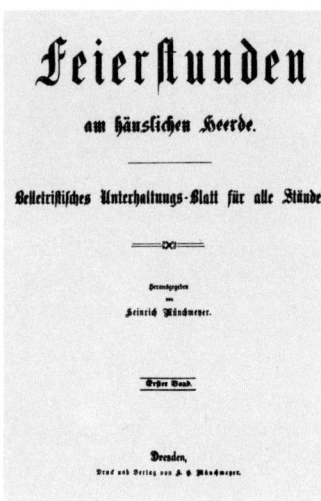

Heft 1, S. 12-16
Heft 2, S. 28-32
Heft 3, S. 44-48
Heft 4, S. 55-60
Heft 5, S. 71-75
Heft 6, S. 87-92

Erschienen: Erste Septemberwoche bis zweite Oktoberwoche
1876

Nachedition: 39, 86, 86 P, 121, 176, 350 B, 397 B, 446 B

36

Leilet. Novelle von M. Gisela.

In: Feierstunden am häuslichen Heerde. Belletristisches Unterhal-
tungs-Blatt für alle Stände.
Dresden, Verlag von H. G. Münchmeyer.
1. Jg. (1876/77). 56 Hefte (vermutlich September 1876-Oktober
1877). 4°
Heft 1, S. 7-11
Heft 2, S. 23-27
Heft 3, S. 39-43
Heft 4, S. 55-59
Heft 5, S. 71-73

Erschienen: Vermutlich zweite Septemberwoche bis zweite Oktoberwoche 1876

Nachedition: 42, 109, 140 (S. 324-367), 141, 226 (S. 83-168), 435
(S. 68-138)

37

Im Wollteufel. Humoreske von Karl May.

In: Feierstunden am häuslichen Heerde. Belletristisches Unterhaltungs-Blatt für alle Stände.
Dresden, Verlag von H. G. Münchmeyer.
1. Jg. (1876/77). 56 Hefte (vermutlich September 1876-Oktober
1877). 4°
Heft 8, S. 119-123
Heft 9, S. 135-136

Erschienen: Vermutlich Übergangswoche Oktober/November und
erste Novemberwoche 1876

Nachedition: 125, 125 P

38

Der beiden Quitzows letzte Fahrten. Historischer Roman aus der
Jugendzeit des Hauses Hohenzollern von Karl May.

In: Feierstunden am häuslichen Heerde. Belletristisches Unterhal-
tungs-Blatt für alle Stände.
Dresden, Verlag von H. G. Münchmeyer.
1. Jg. (1876/77). 56 Hefte (vermutlich September 1876-Oktober
1877). 4°
Heft 10, S. 145-151
Heft 11, S. 161-167
Heft 12, S. 177-183
Heft 13, S. 193-199

Erschienen: Vermutlich zweite Novemberwoche 1876 bis dritte
Märzwoche 1877

Ab Heft 29 wurde der Roman von Dr. Heinrich Goldmann fortge-
setzt und zu Ende geführt.

Neues

Unterhaltungs-Blatt.

Blätter

für

Unterhaltung und Belehrung.

Achter Jahrgang.

Wiesbaden 1877,
Herausgegeben von Theodor Herrmann.

Bibliothek

der

Unterhaltung

und des

Wissens.

Mit Original-Beiträgen
der
hervorragendsten Schriftsteller und Gelehrten.

Jahrgang 1877.

Elfter Band.

Stuttgart.
Verlag von Hermann Schönlein.

39

Unter den Werbern. Humoristische Episode aus dem Leben des alten Dessauer von Carl May.
In: Neues Unterhaltungs=Blatt. Blätter für Unterhaltung und Belehrung.
Wiesbaden, Verlag von Theodor Herrmann.
8. Jg. 1877. 52 Nummern (Januar-Dezember 1877). 4°
Nr. 21, S. 164-166
Nr. 22, S. 174-176
Nr. 23, S. 182-184
Nr. 24, S. 190-192
Nr. 25, S. 198-200
Nr. 26, S. 206-208
Nr. 27, S. 214-216
Nr. 28, S. 222-224
Nr. 29, S. 230-232
Nr. 30, S. 238-240
Nr. 31, S. 246-248
Nr. 32, S. 254-256
Nr. 33, S. 262-264
Nr. 34, S. 270-272
Nr. 35, S. 279-280
Nr. 36, S. 286-288
Erschienen: Zwischen dem 27. Mai und 9. September 1877 (Turnus: allwöchentlich sonntags)
Voredition: 35
Nachedition: 86, 86 P, 121, 176, 350 B, 397 B, 446 B

40

Der Dukatenhof. Eine Erzählung aus dem Erzgebirge. Von Karl May.
In: Bibliothek der Unterhaltung und des Wissens.
Stuttgart, Verlag von Hermann Schönlein.
Jg. 1877. 13 Bände (Oktober/November 1876-Oktober 1877). 16°
Elfter Band, S. 92-208
Erschienen: Erste Augustwoche 1877
Nachedition: 103, 103 P, 243, 372 E, 436 D, 466

41

Die verhängnißvolle Neujahrsnacht. Humoreske von Karl May.
In: Trewendt's Volks-Kalender für 1878.
Breslau, Verlag von Eduard Trewendt.
34. Jg. 8°
S. 29-55, 5 Holzschnitte
Erschienen: EN: 21. August 1877
Nachedition: 97, 97 P, 101, 170

42

Die Rose von Kahira. Eine morgenländische Erzählung von Karl May.
In: Heimgarten. Eine Monatsschrift herausgegeben von P. K. Rosegger.

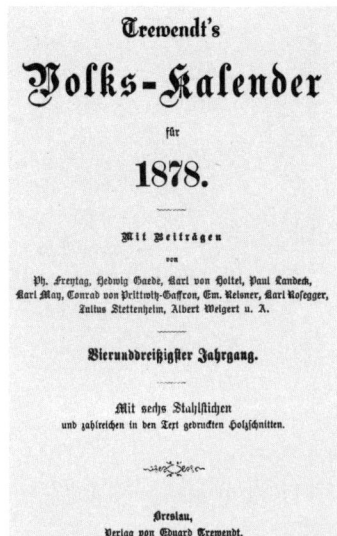

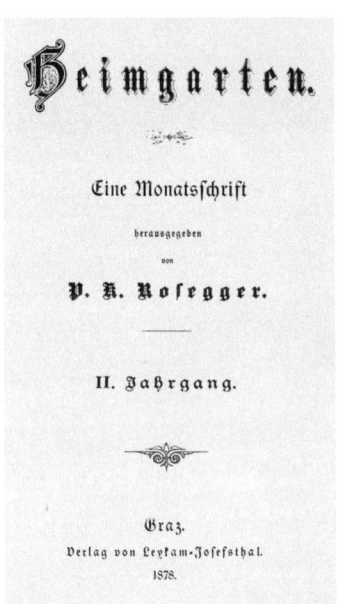

Graz, Verlag von Leykam=Josefsthal.

2. Jg. 1878. 12 Hefte (Oktober 1877-September 1878). 1. Halb-
band. gr. 8°

Heft 1, S. 1-11

Heft 2, S. 81-95

Heft 3, S. 182-194

Erschienen: Oktober bis Dezember 1877

Voredition: 36

Nachedition: 109, 140 (S. 324-367), 141, 226 (S. 83-168), 435
(S. 68-138)

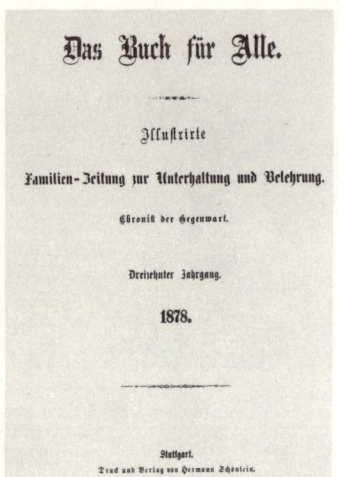

43

Ein Stücklein vom alten Dessauer. Humoreske von Karl May.
In: Neues Unterhaltungs=Blatt. Blätter für Unterhaltung und Beleh-
rung.
   Wiesbaden, Verlag von Theodor Herrmann.
   8. Jg. 1877. 52 Nummern (Januar-Dezember 1877). 4°
   Nr. 41, S. 326-328
   Nr. 42, S. 334-336
   Nr. 43, S. 342-344
Erschienen: Zwischen dem 14. Oktober und dem 28. Oktober 1877
   (Turnus: allwöchentlich sonntags)
Voredition: 7
Nachedition: 100, 106, 106 P, 164, 182

44

Der »Samiel«. Eine Erzählung aus dem Erzgebirge von Karl May.
In: Das Buch für Alle. Illustrirte Familien-Zeitung zur Unterhaltung
   und Belehrung. Chronik der Gegenwart.
   Stuttgart, Verlag von Hermann Schönlein.
   13. Jg. 1878. 26 Hefte (August 1877-August 1878). 2°
   Heft 8, S. 183, 186−188, 190
Erschienen: Vierte Novemberwoche 1877
Nachedition: 181 (Kap. 9), 374.1 D (Kap. 9-20; S. 281-706), 443.1 D
   (Kap. 9-20; S. 281-706)

45

Der Gitano. Ein Abenteuer unter den Carlisten von Karl May.
In: Neues Unterhaltungs=Blatt. Blätter für Unterhaltung und Beleh-
rung.
   Wiesbaden, Verlag von Theodor Herrmann.
   8. Jg. 1877. 52 Nummern (Januar-Dezember 1877). 4°
   Nr. 48, S. 381-383
   Nr. 49, S. 389-392
   Nr. 50, S. 397-399
Erschienen: Zwischen dem 2. Dezember und dem 16. Dezember 1877
   (Turnus: allwöchentlich sonntags)
Voredition: 5, 5 P 1 bis 5 P 15
Nachedition: 110, 110 P, 350 G, 397 G, 446 G

Illustrirte
Chronik der Zeit.

Jahrbuch der Ereignisse.

Blätter zur Unterhaltung.

Jahrgang 1878.

Stuttgart.
Druck und Verlag von Hermann Schönlein.

Im Wasserständer.
Humoreske.

Na also, da legt 'mal be Karte weg, und du da hinten in der Hölle, klappere nich so mit der Kohlenschaufel, sonst könnt ihr off die Geschichte meinetwegen warten bis se wieder eingefroren is. —

Ich habe bei vielen Meestern gearbeitet; aber bei keenem Eenzigen von ihnen bin ich so lange geblieben wie beim Fischerjacob. Er war een kleenes, dürftiges Männel und stak so voller Gutmüthigkeet und Aufrichtigkeet, daß een prächtiges Auskommen mit ihm war. Seine Frau hieß mit ihrem Taufnamen eegentlich Wilhelmine; aber weil se de halbseidenen Schürzen so gern hatte, hieß er se nich anders als seine halbseidene Mine. Gewöhnlich war se een altes, gutes Schaf und trübte mit Vorsatz gewißlich keen Wässerchen; aber wenn se eemal in be Raasche gekommen war, so mußte mer ihr vorsichtig aus dem Wege gehen; denn dann ging ihre Plapper wie 'ne Dreschschleuder, und wer nich machte, daß er so rasch wie möglich fort kam, der konnte sich immer off een Graupelwetter gefaßt machen.

Sie lebte mit ihrem Jacob ganz gut und glücklich; aber so een kleenes Achtelchen hatte se doch ooch in der Hauskreuzlotterie gewonnen, und daran waren de Staare und Gimpeln und der weiße Pommeranzen Schuld.

Der Meester war nämlich een großer Vogellieb-haber wie er und hatte für seine Kunden immer so eenige Fläschchens in Depose stehen. Da saßen se denn und hielten Leimruthenkirmeß bis tief in de Nacht hinein, und wenn der Meester endlich heeme ging, so brauchte er seinem Spitze, den er sich dann regelmäßig angetrunken hatte, wenigstens drei Viertelstunden, bis er vor de Hausthüre kam, und ebenso lange dauerte es, ehe er endlich de Gegend entdeckte, wo nach seiner Meenung das Schlüsselloch sein mußte. Er trank nischt Anderes als weißen Pommeranzen, weil der so sehr gut für de Hämorrhiden sein soll, und so viel Vögel er verheere hatte, so viel Vögel ließ er sich ooch durch de Gurgel flattern; denn er hatte die höfliche Angewohnheet, jedem von seinen Staaren und Gimpeln in der Reihe nach, so wie se an den Fenstern hingen, eene Gesundheet zu trinken.

Wenn er nu endlich nach langem Fischern das Schlüsselloch gefunden und de Hausthüre off- und wieder zugeschlossen hatte, so ging er nich etwa 'noff in de Kammer, sondern er krebste sich in de Stube und setzte sich da in den Großvaterstuhl, der in dem Winkel hinter dem Ofen stand. Da erzählte er denn seinen Vögeln, was er heut Alles erlebt und erfahren hatte, rechnete eenem Jeden von ihnen vor, wie viel er schon off seine Gesundheet getrunken habe, und wenn

46

Der Kaiserbauer. Eine erzgebirgische Dorfgeschichte von Karl
May.

In: Illustrirte Chronik der Zeit. Jahrbuch der Ereignisse. Blätter zur
Unterhaltung.

Stuttgart, Verlag von Hermann Schönlein.

7. Jg. 1878. 26 Hefte (August 1877-Juli/August 1878). 4°

Heft 10, S. 190-197

Erschienen: Dritte Dezemberwoche 1877

47

Aus der Mappe eines Vielgereisten. Von Carl May. Inn-nu-woh,
der Indianerhäuptling.

In: Neues Unterhaltungs=Blatt. Blätter für Unterhaltung und Belehrung.

Wiesbaden, Verlag von Theodor Herrmann.

8. Jg. 1877. 52 Nummern (Januar-Dezember 1877). 4°

Nr. 51, S. 405-407

Nr. 52, S. 410-413

Erschienen: 23. Dezember und 30. Dezember 1877

Voredition: 6

Nachedition: 77, 215 (S. 1-32), 263 (S. 1-26), 326, 350 F, 397 F,
446 F

48

Im Wasserständer. Humoreske … K. May.

In: Bisher nicht feststellbar.

4 S. (unpag.)

Erschienen: Vermutlich zwischen Ende 1877 und Anfang 1878

49

Das Ducatennest. Humoreske von Karl May.
In: Weltspiegel. Illustrirte Zeitschrift zur Unterhaltung und Beleh-
    rung für Jedermann.
    Dresden, Verlag von Adolph Wolf.
    2. Jg. 1878. 26 Hefte = 52 Nummern (Juli 1877-Juli 1878).
    gr. 4°
    Nr. 26, S. 408-410
    Nr. 27, S. 424-426
    Nr. 28, S. 440-442
    Das ist:
    Heft 13-14
Erschienen: Dritte Januarwoche bis Übergangswoche Januar/Fe-
    bruar 1878
Nachedition: 58, 64, 129

50

Die falschen Excellenzen. Humoreske von Karl May.
In: Heimgarten. Eine Monatsschrift herausgegeben von P.K.Roseg-
    ger.
    Graz, Verlag von Leykam=Josefsthal.
    2. Jg. 1878. 12 Hefte (Oktober 1877-September 1878). 1. Halb-
    band. gr. 8°
    Heft 5, S. 347-359
    Heft 6, S. 423-433
Erschienen: Februar und März 1878

51

Der Teufelsbauer. Originalerzählung aus dem Erzgebirge von Karl
    May.
In: Weltspiegel. Illustrirte Zeitschrift zur Unterhaltung und Beleh-
    rung für Jedermann.
    Dresden, Verlag von Adolph Wolf.

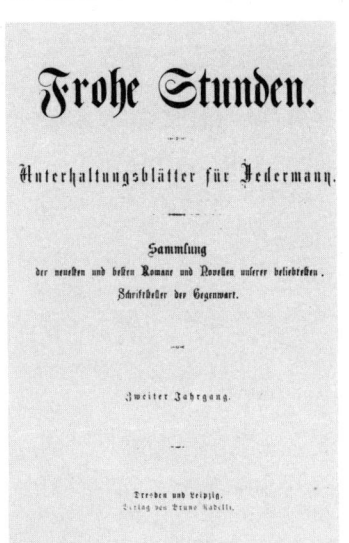

Frohe Stunden.

Unterhaltungsblätter für Jedermann.

Sammlung
der neuesten und besten Romane und Novellen unserer beliebtesten
Schriftsteller der Gegenwart.

Zweiter Jahrgang.

Dresden und Leipzig.
Verlag von Bruno Radelli.

2. Jg. 1878. 26 Hefte = 52 Nummern (Juli 1877-Juli 1878).
gr. 4°
Nr. 33, S. 516, 518-520
Nr. 34, S. 533-536
Nr. 35, S. 548-552
Nr. 36, S. 564-569
Das ist:
Heft 17-18
Erschienen: Erste bis vierte Märzwoche 1878
Nachedition: 67, 115, 115 P, 372 D, 436 C

52

Der Oelprinz. Ein Abenteuer aus den Vereinigten Staaten von
　Nordamerika von Karl May.
In: Frohe Stunden. Unterhaltungsblätter für Jedermann. Samm-
　lung der neuesten und besten Romane und Novellen unserer be-
　liebtesten Schriftsteller der Gegenwart.
　Dresden-Leipzig, Verlag von Bruno Radelli.
　2. Jg. 1878. 52 Nummern (Januar 1878-Übergangswoche Dezem-
　ber 1878/Januar 1879). gr. 4°
　Nr. 10, S. 158-160
　Nr. 11, S. 172-176
Erschienen: Zweite und dritte Märzwoche 1878
Voredition: 8 (S. 7-17), 22 (S. 109, 123-125)
Nachedition: 92 (S. 438-442), 104 (Nr. 37-39), 113 (S. 16-30), 179
　(S. 315-316, 321-323), 201 (S. 14-26), 212 (Nr. 197, S. 2; Nr. 198,
　S. 1-2; Nr. 199, S. 1-2; Nr. 201, S. 1-2), 242 (S. 409-423), 257 E,
　258 C, 264 E, 265 C, 267 E, 269 (S. 61-72), 328 E, 350 E
　(S. 12-27), 353 E, 397 E (S. 12-27), 446 E (S. 12-27), 468
　(S. 334-346), 490 (S. 61-72), 558 C, 563 C

Erstdruck von T. Moritz Hofmann, Dresden. Nachdrucke vom Erstsatz erfolgten im Stereotypdruck bei Hermann Oeser, Neusalza.

52 a
Die Fastnachtsnarren. Humoreske von Carl May.
In: Neues Unterhaltungs=Blatt. Blätter für Unterhaltung und Beleh-
　rung.
　Wiesbaden, Verlag von Theodor Herrmann.
　9. Jg. 1878. 52 Nummern (Januar-Dezember 1878). 4°
　Nr. 12, S. 94-96
　Nr. 13, S. 102-104
　Nr. 14, S. 110-112
　Nr. 15, S. 117-120
Erschienen: Zwischen dem 24. März und 14. April 1878 (Turnus:
　allwöchentlich sonntags)
Voredition: 11
Nachedition: 63, 350 D, 397 D, 446 D

53

Die Gum. Ein Abenteuer aus der Sahara von Karl May.
In: Frohe Stunden. Unterhaltungsblätter für Jedermann. Sammlung der neuesten und besten Romane und Novellen unserer beliebtesten Schriftsteller der Gegenwart.
Dresden-Leipzig, Verlag von Bruno Radelli.
2. Jg. 1878. 52 Nummern (Januar 1878-Übergangswoche Dezember 1878/Januar 1879). gr. 4°
Nr. 12, S. 190-191
Nr. 13, S. 204-208
Nr. 14, S. 221-223
Erschienen: Vierte Märzwoche bis zweite Aprilwoche 1878
Nachedition: 98, 171, 177, 250 A, 257 A, 258 A, 264 A, 265 A, 267 A, 328 A, 353 A, 478 A, 558 A, 563 A

54

Die drei Feldmarschalls. Bisher noch unbekannte Episode aus dem Leben des »alten Dessauers« von Emma Pollmer.
In: Weltspiegel. Illustrirte Zeitschrift zur Unterhaltung und Belehrung für Jedermann.
Dresden, Verlag von Adolph Wolf.
2. Jg. 1878. 26 Hefte = 52 Nummern (Juli 1877-Juli 1878). gr. 4°
Nr. 37, S. 584-586
Nr. 38, S. 600-602
Nr. 39, S. 616-618
Nr. 40, S. 632-634
Nr. 41, S. 648-651
Nr. 42, S. 664-667
Das ist:
Heft 19-21
Erschienen: Erste Aprilwoche bis erste Maiwoche 1878
Nachedition: 70, 127, 127 P, 192

55

Ein Abenteuer auf Ceylon von Karl May.
In: Frohe Stunden. Unterhaltungsblätter für Jedermann. Sammlung der neuesten und besten Romane und Novellen unserer beliebtesten Schriftsteller der Gegenwart.
Dresden-Leipzig, Verlag von Bruno Radelli.
2. Jg. 1878. 52 Nummern (Januar 1878-Übergangswoche Dezember 1878/Januar 1879). gr. 4°
Nr. 14, S. 223
Nr. 15, S. 238-239
Nr. 16, S. 254-255
Nr. 17, S. 269-270
Erschienen: Zweite Aprilwoche bis Übergangswoche April/Mai 1878
Nachedition: 108, 252 D, 257 D, 264 D, 267 D, 328 D, 353 D, 547 D, 558 B, 563 B

56

Die Kriegskasse. Eine kleine Episode aus einer großen Zeit von
E. Pollmer.
In: Frohe Stunden. Unterhaltungsblätter für Jedermann. Samm-
lung der neuesten und besten Romane und Novellen unserer be-
liebtesten Schriftsteller der Gegenwart.
Dresden-Leipzig, Verlag von Bruno Radelli.
2. Jg. 1878. 52 Nummern (Januar 1878-Übergangswoche Dezem-
ber 1878/Januar 1879). gr. 4°
Nr. 17, S. 271
Nr. 18, S. 286-287
Nr. 19, S. 301-303
Nr. 20, S. 317-319
Erschienen: Übergangswoche April/Mai bis dritte Maiwoche 1878

57

Aqua benedetta. Ein geschichtliches Räthsel von Emma Pollmer.
In: Frohe Stunden. Unterhaltungsblätter für Jedermann. Samm-
lung der neuesten und besten Romane und Novellen unserer be-
liebtesten Schriftsteller der Gegenwart.
Dresden-Leipzig, Verlag von Bruno Radelli.
2. Jg. 1878. 52 Nummern (Januar 1878-Übergangswoche Dezem-
ber 1878/Januar 1879). gr. 4°
Nr. 20, S. 319
Nr. 21, S. 333-335
Nr. 22, S. 349-351
Nr. 23, S. 365-367
Nr. 24, S. 381-383
Erschienen: Dritte Maiwoche bis dritte Juniwoche 1878
Nachedition: 124

58

Das Ducatennest. Humoreske von Karl May.
In: Deutsche Boten. Illustrirtes Wochenblatt.
Dresden, Verlag von Adolph Wolf.
3. Jg. 1878. 52 Nummern (Dezember 1877-November/Dezember
1878). gr. 4°
Nr. 26, S. 408-410

Nr. 27, S. 424-426
Nr. 28, S. 440-442
Erschienen: Vierte Maiwoche bis zweite Juniwoche 1878
Voredition: 49
Nachedition: 64, 129

59

Auf der See gefangen. Criminalroman von Karl May.

In: Frohe Stunden. Unterhaltungsblätter für Jedermann. Samm-
lung der neuesten und besten Romane und Novellen unserer be-
liebtesten Schriftsteller der Gegenwart.
Dresden-Leipzig, Verlag von Bruno Radelli.
2. Jg. 1878. 52 Nummern (Januar 1878-Übergangswoche Dezem-
ber 1878/Januar 1879). gr. 4°
Nr. 21, S. 321-323
Nr. 22, S. 337-339
Nr. 23, S. 353-355
Nr. 24, S. 369-371
Nr. 25, S. 385-386
Nr. 26, S. 401-404
Nr. 27, S. 417-420
Nr. 28, S. 433-437
Nr. 29, S. 449-452
Nr. 30, S. 465-468
Nr. 31, S. 481-484
Nr. 32, S. 497-500
Nr. 33, S. 513-516
Nr. 34, S. 529-532
Nr. 35, S. 545-548
Nr. 36, S. 561-564
Nr. 37, S. 577-580
Nr. 38, S. 593-596
Nr. 39, S. 609-613
Nr. 40, S. 625-628
Nr. 41, S. 641-644
Nr. 42, S. 657-660
Nr. 43, S. 673-676
Nr. 44, S. 689-692
Nr. 45, S. 705-708
Nr. 46, S. 721-724
Nr. 47, S. 737-740
Nr. 48, S. 753-756
Nr. 49, S. 769-772
Nr. 50, S. 785-789
Nr. 51, S. 801-807
Nr. 52, S. 817-824
Erschienen: Vierte Maiwoche bis Übergangswoche Dezember
1878/Januar 1879
Nachedition: 87, 194, 266.1, 266 P, 266.2, 269 (S. 116-210,
437-578), 490 (S. 116-210, 437-578)
In Nachdrucken läuft der Erzählbeginn auch unter dem Titel: »Auf
hoher See gefangen.«

60

Räthsel.

Aus einem schön gezierten Häuschen ... Eingesandt von Fräulein Emma Pollmer in Strießen.

In: Frohe Stunden. Unterhaltungsblätter für Jedermann. Sammlung der neuesten und besten Romane und Novellen unserer beliebtesten Schriftsteller der Gegenwart.

Dresden-Leipzig, Verlag von Bruno Radelli.

2. Jg. 1878. 52 Nummern (Januar 1878-Übergangswoche Dezember 1878/Januar 1879). gr. 4°

Nr. 22, S. 352

Erschienen: Erste Juniwoche 1878

Lösung: Die Cigarre

Nr. 26, S. 416

Erschienen: Erste Juliwoche 1878

61

Die verwünschte Ziege. Ein Schwank aus dem wirklichen Leben von Karl May.

In: Weltspiegel. Illustrirte Zeitschrift zur Unterhaltung und Belehrung für Jedermann.

Dresden, Verlag von Adolph Wolf.

2. Jg. 1878. 26 Hefte = 52 Nummern (Juli 1877-Juli 1878). gr. 4°

Nr. 46, S. 728-730

Nr. 47, S. 745-747

Das ist:

Heft 23-24

Erschienen: Erste und zweite Juniwoche 1878

Nachedition: 80, 96, 96 P, 120

62

Ein Self=man. Authentischen Schilderungen nacherzählt von Emma Pollmer.

In: Frohe Stunden. Unterhaltungsblätter für Jedermann. Sammlung der neuesten und besten Romane und Novellen unserer beliebtesten Schriftsteller der Gegenwart.

Dresden-Leipzig, Verlag von Bruno Radelli.

2. Jg. 1878. 52 Nummern (Januar 1878-Übergangswoche Dezember 1878/Januar 1879). gr. 4°

Nr. 25, S. 398-399

Nr. 26, S. 414-415

Nr. 27, S. 430-431

Nr. 28, S. 446-447

Erschienen: Vierte Juniwoche bis dritte Juliwoche 1878

Nachedition: 92, 104, 212, 257 B, 264 B, 267 B, 269 (S. 24-30), 328 B, 353 B, 490 (S. 24-30), 558 E, 563 E

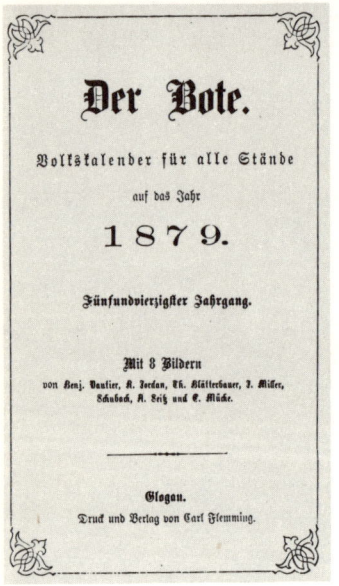

63

Die Fastnachtsnarren. Humoreske von Karl May.
In: Der Bote. Volkskalender für alle Stände auf das Jahr 1879.
    Glogau, Verlag von Carl Flemming.
    45. Jg. kl. 8°
    S. 50-72
Erschienen: Zweite Jahreshälfte 1878
Voredition: 11, 52 a
Nachedition: 350 D, 397 D, 446 D

64

Im Seegerkasten. Von Karl May.
In: Der Bote. Volkskalender für alle Stände auf das Jahr 1879.
    Glogau, Verlag von Carl Flemming.
    45. Jg. kl. 8°
    S. 106-114
Erschienen: Zweite Jahreshälfte 1878
Voredition: 49, 58
Nachedition: 129

65

Briefkasten.
    Herrn W. F. in Wien. Sie klagen über die Mangelhaftigkeit Ihrer
    vaterländischen Belletristik … K. M.
In: Frohe Stunden. Unterhaltungsblätter für Jedermann. Samm-
    lung der neuesten und besten Romane und Novellen unserer be-
    liebtesten Schriftsteller der Gegenwart.
    Dresden-Leipzig, Verlag von Bruno Radelli.
    2. Jg. 1878. 52 Nummern (Januar 1878-Übergangswoche Dezem-
    ber 1878/Januar 1879). gr. 4°
    Nr. 26, S. 416
Erschienen: Erste Juliwoche 1878

66

Arithmograph … Karl May in Strießen=Dresden.
In: Frohe Stunden. Unterhaltungsblätter für Jedermann. Samm-
    lung der neuesten und besten Romane und Novellen unserer be-
    liebtesten Schriftsteller der Gegenwart.
    Dresden-Leipzig, Verlag von Bruno Radelli.
    2. Jg. 1878. 52 Nummern (Januar 1878-Übergangswoche Dezem-
    ber 1878/Januar 1879). gr. 4°
    Nr. 26, S. 416
Erschienen: Erste Juliwoche 1878
    Lösung: Frohe Stunden
    Nr. 29, S. 464
Erschienen: Vierte Juliwoche 1878

67

Der Teufelsbauer. Originalerzählung aus dem Erzgebirge von Karl
    May.
In: Deutsche Boten. Illustrirtes Wochenblatt.
    Dresden, Verlag von Adolph Wolf.

3. Jg. 1878. 52 Nummern (Dezember 1877-November/Dezember
1878). gr. 4°
Nr. 33, S. 516, 518-520
Nr. 34, S. 533-536
Nr. 35, S. 548-552
Nr. 36, S. 564-569
Erschienen: Dritte Juliwoche bis erste Augustwoche 1878
Voredition: 51
Nachedition: 115, 115 P, 372 D, 436 C

68

Arithmogriph ... Eingesandt von Herrn Karl May in Neustrießen.
In: Frohe Stunden. Unterhaltungsblätter für Jedermann. Samm-
   lung der neuesten und besten Romane und Novellen unserer be-
   liebtesten Schriftsteller der Gegenwart.
   Dresden-Leipzig, Verlag von Bruno Radelli.
   2. Jg. 1878. 52 Nummern (Januar 1878-Übergangswoche Dezem-
   ber 1878/Januar 1879). gr. 4°
   Nr. 31, S. 496
Erschienen: Erste Augustwoche 1878
   Lösung: Jeanne d'Arc
   Nr. 36, S. 576
Erschienen: Zweite Septemberwoche 1878

69

Leseaufgabe ... Eingesandt von Herrn Karl May in Strießen=
Dresden.
In: Frohe Stunden. Unterhaltungsblätter für Jedermann. Samm-
   lung der neuesten und besten Romane und Novellen unserer be-
   liebtesten Schriftsteller der Gegenwart.
   Dresden-Leipzig, Verlag von Bruno Radelli.
   2. Jg. 1878. 52 Nummern (Januar 1878-Übergangswoche Dezem-
   ber 1878/Januar 1879). gr. 4°
   Nr. 32, S. 512
Erschienen: Zweite Augustwoche 1878
   Lösung: Die Maus ist in das Bett gekrochen und knistert leise
      mit den Strohhalmen
   Nr. 37, S. 592
Erschienen: Dritte Septemberwoche 1878

70

Die drei Feldmarschalls. Bisher noch unbekannte Episode aus
   dem Leben des »alten Dessauers« von Emma Pollmer.
In: Deutsche Boten. Illustrirtes Wochenblatt.
   Dresden, Verlag von Adolph Wolf.
   3. Jg. 1878. 52 Nummern (Dezember 1877-November/Dezember
   1878). gr. 4°
   Nr. 37, S. 584-586
   Nr. 38, S. 600-602
   Nr. 39, S. 616-618
   Nr. 40, S. 632-634
   Nr. 41, S. 648-651
   Nr. 42, S. 664-667

Erschienen: Zweite Augustwoche bis dritte Septemberwoche 1878
Voredition: 54
Nachedition: 127, 127 P, 192

71

Husarenstreiche. Ein Schwank aus dem Jugendleben des alten
»Feldmarschall Vorwärts« von Karl May.
In: Frohe Stunden. Unterhaltungsblätter für Jedermann. Samm-
lung der neuesten und besten Romane und Novellen unserer be-
liebtesten Schriftsteller der Gegenwart.
Dresden-Leipzig, Verlag von Bruno Radelli.
2. Jg. 1878. 52 Nummern (Januar 1878-Übergangswoche Dezem-
ber 1878/Januar 1879). gr. 4°
Nr. 32, S. 503-504
Nr. 33, S. 517-519
Nr. 34, S. 533-536
Nr. 35, S. 549-552
Nr. 36, S. 565-568
Nr. 37, S. 581-584
Nr. 38, S. 597-600
Nr. 39, S. 613-616
Erschienen: Zweite Augustwoche bis erste Oktoberwoche 1878

72

Arithmogriph ... Eingesandt von Herrn Karl May in Strießen=
Dresden.
In: Frohe Stunden. Unterhaltungsblätter für Jedermann. Samm-
lung der neuesten und besten Romane und Novellen unserer be-
liebtesten Schriftsteller der Gegenwart.
Dresden-Leipzig, Verlag von Bruno Radelli.
2. Jg. 1878. 52 Nummern (Januar 1878-Übergangswoche Dezem-
ber 1878/Januar 1879). gr. 4°
Nr. 33, S. 528
Erschienen: Dritte Augustwoche 1878
Lösung: Maria Theresia
Nr. 38, S. 608
Erschienen: Vierte Septemberwoche 1878

73

Buchstabenräthsel ... Eingesandt von Frau Wilhelmine Schöne in
Hohenstein.
In: Frohe Stunden. Unterhaltungsblätter für Jedermann. Samm-
lung der neuesten und besten Romane und Novellen unserer be-
liebtesten Schriftsteller der Gegenwart.
Dresden-Leipzig, Verlag von Bruno Radelli.
2. Jg. 1878. 52 Nummern (Januar 1878-Übergangswoche Dezem-
ber 1878/Januar 1879). gr. 4°
Nr. 35, S. 560
Erschienen: Erste Septemberwoche 1878
Lösung: Fang - Gang - Hang - Rang - Sang
Nr. 42, S. 672
Erschienen: Vierte Oktoberwoche 1878

Mit an Sicherheit grenzender Wahrscheinlichkeit von Karl May
verfaßt; Wilhelmine Schöne war eine Schwester Karl Mays.

74

Der Africander. Ein Abenteuer aus Südafrika von Emma Pollmer.
In: Frohe Stunden. Unterhaltungsblätter für Jedermann. Samm-
    lung der neuesten und besten Romane und Novellen unserer be-
    liebtesten Schriftsteller der Gegenwart.
    Dresden-Leipzig, Verlag von Bruno Radelli.
    2. Jg. 1878. 52 Nummern (Januar 1878-Übergangswoche Dezem-
    ber 1878/Januar 1879). gr. 4°
    Nr. 35, S. 558-559
    Nr. 36, S. 574-575
    Nr. 37, S. 590-591
Erschienen: Erste bis dritte Septemberwoche 1878
Nachedition: 111, 257 C, 258 B, 264 C, 265 B, 267 C, 294 B, 328 C,
    353 C, 548 B

75

Der Herrgottsengel. Erzählung von Emma Pollmer.
In: Weltspiegel. Illustrirte Zeitschrift zur Unterhaltung und Beleh-
    rung für Jedermann.
    Dresden, Verlag von Adolph Wolf.
    3. Jg. 1879. 28 Hefte = 56 Nummern (Juli 1878-August 1879).
    gr. 4°
    Nr. 8, S. 126-128
    Nr. 9, S. 137-138
    Nr. 10, S. 157-160
    Nr. 11, S. 174-175
    Nr. 12, S. 190-192
    Nr. 13, S. 204-208
    Nr. 14, S. 222-224
    Das ist:
    Heft 4-7
Erschienen: Erste Septemberwoche bis dritte Oktoberwoche 1878
Nachedition: 88, 116, 139

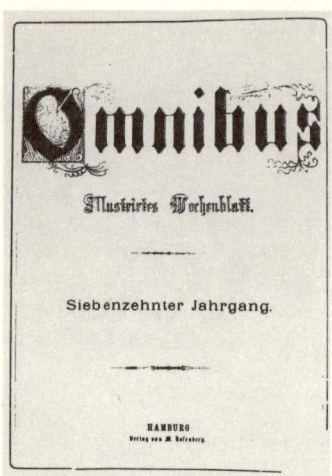

76

Vom Tode erstanden. Ein Abenteuer aus Californien von Emma Pollmer.

In: Frohe Stunden. Unterhaltungsblätter für Jedermann. Sammlung der neuesten und besten Romane und Novellen unserer beliebtesten Schriftsteller der Gegenwart.

Dresden-Leipzig, Verlag von Bruno Radelli.

2. Jg. 1878. 52 Nummern (Januar 1878-Übergangswoche Dezember 1878/Januar 1879). gr. 4°

Nr. 38, S. 606-607

Nr. 39, S. 621-623

Nr. 40, S. 638-639

Nr. 41, S. 654-655

Erschienen: Vierte Septemberwoche bis dritte Oktoberwoche 1878

Nachedition: 269 (S. 79-96), 490 (S. 79-96)

77

Winnetou. Eine Reiseerinnerung von Karl May.

In: Omnibus. Illustrirtes Wochenblatt.

Hamburg, Verlag von M. Rosenberg.

17. Jg. 1878. 17 Hefte = 52 Nummern (Januar-Dezember 1878). gr. 4°

Nr. 40, S. 478-479

Nr. 41, S. 490-491

Das ist

Heft 14

Erschienen: Erste und zweite Oktoberwoche 1878

Voredition: 6, 47

Nachedition: 215 (S. 1-32), 263 (S. 1-26), 326, 350 F, 397 F, 446 F

78
Die Laubthaler. Humoreske von Karl May.
In: Weltspiegel. Illustrirte Zeitschrift zur Unterhaltung und Beleh-
   rung für Jedermann.
   Dresden, Verlag von Adolph Wolf.
   3. Jg. 1879. 28 Hefte = 56 Nummern (Juli 1878-August 1879).
   gr. 4°
   Nr. 12, S. 184-186
   Nr. 13, S. 200-202
   Nr. 14, S. 216-218
   Das ist:
   Heft 6-7
Erschienen: Erste bis dritte Oktoberwoche 1878
Voredition: 33
Nachedition: 90, 117

79
Die Rose von Sokna. Ein Abenteuer aus der Sahara von Karl May.
In: Deutsche Gewerbeschau. Centralorgan für die gewerblichen
   Vereine Deutschlands.
   Mühlhausen. Für den Buchhandel zu beziehen durch die Hein-
   richshofen'sche Buchhandlung (F. Schrocter).
   (1. Jg. 1878/79). 30 Nummern (Oktober 1878-Dezember 1879).
   4°
   Nr. 1, Beilage »Für den Feierabend«, S. 14-15
   Nr. 2, Beilage »Für den Feierabend«, S. 29-31
   Nr. 3, Beilage »Für den Feierabend«, S. 46-47
   Nr. 4, Beilage »Für den Feierabend«, S. 62-63
Erschienen: Zwischen dem 1. Oktober und 15. November 1878
   (Turnus: am 1. und 15. jeden Monats)
Nachedition: 98, 145, 171, 177, 250 A, 251 C, 478 A

80

Die verwünschte Ziege. Ein Schwank aus dem wirklichen Leben
von Karl May.
In: Deutsche Boten. Illustrirtes Wochenblatt.
  Dresden, Verlag von Adolph Wolf.
  3. Jg. 1878. 52 Nummern (Dezember 1877-November/Dezember
  1878). gr. 4°
  Nr. 46, S. 728-730
  Nr. 47, S. 745-747
Erschienen: Dritte und vierte Oktoberwoche 1878
Voredition: 61
Nachedition: 96, 96 P, 120

81

Die Rache des Ehri. Ein Abenteuer aus dem südöstlichen Polyne-
sien von Emma Pollmer.
In: Frohe Stunden. Unterhaltungsblätter für Jedermann. Samm-
  lung der neuesten und besten Romane und Novellen unserer be-
  liebtesten Schriftsteller der Gegenwart.
  Dresden-Leipzig, Verlag von Bruno Radelli.
  2. Jg. 1878. 52 Nummern (Januar 1878-Übergangswoche Dezem-
  ber 1878/Januar 1879). gr. 4°
  Nr. 41, S. 655
  Nr. 42, S. 670-671
  Nr. 43, S. 685-687
Erschienen: Dritte Oktoberwoche bis Übergangswoche Oktober/
November 1878
Nachedition: 114, 138, 252 A, 257 F, 264 F, 267 F, 328 F, 353 F,
  547 A, 558 D, 563 D

82

Arithmogriph ... Eingesandt von Herrn C. G. Pollmer in Hohen-
stein.
In: Frohe Stunden. Unterhaltungsblätter für Jedermann. Samm-
  lung der neuesten und besten Romane und Novellen unserer be-
  liebtesten Schriftsteller der Gegenwart.
  Dresden-Leipzig, Verlag von Bruno Radelli.
  2. Jg. 1878. 52 Nummern (Januar 1878-Übergangswoche Dezem-
  ber 1878/Januar 1879). gr. 4°
  Nr. 44, S. 704
Erschienen: Erste Novemberwoche 1878
  Lösung: Goldammer
  Nr. 52, S. 828
Erschienen: Übergangswoche Dezember 1878/Januar 1879

Mit an Sicherheit grenzender Wahrscheinlichkeit von Karl May
verfaßt; C. G. Pollmer war der Großvater seiner Braut und späteren
ersten Ehefrau Emma Pollmer.

83

Arithmogriph ... Eingesandt von Herrn Pollmer, Hohenstein.
In: Frohe Stunden. Unterhaltungsblätter für Jedermann. Samm-
    lung der neuesten und besten Romane und Novellen unserer be-
    liebtesten Schriftsteller der Gegenwart.
    Dresden-Leipzig, Verlag von Bruno Radelli.
    2. Jg. 1878. 52 Nummern (Januar 1878-Übergangswoche Dezem-
    ber 1878/Januar 1879). gr. 4°
    Nr. 45, S. 720
Erschienen: Zweite Novemberwoche 1878
    Lösung: Hödel und Nobiling
    Nr. 52, S. 828
Erschienen: Übergangswoche Dezember 1878/Januar 1879

Vgl. hierzu die Anmerkung zu Nr. 82.

84

Nach Sibirien. Von Emma Pollmer.
In: Frohe Stunden. Unterhaltungsblätter für Jedermann. Samm-
    lung der neuesten und besten Romane und Novellen unserer be-
    liebtesten Schriftsteller der Gegenwart.
    Dresden-Leipzig, Verlag von Bruno Radelli.
    2. Jg. 1878. 52 Nummern (Januar 1878-Übergangswoche Dezem-
    ber 1878/Januar 1879). gr. 4°
    Nr. 47, S. 741-742
    Nr. 48, S. 757-760
    Nr. 49, S. 773-776
    Nr. 50, S. 790-791
Erschienen: Vierte Novemberwoche bis dritte Dezemberwoche
    1878
Nachedition: 131, 159, 252 C, 547 C

85

Des Kindes Ruf. Eine Geschichte aus dem Erzgebirge von Karl
May.
In: Weltspiegel. Illustrirte Zeitschrift zur Unterhaltung und Beleh-
    rung für Jedermann.
    Dresden, Verlag von Adolph Wolf.
    3. Jg. 1879. 28 Hefte = 56 Nummern (Juli 1878-August 1879).
    gr. 4°
    Nr. 21, S. 328-331
    Nr. 22, S. 345-348
    Nr. 23, S. 360-363
    Das ist:
    Heft 11-12
Erschienen: Erste bis dritte Dezemberwoche 1878
Nachedition: 94, 118, 143, 372 C, 436 B

86

Fürst und Reitknecht. Eine Erzählung von Karl May.
In: All-Deutschland! Illustrirtes Hausblatt.
    Stuttgart, Verlag von Göltz & Rühling (bis 14. 11. 1878: Verlag
    von Franz Neugebauer, Stuttgart).

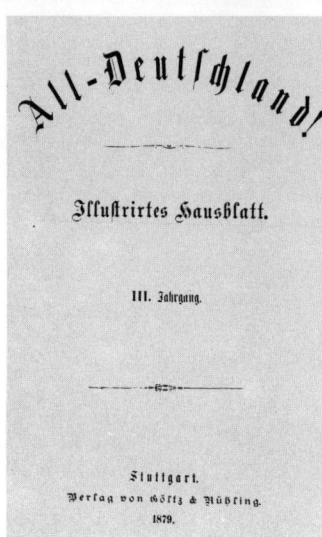

All-Deutschland!

Illustrirtes Hausblatt.

III. Jahrgang.

Stuttgart.
Verlag von Göltz & Rühling.
1879.

3. Jg. 1879. 26 Hefte = 52 Nummern (September 1878-August 1879). 2°
Nr. 11, S. 170-174
Nr. 12, S. 186-191
Nr. 13, S. 204-206
Nr. 14, S. 219-222
Nr. 15, S. 236-239
Nr. 16, S. 250-254
Nr. 17, S. 261-264
Das ist:
Heft 6-9
Erschienen: Erste Dezemberwoche 1878 bis zweite Januarwoche 1879
Voredition: 35, 39
Nachedition: 121, 176, 350 B, 397 B, 446 B

Parallelausgabe

86 P
Für alle Welt! Illustrirtes Hausblatt.
Stuttgart, Verlag von Göltz & Rühling (bis 14.11.1878: Verlag von Franz Neugebauer, Stuttgart).
3. Jg. 1879. 26 Hefte (Oktober 1878-August 1879). 2°
Heft 6-9
Erschienen: Zweite Dezemberwoche 1878 bis dritte Januarwoche 1879

87

Auf hoher See gefangen von Karl May.
  Philadelphia, Verlag von Morwitz & Co., o. J. 8°
  (= Heimat und Fremde, Bd. 50).
  DB: kein Nachweis
Erschienen: Vermutlich frühestens ab 1879
Voredition: 59
Nachedition: 194, 266.1, 266 P, 266.2, 269 (S. 116-210, 437-578),
  490 (S. 116-210, 437-578)

Der Band enthält außerdem die Erzählung »Das Muttermal« von
Berlepsch.

88

Der Herrgottsengel. Erzählung von Emma Pollmer.
In: Deutsche Boten. Illustrirtes Wochenblatt.
  Dresden, Verlag von Adolph Wolf.
  4. Jg. 1879. 56 Nummern (November/Dezember 1878-Dezember
  1879). gr. 4°
  Nr. 8, S. 126-128
  Nr. 9, S. 137-138
  Nr. 10, S. 157-160
  Nr. 11, S. 174-175
  Nr. 12, S. 190-192
  Nr. 13, S. 204-208
  Nr. 14, S. 222-224
Erschienen: Zweite Januarwoche bis vierte Februarwoche 1879
Voredition: 75
Nachedition: 116, 139

89

Die Universalerben. Eine rachgierige Geschichte von Karl Ho-
  henthal.
In: All-Deutschland! Illustrirtes Hausblatt.
  Stuttgart, Verlag von Göltz & Rühling (bis 14. 11. 1878: Verlag
  von Franz Neugebauer, Stuttgart).
  3. Jg. 1879. 26 Hefte = 52 Nummern (September 1878-August
  1879). 2°
  Nr. 18, S. 275-279
  Nr. 19, S. 292-296, 298
  Das ist:
  Heft 9-10
Erschienen: Dritte und vierte Januarwoche 1879

Parallelausgabe

89 P
Für alle Welt! Illustrirtes Hausblatt.
Stuttgart, Verlag von Göltz & Rühling (bis 14. 11. 1878: Verlag von
Franz Neugebauer, Stuttgart).
3. Jg. 1879. 26 Hefte (Oktober 1878-August 1879). 2°
Heft 9-10
Erschienen: Dritte Januarwoche bis erste Februarwoche 1879

90
Die Laubthaler. Humoreske von Karl May.
In: Deutsche Boten. Illustrirtes Wochenblatt.
  Dresden, Verlag von Adolph Wolf.
    4. Jg. 1879. 56 Nummern (November/Dezember 1878-Dezember
    1879). gr. 4°
    Nr. 12, S. 184-186
    Nr. 13, S. 200-202
    Nr. 14, S. 216-218
Erschienen: Zweite bis vierte Februarwoche 1879
Voredition: 33, 78
Nachedition: 117

91
Der Waldkönig. Eine Erzählung aus dem Erzgebirge von Karl
  May.
In: All-Deutschland! Illustrirtes Hausblatt.
  Stuttgart, Verlag von Göltz & Rühling (bis 14. 11. 1878: Verlag
  von Franz Neugebauer, Stuttgart).
    3. Jg. 1879. 26 Hefte = 52 Nummern (September 1878-August
    1879). 2°
    Nr. 22, S. 347-350
    Nr. 23, S. 363-367
    Nr. 24, S. 379-382
    Nr. 25, S. 395-398
    Nr. 26, S. 412-414
    Nr. 27, S. 427-430
    Nr. 28, S. 443-446
    Nr. 29, S. 459-462
    Nr. 30, S. 475-478
    Nr. 31, S. 492-494
    Nr. 32, S. 500-503
    Das ist:
    Heft 11-16
Erschienen: Dritte Februarwoche bis Übergangswoche April/Mai
  1879
Nachedition: 107, 130, 144, 151, 154, 172, 195, 239, 255, 268, 354,
  371, 372 F, 436 E

Parallelausgabe

91 P
Für alle Welt! Illustrirtes Hausblatt.
Stuttgart, Verlag von Göltz & Rühling (bis 14. 11. 1878: Verlag von
Franz Neugebauer, Stuttgart).
3. Jg. 1879. 26 Hefte (Oktober 1878-August 1879). 2°
Heft 11-16
Erschienen: Dritte Februarwoche bis Übergangswoche April/Mai
1879

Anfang der achtziger Jahre verkaufte Karl May diese Erzählung an
F. C. Entrich's Literarisches Institut in Berlin, ein Vermittlungs-
büro, das literarische Texte ankaufte und an Zeitschriften- und

Zeitungsredaktionen zur Veröffentlichung weiterverkaufte. Es besteht daher die große Wahrscheinlichkeit, daß außer den hier verzeichneten Nacheditionen noch weitere existieren.

92

Three carde monte. Ein Bild aus den Vereinigten Staaten Nordamerika's von Karl May.

In: Deutscher Hausschatz in Wort und Bild.

Regensburg-New-York-Cincinnati, Verlag von Friedrich Pustet.

5. Jg. 1878/79. 18 Hefte = 52 Nummern (offiziell: Oktober 1878-Oktober 1879; tatsächlich: September 1878-September 1879). 4°

Nr. 26, S. 405-408

Nr. 27, S. 423-424, 426-430

Nr. 28, S. 435-436, 438-440, 442-443

Das ist:

Heft 9-10

Erschienen: Dritte Märzwoche bis erste Aprilwoche 1879

Voredition: 62

Nachedition: 104, 212, 257 B, 264 B, 267 B, 269 (S. 1-74), 328 B, 353 B, 490 (S. 1-74), 558 E, 563 E

93

Der Gichtmüller. Originalerzählung aus dem Erzgebirge von Karl May.

In: Weltspiegel. Illustrirte Zeitschrift zur Unterhaltung und Belehrung für Jedermann.

Dresden, Verlag von Adolph Wolf.

3. Jg. 1879. 28 Hefte = 56 Nummern (Juli 1878-August 1879). gr. 4°

Nr. 37, S. 590-592

Nr. 38, S. 606-608

Nr. 39, S. 622-624

Nr. 40, S. 638-639

Das ist:

Heft 19-20

Erschienen: Vierte Märzwoche bis dritte Aprilwoche 1879

Nachedition: 102, 119, 148

94

Des Kindes Ruf. Eine Geschichte aus dem Erzgebirge von Karl
May.
In: Deutsche Boten. Illustrirtes Wochenblatt.
  Dresden, Verlag von Adolph Wolf.
  4. Jg. 1879. 56 Nummern (November/Dezember 1878-Dezember
  1879). gr. 4°
  Nr. 21, S. 328-331
  Nr. 22, S. 345-348
  Nr. 23, S. 360-363
Erschienen: Zweite bis vierte Aprilwoche 1879
Voredition: 85
Nachedition: 118, 143, 372 C, 436 B

95

Ein Dichter. Eine Erzählung aus den Vereinigten Staaten von Karl
Hohenthal.
In: All-Deutschland! Illustrirtes Hausblatt.
  Stuttgart, Verlag von Göltz & Rühling (bis 14. 11. 1878: Verlag
  von Franz Neugebauer, Stuttgart).
  3. Jg. 1879. 26 Hefte = 52 Nummern (September 1878-August
  1879). 2°
  Nr. 32, S. 506-510
  Nr. 33, S. 523-526
  Nr. 34, S. 538-542
  Nr. 35, S. 552-557
  Nr. 36, S. 566-571
  Nr. 37, S. 588-590
  Nr. 38, S. 598-600
  Nr. 39, S. 612-615
  Das ist:
  Heft 16-20
Erschienen: Übergangswoche April/Mai bis dritte Juniwoche 1879
Nachedition: 251 B

Parallelausgabe

95 P

Für alle Welt! Illustrirtes Hausblatt.
Stuttgart, Verlag von Göltz & Rühling (bis 14. 11. 1878: Verlag von
Franz Neugebauer, Stuttgart).
3. Jg. 1879. 26 Hefte (Oktober 1878-August 1879). 2°
Heft 16-20
Erschienen: Übergangswoche April/Mai bis vierte Juniwoche 1879

96

Eine Wette. Humoreske von Karl May.
In: All-Deutschland! Illustrirtes Hausblatt.
  Stuttgart, Verlag von Göltz & Rühling (bis 14. 11. 1878: Verlag
  von Franz Neugebauer, Stuttgart).
  3. Jg. 1879. 26 Hefte = 52 Nummern (September 1878-August
  1879). 2°

Nr. 33, S. 519-523
Das ist:
Heft 17
Erschienen: Erste Maiwoche 1879
Voredition: 61, 80
Nachedition: 120

Parallelausgabe

96 P
Für alle Welt! Illustrirtes Hausblatt.
Stuttgart, Verlag von Göltz & Rühling (bis 14.11.1878: Verlag von
Franz Neugebauer, Stuttgart).
3. Jg. 1879. 26 Hefte (Oktober 1878-August 1879). 2°
Heft 17
Erschienen: Zweite Maiwoche 1879

97
Die beiden Nachtwächter. Humoreske von Karl May.
In: All-Deutschland! Illustrirtes Hausblatt.
    Stuttgart, Verlag von Göltz & Rühling (bis 14.11.1878: Verlag
    von Franz Neugebauer, Stuttgart).
    3. Jg. 1879. 26 Hefte = 52 Nummern (September 1878-August
    1879). 2°
    Nr. 37, S. 579-586
    Das ist:
    Heft 19
Erschienen: Erste Juniwoche 1879
Voredition: 41
Nachedition: 101, 170

Parallelausgabe

97 P
Für alle Welt! Illustrirtes Hausblatt.
Stuttgart, Verlag von Göltz & Rühling (bis 14.11.1878: Verlag von
Franz Neugebauer, Stuttgart).
3. Jg. 1879. 26 Hefte (Oktober 1878-August 1879). 2°
Heft 19
Erschienen: Zweite Juniwoche 1879

98
Unter Würgern. Abenteuer aus der Sahara von Karl May.
In: Deutscher Hausschatz in Wort und Bild.
    Regensburg-New-York-Cincinnati, Verlag von Friedrich Pustet.
    5. Jg. 1878/79. 18 Hefte = 52 Nummern (offiziell: Oktober
    1878-Oktober 1879; tatsächlich: September 1878-September
    1879). 4°
    Nr. 38, S. 607-608
    Nr. 39, S. 617-621
    Nr. 40, S. 634-638
    Nr. 41, S. 644, 646-651, 653-654 (Red.S.: 28.6.1879)

Nr. 42, S. 663-664, 666-670 (Red.S.: 4.7.1879)
Nr. 43, S. 684-688 (Red. S.: 11.7.1879)
Nr. 44, S. 689-694 (Red. S.: 18.7.1879)
Das ist:
Heft 13-16
Erschienen: Zweite Juniwoche bis vierte Juliwoche 1879
Voredition: 53, 79
Nachedition: 145, 171, 177, 250 A, 251 C, 257 A, 258 A, 264 A,
    265 A, 267 A, 328 A, 353 A, 478 A, 558 A, 563 A

99
Der Giftheiner. Eine Erzählung aus dem Erzgebirge von Karl Ho-
    henthal.
In: All-Deutschland! Illustrirtes Hausblatt.
    Stuttgart, Verlag von Göltz & Rühling (bis 14. 11. 1878: Verlag
    von Franz Neugebauer, Stuttgart).
    3. Jg. 1879. 26 Hefte = 52 Nummern (September 1878-August
    1879). 2°
    Nr. 40, S. 636-638
    Nr. 41, S. 651-653
    Nr. 42, S. 668-670
    Nr. 43, S. 684-686
    Nr. 44, S. 699-702
    Nr. 45, S. 717-718
    Nr. 46, S. 731-735
    Nr. 47, S. 748-751
    Nr. 48, S. 762-766
    Nr. 49, S. 772-778
    Das ist:
    Heft 20-25
Erschienen: Vierte Juniwoche bis erste Augustwoche 1879
Nachedition: 137

Parallelausgabe

99 P
Für alle Welt! Illustrirtes Hausblatt.
Stuttgart, Verlag von Göltz & Rühling (bis 14.11.1878: Verlag von
Franz Neugebauer, Stuttgart).
3.Jg. 1879. 26 Hefte (Oktober 1878-August 1879). 2°
Heft 20-25
Erschienen: Vierte Juniwoche bis erste Augustwoche 1879

100
Ein Stücklein vom alten Dessauer. Humoreske von Karl May.
In: Der Bote. Volkskalender für alle Stände auf das Schaltjahr
    1880.
    Glogau, Verlag von Carl Flemming.
    46.Jg. kl. 8°
    S.67-80
Erschienen: Zweite Jahreshälfte 1879
Voredition: 7, 43
Nachedition: 106, 106 P, 164, 182

101
Die beiden Nachtwächter. Humoreske von Karl May.
In: Der Bote. Volkskalender für alle Stände auf das Schaltjahr
    1880.
    Glogau, Verlag von Carl Flemming.
    46.Jg. kl. 8°
    S.124-144
Erschienen: Zweite Jahreshälfte 1879
Voredition: 41, 97, 97 P
Nachedition: 170

102
Der Gichtmüller. Originalerzählung aus dem Erzgebirge von Karl
    May.
In: Deutsche Boten. Illustrirtes Wochenblatt.
    Dresden, Verlag von Adolph Wolf.
    4.Jg. 1879. 56 Nummern (November/Dezember 1878-Dezember
    1879). gr. 4°
    Nr.37, S.590-592
    Nr.38, S.606-608
    Nr.39, S.622-624
    Nr.40, S.638-639
Erschienen: Übergangswoche Juli/August bis dritte Augustwoche
    1879
Voredition: 93
Nachedition: 119, 148

103

Der Dukatenhof. Eine Erzählung aus dem Erzgebirge. Von Karl
    May.
In: Illustrirtes Unterhaltungs-Blatt. Belletristische Wochenschrift
    für die Familie und Jedermann.
    Stuttgart, Verlag von Hermann Schönlein.
    Jg. 1879. 53 Nummern (Januar-Dezember 1879). 4°
    Nr. 32, S. 249-251
    Nr. 33, S. 257-259
    Nr. 34, S. 265-267
    Nr. 35, S. 273-275
    Nr. 36, S. 281-283
    Nr. 37, S. 289-291
    Nr. 38, S. 297-299
    Nr. 39, S. 305-306
Erschienen: Erste Augustwoche bis vierte Septemberwoche 1879
Voredition: 40
Nachedition: 243, 372 E, 436 D, 466

Parallelausgabe

103 P

Illustrirtes Unterhaltungs-Blatt. Wochenschrift für Carlsruhe und
Umgebung.
Stuttgart, Verlag von Hermann Schönlein.
Nr. 1-41: Expedition L. Rodrian, Carlsruhe.
Nr. 42-53: Expedition L. Rodrian'sche Buchdruckerei (A. v. Gor-
don), Carlsruhe.

Das »Illustrirte Unterhaltungs-Blatt« gab Schönlein vorgefertigt an
Zeitungsexpeditionen ab. Es ist deßhalb sehr wahrscheinlich, daß
davon noch weitere Parallelausgaben existieren.

104

Abraham Lincoln. Ein Abenteuer aus den Vereinigten=Staaten von
    Karl May.
In: Sonntagsruhe. Familienblatt zur Unterhaltung und Beleh-
    rung.
    Berlin, Verlag der Societät der Berliner Bürger-Zeitung (vorm.
    D. Collin) W. & S. Loewenthal.

15. Jg. 1879. 52 Nummern (Januar-Dezember 1879). gr. 4°
Nr. 32, S. 249-252
Nr. 33, S. 257-259
Nr. 34, S. 265-267
Nr. 35, S. 273-275
Nr. 36, S. 281-283
Nr. 37, S. 289-291
Nr. 38, S. 297-299
Nr. 39, S. 305-307
Erschienen: Zwischen dem 10. August und 28. September 1879
   (Turnus: allwöchentlich sonntags)
Voredition: 62, 92
Nachedition: 212, 257 B, 264 B, 267 B, 269 (S. 1-74), 328 B, 353 B,
   490 (S. 1-74), 558 E, 563 E

Bei der »Sonntagsruhe« handelt es sich um die Sonntagsbeilage der
»Berliner Bürger=Zeitung«; für die Abonnenten der Zeitung erfolgte die Abgabe der Beilage gratis.

105
Scepter und Hammer. Originalroman von Carl May.
In: All-Deutschland! Illustrirtes Hausblatt.
   Stuttgart, Verlag von Göltz & Rühling.
   4. Jg. 1880. 26 Hefte = 52 Nummern (August 1879-August 1880).
   2°
   Nr. 1, S. 1-6
   Nr. 2, S. 17-19, 22
   Nr. 3, S. 33-38
   Nr. 4, S. 49-51, 54
   Nr. 5, S. 65-68
   Nr. 6, S. 81-83
   Nr. 7, S. 97-99
   Nr. 8, S. 113-115

Nr. 41, S. 641-643
Nr. 42, S. 657-659
Nr. 43, S. 673-677
Nr. 44, S. 689-692, 694
Nr. 45, S. 705-710
Nr. 46, S. 721-726
Nr. 47, S. 737-740, 742-743
Nr. 48, S. 753-760
Nr. 49, S. 769-775
Nr. 50, S. 785-788
Nr. 51, S. 801-803, 806-808
Nr. 52, S. 817-819
Das ist:
Heft 1-26
Erschienen: Zweite Augustwoche 1879 bis erste Augustwoche 1880

Parallelausgabe

105 P
Für alle Welt! Illustrirtes Hausblatt.
Stuttgart, Verlag von Göltz & Rühling.
4. Jg. 1880. 26 Hefte = 52 Nummern (August 1879-August 1880). 2°
Heft 1-26
Erschienen: Dritte Augustwoche 1879 bis erste Augustwoche 1880

106
Der Pflaumendieb. Humoristische Episode aus dem Leben des al-
ten Dessauers von Karl Hohenthal.
In: All-Deutschland! Illustrirtes Hausblatt.
   Stuttgart, Verlag von Göltz & Rühling.
   4. Jg. 1880. 26 Hefte = 52 Nummern (August 1879-August 1880).
   2°
   Nr. 1, S. 11-14
   Nr. 2, S. 28, 30
   Nr. 3, S. 43-44, 46
   Nr. 4, S. 59-62
   Nr. 5, S. 75-78
   Nr. 6, S. 84-88, 90
   Das ist:
   Heft 1-3
Erschienen: Zweite Augustwoche bis dritte Septemberwoche 1879
Voredition: 7, 43, 100
Nachedition: 164, 182

Parallelausgabe

106 P
Für alle Welt! Illustrirtes Hausblatt.
Stuttgart, Verlag von Göltz & Rühling.
4. Jg. 1880. 26 Hefte = 52 Nummern (August 1879-August 1880). 2°
Heft 1-3
Erschienen: Dritte Augustwoche bis dritte Septemberwoche 1879

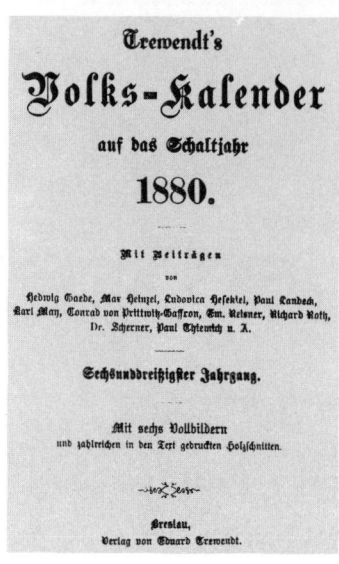

107

Im Sonnenthau. Erzählung aus dem Erzgebirge von Karl May.
In: Trewendt's Volks-Kalender auf das Schaltjahr 1880.
   Breslau, Verlag von Eduard Trewendt.
   36. Jg. 8°
   S. 1-33, 5 Holzschnitte
Erschienen: EN: 29. August 1879
Voredition: 91, 91 P
Nachedition: 130, 144, 151, 154, 172, 195, 239, 255, 268, 354, 371, 372 F, 436 E

108

Der Girl=Robber. Ein singhalesisches Abenteuer von Karl May.
In: Deutscher Hausschatz in Wort und Bild.
   Regensburg-New-York-Cincinnati, Verlag von Friedrich Pustet.
   6. Jg. 1879/80. 18 Hefte = 52 Nummern (offiziell: Oktober 1879-Oktober 1880; tatsächlich: September 1879-September 1880). 4°
   Nr. 3, S. 46-48 (Red.S.: 22. 9. 1879)
   Nr. 4, S. 58-62 (Red.S.: 10. 10. 1879)
   Nr. 5, S. 74-75, 77-79 (Red.S.: 17. 10. 1879)
   Nr. 6, S. 88, 90-91, 93 (Red.S.: 24. 10. 1879)
   Nr. 7, S. 100-103, 106-107, 109 (Red.S.: 31. 10. 1879)
   Das ist:
   Heft 1-3
Erschienen: Erste Oktoberwoche bis erste Novemberwoche 1879
Voredition: 55
Nachedition: 252 D, 257 D, 264 D, 267 D, 328 D, 353 D, 547 D, 558 B, 563 B

109

Am Nil. Ein Abenteuer aus Egypten von Karl May.

In: Sonntagsruhe. Familienblatt zur Unterhaltung und Belehrung.
    Berlin, Verlag der Societät der Berliner Bürger-Zeitung (vorm.
    D. Collin) W. & S. Loewenthal.
    15. Jg. 1879. 52 Nummern (Januar-Dezember 1879). gr. 4°
    Nr. 44, S. 345-347
    Nr. 45, S. 353-355
    Nr. 46, S. 361-363
    Nr. 47, S. 369-371
    Nr. 48, S. 377-379
    Nr. 49, S. 385-388
    Nr. 50, S. 393-396

Erschienen: Zwischen dem 2. November und 14. Dezember 1879
    (Turnus: allwöchentlich sonntags)

Voredition: 36, 42

Nachedition: 140 (S. 324–367), 141, 226 (S. 83–168), 435 (S. 68–138)

110

Der Gitano. Ein Abenteuer aus Spanien von Karl Hohenthal.

In: All-Deutschland! Illustrirtes Hausblatt.
    Stuttgart, Verlag von Göltz & Rühling.
    4. Jg. 1880. 26 Hefte = 52 Nummern (August 1879-August 1880).
    2°
    Nr. 14, S. 220-223
    Nr. 15, S. 227-231
    Das ist:
    Heft 7-8

Erschienen: Zweite und dritte Novemberwoche 1879

Voredition: 5, 5 P 1 bis 5 P 15, 45

Nachedition: 350 G, 397 G, 446 G

Parallelausgabe

110 P

Für alle Welt! Illustrirtes Hausblatt.
Stuttgart, Verlag von Göltz & Rühling.
4. Jg. 1880. 26 Hefte = 52 Nummern (August 1879-August 1880).
2°
Heft 7-8
Erschienen: Zweite und vierte Novemberwoche 1879

111

Der Boer van het Roer. Ein Abenteuer aus dem Kaffernlande von
    Karl May.

In: Deutscher Hausschatz in Wort und Bild.
    Regensburg-New-York-Cincinnati, Verlag von Friedrich Pustet.
    6. Jg. 1879/80. 18 Hefte = 52 Nummern (offiziell: Oktober
    1879-Oktober 1880; tatsächlich: September 1879-September
    1880). 4°
    Nr. 8, S. 122-123, 125-128
    Nr. 9, S. 132-135, 138-139, 141-142 (Red.S.: 14. 11. 1879)

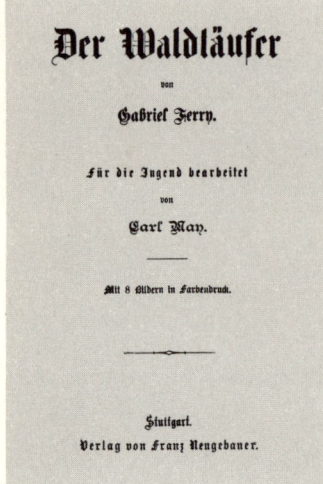
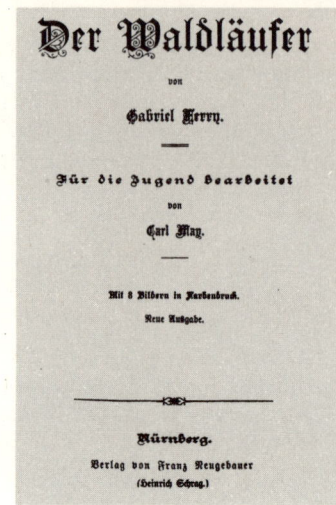
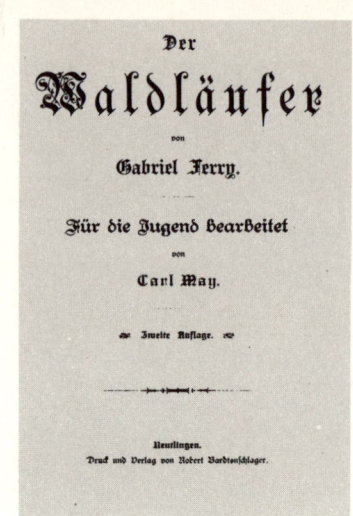

Nr. 10, S. 151-152, 154-155, 157-160 (Red.S.: 21. 11. 1879)
Nr. 11, S. 166-171
Nr. 12, S. 184-189
Das ist:
Heft 3-4
Erschienen: Zweite Novemberwoche bis zweite Dezemberwoche
1879
Voredition: 74
Nachedition: 257 C, 258 B, 264 C, 265 B, 267 C, 294 B, 328 C,
353 C, 548 B

112
Der Waldläufer.

Buch-Erstausgabe

112.1
Der Waldläufer von Gabriel Ferry. Für die Jugend bearbeitet von
Carl May.
Stuttgart, Verlag von Franz Neugebauer, 1879. 562 S., 8 Bilder in
Farbendruck. 8°
DB: 1
Erschienen: EN: 29. November 1879

Nachauflage der Erstausgabe

112.NA
Der Waldläufer von Gabriel Ferry. Für die Jugend bearbeitet von
Carl May. Neue Ausgabe.
Nürnberg, Verlag von Franz Neugebauer (Heinrich Schrag),
1884.
562 S., 8 Bilder in Farbendruck. 8°
DB: 1
Erschienen: EN: 3. November 1884 (Teil-Bindequote von 112.1)

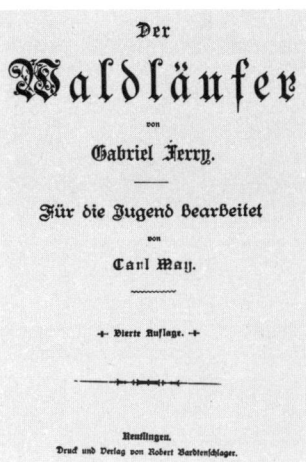

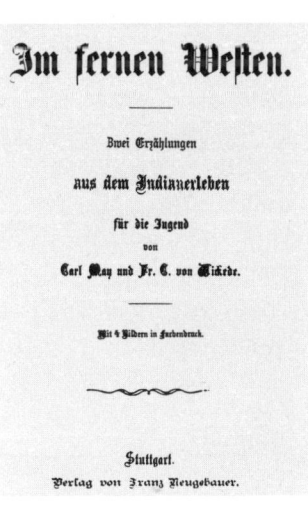

Im November 1884, 1885 und 1886 erklärte die Firma S. Schwelm, Buchhandlung und Antiquariat in Frankfurt/M.: »Ich übernahm aus dem F. Neugebauerschen Verlag in Nürnberg (früher Stuttgart) und offerire, so lange der kleine Vorrath reicht«, unter außerordentlicher Preisherabsetzung diesen Titel.

Buch-Zweitausgabe

112.2
Der Waldläufer von Gabriel Ferry. Für die Jugend bearbeitet von
    Carl May. Zweite Auflage.
    Reutlingen, Verlag von Robert Bardtenschlager, 1889. 208 S.,
    4 Bilder in Farbendruck. Lex.-8°
    DB: 2
Erschienen: EN: 21. August 1889

Nachauflagen der Zweitausgabe

112.3
Der Waldläufer von Gabriel Ferry. Für die Jugend bearbeitet von
    Carl May. Dritte Auflage.
    Reutlingen, Verlag von Robert Bardtenschlager, 1893. 208 S.,
    4 Bilder in Farbendruck. 4°
    DB: 2
Erschienen: EN: 20. November 1893

112.4
Der Waldläufer von Gabriel Ferry. Für die Jugend bearbeitet von
    Carl May. Vierte Auflage.
    Reutlingen, Verlag von Robert Bardtenschlager, 1902. 208 S.,
    4 Bilder in Farbendruck. 4°
    DB: 2
Erschienen: EN: 15. August 1902 (Eintrag Mays in seinem Exem-
    plar: »Im October 1901 gekauft«)

113
Im fernen Westen.

Buch-Erstausgabe

113.1
Im fernen Westen. Zwei Erzählungen aus dem Indianerleben für
    die Jugend von Carl May und Fr. C. von Wickede.
    Stuttgart, Verlag von Franz Neugebauer, 1879. 195 S., 4 Bilder in
    Farbendruck. 8°
    DB: 3
Erschienen: EN: 29. November 1879
Voredition: 8, 22
Nachedition: 179, 201, 242 (Kap. 5 und 6), 350 E, 387 (S. 171-186),
    397 E, 446 E, 468 (Kap. 5 und 6)

May-Text »Im fernen Westen«: S. 1-173, 4 Bilder; Wickede-Text
»Sagen und Legenden vom Mississippi«: S. 175-195.

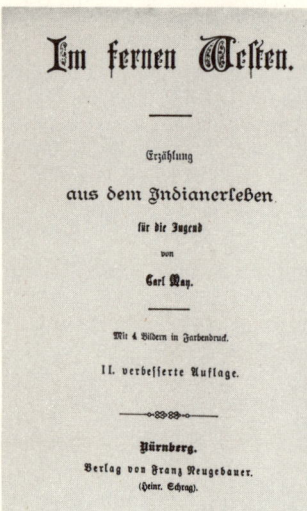

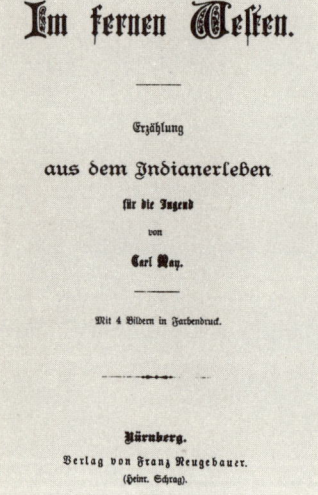

Buch-Zweitausgabe

113.2

Im fernen Westen. Erzählung aus dem Indianerleben für die Jugend von Carl May. II. verbesserte Auflage.
Nürnberg, Verlag von Franz Neugebauer (Heinrich Schrag), 1885. 172 S., 4 Bilder in Farbendruck. gr. 8°
DB: 3
Erschienen: EN: 2. Dezember 1885

Nachauflage der Zweitausgabe

113.3

Im fernen Westen. Erzählung aus dem Indianerleben für die Jugend von Carl May.
Nürnberg, Verlag von Franz Neugebauer (Heinrich Schrag), (1886/87). 172 S., 4 Bilder in Farbendruck. gr. 8°
DB: 3
Erschienen: Vermutlich zwischen Januar 1886 und April 1887

114

Der Ehri. Ein Abenteuer auf den Gesellschaftsinseln von Karl May.
In: Deutscher Hausschatz in Wort und Bild.
Regensburg-New-York-Cincinnati, Verlag von Friedrich Pustet.
6. Jg. 1879/80. 18 Hefte = 52 Nummern (offiziell: Oktober 1879-Oktober 1880; tatsächlich: September 1879-September 1880). 4°
Nr. 13, S. 206-207 (Red.S.: 12. 12. 1879)
Nr. 14, S. 218-219, 221-223 (Red.S.: 19. 12. 1879)
Nr. 15, S. 235, 237-238 (Red.S.: 27. 12. 1879)
Nr. 16, S. 250-251, 253-256
Das ist:
Heft 5-6
Erschienen: Dritte Dezemberwoche 1879 bis erste Januarwoche 1880
Voredition: 81
Nachedition: 138, 252 A, 257 F, 264 F, 267 F, 328 F, 353 F, 547 A, 558 D, 563 D

115

Der Einsiedel. Eine Erzählung aus dem Erzgebirge von Karl Hohenthal.
In: All-Deutschland! Illustrirtes Hausblatt.
Stuttgart, Verlag von Göltz & Rühling.
4. Jg. 1880. 26 Hefte = 52 Nummern (August 1879-August 1880, 2°
Nr. 21, S. 331-334
Nr. 22, S. 342-347
Nr. 23, S. 356, 358-363
Das ist:
Heft 11-12

Erschienen: Übergangswoche Dezember 1879/Januar 1880 bis
    zweite Januarwoche 1880
Voredition: 51, 67
Nachedition: 372 D, 436 C

Parallelausgabe

115 P
Für alle Welt! Illustrirtes Hausblatt.
Stuttgart, Verlag von Göltz & Rühling.
4. Jg. 1880. 26 Hefte = 52 Nummern (August 1879-August 1880).
2°
Heft 11-12
Erschienen: Erste und dritte Januarwoche 1880

116
Der Herrgottsengel. Erzählung von Emma Pollmer.
In: Deutsche Boten. Illustrirte Zeitschrift.
    Dresden, Verlag von Adolph Wolf.
    IV. Bd. 56 Lieferungen (Lfg. 12-116; von Lfg. 12-110 nur Lfgn.
    mit gerader Zahl; ab Lfg. 110 durchgehend numeriert). 4°
    Lfg. 26, S. 126-128
    Lfg. 28, S. 137-138
    Lfg. 30, S. 157-160
    Lfg. 32, S. 174-175
    Lfg. 34, S. 190-192
    Lfg. 36, S. 204-208
    Lfg. 38, S. 222-224
Erschienen: Vermutlich frühestens ab 1880 (Turnus: am 1., 11. und
    21. jeden Monats)
Voredition: 75, 88
Nachedition: 139

117
Die Laubthaler. Humoreske von Karl May.
In: Deutsche Boten. Illustrirte Zeitschrift.
    Dresden, Verlag von Adolph Wolf.
    IV. Bd. 56 Lieferungen (Lfg. 12-116; von Lfg. 12-110 nur Lfgn.
    mit gerader Zahl; ab Lfg. 110 durchgehend numeriert). 4°
    Lfg. 34, S. 184-186
    Lfg. 36, S. 200-202
    Lfg. 38, S. 216-218
Erschienen: Vermutlich frühestens ab 1880 (Turnus: am 1., 11. und
    21. jeden Monats)
Voredition: 33, 78, 90

118
Des Kindes Ruf. Eine Geschichte aus dem Erzgebirge von Karl
    May.
In: Deutsche Boten. Illustrirte Zeitschrift.
    Dresden, Verlag von Adolph Wolf.
    IV. Bd. 56 Lieferungen (Lfg. 12-116; von Lfg. 12-110 nur Lfgn.
    mit gerader Zahl; ab Lfg. 110 durchgehend numeriert). 4°

Weg mit den Grillen!

Humoristische Volksbibliothek.

V. Bändchen.

Berlin.
Verlag von H. Liebau.
Weißenburger-Straße 80.

Lfg. 52, S. 328-331
Lfg. 54, S. 345-348
Lfg. 56, S. 360-363
Erschienen: Vermutlich frühestens ab 1880 (Turnus: am 1., 11. und 21. jeden Monats)
Voredition: 85, 94
Nachedition: 143, 372 C, 436 B

119
Der Gichtmüller. Originalerzählung aus dem Erzgebirge von Karl May.
In: Deutsche Boten. Illustrirte Zeitschrift.
Dresden, Verlag von Adolph Wolf.
IV. Bd. 56 Lieferungen (Lfg. 12-116; von Lfg. 12-110 nur Lfgn. mit gerader Zahl; ab Lfg. 110 durchgehend numeriert). 4°
Lfg. 84, S. 590-592
Lfg. 86, S. 606-608
Lfg. 88, S. 622-624
Lfg. 90, S. 638-639
Erschienen: Vermutlich frühestens ab 1880 (Turnus: am 1., 11. und 21. jeden Monats)
Voredition: 93, 102
Nachedition: 148

120
Die verhexte Ziege. Humoreske von Karl May.
In: Weg mit den Grillen!
Berlin, Verlag von H. Liebau, 1880. 8°
(= Humoristische Volksbibliothek, V. Bändchen).
S. 3-17
DB: kein Nachweis
Erschienen: Im laufenden Jahr 1880
Voredition: 61, 80, 96, 96 P

121
Die Seelenverkäufer. Humoristische Episode aus dem Leben des »alten Dessauers« von Karl May.
In: Deutsche Gewerbeschau. Central-Organ für die gewerblichen Vereine Deutschlands und insonderheit des Thür. Gewerbe-Verbandes.
Mühlhausen, Verlag von Th. Vorhauer (später: Th. Vorhauer & Andres).
(2. Jg. 1880). 24 Nummern (Januar-Dezember 1880). 4°
Nr. ?
Nr. 33, Beilage »Für den Feierabend«, S. 520-522
Nr. 34, Beilage »Für den Feierabend«, S. ?
Nr. 35, Beilage »Für den Feierabend«, S. 551-552
Nr. 36, Beilage »Für den Feierabend«, S. ?
Nr. 37, Beilage »Für den Feierabend«, S. ?
Nr. 38, Beilage »Für den Feierabend«, S. 599-601
Nr. 39, Beilage »Für den Feierabend«, S. ?
Nr. 40, Beilage »Für den Feierabend«, S. 631-634
Nr. 41, Beilage »Für den Feierabend«, S. ?

Nr. 42, Beilage »Für den Feierabend«, S. 663-665
Nr. 43, Beilage »Für den Feierabend«, S. 679-682
Nr. 44, Beilage »Für den Feierabend«, S. 695-698
Erschienen: Zwischen dem ? Januar und 15. Juli 1880 (Turnus: am
    1. und 15. jeden Monats)
Voredition: 35, 39, 86, 86 P
Nachedition: 176, 350 B, 397 B, 446 B

122
May, Dr. Karl …
In: Allgemeiner Deutscher Literaturkalender für das Schaltjahr
    1880. Herausgegeben von Heinrich Hart und Julius
    Hart.
    Bremen, Verlag von J. Kühtmann's Buchhandlung.
    2. Jg. 1880. 16° (spätere Ausgaben: 8°)
    S. 137
Erschienen: SE: 15. Januar 1880; EN: 5. Februar 1880

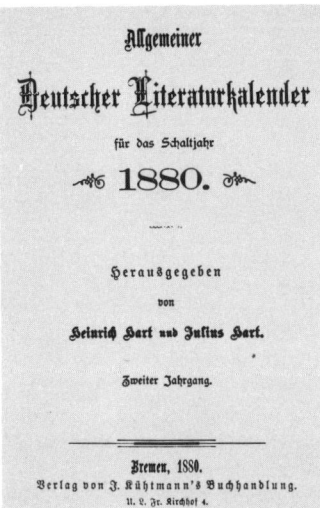

Karl May ist im 2. Jg. 1880 bis 34. Jg. 1912 verzeichnet. In diesem Zeitraum wechselten die Titel, die Herausgeber und die Verleger des Nachschlagewerkes:

2.-4. Jg.: Allgemeiner Deutscher Literaturkalender. Herausgegeben von Heinrich Hart und Julius Hart.
(3. Jg.: Bremen, Verlag von Hinricus Fischer; 4. Jg.: Norden, Verlag von Hinricus Fischer Nachfolger).
5.-24. Jg.: Deutscher Litteratur-Kalender, herausgegeben von Joseph Kürschner.
(5.-11. Jg.: Berlin-Stuttgart, Verlag von W. Spemann; 12.-14. Jg.: Stuttgart, Jos. Kürschners Selbstverlag; 15. Jg.: Eisenach, Jos. Kürschners Selbstverlag; 16.-17. Jg.: Stuttgart, G. J. Göschensche Verlagshandlung; 18.-24. Jg.: Leipzig, G. J. Göschensche Verlagshandlung).
25. Jg.: Kürschners deutscher Litteratur=Kalender. Herausgegeben von Hermann Hillger.
(Leipzig, G. J. Göschensche Verlagshandlung).
26.-34. Jg.: Kürschners Deutscher Litteratur=Kalender. Herausgegeben von Dr. Heinrich Klenz.
(26.-33. Jg.: Leipzig, G. J. Göschen'sche Verlagshandlung; 34. Jg.: Berlin, G. J. Göschen'sche Verlagshandlung G. m. b. H.).

In den folgenden Ausgaben finden sich die entsprechenden Nachweise zu Karl May in:

Allgemeiner Deutscher Literaturkalender für das Jahr
1881 (3. Jg.), S. 146
1882 (4. Jg.), S. 91
Deutscher Litteratur-Kalender auf das Jahr
1883 (5. Jg.), S. 388
1884 (6. Jg.), S. 169
1885 (7. Jg.), Sp. 292
1886 (8. Jg.), S. 201
1887 (9. Jg.), Sp. 291
1888 (10. Jg.), S. 259
1889 (11. Jg.), S. 314
1890 (12. Jg.), Sp. 543
1891 (13. Jg.), Sp. 575-576
1892 (14. Jg.), Sp. 675-676
1893 (15. Jg.), S. 730
1894 (16. Jg.), Sp. 756
1895 (17. Jg.), Sp. 798
1896 (18. Jg.), Sp. 820-821
1897 (19. Jg.), Sp. 850-851
1898 (20. Jg.), Sp. 852
1899 (21. Jg.), Sp. 884
1900 (22. Jg.), Sp. 907
1901 (23. Jg.), Sp. 910-911
1902 (24. Jg.), Sp. 914-915
Kürschners deutscher Litteratur=Kalender auf das Jahr
1903 (25. Jg.), Sp. 875

Kürschners Deutscher Literatur=Kalender auf das Jahr
1904 (26. Jg.), Sp. 843
1905 (27. Jg.), Sp. 900
1906 (28. Jg.), Sp. 940
1907 (29. Jg.), Sp. 988
1908 (30. Jg.), Sp. 1046
1909 (31. Jg.), Sp. 1052
1910 (32. Jg.), Sp. 1055-1056
1911 (33. Jg.), Sp. 1075
1912 (34. Jg.), Sp. 1080

123

Die Rose von Ernstthal. Eine Erzählung von Karl Hohenthal.
In: All-Deutschland! Illustrirtes Hausblatt.
  Stuttgart, Verlag von Göltz & Rühling.
  4. Jg. 1880. 26 Hefte = 52 Nummern (August 1879-August 1880). 2°
  Nr. 27, S. 427-430
  Nr. 28, S. 440-444
  Nr. 29, S. 458-460
  Nr. 30, S. 475-478
  Nr. 31, S. 492-494
  Nr. 32, S. 500-503
  Das ist:
  Heft 14-16
Erschienen: Zweite Februarwoche bis dritte Märzwoche 1880
Voredition: 3

Parallelausgabe

123 P

Für alle Welt! Illustrirtes Hausblatt.
Stuttgart, Verlag von Göltz & Rühling.
4. Jg. 1880. 26 Hefte = 52 Nummern (August 1879-August 1880). 2°
Heft 14-16
Erschienen: Dritte Februarwoche bis dritte Märzwoche 1880

124

Ein Fürst des Schwindels. Nach authentischen Quellen von Ernst von
  Linden.
In: Deutscher Hausschatz in Wort und Bild.
  Regensburg-New-York-Cincinnati, Verlag von Friedrich Pustet.
  6. Jg. 1879/80. 18 Hefte = 52 Nummern (offiziell: Oktober
  1879-Oktober 1880; tatsächlich: September 1879-September
  1880). 4°
  Nr. 24, S. 369-373 (Red.S.: 27. 2. 1880)
  Nr. 25, S. 385-388, 390
  Nr. 26, S. 401-404, 406-407
  Nr. 27, S. 417-420, 422-424 (Red.S.: 20. 3. 1880)
  Das ist:
  Heft 9-10
Erschienen: Erste bis vierte Märzwoche 1880
Voredition: 57

125
Der Wollteufel. Humoreske von Karl May.
In: All-Deutschland! Illustrirtes Hausblatt.
   Stuttgart, Verlag von Göltz & Rühling.
   4. Jg. 1880. 26 Hefte = 52 Nummern (August 1879-August 1880).
   2°
   Nr. 33, S. 520-523
   Nr. 34, S. 538-540
   Das ist:
   Heft 17
Erschienen: Vierte Märzwoche bis Übergangswoche März/April
   1880
Voredition: 37

Parallelausgabe

125 P
Für alle Welt! Illustrirtes Hausblatt.
Stuttgart, Verlag von Göltz & Rühling.
4. Jg. 1880. 26 Hefte = 52 Nummern (August 1879-August 1880).
2°
Heft 17
Erschienen: Übergangswoche März/April 1880

126
Deadly dust. Ein Abenteuer aus dem nordamerikanischen Westen
   von Karl May.
In: Deutscher Hausschatz in Wort und Bild.
   Regensburg-New-York-Cincinnati, Verlag von Friedrich Pustet.
   6. Jg. 1879/80. 18 Hefte = 52 Nummern (offiziell: Oktober
   1879-Oktober 1880; tatsächlich: September 1879-September
   1880). 4°
   Nr. 28, S. 433-436, 438-439
   Nr. 29, S. 449-452, 454-455 (Red.S.: 2. 4. 1880)
   Nr. 30, S. 465-472
   Nr. 31, S. 481-484, 486-489
   Nr. 32, S. 497-500 (Red.S.: 23. 4. 1880)
   Nr. 33, S. 516, 518-520
   Nr. 34, S. 533-536, 538
   Nr. 35, S. 552-556 (Red.S.: 15. 5. 1880)
   Nr. 36, S. 570-576
   Nr. 37, S. 582-583, 586-590
   Nr. 38, S. 603-607
   Nr. 39, S. 612, 614-616, 618-621 (Red.S.: 10. 6. 1880)
   Nr. 40, S. 628-632, 634-635
   Nr. 41, S. 646-648, 650-652
   Nr. 42, S. 664, 666-667
   Das ist:
   Heft 10-15
Erschienen: Übergangswoche März/April bis erste Juliwoche
   1880
Nachedition: 245 (S. 1-353), 474 (S. 1-301)

127

Dreifach gefangen. Humoristische Episode aus dem Leben des alten Dessauers von Karl Hohenthal.
In: All-Deutschland! Illustrirtes Hausblatt.
    Stuttgart, Verlag von Göltz & Rühling.
        4. Jg. 1880. 26 Hefte = 52 Nummern (August 1879-August 1880).
        2°
        Nr. 35, S. 556-559
        Nr. 36, S. 568, 570-572
        Nr. 37, S. 583-587
        Nr. 38, S. 599-604
        Das ist:
        Heft 18-19
Erschienen: Erste bis vierte Aprilwoche 1880
Voredition: 54, 70
Nachedition: 192

Parallelausgabe

127 P

Für alle Welt! Illustrirtes Hausblatt.
Stuttgart, Verlag von Göltz & Rühling.
4. Jg. 1880. 26 Hefte = 52 Nummern (August 1879-August 1880).
2°
Heft 18-19
Erschienen: Zweite und vierte Aprilwoche 1880

128

Die wilde Polin. Kriminalnovelle von Karl May.
In: All-Deutschland! Illustrirtes Hausblatt.
    Stuttgart, Verlag von Göltz & Rühling.
        4. Jg. 1880. 26 Hefte = 52 Nummern (August 1879-August 1880).
        2°
        Nr. 39, S. 619-622
        Nr. 40, S. 634-637
        Nr. 41, S. 652-655
        Nr. 42, S. 664-667
        Nr. 43, S. 685-687
        Nr. 44, S. 701-703
        Nr. 45, S. 714-719
        Nr. 46, S. 732-735
        Nr. 47, S. 744-747
        Nr. 48, S. 763-767
        Nr. 49, S. 778-780
        Nr. 50, S. 795-797
        Nr. 51, S. 808-812
        Das ist:
        Heft 20-26
Erschienen: Erste Maiwoche bis vierte Juliwoche 1880
Voredition: 4, 4 P 1 bis 4 P 15
Nachedition: 342, 400, 446.2, 447

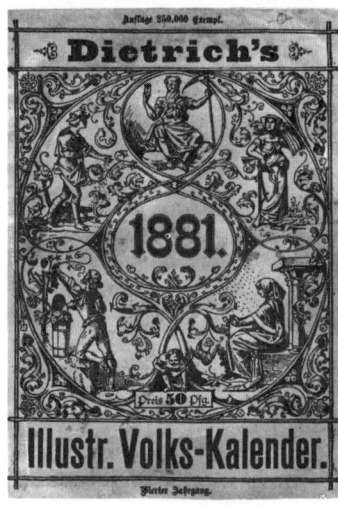

Parallelausgabe

128 P
Für alle Welt! Illustrirtes Hausblatt.
Stuttgart, Verlag von Göltz & Rühling.
4. Jg. 1880. 26 Hefte = 52 Nummern (August 1879-August 1880).
2°
Heft 20-26
Erschienen: Zweite Maiwoche bis erste Augustwoche 1880

129
Im Seegerkasten. Ein Schwank aus guter alter Zeit von C. May.
In: Dietrich's illustrirter Volkskalender für das Jahr 1881.
    Dresden, Verlag von Richard Hermann Dietrich.
    4. Jg. 4°
    S. 41-44, 3 Abb.
Erschienen: SE: 1. Juni 1880; EN: 10. Juni 1880
Voredition: 49, 58, 64

130
Der Waldkönig. Eine Dorf=Geschichte von Karl May.
In: San Francisco Abend Post.
    San Francisco, Verlag der Abendpost Company.
    20. Jg. 1880. gr. 2°
    Nr. 153 bis Nr. 167
    (jeweils im Feuilleton)
Erschienen: Zwischen dem 28. Juni und 16. Juli 1880
    (Turnus täglich außer am Sonntag jeweils nachmittags)
Voredition: 91, 91 P, 107
Nachedition: 144, 151, 154, 172, 195, 239, 255, 268, 354, 371,
    372 F, 436 E

131

Der Brodnik. Reise=Erlebnisse in zwei Welttheilen von Karl May.

In: Deutscher Hausschatz in Wort und Bild.

Regensburg-New-York-Cincinnati, Verlag von Friedrich Pustet.

6. Jg. 1879/80. 18 Hefte = 52 Nummern (offiziell: Oktober 1879-Oktober 1880; tatsächlich: September 1879-September 1880). 4°

Nr. 44, S. 689-695

Nr. 45, S. 705-711

Das ist:

Heft 16

Erschienen: Dritte und vierte Juliwoche 1880

Voredition: 84

Nachedition: 159, 252 C, 547 C

132

Die Juweleninsel. Originalroman von Carl May.

In: Für alle Welt! Illustrirtes Hausblatt.

Stuttgart, Verlag von Göltz & Rühling.

5. Jg. 1881. 29 Hefte = 58 Nummern (August 1880-vermutlich April/Mai 1882). 2°

Nr. 1, S. 1-4, 6

Nr. 2, S. 17-20, 22

Nr. 3, S. 33-36

Nr. 4, S. 49-53

Nr. 5, S. 65-68

Nr. 6, S. 81-84

Nr. 7, S. 97-100

Nr. 8, S. 113-116

Nr. 9, S. 129-132

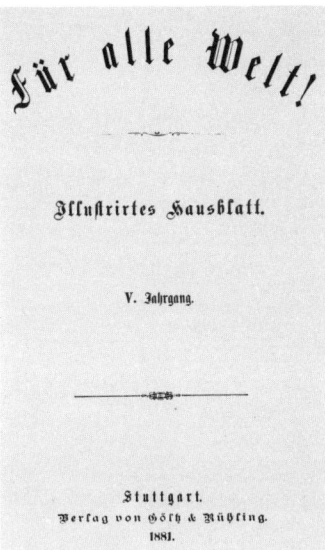

Nr. 41, S. 641-644
Nr. 42, S. 657-660
Nr. 43, S. 673-675
Nr. 44, S. 689-691
Nr. 45, S. 705-707
Nr. 46, S. 721-723
Nr. 47, S. 737-739
Nr. 48, S. 753-755
Nr. 49, S. 769-770
Nr. 51, S. 801-802
Nr. 52, S. 817-818
Nr. 54, S. 849-850
Nr. 56, S. 881-882
Nr. 58, S. 913-914
Das ist:
Heft 1-29
Erschienen: Zwischen erster Augustwoche 1880 und vermutlich
  April/Mai 1882 (Turnus: ab Nr. 39 in unregelmäßiger, unbe-
  stimmter Erscheinungsfolge, vorher wöchentlich)

133
Worträthsel ... K. May.
In: Für alle Welt! Illustrirtes Hausblatt.
  Stuttgart, Verlag von Göltz & Rühling.
  5. Jg. 1881. 29 Hefte = 58 Nummern (August 1880-vermutlich
  April/Mai 1882). 2°
  Nr. 1, S. 16
  Das ist:
  Heft 1
Erschienen: Erste Augustwoche 1880
  Lösung: Für alle Welt - Alldeutschland
  Nr. 3, S. 48
  Das ist:
  Heft 2
Erschienen: Dritte Augustwoche 1880

134
Silbenräthsel ... G. Guhl.
In: Für alle Welt! Illustrirtes Hausblatt.
  Stuttgart, Verlag von Göltz & Rühling.
  5. Jg. 1881. 29 Hefte = 58 Nummern (August 1880-vermutlich
  April/Mai 1882). 2°
  Nr. 1, S. 16
  Das ist:
  Heft 1
Erschienen: Erste Augustwoche 1880
  Lösung: Karl Hohenthal, der Scheerenschleifer
  Nr. 3, S. 48
  Das ist:
  Heft 2
Erschienen: Dritte Augustwoche 1880

Wahrscheinlich von Karl May verfaßt.

135
Der Scheerenschleifer. Originalhumoreske von Karl Hohenthal.
In: Für alle Welt! Illustrirtes Hausblatt.
   Stuttgart, Verlag von Göltz & Rühling.
   5. Jg. 1881. 29 Hefte = 58 Nummern (August 1880-vermutlich
   April/Mai 1882). 2°
   Nr. 1, S. 7-10
   Nr. 2, S. 23, 25-28
   Nr. 3, S. 40, 42-43
   Nr. 4, S. 56, 58-59
   Nr. 5, S. 72-75
   Nr. 6, S. 88-91
   Nr. 7, S. 104-107
   Nr. 8, S. 120-123
   Nr. 9, S. 136, 138-140
   Nr. 10, S. 150-154
   Das ist:
   Heft 1-5
Erschienen: Erste Augustwoche bis erste Oktoberwoche 1880

136
Der Kiang-lu. Ein Abenteuer in China von Karl May.
In: Deutscher Hausschatz in Wort und Bild.
   Regensburg-New-York-Cincinnati, Verlag von Friedrich Pustet.
   7. Jg. 1880/81. 18 Hefte = 52 Nummern (offiziell: Oktober
   1880-Oktober 1881; tatsächlich: September 1880-September
   1881). 4°
   Nr. 1, S. 13-15 (Red.S.: 15. 9. 1880)
   Nr. 2, S. 29-32
   Nr. 3, S. 42-45 (Red.S.: 24. 9. 1880)
   Nr. 4, S. 60-64
   Nr. 5, S. 74-78 (Red.S.: 15. 10. 1880)
   Nr. 6, S. 92-96 (Red.S.: 22. 10. 1880)
   Nr. 7, S. 105-112
   Nr. 8, S. 123-127 (Red.S.: 5. 11. 1880)
   Nr. 9, S. 136, 138-140
   Nr. 10, S. 151-152, 154-158
   Nr. 11, S. 167-175 (Red.S.: 27. 11. 1880)
   Nr. 12, S. 180, 182-184, 186 (Red.S.: 2. 12. 1880)
   Das ist:
   Heft 1-4
Erschienen: Übergangswoche September/Oktober bis zweite De-
zemberwoche 1880
Nachedition: 252 B, 547 B

137
Alma. Eine Erzählung aus dem Erzgebirge von Karl May.
In: Deutsche Gewerbeschau. Central-Organ für die gewerblichen
   Vereine Deutschlands und insonderheit des Thür. Gewerbe-Ver-
   bandes.
   Mühlhausen, Verlag von Th. Vorhauer & Andres.
   (2. Jg. 1880). 24 Nummern (Januar-Dezember 1880). 4°

Für den Feierabend.

Alma.

Eine Erzählung aus dem Erzgebirge von Karl May.

I.

Es war ein wunderschöner Frühlingsmorgen, so warm und sonnig wie nur selten einer im Gebirge. Der freundliche Sonnenstrahl trank die glänzenden Tautropfen von den jungen Pflanzenspitzen und ließ die Nebelballen in wunderlichen Gestalten vom Thal zu Berge steigen. Die schon längst aus dem Süden zurückgekehrten befiederten Sänger des Waldes hatten ihr Frühconcert begonnen und ließen sich in ihrem fröhlichen Gezwitscher durch den Mann, welcher am Rande der Waldwiese an einem Baume lehnte, nicht stören. Er achtete ihrer ja gar nicht, sondern schaute so ernst und gedankenvoll hinaus in die blaue Ferne, als ob die Nähe mit ihrem blühenden, duftenden und jubilirenden Leben für ihn gar nicht vorhanden sei.

Doch ja, sie schwiegen plötzlich; er hatte seine Stimme erhoben und ließ ihren herrlichen Tenor mit einer Fülle

drückte ihn an den Stamm des nächststehenden Baumes und bearbeitete seine Wangen so kräftig mit der flachen Rechten, daß der Schall der Streiche weithin vernehmbar war.

„So, da hast' Dein Geld für die schöne Red', die Tu gehalt'n hast, Karl'nbalzer! Is's's genug, oder willst noch mehr?"

Die Ohrfeigen waren so überraschend schnell und ohne alle vorhergehende Einleitung über den Getroffenen herein gebrochen, daß er gar keine Zeit gefunden hatte, sich auf die Gegenwehr zu besinnen. Er schien diese letztere auch nicht für rathsam zu halten, denn kaum fühlte er sich von der starken Faust, die ihn gehalten hatte, befreit, so wich er, die Hände an das erglühte Gesicht legend, behutsam um einige Schritte zurück.

„Was thust' mit mir, Giftheiner?" sprudelte er hervor. „Vergreif'n thust Du an mir? Das soll Dir vergolten werd'n; merk' Dir die Schläg'!"

Nr. 49, Beilage »Für den Feierabend«, S. 773-775
Nr. 50, Beilage »Für den Feierabend«, S. ?
Nr. 51, Beilage »Für den Feierabend«, S. 805-808
Nr. 52, Beilage »Für den Feierabend«, S. 821-827
Nr. 53, Beilage »Für den Feierabend«, S. 837-842
Nr. 54, Beilage »Für den Feierabend«, S. 853-856
Fortsetzung in:
Deutsche Gewerbeschau. Central=Organ für die gewerblichen Vereine Deutschlands.
Dresden, Verlag von Wilhelm Hoffmann.
3. Jg. Neue Folge. 1881. 24 Nummern (Februar 1881-Januar 1882). 4°
Nr. 2, Beilage »Für den Feierabend«, S. ?
Nr. ?
Erschienen: Zwischen dem 1. Oktober und 15. Dezember 1880 (Turnus: am 1. und 15. jeden Monats) und zwischen Ende Februar und März 1881 (Turnus: wöchentlich)
Voredition: 99, 99 P

138

Tui Fanua. Ein Abenteuer auf den Samoa=Inseln von Prinz Muhamêl Latréaumont.
In: Für alle Welt! Illustrirtes Hausblatt.
Stuttgart, Verlag von Göltz & Rühling.
5. Jg. 1881. 29 Hefte = 58 Nummern (August 1880-vermutlich April/Mai 1882). 2°
Nr. 13, S. 203-206
Nr. 14, S. 214-218
Das ist:
Heft 7
Erschienen: Vierte Oktoberwoche und erste Novemberwoche 1880
Voredition: 81, 114
Nachedition: 252 A, 257 F, 264 F, 267 F, 328 F, 353 F, 547 A, 558 D, 563 D

139
Der Klapperbein. Eine Erzählung aus dem Erzgebirge von Karl
  Hohenthal.
In: Für alle Welt! Illustrirtes Hausblatt.
  Stuttgart, Verlag von Göltz & Rühling.
  5. Jg. 1881. 29 Hefte = 58 Nummern (August 1880-vermutlich
  April/Mai 1882). 2°
  Nr. 19, S. 299-302
  Nr. 20, S. 317-319
  Nr. 21, S. 328-332
  Nr. 22, S. 342-346
  Das ist:
  Heft 10-11
Erschienen: Erste bis vierte Dezemberwoche 1880
Voredition: 75, 88, 116

140

»Giölgeda padiśhanün«. Reise=Erinnerungen aus dem Türkenreiche von Karl May.

In: Deutscher Hausschatz in Wort und Bild.

Regensburg-New-York-Cincinnati, Verlag von Friedrich Pustet.
7. Jg. 1880/81. 18 Hefte = 52 Nummern (offiziell: Oktober 1880-
Oktober 1881; tatsächlich: September 1880-September 1881). 4°

Nr. 16, S. 254-256 (Red.S.: 31. 12. 1880)
Nr. 17, S. 268-272
Nr. 18, S. 282-285 (Red.S.: 13. 1. 1881)
Nr. 19, S. 295-304
Nr. 21, S. 324, 326-327, 330-332 (Red.S.: 5. 2. 1881)
Nr. 22, S. 340, 342-344, 346-348 (Red.S.: 12. 2. 1881)
Nr. 23, S. 359-367 (Red.S.: 18. 2. 1881)
Nr. 24, S. 378-379, 381-383 (Red.S.: 25. 2. 1881)
Nr. 25, S. 398-400
Nr. 26, S. 410-412
Nr. 27, S. 417-420, 422-424 (Red.S.: 18. 3. 1881)
Nr. 28, S. 433-436, 438-440
Nr. 29, S. 449-452, 454-456
Nr. 30, S. 465-467
Nr. 31, S. 487-491, 493-496
Nr. 32, S. 502-504, 506-509 (Red.S.: 22. 4. 1881)
Nr. 33, S. 516-519, 522-525 (Red.S.: 29. 4. 1881)
Nr. 34, S. 539-544
Nr. 35, S. 550-552, 554-556
Nr. 36, S. 570-575
Nr. 37, S. 580, 582-584, 586-590
Nr. 38, S. 595-596, 598-599, 602-604 (Red.S.: 3. 6. 1881)
Nr. 39, S. 619-623
Nr. 40, S. 631-638 (Red.S.: 18. 6. 1881)
Nr. 41, S. 643-644, 646-648, 650-651, 653 (Red.S.: 25. 6. 1881)

Nr. 42, S. 660, 662-667 (Red.S.: 2. 7. 1881)
Nr. 43, S. 676-682
Nr. 44, S. 691-692, 694-698
Nr. 45, S. 707-708, 710-712
Nr. 46, S. 723-724, 726-728, 730-734 (Red.S.: 31. 7. 1881)
Nr. 47, S. 737-744, 746
Nr. 48, S. 753-760 (Red.S.: 12. 8. 1881)
Nr. 49, S. 769-772, 774-776, 778-783 (Red.S.: 19. 8. 1881)
Nr. 50, S. 785-795 (Red.S.: 25. 8. 1881)
Nr. 51, S. 801-804, 806-808, 810-812 (Red.S.: 31. 8. 1881)
Nr. 52, S. 822-823
Das ist:
Heft 6-18
Erschienen: Zweite Januarwoche bis dritte Septemberwoche 1881
(mit Ausnahme der zweiten Februarwoche = Nr. 20)
Nachedition: 226, 228 (S. 1-372), 435, 438 (S. 1-309)

Der Text gliedert sich in folgende Kapitel: Abu el Nassr (Nr. 16-19),
Die Tschikarma (Nr. 21-23), Abu=Seïf (Nr. 24-30), Eine Wüsten-
schlacht (Nr. 31-36), Der Merd=es=Scheïtan (Nr. 37-45), Der Ruh 'i
Kulyan (Nr. 46-52).

141

Entführt. Ein Abenteuer aus Egypten von Karl Hohenthal.
In: Für alle Welt! Illustrirtes Hausblatt.
Stuttgart, Verlag von Göltz & Rühling.
5. Jg. 1881. 29 Hefte = 58 Nummern (August 1880-vermutlich
April/Mai 1882). 2°
Nr. 25, S. 396-398
Nr. 26, S. 407-409
Nr. 27, S. 421-424
Nr. 28, S. 444-446
Nr. 29, S. 453-455
Nr. 30, S. 470-472
Das ist:
Heft 13-15
Erschienen: Dritte Januarwoche bis vierte Februarwoche 1881
Voredition: 36, 42, 109, 140 (S. 324-367)
Nachedition: 226 (S. 83-168), 435 (S. 68-138)

142

Der Bäckerjunge. Humoristische Erzählung von Karl Hohenthal.
In: Für alle Welt! Illustrirtes Hausblatt.
Stuttgart, Verlag von Göltz & Rühling.
5. Jg. 1881. 29 Hefte = 58 Nummern (August 1880-vermutlich
April/Mai 1882). 2°
Nr. 37, S. 586-591
Nr. 38, S. 595-598
Das ist:
Heft 19
Erschienen: Zweite und dritte Aprilwoche 1881
Voredition: 34
Nachedition: 350 A, 397 A, 446 A

143

Des Kindes Ruf. Eine Erzählung aus dem Erzgebirge von Karl
   Hohenthal.
In: Für alle Welt! Illustrirtes Hausblatt.
   Stuttgart, Verlag von Göltz & Rühling.
   5. Jg. 1881. 29 Hefte = 58 Nummern (August 1880-vermutlich
   April/Mai 1882). 2°
   Nr. 44, S. 700-702
   Nr. 45, S. 711-716
   Das ist:
   Heft 22-23
Erschienen: Vermutlich zwischen Ende Juli und zweiter August-
   hälfte 1881
Voredition: 85, 94, 118
Nachedition: 372 C, 436 B

144

Unter Paschern. Eine Geschichte aus den Bergen von Dr. Karl
   May.
In: Pique=Bube.
   Berlin, Verlag von Gebr. Cohnfeld.
   1881.
   Nr. ?, S. ?
Erschienen: Vermutlich vor August 1881
Voredition: 91, 91 P, 107, 130
Nachedition: 151, 154, 172, 195, 239, 255, 268, 354, 371, 372 F,
   436 E

145

Ein Wüstenraub. Abenteuer aus der Sahara von Karl May.
In: Die Heimat. Illustrirtes Familienblatt.
   Wien, Verlag der Verlags-Expedition der »Heimat«, und Leipzig,
   Commissionsverlag Franz Wagner.
   6. Jg. 1881. 24 Hefte = 52 Nummern (Oktober 1880-Oktober
   1881). 2. Band (Nr. 27-52). 4°
   Nr. 45, S. 718-719
   Nr. 46, S. 728-730
   Nr. 47, S. 747-748
Erschienen: Erste bis dritte Augustwoche 1881
Voredition: 79, 98
Nachedition: 171, 177, 250 A, 251 C, 478 A

146

Fürst und Leiermann. Eine Episode aus dem Leben des »alten
   Dessauer«. Von Karl May.
In: Großer Volks-Kalender des Lahrer Hinkenden Boten für das
   Jahr 1882.
   Lahr, Verlag von J. H. Geiger (Moritz Schauenburg).
   1. Jg. 4°
   S. 79-89, 4 Abb.
Erschienen: EN: 15. August 1881
Nachedition: 173

147

Reise-Abenteuer in Kurdistan. Von Karl May.

In: Deutscher Hausschatz in Wort und Bild.

    Regensburg-New-York-Cincinnati, Verlag von Friedrich Pustet.

    8. Jg. 1881/82. 18 Hefte = 52 Nummern (offiziell: Oktober
1881-Oktober 1882; tatsächlich: September 1881-September
1882). 4°

    Nr. 3, S. 44-46 (Red.S.: 26. 9. 1881)

    Nr. 4, S. 61-63 (Red.S.: 12. 10. 1881)

    Nr. 5, S. 77-79 (Red.S.: 20. 10. 1881)

    Nr. 6, S. 91-92 (Red.S.: 28. 10. 1881)

    Nr. 7, S. 103-104, 106

    Nr. 8, S. 119-121

    Nr. 9, S. 134-136, 138-139 (Red.S.: 18. 11. 1881)

    Nr. 16, S. 246-248, 250-253 (Red.S.: 9. 1. 1882)

    Nr. 17, S. 270-271

    Nr. 18, S. 284-286 (Red.S.: 21. 1. 1882)

    Nr. 19, S. 301-304 (Red.S.: 28. 1. 1882)

    Nr. 20, S. 316-320

    Nr. 21, S. 330-334 (Red.S.: 10. 2. 1882)

    Nr. 22, S. 347, 349-351 (Red.S.: 18. 2. 1882)

    Nr. 23, S. 364-367

    Nr. 24, S. 378-383 (Red.S.: 4. 3. 1882)

    Nr. 25, S. 391, 394-398

    Nr. 26, S. 404, 406-407

    Das ist:

    Heft 1-3, 6-9

Erschienen: Zweite Oktoberwoche bis vierte Novemberwoche 1881
und zweite Januarwoche bis dritte Märzwoche 1882

Nachedition: 228 (S. 373-638), 438 (S. 310-527)

148

Der Geldmarder. Eine Erzählung aus dem Erzgebirge von Karl
Hohenthal.

In: Für alle Welt! Illustrirtes Hausblatt.

    Stuttgart, Verlag von Göltz & Rühling.

    5. Jg. 1881. 29 Hefte = 58 Nummern (August 1880-vermutlich
April/Mai 1882). 2°

    Nr. 50, S. 785-791

    Nr. 51, S. 804-806

    Das ist:

    Heft 25-26

Erschienen: Vermutlich November und Dezember 1881

Voredition: 93, 102, 119

Belletristische Correspondenz.

Zur Benutzung für Zeitungsredaktionen
herausgegeben unter Mitwirkung der
Redaktion des Daheim
in Leipzig.
Enthält ausschließlich Originalbeiträge und wird nur an Zeitungsredaktionen geliefert.
Wöchentlich erscheint eine Nummer. Preis vierteljährlich 18 Mark.
Das Recht der Benutzung einer Novelle erlischt ein Jahr nach ihrem Erscheinen.

Leipzig, 5. Januar 1882.] Als Manuskript gedruckt.

— 5 —

Der Krumir.*)   Nachdruck verboten.
                                                  Gel. v. 11.|VI. 76.
Nach den Erlebnissen eines „Weltläufers" von Karl May.

I.
Saabis el Chabir.

Zwar zeigte mein Chronometer erst neun Uhr vormittags, doch stachen die Strahlen der afrikanischen Sonne bereits mit intensiver Schärfe auf das vor uns liegende Thal hernieder. Wir beide waren allerdings gegen die Wärme recht gut geschützt. Zu unseren Häupten breitete ein riesiger Mastix, in dessen gefiederten Blättern ein leichter Nordwind säuselte, seine Aeste aus und badete seine Wurzelspitzen in dem kühlen Wasser eines Baches, welcher in eiligstem Laufe den Fluß zu erreichen suchte.

»So giebt es also zwei Taubenaugen, deren Blick deine Seele erleuchtet?«

»Ich habe noch kein Weib; aber Scheik Ali en Nurabi hat eine Tochter. Sie heißt Mochallah, die Wohlriechende; ihre Füße sind wie die Füße der Gazylle; ihr Haar gleicht den Locken von Dscheheralofe; ihre Augen sind wie die Sterne am Himmel; ihre Stimme ist lieblich wie der Gesang des Sandes um Mitternacht, und ihr Gang ist wie der Schritt einer Königin, die durch die Räthen ihrer Sklavinnen wandelt; Allah il Allah — es giebt nur einen Gott, aber es giebt auch nur eine Mochallah! Du wirst sie sehen, Sidhi, und deine Zunge wird mein Glück preisen,

149

Die Both Shatters. Ein Abenteuer aus dem »wilden Westen« von Karl Hohenthal.

In: Für alle Welt! Illustrirtes Hausblatt.
Stuttgart, Verlag von Göltz & Rühling.
5. Jg. 1881. 29 Hefte = 58 Nummern (August 1880-vermutlich April/Mai 1882). 2°
Nr. 53, S. 837-839
Nr. 54, S. 850-853
Das ist:
Heft 27
Erschienen: Vermutlich Januar und Februar 1882

150

Der Krumir. Nach den Erlebnissen eines »Weltläufers« von Karl May.

In: Belletristische Correspondenz. Zur Benutzung für Zeitungsredaktionen herausgegeben unter Mitwirkung der Redaktion des Daheim in Leipzig.
Als Manuskript gedruckt.
Bielefeld-Leipzig, Verlag von Velhagen & Klasing.
Jg. 1882. Leipzig. 52 Nummern (Januar-Dezember 1882). 4°
Nr. 1, S. 5-8
Nr. 2, S. 13-16
Nr. 3, S. 21-24
Nr. 4, S. 29-32
Nr. 5, S. 37-40
Nr. 6, S. 45-48
Nr. 7, S. 50-56
Nr. 8, S. 61-64
Nr. 9, S. 69-72
Nr. 10, S. 74-80
Nr. 11, S. 81-88
Nr. 12, S. 89-96
Nr. 13, S. 98-104
Erschienen: Zwischen dem 5. Januar und 30. März 1882 (Turnus: allwöchentlich donnerstags)
Nachedition: 155, 250 C, 478 C

Die »Belletristische Correspondenz« wurde zur »Benutzung für Zeitungsredaktionen« vergeben. Es ist deshalb wahrscheinlich, daß von diesem Karl-May-Text noch weitere Nachdrucke über den unter Nr. 155 verzeichneten hinaus in der Presse erschienen sind.

Delmenhorster Kreisblatt.

Fünfzigster Jahrgang.

Nr. 4.   Freitag, den 13. Januar.   1882.

151

Unter Paschern. Eine Geschichte aus den Bergen von Dr. Karl
   Mai.
In: Delmenhorster Kreisblatt.
   Delmenhorst, Verlag von Siegfr. Rieck.
   50. Jg. 1882. 2°
   Nr. 4, S. 2 (sämtlich unpag.)
   Nr. 5, S. 2-3
   Nr. 6, S. 1-2
   Nr. 7, S. 1-2
   Nr. 8, S. 1-2
   Nr. 9, S. 1-2
   Nr. 10, S. 1-2
   Nr. 11, S. 1-2
   Nr. 12, S. 1
   Nr. 13, S. 1-2
   Nr. 14, S. 1-2
   Nr. 15, S. 1-2
   Nr. 16, S. 1-2
   Nr. 17, S. 1
   Nr. 18, S. 1-2
   Nr. 19, S. 1
   Nr. 20, S. 1-2
   Nr. 21, S. 1-2
   Nr. 22, S. 1
   Nr. 23, S. 1-2
   Nr. 24, S. 1-2
   Nr. 25, S. 1-3
Erschienen: Zwischen dem 13. Januar und 28. März 1882 (Turnus:
   jeweils freitags und dienstags)
Voredition: 91, 91 P, 107, 130, 144
Nachedition: 154, 172, 195, 239, 255, 268, 354, 371, 372 F, 436 E

152

Ein Fürst=Marschall als Bäcker. Humoristische Episode aus dem
   Leben des »alten Dessauers« von Karl May.
In: Deutsche Gewerbeschau. Central=Organ für die gewerblichen
   Vereine Deutschlands.
   Dresden, Verlag von Wilhelm Hoffmann.
   4. Jg. Neue Folge. 1882. 24 Nummern (Januar-Dezember 1882).
   4°
   Nr. 1, Beilage »Für den Feierabend«, S. 9-12
   Nr. 2, Beilage »Für den Feierabend«, S. 25-27
   Nr. 3, Beilage »Für den Feierabend«, S. 41-44
   Nr. 4, Beilage »Für den Feierabend«, S. ?

Erschienen: Zweite Januarhälfte bis zweite Septemberhälfte 1882

153

Die Todes-Karavane. Reise=Erinnerung von Karl May.
In: Deutscher Hausschatz in Wort und Bild.
    Regensburg-New-York-Cincinnati, Verlag von Friedrich Pustet.
    8. Jg. 1881/82. 18 Hefte = 52 Nummern (offiziell: Oktober
    1881-Oktober 1882; tatsächlich: September 1881-September
    1882). 4°

№ 120.   **VII. Jahrg.**

Deutsche Reichs-Post.

Zentral-Organ der Konservativen Süddeutschlands.

Stuttgart, Donnerstag den 25. Mai 1882.

1) Unter Paschern.

Eine Geschichte aus den Bergen von Dr. Karl Mai.

(Nachdruck verboten)

Auf der hoch im Gebirge gelegenen Poststation wurde der aus der Kreishauptstadt einen Tag um den andern hierher gehende Eilwagen erwartet. Das Anlangen des zweitägig kommenden Eilwagens war hier noch ein Ereigniß, dem einige müßige Bewohner des Ortes, auf der Poststation hin und her schlendernd, mit Neugier entgegenzusehen pflegten.

Nr. 26, S. 410-414 (Red.S.: 18. 3. 1882)
Nr. 27, S. 423, 426-431 (Red.S.: 25. 3. 1882)
Nr. 28, S. 447-448 (Red.S.: 31. 3. 1882)
Nr. 29, S. 452-456
Nr. 30, S. 474-479 (Red.S.: 15. 4. 1882)
Nr. 31, S. 492-496
Nr. 32, S. 510-511 (Red.S.: 29. 4. 1882)
Nr. 33, S. 522-523, 525-527 (Red.S.: 6. 5. 1882)
Nr. 34, S. 539-543 (Red.S.: 12. 5. 1882)
Nr. 36, S. 567-568, 570-572 (Red.S.: 30. 5. 1882)
Das ist:
Heft 9-13
Erschienen: Dritte Märzwoche bis Übergangswoche Mai/Juni 1882
   (mit Ausnahme der vierten Maiwoche = Nr. 35)
Nachedition: 230 (S. 1-197), 439 (S. 1-161)

Die letzte Folge wird als »Fortsetzung und Schluß des ersten Theiles« bezeichnet.
Fortführung des Erzähltextes: 157

154
Unter Paschern. Eine Geschichte aus den Bergen von Dr. Karl Mai.
In: Deutsche Reichs-Post. Zentral-Organ der Konservativen Süddeutschlands.
   Stuttgart, Verlag der »Deutschen Reichspost«, Aktien-Gesellschaft.
   7. Jg. 1882. 2°
   Nr. 120, S. 1-2 (sämtlich unpag.)
   Nr. 121, S. 1-2

Nr. 122, S. 1-2
Nr. 123, S. 1-2
Nr. 124, S. 1-2
Nr. 125, S. 1-2
Nr. 126, S. 1
Nr. 127, S. 1-2
Nr. 128, S. ?
Nr. 129 (fälschlich Nr. 127), S. 1-2
Nr. 130, S. 1-2
Nr. ?
Nr. 133, S. 1-2
Nr. 134, S. 1
Nr. 135, S. 1-2
Nr. 136, S. 1-2
Nr. 138, S. 1-2
Nr. 140, S. 1
Nr. 141, S. 1-2
Nr. ?
Nr. 145, S. 1
Nr. 146, S. 1
Nr. 147, S. 1-2
Nr. 148, S. 1-2
Nr. 149, S. 1
Nr. 150, S. 1
Nr. ?

Erschienen: Zwischen dem 25. Mai und Anfang August 1882 (Turnus: täglich außer montags)
Voredition: 91, 91 P, 107, 130, 144, 151
Nachedition: 172, 195, 239, 255, 268, 354, 371, 372 F, 436 E

155

Der Krumir. Nach den Erlebnissen eines »Weltläufers« von Karl May.
In: Politik.
Prag, Verlag von Závod tiskarský a vydavatelsky v Praze.
21. Jg. 1882. 2°
Nr. 214, Abendausgabe, S. 1
Nr. 215, Abendausgabe, S. 1
Nr. 217, Abendausgabe, S. 1
Nr. 218, Abendausgabe, S. 1
Nr. 219, Abendausgabe, S. 1
Nr. 220, Abendausgabe, S. 1
Nr. 221, Abendausgabe, S. 1
Nr. 222, Abendausgabe, S. 1
Nr. 224, Abendausgabe, S. 1
Nr. 226, Abendausgabe, S. 1
Nr. 227, Abendausgabe, S. 1
Nr. 228, Abendausgabe, S. 1
Nr. 229, Abendausgabe, S. 1
Nr. 231, Abendausgabe, S. 1
Nr. 232, Abendausgabe, S. 1
Nr. 233, Abendausgabe, S. 1

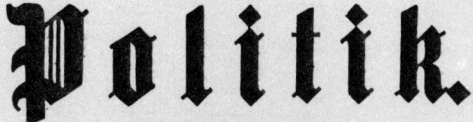

Redaktions- und Administrations Bureau:

Heinrichs-Gasse Nr. 7.

Morgenblatt erscheint um 7 Uhr Früh und die Abendausgabe um 5 Uhr Nachmittag.

Politik.

(Abendausgabe.)

Pränumerations-Preise der Morgen- und Abendausgabe:

Für Prag: Monatlich 1 fl. 20 kr.

Mit Postversendung:

Vierteljährlich mit einmaliger Postversendung: 1 fl. Ganzes Nummer des Morgenblattes und des Abendblattes 1 fr.

Nro. 214.   Prag, Freitag den 4. August 1882.   21. Jahrgang.

Nr. 234, Abendausgabe, S. 1
Nr. 235, Abendausgabe, S. 1
Nr. 236, Abendausgabe, S. 1
Nr. 238, Abendausgabe, S. 1
Nr. 239, Abendausgabe, S. 1
Nr. 240, Abendausgabe, S. 1
Nr. 241, Abendausgabe, S. 1
Nr. 242, Abendausgabe, S. 1
Nr. 243, Abendausgabe, S. 1
Nr. 245, Abendausgabe, S. 1
Nr. 246, Abendausgabe, S. 1
Nr. 247, Abendausgabe, S. 1
Nr. 248, Abendausgabe, S. 1 (?)
Nr. 249, Abendausgabe, S. 1 (?)
Nr. 250, Abendausgabe, S. 1
Nr. 252, Abendausgabe, S. 1
Nr. 253, Abendausgabe, S. 1
Nr. 254, Abendausgabe, S. 1
Nr. 255, Abendausgabe, S. 1
Nr. 256, Abendausgabe, S. 1
Nr. 257, Abendausgabe, S. 1
Nr. 259, Abendausgabe, S. 1
Nr. 260, Abendausgabe, S. 1
Nr. 261, Abendausgabe, S. 1
Nr. 262, Abendausgabe, S. 1
Nr. 263, Abendausgabe, S. 1
Nr. 264, Abendausgabe, S. 1
Nr. 266, Abendausgabe, S. 1
Nr. 267, Abendausgabe, S. 1
Nr. 269, Abendausgabe, S. 1 (?)
Nr. 270, Abendausgabe, S. 1
Nr. 271, Abendausgabe, S. 1
Nr. 272, Abendausgabe, S. 1
Nr. 273, Abendausgabe, S. 1
Nr. 274, Abendausgabe, S. 1
Nr. 275, Abendausgabe, S. 1
Nr. 276, Abendausgabe, S. 1
Nr. 277, Abendausgabe, S. 1 (?)
Nr. 278, Abendausgabe, S. 1
Nr. 279, Abendausgabe, S. 1
Nr. 280, Abendausgabe, S. 1
Nr. 281, Abendausgabe, S. 1

Erschienen: Zwischen dem 4. August und 12. Oktober 1882 (außer
   am 6., 13., 15., 20., 27. August, 3., 10., 17., 24., 27. September, 1.
   und 8. Oktober)
Voredition: 150
Nachedition: 250 C, 478 C

156

Robert Surcouf. Ein Seemannsbild von Ernst von Linden.
In: Deutscher Hausschatz in Wort und Bild.
   Regensburg-New-York-Cincinnati, Verlag von Friedrich Pustet.
   8. Jg. 1881/82. 18 Hefte = 52 Nummern (offiziell: Oktober
   1881-Oktober 1882; tatsächlich: September 1881-September
   1882). 4°
   Nr. 50, S. 795-800 (Red.S.: 2. 9. 1882)
   Nr. 51, S. 801-807, 810-815 (Red.S.: 9. 9. 1882)
   Nr. 52, S. 817-820, 822-824
   Das ist:
   Heft 18
Erschienen: Erste bis dritte Septemberwoche 1882
Nachedition: 251 A

157

Die Todes-Karavane. Reise=Erinnerung von Karl May. Zweiter
   Theil.
In: Deutscher Hausschatz in Wort und Bild.
   Regensburg-New-York-Cincinnati, Verlag von Friedrich Pustet.
   9. Jg. 1882/83. 18 Hefte = 52 Nummern (offiziell: Oktober
   1882-Oktober 1883; tatsächlich: September 1882-September
   1883). 4°
   Nr. 1, S. 10-11, 13-14 (Red.S.: 19. 9. 1882)
   Nr. 2, S. 28, 30-31 (Red.S.: 26. 9. 1882)
   Nr. 3, S. 42-43, 45 (Red.S.: 2. 10. 1882)
   Nr. 4, S. 56, 58-59, 61-63 (Red.S.: 18. 10. 1882)

Für den Feierabend.

Beilage zu No. 21 der „Deutschen Gewerbeschau."

Vergeltung.
Ein Reise Abenteuer von Karl May.

Gefährliche Bekanntschaften.

Wenn ich in stillen Stunden die Erlebnisse meines vielbewegten Lebens an mir vorüberziehen lasse, so drängt sich meinem Geiste vor allen Dingen die Mannigfaltigkeit der Erscheinungen auf, welche die Erinnerung mir vor die Augen führt. Die Erscheinungen des kalten, starren Nordens und des glühenden Südens, des jungen Westens und des altergrauen Ostens haben sich meinem Gedächtnisse eingeprägt, und es bedarf oft einer gewissen Anstrengung, diese an Form und Farbe so verschiedenartigen Bilder genau aneinander zu halten. Ich habe mir überall Früchte gepflückt, materielle für den Körper und geistige für die Seele. Von diesen Früchten gleicht keine der andern an Gestalt, Farbe und Geschmack, an Art und Tiefe ihrer geistigen Wirkung, denn

Wie oft bin ich grad dieser Gerechtigkeit begegnet, den ganz natürlich und doch so erstaunlich entwickelten Folgen einer That, die von Menschen nicht beachtet oder längst vergessen worden war und deren Urheber noch in fernen Zeiten oder fernen Ländern ganz plötzlich von der Hand getroffen wurde, von welcher der Psalmist singt: „Wo soll ich hingehen vor Deinem Geiste, und wo soll ich hinfliehen vor Deinem Angesichte? Führe ich gen Himmel, siehe so bist Du da: bettete ich mir in die Hölle, siehe, so bist Du auch da: nähme ich die Flügel der Morgenröthe und flöge an's fernste Meer, so würde doch Deine Hand daselbst mich führen und Deine Rechte mich halten!"

Eine Rundreise durch Deutschland führte mich auch an einen berühmten Centralpunkt des westphälischen Kohlen- und

Nr. 5, S. 76-78 (Red.S.: 23. 10. 1882)
Nr. 6, S. 87-94 (Red.S.: 28. 10. 1882)
Nr. 7, S. 103-107, 109-110
Nr. 8, S. 122-125 (Red.S.: 11. 11. 1882)
Das ist:
Heft 1-3
Erschienen: Vierte Septemberwoche bis zweite Novemberwoche 1882
Nachedition: 230 (S. 198-347), 439 (S. 161-284) - 1. Teil: 153

158
Christi Blut und Gerechtigkeit. Von Karl May.
In: Vom Fels zum Meer. Spemann's Illustrirte Zeitschrift für das Deutsche Haus.
Stuttgart, Verlag von W. Spemann.
2. Jg. 1882/83. 1. Band. 6 Hefte (offiziell: Oktober 1882-März 1883; tatsächlich: August 1882-Januar 1883). gr. 8°
Heft 3, S. 343-350, 352-356
Erschienen: Ende Oktober 1882
Nachedition: 250 F, 478 F

159
Vergeltung. Ein Reise=Abenteuer von Karl May.
In: Deutsche Gewerbeschau. Central=Organ für die gewerblichen Vereine Deutschlands.
Dresden, Verlag von Wilhelm Hoffmann.
4. Jg. Neue Folge. 1882. 24 Nummern (Januar-Dezember 1882). 4°
Nr. 21, Beilage »Für den Feierabend«; S. 329-334
Nr. 22, Beilage »Für den Feierabend«, S. 345-351
Nr. 23, Beilage »Für den Feierabend«, S. 361-366
Erschienen: Erste Novemberhälfte bis erste Dezemberhälfte 1882 (Turnus: 14tägig)
Voredition: 84, 131
Nachedition: 252 C, 547 C

160

In Damaskus und Baalbeck. Reise=Erinnerung von Karl May.
In: Deutscher Hausschatz in Wort und Bild.
  Regensburg-New-York-Cincinnati, Verlag von Friedrich Pustet.
  9. Jg. 1882/83. 18 Hefte = 52 Nummern (offiziell: Oktober 1882-
  Oktober 1883; tatsächlich: September 1882-September 1883). 4°
  Nr. 10, S. 156-158 (Red.S.: 25. 11. 1882)
  Nr. 11, S. 172-176 (Red.S.: 2. 12. 1882)
  Nr. 12, S. 189-190 (Red.S.: 9. 12. 1882)
  Nr. 13, S. 205-208 (Red.S.: 16. 12. 1882)
  Nr. 14, S. 220-224 (Red.S.: 23. 12. 1882)
  Nr. 15, S. 232-236 (Red.S.: 30. 12. 1882)
  Nr. 16, S. 245-246 (Red.S.: 5. 1. 1883)
  Das ist:
  Heft 4-6
Erschienen: Übergangswoche November/Dezember 1882 bis zweite
  Januarwoche 1883
Nachedition: 230 (S. 348-448), 439 (S. 285-367)

161
Waldröschen.

Lieferungs-Erstausgabe

161.1
Waldröschen oder Die Rächerjagd rund um die Erde. Großer Ent-
  hüllungsroman über die Geheimnisse der menschlichen Gesell-
  schaft von Capitain Ramon Diaz de la Escosura.
  Dresden, Verlag von H. G. Münchmeyer, (1882/84). gr. 8°
  Lfg. 1, S. 3-24, 1 Vollbild
  Lfg. 2, S. 25-48
  Lfg. 3, S. 49-72, 2 Vollbilder
  Lfg. 4, S. 73-96, 1 Vollbild
  Lfg. 5, S. 97-120, 1 Vollbild
  Lfg. 6, S. 121-144, 1 Vollbild
  Lfg. 7, S. 145-168, 1 Vollbild
  Lfg. 8, S. 169-192, 1 Vollbild
  Lfg. 9, S. 193-216, 1 Vollbild
  Lfg. 10, S. 217-240, 1 Vollbild
  Lfg. 11, S. 241-264, 1 Vollbild
  Lfg. 12, S. 265-288, 1 Vollbild
  Lfg. 13, S. 289-312, 1 Vollbild
  Lfg. 14, S. 313-336, 1 Vollbild
  Lfg. 15, S. 337-360, 1 Vollbild
  Lfg. 16, S. 361-384, 1 Vollbild
  Lfg. 17, S. 385-408, 1 Vollbild
  Lfg. 18, S. 409-432, 1 Vollbild
  Lfg. 19, S. 433-456, 1 Vollbild
  Lfg. 20, S. 457-480, 1 Vollbild
  Lfg. 21, S. 481-504, 1 Vollbild
  Lfg. 22, S. 505-528, 1 Vollbild
  Lfg. 23, S. 529-552, 1 Vollbild

Walbrösdjen

ober

Die Räuberjagd rund um die Erde.

Großer Enthüllungsroman

über die Geheimnisse der menschlichen Gesellschaft

von

Capitain Ramon Diaz de la Escosura.

Druck und Verlag von H. G. Münchmeyer in Dresden.

Lfg. 24, S. 553-576
Lfg. 25, S. 577-600, 1 Vollbild
Lfg. 26, S. 601-624, 1 Vollbild
Lfg. 27, S. 625-648, 2 Vollbilder
Lfg. 28, S. 649-672, 1 Vollbild
Lfg. 29, S. 673-696, 1 Vollbild
Lfg. 30, S. 697-720, 1 Vollbild
Lfg. 31, S. 721-744, 1 Vollbild
Lfg. 32, S. 745-768, 1 Vollbild
Lfg. 33, S. 769-792, 1 Vollbild
Lfg. 34, S. 793-816, 1 Vollbild
Lfg. 35, S. 817-840, 1 Vollbild
Lfg. 36, S. 841-864, 1 Vollbild
Lfg. 37, S. 865-888
Lfg. 38, S. 889-912
Lfg. 39, S. 913-936, 1 Vollbild
Lfg. 40, S. 937-960, 1 Vollbild
Lfg. 41, S. 961-984, 1 Vollbild
Lfg. 42, S. 985-1008, 2 Vollbilder
Lfg. 43, S. 1009-1032, 2 Vollbilder
Lfg. 44, S. 1033-1056, 1 Vollbild
Lfg. 45, S. 1057-1080, 1 Vollbild
Lfg. 46, S. 1081-1104, 2 Vollbilder
Lfg. 47, S. 1105-1128
Lfg. 48, S. 1129-1152, 1 Vollbild
Lfg. 49, S. 1153-1176
Lfg. 50, S. 1177-1200, 2 Vollbilder
Lfg. 51, S. 1201-1224, 1 Vollbild
Lfg. 52, S. 1225-1248, 1 Vollbild
Lfg. 53, S. 1249-1272, 1 Vollbild
Lfg. 54, S. 1273-1296, 1 Vollbild
Lfg. 55, S. 1297-1320, 1 Vollbild
Lfg. 56, S. 1321-1344, 1 Vollbild
Lfg. 57, S. 1345-1368, 1 Vollbild
Lfg. 58, S. 1369-1392, 1 Vollbild
Lfg. 59, S. 1393-1416
Lfg. 60, S. 1417-1440, 1 Vollbild
Lfg. 61, S. 1441-1464, 1 Vollbild
Lfg. 62, S. 1465-1488, 2 Vollbilder
Lfg. 63, S. 1489-1512, 1 Vollbild
Lfg. 64, S. 1513-1536, 1 Vollbild
Lfg. 65, S. 1537-1560, 1 Vollbild
Lfg. 66, S.1561-1584, 1 Vollbild
Lfg. 67, S. 1585-1608
Lfg. 68, S. 1609-1632, 1 Vollbild
Lfg. 69, S. 1633-1656, 2 Vollbilder
Lfg. 70, S. 1657-1680, 2 Vollbilder
Lfg. 71, S. 1681-1704, 1 Vollbild
Lfg. 72, S. 1705-1728
Lfg. 73, S. 1729-1752, 1 Vollbild
Lfg. 74, S. 1753-1776, 1 Vollbild
Lfg. 75, S. 1777-1800, 1 Vollbild

Lfg. 76, S. 1801-1824, 1 Vollbild
Lfg. 77, S. 1825-1848, 1 Vollbild
Lfg. 78, S. 1849-1872, 1 Vollbild
Lfg. 79, S. 1873-1896, 1 Vollbild
Lfg. 80, S. 1897-1920, 1 Vollbild
Lfg. 81, S. 1921-1944, 1 Vollbild
Lfg. 82, S. 1945-1968, 1 Vollbild
Lfg. 83, S. 1969-1992, 2 Vollbilder
Lfg. 84, S. 1993-2016
Lfg. 85, S. 2017-2040, 1 Vollbild
Lfg. 86, S. 2041-2064, 1 Vollbild
Lfg. 87, S. 2065-2088, 1 Vollbild
Lfg. 88, S. 2089-2112, 2 Vollbilder
Lfg. 89, S. 2113-2136, 1 Vollbild
Lfg. 90, S. 2137-2160
Lfg. 91, S. 2161-2184, 2 Vollbilder
Lfg. 92, S. 2185-2208
Lfg. 93, S. 2209-2232, 1 Vollbild
Lfg. 94, S. 2233-2256, 1 Vollbild
Lfg. 95, S. 2257-2280, 1 Vollbild
Lfg. 96, S. 2281-2304, 2 Vollbilder
Lfg. 97, S. 2305-2328, 1 Vollbild
Lfg. 98, S. 2329-2352
Lfg. 99, S. 2353-2376
Lfg. 100, S. 2377-2400, 2 Vollbilder
Lfg. 101, S. 2401-2424, 1 Vollbild
Lfg. 102, S. 2425-2448, 1 Vollbild
Lfg. 103, S. 2449-2472, 1 Vollbild
Lfg. 104, S. 2473-2496
Lfg. 105, S. 2497-2520, 2 Vollbilder
Lfg. 106, S. 2521-2544

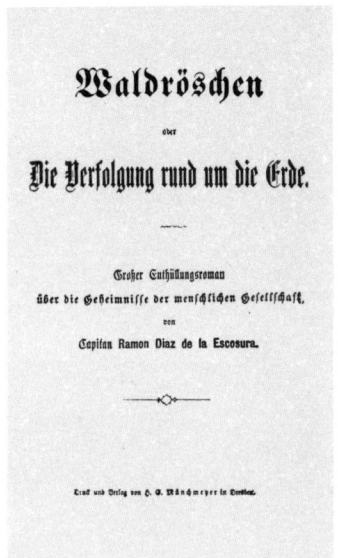
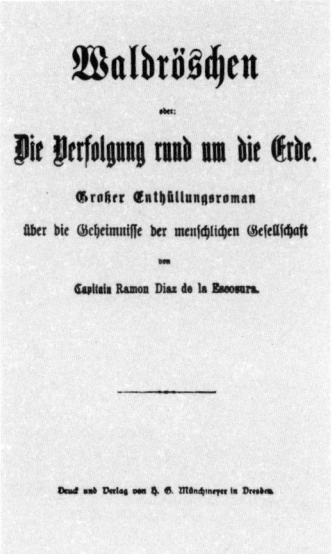

Lfg. 107, S. 2545-2568, 1 Vollbild
Lfg. 108, S. 2569-2592, 1 Vollbild
Lfg. 109, S. 2593-2612, 2 Vollbilder
Erschienen: Vermutlich zwischen Ende 1882 und August 1884

Nachdrucke vom Erstsatz

Die Umschlaggestaltung der Lieferungshefte dieser Nachdrucke
weist in farblicher und textlicher Hinsicht Unterschiede auf. So
existieren Umschläge z. B. in Grün und Gelb. Die Unterschiede in
den Aufdrucken der Umschläge beziehen sich auf die Bezeichnung
der Einzelausgaben als »Heft« oder »Lieferung«, auf die Angabe
der Verlagsanschriften (Dresden, Jagdweg 7: 1877-1893; Dresden,
Jagdweg 13: 1893-1899) bzw. der Verlagsfilialadressen (Berlin,
Fehrbelliner Str. 86: 1. 9. 1883-1887; Berlin, Fehrbelliner Str. 12:
1887-1892) und auf die Preisaufdrucke. Sofern ein Gesamtpreis
vermerkt ist, wurde das betreffende Heft nach dem 1. 1. 1897 verbreitet.
Bei Auslaufen der jeweiligen Lieferungsausgabe wurde den Abonnenten, um sich die Einzelhefte zu Bänden binden zu lassen, gewöhnlich ein Gesamttitelblatt mitgeliefert, das in unterschiedlicher
Ausführung ausgegeben wurde:

161.1 N.1
Waldröschen oder Die Verfolgung rund um die Erde. Großer Ent-
    hüllungsroman über die Geheimnisse der menschlichen Gesell-
    schaft von Capitan Ramon Diaz de la Escosura.
    Dresden, Verlag von H. G. Münchmeyer. gr. 8°

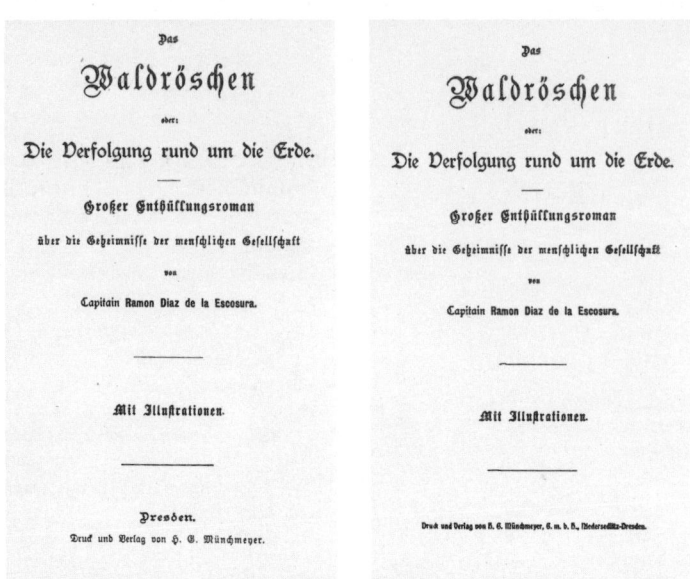

161.1 N.2

Waldröschen oder: Die Verfolgung rund um die Erde. Großer Enthüllungsroman über die Geheimnisse der menschlichen Gesellschaft von Capitain Ramon Diaz de la Escosura.
Dresden, Verlag von H. G. Münchmeyer. gr. 8°

161.1 N.3

Waldröschen oder Die Verfolgung rund um die Erde. Großer Enthüllungsroman über die Geheimnisse der menschlichen Gesellschaft von Capitän Ramon Diaz de la Escosura.
Dresden, Verlag von H. G. Münchmeyer. gr. 8°
Erschienen: Zwischen vermutlich Ende 1882 und 1899 (161.1 N. 1
bis 161.1 N.3)

161.1 N.4

Das Geheimniß des Bettlers oder Die Verfolgung rund um die
Erde.
Dresden, Verlag von H. G. Münchmeyer. gr. 8°
Erschienen: Vermutlich zwischen 1893 und 1895

Diese Lieferungsausgabe wurde wahrscheinlich vorwiegend innerhalb Österreichs, und zwar durch die Firma Gebr. Rubinstein in
Wien, vertrieben.

Nachauflagen (überwiegend Neusatz)

161.2

Das Waldröschen oder: Die Verfolgung rund um die Erde. Großer
Enthüllungsroman über die Geheimnisse der menschlichen Gesellschaft von Capitain Ramon Diaz de la Escosura. Mit Illustrationen. (Innentitel, S. 1: Capitän; kein Doppelpunkt hinter
»oder«).
Dresden, Verlag von H. G. Münchmeyer. gr. 8°

Lfg. 1, S. 1-24, 1 Vollbild
Fortsetzung wie 161.1
Erschienen: Zwischen 1899 und Juni 1902

161.3

Das Waldröschen oder: Die Verfolgung rund um die Erde. Großer
Enthüllungsroman über die Geheimnisse der menschlichen Ge-
sellschaft von Capitain Ramon Diaz de la Escosura. Mit Illustra-
tionen.
Niedersedlitz-Dresden, Verlag von H. G. Münchmeyer, G. m. b. H.
gr. 8°
Lfg. 1, S. 1-24, 1 Vollbild
Fortsetzung wie 161.1
Erschienen: Zwischen 1908 und Februar 1914 (Übergang der
Rechte an den Karl-May-Verlag Radebeul) bzw. Frühjahr 1917
(Ausverkauf der Lagerbestände)

Die Umschläge der Lieferungshefte der Nachauflagen weisen u. a.
eine neue Bildgestaltung auf (mit linksseitiger Porträt-Leiste).

Nachedition: 347, 442, 592

162

Ein Oelbrand. Erzählung aus dem fernen Westen von Karl May.
In: Das Neue Universum. Die interessantesten Erfindungen und
Entdeckungen auf allen Gebieten. Ein Jahrbuch für Haus und
Familie, besonders für die reifere Jugend.
Stuttgart, Verlag von W. Spemann.
4. Bd. (1882/83). 10 Hefte (vermutlich Dezember 1882-Oktober
1883) gr. 8°
Heft 1, S. 1-17 (1. Teil. Tötendes Feuer.)
Heft 6, S. 161-180 (2. Teil. Der rote Olbers.)
Erschienen: Vermutlich Dezember 1882 und Mai/Juni 1883
Der gebundene Band: EN: 8. November 1883

163

Im »wilden Westen« Nordamerika's. Reiseerlebnisse von Carl
May.
In: Feierstunden im häuslichen Kreise. Zur Unterhaltung, Belehr-
ung und Erheiterung herausgegeben unter Mitwirkung hervorra-
gender Schriftsteller.
Köln, Verlag von Heinrich Theissing.
9. Jg. 1883. 12 Hefte (Dezember 1882-November 1883). 4°
Heft 1, S. 25-31
Heft 2, S. 58-64
Heft 3, S. 98-104
Heft 4, S. 130-136
Heft 5, S. 166-172, 174
Heft 6, S. 206-214
Heft 7, S. 234-237
Erschienen: Dezember 1882 bis Juni 1883
Nachedition: 213, 229, 245 (S. 354-476), 474 (S. 302-406)

164

Incognito. Humoristische Episode aus dem Leben des »alten Dessauers« von Karl May.

In: Deutsche Gewerbeschau. Central=Organ für die gewerblichen Vereine Deutschlands.

Dresden, Verlag von Wilhelm Hoffmann.

5. Jg. Neue Folge. 1883. 24 Nummern (Januar-Dezember 1883). 4°

Nr. 1, Beilage »Für den Feierabend«, S. 9-13
Nr. 2, Beilage »Für den Feierabend«, S. 25-27
Nr. 3, Beilage »Für den Feierabend«, S. 41-44
Nr. 4, Beilage »Für den Feierabend«, S. 57-59
Nr. 5, Beilage »Für den Feierabend«, S. 73-75
Nr. 6, Beilage »Für den Feierabend«, S. 89-91
Nr. 7, Beilage »Für den Feierabend«, S. 105-108
Nr. 8, Beilage.»Für den Feierabend«, S. ?

Erschienen: Erste Januarhälfte bis zweite Aprilhälfte 1883
Voredition: 7, 43, 100, 106, 106 P
Nachedition: 182

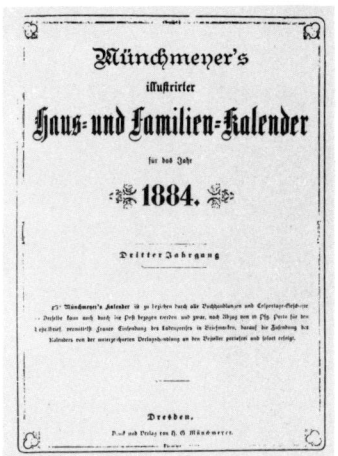

165

Stambul. Reise=Erinnerung von Karl May.

In: Deutscher Hausschatz in Wort und Bild.
Regensburg-New-York-Cincinnati, Verlag von Friedrich Pustet.
9. Jg. 1882/83. 18 Hefte = 52 Nummern (offiziell: Oktober 1882-Oktober 1883; tatsächlich: September 1882-September 1883). 4°
Nr. 21, S. 330-336 (Red.S.: 10. 2. 1883)
Nr. 22, S. 347-352 (Red.S.: 17. 2. 1883)
Nr. 23, S. 365-367 (Red.S.: 24. 2. 1883)
Nr. 24, S. 375-376, 378-383 (Red.S.: 3. 3. 1883)
Nr. 25, S. 390-392 (Red.S.: 9. 3. 1883)
Das ist:
Heft 8-9
Erschienen: Zweite Februarwoche bis zweite Märzwoche 1883
Nachedition: 230 (S. 449-550), 439 (S. 368-449)

166

Saiwa tjalem. Von Karl May.

In: Vom Fels zum Meer. Spemann's Illustrirte Zeitschrift für das Deutsche Haus.
Stuttgart, Verlag von W. Spemann.
2. Jg. 1882/83. 2. Band. 6 Hefte (offiziell: April-September 1883; tatsächlich: Februar-Juli 1883). gr. 8°
Heft 7, S. 1-17
Erschienen: Ende Februar 1883
Nachedition: 294 A, 548 A

167

Der Amsenhändler. Humoristische Episode aus dem Leben des alten Dessauers von Karl May.

In: Münchmeyer's illustrirter Haus= und Familien=Kalender für das Jahr 1884. (Umschlag-Titel: Oeconomisch-medicinischer illustrirter Haus & Familien-Kalender für das Jahr 1884).
Dresden, Verlag von H. G. Münchmeyer.
3. Jg. 1884. gr. 8°
S. 5, 7, 9, 11, 13, 15, 17, 19, 21, 23, 25, 27, 29, 31, 33, 35, 37
Erschienen: Zweite Jahreshälfte 1883
Nachedition: 327, 350 C, 397 C, 446 C

168

Pandur und Grenadier. Eine heitere Episode aus ernster Zeit von Karl May.

In: Deutsche Gewerbeschau. Central=Organ für die gewerblichen Vereine Deutschlands.
Dresden, Verlag von Wilhelm Hoffmann.
5. Jg. Neue Folge. 1883. 24 Nummern (Januar-Dezember 1883). 4°
Nr. 13, Beilage »Für den Feierabend«, S. 201-203
Nr. 14, Beilage »Für den Feierabend«, S. 217-219
Nr. 15, Beilage »Für den Feierabend«, S. 233-235
Nr. 16, Beilage »Für den Feierabend«, S. 249-251

Nr. 17, Beilage »Für den Feierabend«, S. ?
Nr. 18, Beilage »Für den Feierabend«, S. ?
Nr. 19, Beilage »Für den Feierabend«, S. 297-299
Nr. 20, Beilage »Für den Feierabend«, S. 313-317
Erschienen: Erste Julihälfte bis zweite Oktoberhälfte 1883

169

Die Liebe des Ulanen. Original=Roman aus der Zeit des deutsch=französischen Krieges von Karl May.
In: Deutscher Wanderer. Illustrirte Unterhaltungs=Bibliothek für Familien aller Stände.
Dresden-New=York (auch: Dresden-Berlin), Verlag von H. G. Münchmeyer.
8. Bd. 1884. 108 Lieferungen (vermutlich Oktober/November 1883-November 1885). 4°
Lfg. 1, S. 1-3, 5-13
Lfg. 2, S. 17-19, 21-29
Lfg. 3, S. 33-35, 37-45
Lfg. 4, S. 49-51, 53-60
Lfg. 5, S. 65-67, 69-76
Lfg. 6, S. 81-83, 85-92
Lfg. 7, S. 97-99, 101-106
Lfg. 8, S. 113-122
Lfg. 9, S. 129-138
Lfg. 10, S. 145-153
Lfg. 11, S. 161-169
Lfg. 12, S. 177-185
Lfg. 13, S. 193-201
Lfg. 14, S. 209-216
Lfg. 15, S. 225-234
Lfg. 16, S. 240-250
Lfg. 17, S. 257-259, 261-265
Lfg. 18, S. 273-281
Lfg. 19, S. 289-297
Lfg. 20, S. 305-313
Lfg. 21, S. 321-329
Lfg. 22, S. 337-345
Lfg. 23, S. 353-361

Lfg. 76, S. 1201-1203, 1205-1209
Lfg. 77, S. 1217-1219, 1221-1224
Lfg. 78, S. 1233-1235, 1237-1243
Lfg. 79, S. 1249-1251, 1253-1258
Lfg. 80, S. 1265-1267, 1269-1276
Lfg. 81, S. 1281-1283, 1285-1292
Lfg. 82, S. 1297-1299, 1301-1307
Lfg. 83, S. 1312-1315, 1317-1323
Lfg. 84, S. 1329-1331, 1333-1341
Lfg. 85, S. 1345-1347, 1349-1357
Lfg. 86, S. 1361-1363, 1365-1370
Lfg. 88, S. 1393-1401
Lfg. 89, S. 1407-1411, 1413-1416
Lfg. 90, S. 1425-1427, 1429
Lfg. 91, S. 1441-1443, 1445-1449
Lfg. 92, S. 1457-1459, 1461-1465
Lfg. 93, S. 1473-1475, 1477-1481
Lfg. 94, S. 1489-1491, 1493-1497
Lfg. 95, S. 1505-1513
Lfg. 96, S. 1521-1523, 1525-1529
Lfg. 97, S. 1537-1545
Lfg. 98, S. 1553-1560
Lfg. 99, S. 1569-1571, 1573-1576
Lfg. 100, S. 1585-1594
Lfg. 101, S. 1601-1608
Lfg. 102, S. 1617-1627
Lfg. 103, S. 1633-1635, 1637-1644
Lfg. 104, S. 1649-1664
Lfg. 105, S. 1665-1680
Lfg. 106, S. 1681-1696
Lfg. 107, S. 1697-1699, 1701-1712
Lfg. 108, S. 1713-1724
Erschienen: Vermutlich zwischen Oktober/November 1883 und
     November 1885

Efg. 1   Preis 10 Pfg. — 7 Kr. — 15 Ctm.   VIII. Bd.

Deutscher Wanderer.

VIII. BAND.

Sammlung hochinteressanter Romane ect., u. a.:

KARL MAY.

Die Liebe des Ulanen.

III. BAND.

Nachdrucke

Nachdrucke erschienen noch bis mindestens in die neunziger Jahre hinein; Lieferungen, die auf dem Umschlag den Gesamt-preis-Aufdruck führen, sind nach dem 1. 1. 1897 ausgegeben wor-den.

Bei den Nachdrucken fanden zum Teil Titelköpfe ersatzweise Ver-wendung, die ursprünglich früheren Bänden dieser Zeitschrift zu-gehörten. Für den neuen Zweck waren Band- und Lieferungs-Num-mern korrigiert worden. In diesen Fällen weisen die Titelköpfe noch die älteren (veralteten) Verlagsfilialadressen auf.

Vom Verlag war vorgesehen, diesen 8. Band in drei Teilbände zu binden (I. = Lfg. 1-35; II. = Lfg. 36-71; III. = Lfg. 72-108; die ent-sprechenden Titelblätter wurden den Abonnenten mitgeliefert. Nachedition: 325, 329, 388, 394, 445

170

Die verhängnißvolle Neujahrsnacht. Humoreske von Ernst von Linden.

In: Deutscher Wanderer. Illustrirte Unterhaltungs=Bibliothek für Familien aller Stände

Dresden-New=York (auch: Dresden-Berlin), Verlag von H. G. Münchmeyer.

8. Bd. 1884. 108 Lieferungen (vermutlich Oktober/November 1883-November 1885). 4°

Lfg. 5, S. 76-80

Lfg. 6, S. 92-96

Erschienen: Vermutlich November 1883

Voredition: 41, 97, 97 P, 101

171

Unter Würgern. Abenteuer aus der Sahara von Karl Hohenthal.

In: Deutscher Wanderer. Illustrirte Unterhaltungs=Bibliothek für Familien aller Stände.

Dresden-New=York (auch: Dresden-Berlin), Verlag von H. G. Münchmeyer.

8. Bd. 1884. 108 Lieferungen (vermutlich Oktober/November 1883-November 1885). 4°

Lfg. 7, S. 106-112

Lfg. 8, S. 122-128

Lfg. 9, S. 138-144

Lfg. 10, S. 153-158

Lfg. 11, S. 169-172

Lfg. 12, S. 185-189

Lfg. 13, S. 201-208

Erschienen: Vermutlich Dezember 1883 und Januar 1884

Voredition: 53, 79, 98, 145

Nachedition: 177, 250 A, 251 C, 257 A, 258 A, 264 A, 265 A, 267 A, 328 A, 353 A, 478 A, 558 A, 563 A

Fürst und Leiermann.

Eine Episode
aus dem Leben des „alten Dessauer."

Von

Karl May.

‒ ‒ ‒

Lahr.
Druck und Verlag von Moritz Schauenburg.

Fürst und Leiermann.

Eine Episode
aus dem Leben des „alten Dessauer."

Von

Karl May.

Lahr.
Druck und Verlag von Moritz Schauenburg.

Fürst und Leiermann.

Eine Episode
aus dem Leben des „alten Dessauer."

Von

Karl May.

‒‒✳‒‒

Lahr.
Druck und Verlag von Moritz Schauenburg.

172

Im Sonnenthau. Erzählung von Ernst von Linden.
In: Deutscher Wanderer. Illustrirte Unterhaltungs=Bibliothek für
Familien aller Stände.
Dresden-New=York (auch: Dresden-Berlin), Verlag von H. G.
Münchmeyer.
8. Bd. 1884. 108 Lieferungen (vermutlich Oktober/November
1883-November 1885). 4°
Lfg. 15, S. 234-239
Lfg. 16, S. 250-255
Erschienen: Vermutlich Februar 1884
Voredition: 91, 91 P, 107, 130, 144, 151, 154
Nachedition: 195, 239, 255, 268, 354, 371, 372 F, 436 E

173
Fürst und Leiermann.

Buch-Erstausgabe

173.1
Fürst und Leiermann. Eine Episode aus dem Leben des »alten Des-
sauer.« Von Karl May.
(Erzählbeginntitel: Fürst und Leiermann. Eine Episode aus dem
Leben des »alten Dessauer« von Karl May).
Lahr, Verlag von Moritz Schauenburg, 1884. 36 S., 4 Abb. kl. 8°
(= Volksbibliothek des Lahrer Hinkenden Boten, Nr. 7-9).
DB: 4
Erschienen: EN: 16. Juni 1884
Voredition: 146

Nachauflagen

173.2
Fürst und Leiermann. Eine Episode aus dem Leben des »alten Des-
sauer.« Von Karl May.
(Erzählbeginntitel: Fürst und Leiermann).
Lahr, Verlag von Moritz Schauenburg, o. J. 36 S., 4 Abb. kl. 8°
(= Volksbibliothek des Lahrer Hinkenden Boten, Nr. 7-9).
DB: 4
Erschienen: Vermutlich zwischen den neunziger Jahren und vor
1905

173.3
Fürst und Leiermann. Eine Episode aus dem Leben des »alten Des-
sauer.« Von Karl May.
(Erzählbeginntitel: Fürst und Leiermann).
Lahr i. B., Verlag von Moritz Schauenburg, o. J. 36 S., 4 Abb.
kl. 8°
(= Volksbibliothek des Lahrer Hinkenden Boten, Nr. 7-9).
DB: 5, 6
Erschienen: Vermutlich frühestens ab 1905

174

Der verlorne Sohn, oder Der Fürst des Elends. Vom Verfasser des
  Waldröschens. (Band-Titel: Der verlorne Sohn oder Der Fürst
  des Elends. Roman aus der Criminal=Geschichte. Mit bunten
  Bilderbeilagen).
Dresden, Verlag von H. G. Münchmeyer, (1884/86). gr. 8°
Lfg. 1, S. 1-24, 2 Vollbilder
Lfg. 2, S. 25-48
Lfg. 3, S. 49-72, 2 Vollbilder
Lfg. 4, S. 73-96, 2 Vollbilder
Lfg. 5, S. 97-120
Lfg. 6, S. 121-144, 2 Vollbilder
Lfg. 7, S. 145-168, 1 Vollbild
Lfg. 8, S. 169-192, 2 Vollbilder
Lfg. 9, S. 193-216, 1 Vollbild
Lfg. 10, S. 217-240, 1 Vollbild
Lfg. 11, S. 241-264, 2 Vollbilder
Lfg. 12, S. 265-288 (S. 279: Verweis auf »die Abbildung auf dem
  Heftumschlage!«)
Lfg. 13, S. 289-312
Lfg. 14, S. 313-336, 1 Vollbild
Lfg. 15, S. 337-360, 2 Vollbilder
Lfg. 16, S. 361-384
Lfg. 17, S. 385-408
Lfg. 18, S. 409-432, 2 Vollbilder
Lfg. 19, S. 433-456, 1 Vollbild
Lfg. 20, S. 457-480
Lfg. 21, S. 481-504, 1 Vollbild
Lfg. 22, S. 505-528, 1 Vollbild
Lfg. 23, S. 529-552
Lfg. 24, S. 553-576, 1 Vollbild
Lfg. 25, S. 577-600, 2 Vollbilder
Lfg. 26, S. 601-624, 1 Vollbild
Lfg. 27, S. 625-648
Lfg. 28, S. 649-672, 1 Vollbild
Lfg. 29, S. 673-696, 1 Vollbild
Lfg. 30, S. 697-720
Lfg. 31, S. 721-744, 1 Vollbild
Lfg. 32, S. 745-768, 1 Vollbild
Lfg. 33, S. 769-792, 1 Vollbild
Lfg. 34, S. 793-816, 1 Vollbild
Lfg. 35, S. 817-840, 1 Vollbild
Lfg. 36, S. 841-864, 1 Vollbild
Lfg. 37, S. 865-888, 1 Vollbild
Lfg. 38, S. 889-912, 1 Vollbild
Lfg. 39, S. 913-936, 1 Vollbild
Lfg. 40, S. 937-960, 2 Vollbilder
Lfg. 41, S. 961-984, 1 Vollbild
Lfg. 42, S. 985-1008, 1 Vollbild
Lfg. 43, S. 1009-1032, 1 Vollbild
Lfg. 44, S. 1033-1056, 1 Vollbild
Lfg. 45, S. 1057-1080, 1 Vollbild

Der verlorne Sohn

oder

Der Fürst des Elends.

Roman aus der Criminal-Geschichte.

Mit bunten Bilderbeilagen.

Erster Band.

Dresden,
Druck und Verlag von h. G. Münchmeyer.

Lfg. 46, S. 1081-1104, 2 Vollbilder
Lfg. 47, S. 1105-1128
Lfg. 48, S. 1129-1152, 2 Vollbilder
Lfg. 49, S. 1153-1176, 1 Vollbild
Lfg. 50, S. 1177-1200, 1 Vollbild
Lfg. 51, S. 1201-1224, 1 Vollbild
Lfg. 52, S. 1225-1248
Lfg. 53, S. 1249-1272, 1 Vollbild
Lfg. 54, S. 1273-1296, 2 Vollbilder
Lfg. 55, S. 1297-1320
Lfg. 56, S. 1321-1344, 1 Vollbild
Lfg. 57, S. 1345-1368, 1 Vollbild
Lfg. 58, S. 1369-1392, 1 Vollbild
Lfg. 59, S. 1393-1416, 1 Vollbild
Lfg. 60, S. 1417-1440, 1 Vollbild
Lfg. 61, S. 1441-1464, 1 Vollbild
Lfg. 62, S. 1465-1488, 1 Vollbild
Lfg. 63, S. 1489-1512, 1 Vollbild
Lfg. 64, S. 1513-1536, 2 Vollbilder
Lfg. 65, S. 1537-1560
Lfg. 66, S. 1561-1584, 1 Vollbild
Lfg. 67, S. 1585-1608, 1 Vollbild
Lfg. 68, S. 1609-1632, 2 Vollbilder
Lfg. 69, S. 1633-1656
Lfg. 70, S. 1657-1680, 1 Vollbild
Lfg. 71, S. 1681-1704, 2 Vollbilder
Lfg. 72, S. 1705-1728
Lfg. 73, S. 1729-1752, 2 Vollbilder
Lfg. 74, S. 1753-1776
Lfg. 75, S. 1777-1800, 1 Vollbild
Lfg. 76, S. 1801-1824, 1 Vollbild
Lfg. 77, S. 1825-1848, 1 Vollbild
Lfg. 78, S. 1849-1872, 1 Vollbild
Lfg. 79, S. 1873-1896, 1 Vollbild
Lfg. 80, S. 1897-1920, 1 Vollbild
Lfg. 81, S. 1921-1944, 1 Vollbild
Lfg. 82, S. 1945-1968, 1 Vollbild
Lfg. 83, S. 1969-1992, 1 Vollbild
Lfg. 84, S. 1993-2016, 1 Vollbild
Lfg. 85, S. 2017-2040, 1 Vollbild
Lfg. 86, S. 2041-2064, 1 Vollbild
Lfg. 87, S. 2065-2088, 1 Vollbild
Lfg. 88, S. 2089-2112, 1 Vollbild
Lfg. 89, S. 2113-2136, 1 Vollbild
Lfg. 90, S. 2137-2160, 1 Vollbild
Lfg. 91, S. 2161-2184, 1 Vollbild
Lfg. 92, S. 2185-2208, 1 Vollbild
Lfg. 93, S. 2209-2232, 1 Vollbild
Lfg. 94, S. 2233-2256, 1 Vollbild
Lfg. 95, S. 2257-2280, 1 Vollbild
Lfg. 96, S. 2281-2304, 1 Vollbild
Lfg. 97, S. 2305-2328, 1 Vollbild

Lfg. 98, S. 2329-2352, 2 Vollbilder
Lfg. 99, S. 2353-2376
Lfg. 100, S. 2377-2400, 1 Vollbild
Lfg. 101, S. 2401-2411, 1 Vollbild
Erschienen: Vermutlich zwischen August/September 1884 und
Juli/August 1886

Nachdrucke

Nachdrucke erschienen noch bis Februar 1914 (Übergang der
Rechte an den Karl-May-Verlag Radebeul) bzw. Frühjahr 1917
(Ausverkauf der Lagerbestände).
Lieferungsausgaben mit dem Aufdruck des Gesamtpreises sind
nach dem 1. 1. 1897 ausgegeben worden.
Bei Auslaufen der jeweiligen Lieferungsausgabe wurde den Abon-
nenten, um sich die Einzelhefte zu Bänden binden zu lassen, ge-
wöhnlich ein Gesamttitelblatt für jeden vorgesehenen Band (z. B.
mit dem Vermerk »Erster Band«) mitgeliefert.
Nachedition: 376, 444

175
Giölgeda padishanün. Reise=Erinnerungen aus dem Türkenreiche
von Karl May. (Fortsetzung.) Der letzte Ritt.
In: Deutscher Hausschatz in Wort und Bild.
Regensburg-New-York-Cincinnati, Verlag von Friedrich Pustet.
11. Jg. 1884/85. 18 Hefte = 52 Nummern (offiziell: Oktober
1884-Oktober 1885; tatsächlich: September 1884-September
1885). 4°
Nr. 6, S. 81-84 (Red.S.: 25. 10. 1884))
Nr. 7, S. 97-102 (Red.S.: 31. 10. 1884)
Nr. 8, S. 125-128 (Red.S.: 9. 11. 1884)
Nr. 9, S. 136-138 (Red.S.: 15. 11. 1884)
Nr. 10, S. 145-148, 150-151 (Red.S.: 24. 11. 1884)
Nr. 11, S. 161-164 (Red.S.: 29. 11. 1884)
Nr. 49, S. 769-772, 774 (Red.S.: 22., 8. 1885)
Nr. 50, S. 785-788, 790-791 (Red.S.: 29. 8. 1885)
Nr. 51, S. 801-804 (Red.S.: 5. 9. 1885)
Nr. 52, S. 817-820
Das ist:
Heft 2-4, 17-18
Fortsetzung in:
Deutscher Hausschatz in Wort und Bild.
Regensburg-New-York-Cincinnati, Verlag von Friedrich Pustet.
12. Jg. 1885/86. 18 Hefte = 52 Nummern (offiziell: Oktober
1885-Oktober 1886; tatsächlich: September 1885-September
1886). 4°
Nr. 1, S. 6-8 (Red.S.: 19. 9. 1885)
Nr. 2, S. 26-28, 30 (Red.S.: 25. 9. 1885)
Nr. 3, S. 38-40, 42-44 (Red.S.: 3. 10. 1885)
Nr. 4, S. 58-62 (Red.S.: 9. 10. 1885)
Nr. 5, S. 77-79 (Red.S.: 17. 10. 1885)
Nr. 6, S. 81-84, 86

Nr. 7, S. 106-108
Nr. 8, S. 122-124, 126 (Red.S.: 7. 11. 1885)
Nr. 9, S. 134-136 (Red.S.: 14. 11. 1885)
Nr. 10, S. 145-148 (Red.S.: 21. 11. 1885)
Nr. 11, S. 161-164
Nr. 12, S. 177-180, 182-183 (Red.S.: 5. 12. 1885)
Nr. 13, S. 193-196 (Red.S.: 12. 12. 1885)
Nr. 14, S. 209-212, 214 (Red.S.: 19. 12. 1885)
Nr. 15, S. 225-228, 230-232, 234 (Red.S.: 24. 12. 1885)
Nr. 16, S. 246-247, 250 (Red.S.: 2. 1. 1886)
Nr. 17, S. 266-269
Nr. 19, S. 298-302 (Red.S.: 23. 1. 1886)
Nr. 20, S. 317-319 (Red.S.: 30. 1. 1886)
Nr. 21, S. 321-323 (Red.S.: 6. 2. 1886)
Nr. 22, S. 337-340
Nr. 52, S. 817-820
Das ist:
Heft 1-8, 18
Erschienen: Vierte Oktoberwoche bis erste Dezemberwoche 1884,
vierte Augustwoche 1885 bis dritte Februarwoche 1886 (mit Aus-
nahme der dritten Januarwoche 1886 = Nr. 18), zweite Septem-
berwoche 1886
Nachedition: 230 (S. 551-644), 232 (S. 1-424), 439 (S. 450-525), 450
(S. 1-354)

I. Jahrgang.   ·◄◼►·   Heft 21.

176

Incognito. Episode aus dem Leben des alten Dessauer, von E. v. Linden.

In: Patriotischer Hausschatz. Unterhaltungsblätter für das deutsche Volk.

Leipzig, Verlag von A. Bergmann.

1. Jg. 28 Hefte (April/Mai 1884-vermutlich Juni 1885). gr. 8°

Heft 21, S. 642-648

Heft 22, S. 674-680

Heft 23, S. 706-713

Heft 24, S. 738-742

Heft 25, S. 770-774

Heft 26, S. 802-806

Heft 27, S. 834-839

Heft 28, S. 866-871

Erschienen: Vermutlich zwischen Ende Februar und Anfang Juni 1885

Voredition: 35, 39, 86, 86 P, 121

Nachedition: 350 B, 397 B, 446 B

177

Die Wüstenräuber. Erlebnisse einer Africa-Expedition durch die Sahara von Dr. Karl May.

In: Bachem's Roman=Sammlung. Bd. 4.

Köln, Verlag von J. P. Bachem, 1885. 8°

S. 249-408

DB: 7

Erschienen: EN: 22. Juni 1885

Voredition: 53, 79, 98, 145, 171

Nachedition: 250 A, 251 C, 257 A, 258 A, 264 A, 265 A, 267 A, 328 A, 353 A, 478 A, 558 A, 563 A

Nachauflagen erschienen im Frühjahr 1888, im Sommer 1894 und im Herbst 1900.

Der Band enthält außerdem den Roman von Cuno Bach: »Ein stolzes Herz«.

178

Der »letzte Ritt« wird schon darum Ihre Leser höchstlichst inter-
essiren, weil diese Begebenheit unter den jetzt aufständischen
Balkan=Völkerschaften spielt …
In: Deutscher Hausschatz in Wort und Bild.
  Regensburg-New-York-Cincinnati, Verlag von Friedrich Pustet.
  12. Jg. 1885/86. 18 Hefte = 52 Nummern (offiziell: Oktober
  1885-Oktober 1886; tatsächlich: September 1885-September
  1886). 4°
  Nr. 3, S. 47 (Red.S.: 3. 10. 1885)
  Das ist:
  Heft 1
Erschienen: Erste Oktoberwoche 1885

Brief an den Verlag Pustet vom 19. 9. 1885.

179

Old Firehand. Erzählung von Karl May.
In: Gratisbeilage zum Rheinischen Merkur. Im Familienkreise.
  Zur Unterhaltung, Belehrung und Erheiterung herausgegeben
  unter Mitwirkung hervorragender Schriftsteller.
  Köln, Verlag von Heinrich Theissing.
  8. Jg. 1885. 4°
  Nr. 40, S. 313-316
  Nr. 41, S. 321-324
  Nr. 42, S. 329-332
  Nr. 43, S. 337-339
  Nr. 44, S. 345-348
  Nr. 45, S. 353-356
  Nr. 46, S. 361-364
  Nr. 47, S. 369-372
  Nr. 48, S. 377-380
  Nr. 49, S. 385-387
  Nr. 50, S. 393-397
  Nr. 51, S. 401-404
  Nr. 52, S. 410-413
Erschienen: Erste Oktoberwoche bis Übergangswoche Dezember
  1885/Januar 1886 (Turnus: wöchentlich eine Ausgabe)
Voredition: 8, 22, 113
Nachedition: 201, 242 (Kap. 5 und 6), 350 E, 387 (S. 171-186),
  397 E, 446 E, 468 (Kap. 5 und 6)

180

Deutsche Herzen, deutsche Helden vom Verfasser des »Waldröschen« und »der Fürst des Elends«.

Dresden, Verlag von H. G. Münchmeyer, (1885/87). gr. 8°

Lfg. 1, S. 1-24, 1 Vollbild
Lfg. 2, S. 25-48, 1 Vollbild
Lfg. 3, S. 49-72, 1 Vollbild
Lfg. 4, S. 73-96, 1 Vollbild
Lfg. 5, S. 97-120, 1 Vollbild
Lfg. 6, S. 121-144, 1 Vollbild
Lfg. 7, S. 145-168, 1 Vollbild
Lfg. 8, S. 169-192, 1 Vollbild
Lfg. 9, S. 193-216, 1 Vollbild
Lfg. 10, S. 217-240, 1 Vollbild
Lfg. 11, S. 241-264, 1 Vollbild
Lfg. 12, S. 265-288, 1 Vollbild
Lfg. 13, S. 289-312, 1 Vollbild
Lfg. 14, S. 313-336, 2 Vollbilder
Lfg. 15, S. 337-360
Lfg. 16, S. 361-384, 1 Vollbild
Lfg. 17, S. 385-408, 1 Vollbild
Lfg. 18, S. 409-432, 1 Vollbild
Lfg. 19, S. 433-456, 1 Vollbild
Lfg. 20, S. 457-480, 1 Vollbild
Lfg. 21, S. 481-504, 2 Vollbilder
Lfg. 22, S. 505-528, 1 Vollbild
Lfg. 23, S. 529-552, 1 Vollbild
Lfg. 24, S. 553-576
Lfg. 25, S. 577-600, 1 Vollbild
Lfg. 26, S. 601-624, 2 Vollbilder
Lfg. 27, S. 625-648, 1 Vollbild
Lfg. 28, S. 649-672, 1 Vollbild
Lfg. 29, S. 673-696, 1 Vollbild
Lfg. 30, S. 697-720, 2 Vollbilder
Lfg. 31, S. 721-744, 1 Vollbild
Lfg. 32, S. 745-768, 1 Vollbild
Lfg. 33, S. 769-792
Lfg. 34, S. 793-816
Lfg. 35, S. 817-840
Lfg. 36, S. 841-864, 1 Vollbild
Lfg. 37, S. 865-888, 2 Vollbilder
Lfg. 38, S. 889-912
Lfg. 39, S. 913-936, 2 Vollbilder
Lfg. 40, S. 937-960, 1 Vollbild
Lfg. 41, S. 961-984, 1 Vollbild
Lfg. 42, S. 985-1008
Lfg. 43, S. 1009-1032, 2 Vollbilder
Lfg. 44, S. 1033-1056
Lfg. 45, S. 1057-1080, 1 Vollbild
Lfg. 46, S. 1081-1104, 2 Vollbilder
Lfg. 47, S. 1105-1128, 1 Vollbild
Lfg. 48, S. 1129-1152, 1 Vollbild

Lfg. 49, S. 1153-1176
Lfg. 50, S. 1177-1200, 2 Vollbilder
Lfg. 51, S. 1201-1224, 1 Vollbild
Lfg. 52, S. 1225-1248, 1 Vollbild
Lfg. 53, S. 1249-1272, 1 Vollbild
Lfg. 54, S. 1273-1296, 1 Vollbild
Lfg. 55, S. 1297-1320, 1 Vollbild
Lfg. 56, S. 1321-1344, 1 Vollbild
Lfg. 57, S. 1345-1368, 1 Vollbild
Lfg. 58, S. 1369-1392, 1 Vollbild
Lfg. 59, S. 1393-1416, 1 Vollbild
Lfg. 60, S. 1417-1440, 1 Vollbild
Lfg. 61, S. 1441-1464, 1 Vollbild
Lfg. 62, S. 1465-1488, 1 Vollbild
Lfg. 63, S. 1489-1512, 1 Vollbild
Lfg. 64, S. 1513-1536, 2 Vollbilder
Lfg. 65, S. 1537-1560, 1 Vollbild
Lfg. 66, S. 1561-1584, 2 Vollbilder
Lfg. 67, S. 1585-1608, 1 Vollbild
Lfg. 68, S. 1609-1632
Lfg. 69, S. 1633-1656, 1 Vollbild
Lfg. 70, S. 1657-1680, 1 Vollbild
Lfg. 71, S. 1681-1704, 1 Vollbild
Lfg. 72, S. 1705-1728, 1 Vollbild
Lfg. 73, S. 1729-1752, 1 Vollbild
Lfg. 74, S. 1753-1776
Lfg. 75, S. 1777-1800, 3 Vollbilder
Lfg. 76, S. 1801-1824, 1 Vollbild
Lfg. 77, S. 1825-1848
Lfg. 78, S. 1849-1872, 2 Vollbilder
Lfg. 79, S. 1873-1896, 1 Vollbild
Lfg. 80, S. 1897-1920, 1 Vollbild
Lfg. 81, S. 1921-1944, 1 Vollbild
Lfg. 82, S. 1945-1968, 2 Vollbilder
Lfg. 83, S. 1969-1992
Lfg. 84, S. 1993-2016
Lfg. 85, S. 2017-2040, 3 Vollbilder
Lfg. 86, S. 2041-2064, 1 Vollbild
Lfg. 87, S. 2065-2088, 1 Vollbild
Lfg. 88, S. 2089-2112, 1 Vollbild
Lfg. 89, S. 2113-2136, 1 Vollbild
Lfg. 90, S. 2137-2160, 2 Vollbilder
Lfg. 91, S. 2161-2184, 1 Vollbild
Lfg. 92, S. 2185-2208, 2 Vollbilder
Lfg. 93, S. 2209-2232, 2 Vollbilder
Lfg. 94, S. 2233-2256, 2 Vollbilder
Lfg. 95, S. 2257-2280
Lfg. 96, S. 2281-2304
Lfg. 97, S. 2305-2328
Lfg. 98, S. 2329-2352, 1 Vollbild
Lfg. 99, S. 2353-2376, 1 Vollbild
Lfg. 100, S. 2377-2400

Lfg. 101, S. 2401-2424
Lfg. 102, S. 2425-2448
Lfg. 103, S. 2449-2472
Lfg. 104, S. 2473-2496, 1 Vollbild
Lfg. 105, S. 2497-2520
Lfg. 106, S. 2521-2544, 1 Vollbild
Lfg. 107, S. 2545-2568
Lfg. 108, S. 2569-2592, 1 Vollbild
Lfg. 109, S. 2593-2610, 1 Vollbild

Erschienen: Vermutlich zwischen November 1885 und Dezember 1887

Nachdrucke

Nachdrucke erschienen noch bis Februar 1914 (Übergang der Rechte an den Karl-May-Verlag Radebeul) bzw. Frühjahr 1917 (Ausverkauf der Lagerbestände).
Lieferungsausgaben mit dem Aufdruck des Gesamtpreises sind nach dem 1.1.1897 ausgegeben worden.
Bei Auslaufen der jeweiligen Lieferungsausgabe wurde den Abonnenten, um sich die Einzelhefte zu Bänden binden zu lassen, gewöhnlich ein Gesamttitelblatt für jeden vorgesehenen Band (z. B. mit dem Vermerk »Erster Band«) mitgeliefert.
Nachedition: 331, 441

181

Der Weg zum Glück vom Verfasser des »Waldröschen«, »Verlorner Sohn«, »Deutsche Helden« etc. (Band-Titel: Der Weg zum Glück. Roman aus dem Leben Ludwig des Zweiten von Karl May. Mit bunten Bilder=Beilagen).

Dresden, Verlag von H. G. Münchmeyer, (1886/88). gr. 8°

Lfg. 1, S. 1-24, 1 Vollbild
Lfg. 2, S. 25-48, 1 Vollbild
Lfg. 3, S. 49-72, 1 Vollbild
Lfg. 4, S. 73-96, 1 Vollbild
Lfg. 5, S. 97-120, 1 Vollbild
Lfg. 6, S. 121-144, 2 Vollbilder
Lfg. 7, S. 145-168, 1 Vollbild
Lfg. 8, S. 169-192, 1 Vollbild
Lfg. 9, S. 193-216
Lfg. 10, S. 217-240, 1 Vollbild
Lfg. 11, S. 241-264, 2 Vollbilder
Lfg. 12, S. 265-288
Lfg. 13, S. 289-312, 1 Vollbild
Lfg. 14, S. 313-336, 1 Vollbild
Lfg. 15, S. 337-360, 1 Vollbild
Lfg. 16, S. 361-384, 1 Vollbild
Lfg. 17, S. 385-408, 1 Vollbild
Lfg. 18, S. 409-432, 1 Vollbild
Lfg. 19, S. 433-456, 1 Vollbild
Lfg. 20, S. 457-480
Lfg. 21, S. 481-504, 1 Vollbild
Lfg. 22, S. 505-528, 1 Vollbild
Lfg. 23, S. 529-552, 1 Vollbild
Lfg. 24, S. 553-576, 2 Vollbilder
Lfg. 25, S. 577-600, 1 Vollbild
Lfg. 26, S. 601-624, 1 Vollbild
Lfg. 27, S. 625-648, 1 Vollbild
Lfg. 28, S. 649-672, 1 Vollbild
Lfg. 29, S. 673-696, 1 Vollbild
Lfg. 30, S. 697-720, 1 Vollbild
Lfg. 31, S. 721-744, 1 Vollbild
Lfg. 32, S. 745-768, 1 Vollbild
Lfg. 33, S. 769-792, 1 Vollbild
Lfg. 34, S. 793-816, 1 Vollbild
Lfg. 35, S. 817-840, 1 Vollbild
Lfg. 36, S. 841-864, 1 Vollbild
Lfg. 37, S. 865-888, 1 Vollbild
Lfg. 38, S. 889-912, 3 Vollbilder
Lfg. 39, S. 913-936
Lfg. 40, S. 937-960
Lfg. 41, S. 961-984, 1 Vollbild
Lfg. 42, S. 985-1008, 2 Vollbilder
Lfg. 43, S. 1009-1032, 1 Vollbild
Lfg. 44, S. 1033-1056
Lfg. 45, S. 1057-1080, 1 Vollbild
Lfg. 46, S. 1081-1104, 2 Vollbilder

Lfg. 47, S. 1105-1128, 1 Vollbild
Lfg. 48, S. 1129-1152, 2 Vollbilder
Lfg. 49, S. 1153-1176, 1 Vollbild
Lfg. 50, S. 1177-1200
Lfg. 51, S. 1201-1224
Lfg. 52, S. 1225-1248, 2 Vollbilder
Lfg. 53, S. 1249-1272, 1 Vollbild
Lfg. 54, S. 1273-1296, 1 Vollbild
Lfg. 55, S. 1297-1320, 2 Vollbilder
Lfg. 56, S. 1321-1344, 1 Vollbild
Lfg. 57, S. 1345-1368, 1 Vollbild
Lfg. 58, S. 1369-1392, 1 Vollbild
Lfg. 59, S. 1393-1416
Lfg. 60, S. 1417-1440, 1 Vollbild
Lfg. 61, S. 1441-1464, 1 Vollbild
Lfg. 62, S. 1465-1488, 2 Vollbilder
Lfg. 63, S. 1489-1512, 2 Vollbilder
Lfg. 64, S. 1513-1536, 1 Vollbild
Lfg. 65, S. 1537-1560
Lfg. 66, S. 1561-1584
Lfg. 67, S. 1585-1608, 1 Vollbild
Lfg. 68, S. 1609-1632, 1 Vollbild
Lfg. 69, S. 1633-1656, 2 Vollbilder
Lfg. 70, S. 1657-1680
Lfg. 71, S. 1681-1704, 2 Vollbilder
Lfg. 72, S. 1705-1728, 1 Vollbild
Lfg. 73, S. 1729-1752, 1 Vollbild
Lfg. 74, S. 1753-1776, 2 Vollbilder
Lfg. 75, S. 1777-1800, 1 Vollbild
Lfg. 76, S. 1801-1824, 2 Vollbilder
Lfg. 77, S. 1825-1848, 1 Vollbild
Lfg. 78, S. 1849-1872, 1 Vollbild
Lfg. 79, S. 1873-1896, 1 Vollbild
Lfg. 80, S. 1897-1920, 2 Vollbilder
Lfg. 81, S. 1921-1944
Lfg. 82, S. 1945-1968, 2 Vollbilder
Lfg. 83, S. 1969-1992, 1 Vollbild
Lfg. 84, S. 1993-2016, 2 Vollbilder
Lfg. 85, S. 2017-2040, 1 Vollbild
Lfg. 86, S. 2041-2064
Lfg. 87, S. 2065-2088, 1 Vollbild
Lfg. 88, S. 2089-2112, 2 Vollbilder
Lfg. 89, S. 2113-2136, 1 Vollbild
Lfg. 90, S. 2137-2160, 1 Vollbild
Lfg. 91, S. 2161-2184, 1 Vollbild
Lfg. 92, S. 2185-2208, 1 Vollbild
Lfg. 93, S. 2209-2232
Lfg. 94, S. 2233-2256, 1 Vollbild
Lfg. 95, S. 2257-2280
Lfg. 96, S. 2281-2304
Lfg. 97, S. 2305-2328
Lfg. 98, S. 2329-2352, 1 Vollbild

Lfg. 99, S. 2353-2376
Lfg. 100, S. 2377-2400
Lfg. 101, S. 2401-2424, 1 Vollbild
Lfg. 102, S. 2425-2448, 1 Vollbild
Lfg. 103, S. 2449-2472
Lfg. 104, S. 2473-2496
Lfg. 105, S. 2497-2520
Lfg. 106, S. 2521-2544, 2 Vollbilder
Lfg. 107, S. 2545-2568, 3 Vollbilder
Lfg. 108, S. 2569-2592, 1 Vollbild
Lfg. 109, S. 2593-2616

Erschienen: Vermutlich zwischen Juli/August 1886 und Anfang 1888

Nachdrucke

Nachdrucke erschienen noch bis Februar 1914 (Übergang der Rechte an den Karl-May-Verlag Radebeul) bzw. Frühjahr 1917 (Ausverkauf der Lagerbestände).
Lieferungsausgaben mit dem Aufdruck des Gesamtpreises sind nach dem 1.1.1897 ausgegeben worden.
Bei Auslaufen der jeweiligen Lieferungsausgabe wurde den Abonnenten, um sich die Einzelhefte zu Bänden binden zu lassen, gewöhnlich ein Gesamttitelblatt für jeden vorgesehenen Band (z. B. mit dem Vermerk »Erster Band«) mitgeliefert.
Nachedition: 374, 443

Illustrirtes Familienblatt für Stadt und Land.

182

Der Pflaumendieb. Humoristische Episode aus dem Leben des alten Dessauers. Von Dr. Karl May.

In: Der Reichsbote. Illustrirtes Familienblatt für Stadt und Land.

Leipzig, Verlag von F. E. Fischer.

1. Jg. 1886/87. 60 Nummern (Übergangswoche August/September 1886-Juli 1887). 4°

Nr. 1, S. 13-15

Nr. 2, S. 29-31

Nr. 3, S. 45-47

Nr. 4, S. ?

Nr. 5, S. 75-79

Nr. 6, S. 93-95

Nr. 7, S. 110-111

Nr. 8, S. 124-127

Erschienen: Übergangswoche August/September bis erste Oktoberwoche 1886

Voredition: 7, 43, 100, 106, 106 P, 164

183

Unter der Windhose. Ein Erlebnis aus dem fernen Westen von Karl May.

In: Das Buch der Jugend. Ein Jahrbuch der Unterhaltung und Belehrung für unsere Knaben.

Stuttgart, Verlag von K. Thienemann, Gebrüder Hoffmann.

1. Bd. 1886. gr. 8°

S. 64-67, 85-99, 1 Vollbild

Erschienen: EN: 29. November 1886

Nachedition: 269 (S. 215-247), 490 (S. 215-247)

184

Der Sohn des Bärenjägers. Von K. May.

In: Der Gute Kamerad. Spemanns Illustrierte Knaben-Zeitung.
   Berlin-Stuttgart, Verlag von W. Spemann.
   1. Jg. 1887. 39 Nummern (Januar-September 1887). 4°
   Nr. 1, S. 1-4, 1 Illustr.
   Nr. 2, S. 17-19, 1 Ilustr.
   Nr. 3, S. 33-36, 2 Illustr.
   Nr. 4, S. 49-52, 1 Illustr.
   Nr. 5, S. 65-68, 1 Illustr.
   Nr. 6, S. 81-85, 1 Illustr.
   Nr. 7, S. 105-108, 1 Illustr.
   Nr. 8, S. 120, 122-124, 1 Illustr.
   Nr. 9, S. 135, 137-139, 1 Illustr.
   Nr. 10, S. 153-155, 1 Illustr.
   Nr. 11, S. 172-174, 1 Illustr.
   Nr. 12/13, S. 187-189, 1 Illustr.
   Nr. 14, S. 203-205, 1 Illustr.
   Nr. 15, S. 220-222, 1 Illustr.
   Nr. 16, S. 235-237
   Nr. 17, S. 245-247
   Nr. 18, S. 266-268, 1 Illustr.
   Nr. 19, S. 281-283
   Nr. 20, S. 297-299, 1 Illustr.
   Nr. 21, S. 313-315
   Nr. 22, S. 329-331
   Nr. 23, S. 345-347
   Nr. 24, S. 361-364, 1 Illustr.
   Nr. 25, S. 378-379
   Nr. 26, S. 393-395
   Nr. 27, S. 407, 409-412, 1 Illustr.
   Nr. 28, S. 425-427
   Nr. 29, S. 441-444, 1 Illustr.
   Nr. 30, S. 457-460
   Nr. 31, S. 465-467, 1 Illustr.
   Nr. 32, S. 489-492
   Nr. 33, S. 505-507
   Nr. 34, S. 522-524
   Nr. 35, S. 529-531, 1 Illustr.
   Nr. 36, S. 553-555
   Nr. 37, S. 569-571
   Nr. 38, S. 585-587
   Nr. 39, S. 600-603
Erschienen: 8. Januar bis dritte Septemberwoche 1887
Nachedition: 218 A

185

Ibn el 'amm. Von P. van der Löwen.
In: Der Gute Kamerad. Spemanns Illustrierte Knaben-Zeitung.
  Berlin-Stuttgart, Verlag von W. Spemann.
    1. Jg. 1887. 39 Nummern (Januar-September 1887). 4°
    Nr. 1, S. 6-7, 1 Abb. (S. 8)
Erschienen: 8. Januar 1887

186

Ein Prairiebrand.
In: Der Gute Kamerad. Spemanns Illustrierte Knaben-Zeitung.
  Berlin-Stuttgart, Verlag von W. Spemann.
    1. Jg. 1887. 39 Nummern (Januar-September 1887). 4°
    Nr. 11, S. 169-170, 1 Abb. (S. 168)
Erschienen: Dritte Märzwoche 1887

Dieser Text ist nur in geringem Maße von Karl May verfaßt; er enthält zum größeren Teil ein am Anfang von ihm bearbeitetes Zitat aus »I. T. Irving's Indianische Skizzen«, daneben ein ebenfalls von ihm bearbeitetes Zitat aus Sealsfields »Die Prärie am Jacinto« sowie eine Stelle aus Karl Müllers »Buch der Pflanzenwelt«.

187

Das Hamail.
In: Der Gute Kamerad. Spemanns Illustrierte Knaben-Zeitung.
  Berlin-Stuttgart, Verlag von W. Spemann.
    1. Jg. 1887. 39 Nummern (Januar-September 1887). 4°
    Nr. 19, S. 278-279, 1 Abb. (S. 280)
Erschienen: Erste Maiwoche 1887

188

Ein Phi-Phob.
In: Der Gute Kamerad. Spemanns Illustrierte Knaben-Zeitung.
  Berlin-Stuttgart, Verlag von W. Spemann.
    1. Jg. 1887. 39 Nummern (Januar-September 1887). 4°
    Nr. 21, S. 310-313, 1 Abb. (S. 312)
Erschienen: Dritte Maiwoche 1887

189

Maghreb-el-aksa. Von Karl May.
In: Vom Fels zum Meer. Spemann's Illustrirte Zeitschrift für das
  Deutsche Haus.
  Stuttgart, Verlag von W. Spemann.
    7. Jg. 1887/88. 1. Band. 6 Hefte (offiziell: Oktober 1887-März
    1888; tatsächlich: August 1887-Januar 1888). Lex.-8°
    Heft 4, Sp. 963-970, 4 Illustr. (Sp. 967-969, 982-987, 997-999,
    1006-1008)
Erschienen: November 1887

Durch das Land der Skipetaren.
Reise-Erinnerungen aus dem Türkenreich.
Von Carl May.*)

Die unter dem Scepter des Sultans befindlichen Länder gehören zu denjenigen, in welchen der Reisende zu seinem Leibwesen und vielleicht auch zu seinem Schaden sehr oft erfährt, herzog von Frankfurt, Erzbischof von Regensburg u. s. w., dem "hochherzigen deutschen Fürsten, Kenner und Freunde der Wissenschaften und großmüthigen Beschützer der Gelehrten" gewidmet

190

Durch das Land der Skipetaren. Reise=Erinnerungen aus dem Türkenreich. Von Karl May.

In: Deutscher Hausschatz in Wort und Bild.

Regensburg-New-York-Cincinnati, Verlag von Friedrich Pustet. 14. Jg. 1887/88. 18 Hefte (offiziell: Oktober 1887-Oktober 1888; tatsächlich: November 1887-September 1888). 4°

Heft 4, S. 129-136, 138-140, 142-144, 146 (Red.S.: 9.1.1888)

Heft 5, S. 177-180, 182-184, 186-192, 194-199 (Red.S.: 28.1.1888)

Heft 6, S. 225-232, 234-236, 238-240, 242-248, 250 (Red.S.: 18.2.1888)

Heft 7, S. 273-280, 282-284, 286-296 (Red.S.: 10.3.1888)

Heft 8, S. 321-328, 330-344, 346-348, 350-351 (Red.S.: 31.3.1888)

Heft 9, S. 369-376, 378-380, 382-392, 394 (Red.S.: 21.4.1888)

Heft 10, S. 417-424, 426-437 (Red.S.: 12.5.1888)

Heft 11, S. 465-472, 474-476, 478-495 (Red.S.: 2.6.1888)

Heft 12, S. 513-520, 522-524, 526-532, 534-536, 538-540 (Red.S.: 16.6.1888)

Heft 13, S. 553-560, 562-576, 578-580, 582-584 (Red.S.: 7.7.1888)

Heft 14, S. 601-608, 610-628 (Red.S.: 20.7.1888)

Heft 15, S. 649-656, 658-672, 674-676, 678-680 (Red.S.: 31.7.1888)

Heft 16, S. 697-704, 706-712, 714-716, 718-720, 722-724, 726-729 (Red.S.: 14.8.1888)

Heft 17, S. 737-744, 746-750 (Red.S.: 31.8.1888)

Erschienen: Januar bis September 1888

Nachedition: 232 (S. 425-607), 237 (S. 1-597), 238 (S. 1-535), 450 (S. 355-504), 457 (S. 1-491), 460 (S. 1-453)

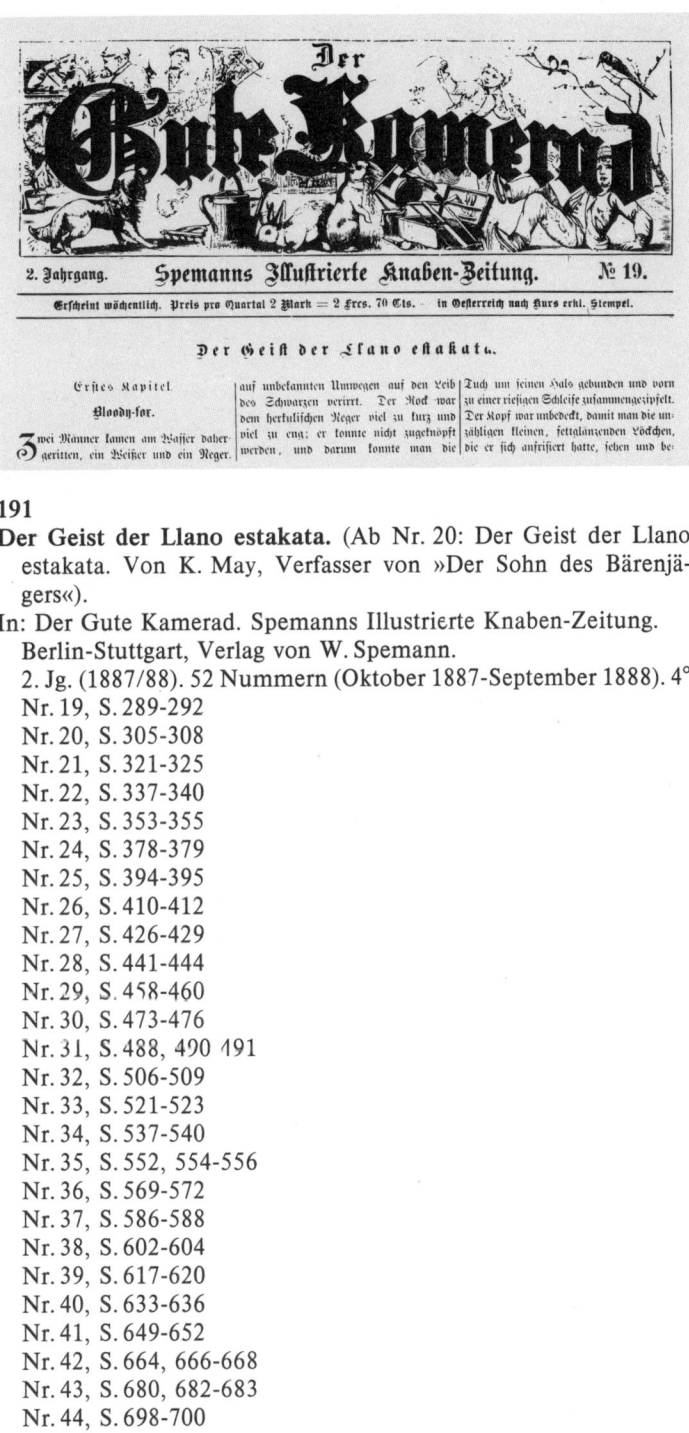

Der
Gute Kamerad

2. Jahrgang.   Spemanns Illustrierte Knaben-Zeitung.   № 19.

Erscheint wöchentlich. Preis pro Quartal 2 Mark = 2 Frcs. 70 Cts. - in Oesterreich nach Kurs erhl. Stempel.

Der Geist der Llano estakata.

Erstes Kapitel.

Bloody-for.

Zwei Männer kamen am Wasser daher geritten, ein Weißer und ein Neger. auf unbekannten Umwegen auf den Leib des Schwarzen verirrt. Der Rock war dem herkulischen Neger viel zu kurz und viel zu eng; er konnte nicht zugeknöpft werden, und darum konnte man die Tuch um seinen Hals gebunden und vorn zu einer riesigen Schleife zusammengezipfelt. Der Kopf war unbedeckt, damit man die unzähligen kleinen, fettglänzenden Löckchen, die er sich anfrisiert hatte, sehen und be-

191

Der Geist der Llano estakata. (Ab Nr. 20: Der Geist der Llano estakata. Von K. May, Verfasser von »Der Sohn des Bärenjägers«).

In: Der Gute Kamerad. Spemanns Illustrierte Knaben-Zeitung. Berlin-Stuttgart, Verlag von W. Spemann.

2. Jg. (1887/88). 52 Nummern (Oktober 1887-September 1888). 4°

Nr. 19, S. 289-292
Nr. 20, S. 305-308
Nr. 21, S. 321-325
Nr. 22, S. 337-340
Nr. 23, S. 353-355
Nr. 24, S. 378-379
Nr. 25, S. 394-395
Nr. 26, S. 410-412
Nr. 27, S. 426-429
Nr. 28, S. 441-444
Nr. 29, S. 458-460
Nr. 30, S. 473-476
Nr. 31, S. 488, 490 491
Nr. 32, S. 506-509
Nr. 33, S. 521-523
Nr. 34, S. 537-540
Nr. 35, S. 552, 554-556
Nr. 36, S. 569-572
Nr. 37, S. 586-588
Nr. 38, S. 602-604
Nr. 39, S. 617-620
Nr. 40, S. 633-636
Nr. 41, S. 649-652
Nr. 42, S. 664, 666-668
Nr. 43, S. 680, 682-683
Nr. 44, S. 698-700
Nr. 45, S. 713-716
Nr. 46, S. 729-732
Nr. 47, S. 746-748

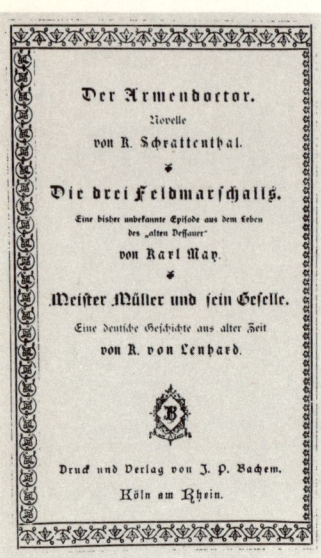

Nr. 48, S. 762-765
Nr. 49, S. 778-780
Nr. 50, S. 793-795
Nr. 51, S. 809-812
Nr. 52, S. 818-821
Erschienen: Übergangswoche Januar/Februar bis dritte September-
woche 1888
Nachedition: 218 B

192

Die drei Feldmarschalls. Eine bisher unbekannte Episode aus dem
Leben des »alten Dessauer« von Karl May.
In: Bachem's Novellen-Sammlung. (Ein-Mark-Bände.) Eine belle-
tristische Haus- und Familien-Bibliothek, Bd. 32.
Köln, Verlag von J. P. Bachem, 1888. 8°
S. 93-169
DB: 8
Erschienen: EN: 17. Mai 1888
Voredition: 54, 70, 127, 127 P

Eine Nachauflage erschien im Sommer 1893.
Der Band enthält außerdem die Novellen »Der Armendoctor« von
K. Schrattenthal und »Meister Müller und sein Geselle« von
K. v. Lenhard.

193

Antwortschreiben an O. Erdmann zu Hofgeismar bei Kassel.
Siehste, so biste! Wennste, so könntste! ... Hobble=Frank, früher
Forschtgehilfe zu Moritzburg in Saxen.
In: Der Gute Kamerad. Spemanns Illustrierte Knaben-Zeitung.
Berlin-Stuttgart, Verlag von W. Spemann.
2. Jg. (1887/88). 52 Nummern (Oktober 1887-September 1888). 4°
Nr. 40, S. 638
Erschienen: Vierte Juniwoche 1888

194

Schloß Wildauen. Criminal=Roman von Carl May (in einigen Nr.
bzw. Heften: Karl May).
In: Deutsche Gartenlaube. Illustrirtes Familienblatt zur Unterhal-
tung und Belehrung für Jedermann.
Berlin, Verlag von W. Kohlmann (ab Nr. 79: E. Globig & Crü-
ger).
52 Hefte = 156 Nummern (Juni 1888-Juni 1889). 4°
Nr. 1, S. 4, 6-7
Nr. 2, S. 14-15
Nr. 3, S. 21-23
Nr. 4, S. 30-31
Nr. 5, S. 38-39
Nr. 6, S. 45-47
Nr. 7, S. 52, 54-55
Nr. 8, S. 62-63
Nr. 9, S. 69-71

Deutsche Gartenlaube

Illustrirtes Familienblatt

zur Unterhaltung und Belehrung für Jedermann.

Nr. 10, S. 76, 78-79
Nr. 11, S. 84, 86-87
Nr. 12, S. 94-95
Nr. 13, S. 102-103
Nr. 14, S. 109-111
Nr. 15, S. 118-119
Nr. 16, S. 126-127
Nr. 17, S. 134-135
Nr. 18, S. 141-143
Nr. 19, S. 150-151
Nr. 20, S. 157-159
Nr. 21, S. 165-167
Nr. 22, S. 174-175
Nr. 23, S. 181-183
Nr. 24, S. 189-191
Nr. 25, S. 198-199
Nr. 26, S. 205-207
Nr. 27, S. 213-215
Nr. 28, S. 222-223
Nr. 29, S. 230-231
Nr. 30, S. 237-239
Nr. 31, S. 246-247
Nr. 32, S. 253-255
Nr. 33, S. 261-263
Nr. 34, S. 270-271
Nr. 35, S. 277-279
Nr. 36, S. 285-287
Nr. 37, S. 294-295
Nr. 38, S. 301-303
Nr. 39, S. 309-311
Nr. 40, S. 318-319
Nr. 41, S. 325-327
Nr. 42, S. 334-335
Nr. 43, S. 342-343
Nr. 44, S. 350-351
Nr. 45, S. 359
Nr. 46, S. 367
Das ist:
Heft 1-16
Erschienen: Vierte Juniwoche bis zweite Oktoberwoche 1888 (Turnus: wöchentlich 1 Heft = 3 Nummern)
Voredition: 59, 87
Nachedition: 266.1, 266 P, 266.2, 269 (S. 116-210, 437-578), 490 (S. 116-210, 437-578)

Aachen 1888. — Nr. 188.   40. Jahrgang.   Mittwoch, 15. August.   Erstes Blatt.

Echo der Gegenwart.

Chefredakteur: Hubert Immelen.
Verantwortlicher Redakteur: Hilmar Heinrich Beissel.   Telegrammadresse: Echo, Aachen. — Telephonanschluß Nr. 62.   Verlag von B. Kaatzer in Aachen
                                                                                                          Druck von Hermann Kaatzer in Aachen

195

Menschentrutz und Gottes Hand. Eine Schmugglergeschichte aus
  den Bergen. Von Dr. Karl Mai.
In: Echo der Gegenwart.
  Aachen, Verlag von P. Kaatzer.
  40. Jg. 1888. gr. 2°
  Nr. 188, Erstes Blatt, S. 1-2 (sämtlich unpag.)
  Nr. 189, Erstes Blatt, S. 1-2
  Nr. 190, Erstes Blatt, S. 1-2
  Nr. 191, Erstes Blatt, S. 1-2
  Nr. 194, Erstes Blatt, S. 1-2
  Nr. 195, Erstes Blatt, S. 1-2
  Nr. 196, Erstes Blatt, S. 1-2
  Nr. 197, Erstes Blatt, S. 1-2
  Nr. 199, Erstes Blatt, S. 1-2
  Nr. 200, Erstes Blatt, S. 1-2
  Nr. 201, Erstes Blatt, S. 1-2
  Nr. 202, Erstes Blatt, S. 1-2
  Nr. 203, Erstes Blatt, S. 1-2
  Nr. 205, Erstes Blatt, S. 1-2
  Nr. 206, Erstes Blatt, S. 1-2
  Nr. 207, Erstes Blatt, S. 1-2
  Nr. 208, Erstes Blatt, S. 1-2
  Nr. 211, Erstes Blatt, S. 1-2
  Nr. 212, Erstes Blatt, S. 1-2
  Nr. 213, Erstes Blatt, S. 1-2
  Nr. 214, Erstes Blatt, S. 1-2
  Nr. 215, Erstes Blatt, S. 1-2
  Nr. 217, Erstes Blatt, S. 1-2
  Nr. 218, Erstes Blatt, S. 1-2
  Nr. 219, Erstes Blatt, S. 1-2
Erschienen: 15.-18. August, 22.-25. August, 28. August bis 1. Sep-
  tember, 4.-7. September, 11.-15. September, 18.-20. September
  1888
Voredition: 91, 91 P, 107, 130, 144, 151, 154, 172
Nachedition: 239, 255, 268, 354, 371, 372 F, 436 E

196

Oeffentliche Sendepistel an meine lieben, kleenen Kameraden …
  Euer rätseliger Hobble=Frank, Villa »Bärenfett« an der Elbe.
In: Der Gute Kamerad. Spemanns Illustrierte Knaben-Zeitung.
  Berlin-Stuttgart, Verlag von W. Spemann.

2. Jg. (1887/88). 52 Nummern (Oktober 1887-September 1888).
4°
Nr. 52, S. 827
Erschienen: Dritte Septemberwoche 1888
  Lösung: se hinken alle beede
  Nr. 5 des 3. Jg., S. 79
Erschienen: Vierte Oktoberwoche 1888

197

口丁 oder Kong-Kheou, das Ehrenwort. Von K. May. Verfasser von »Der Sohn' des Bärenjägers«, »Geist der Llano estakata«.
In: Der Gute Kamerad. Spemanns Illustrierte Knaben-Zeitung.
  (Jg.-Titelblatt: Spemanns Illustriertes Knaben=Jahrbuch).
  Berlin-Stuttgart, Verlag von W. Spemann.
  3. Jg. 1888/89. 52 Nummern (September 1888-September 1889).
  4°
  Nr. 1, S. 1-4, 2 Illustr.
  Nr. 2, S. 17-21, 1 Illustr.
  Nr. 3, S. 33-37, 1 Illustr.
  Nr. 4, S. 49-52, 1 Illustr.
  Nr. 5, S. 65-68, 1 Illustr.
  Nr. 6, S. 81-84, 2 Illustr.
  Nr. 7, S. 97-100, 1 Illustr.
  Nr. 8, S. 113-117, 2 Illustr.
  Nr. 9, S. 129-133, 2 Illustr.
  Nr. 10, S. 145-149, 1 Illustr.
  Nr. 11, S. 161-165, 1 Illustr.
  Nr. 12, S. 177-182, 2 Illustr.
  Nr. 13, S. 193-197, 2 Illustr.
  Nr. 14, S. 209-213, 1 Illustr.
  Nr. 15, S. 225-228, 1 Illustr.
  Nr. 16, S. 241-245, 2 Illustr.
  Nr. 17, S. 257-261, 1 Illustr.
  Nr. 18, S. 273-277, 1 Illustr.
  Nr. 19, S. 289-293, 1 Illustr.
  Nr. 20, S. 305-308, 1 Illustr.
  Nr. 21, S. 321-324, 1 Illustr.
  Nr. 22, S. 337-342, 2 Illustr. (eine auf S. 345)
  Nr. 23, S. 353-357, 2 Illustr.
  Nr. 24, S. 369-373, 1 Illustr.
  Nr. 25, S. 385-389, 1 Illustr.
  Nr. 26, S. 401-404, 1 Illustr.
  Nr. 27, S. 417-421, 1 Illustr.
  Nr. 28, S. 433-437, 2 Illustr.
  Nr. 29, S. 449-452, 1 Illustr.
  Nr. 30, S. 465-468, 1 Illustr.
  Nr. 31, S. 481-485, 2 Illustr.
  Nr. 32, S. 497-500, 1 Illustr.
  Nr. 33, S. 513-517, 1 Illustr.
  Nr. 34, S. 529-532, 1 Illustr.

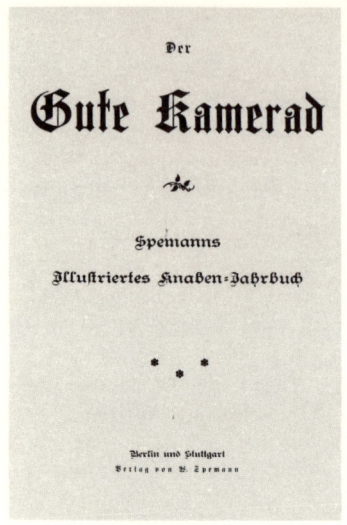 

Nr. 35, S. 545-550, 1 Illustr.
Nr. 36, S. 561-565, 1 Illustr.
Nr. 37, S. 577-582, 2 Illustr.
Nr. 38, S. 593-598, 1 Illustr.
Nr. 39, S. 609-613, 1 Illustr.
Nr. 40, S. 625-630, 1 Illustr.
Nr. 41, S. 641-645, 1 Illustr.
Nr. 42, S. 657-660, 1 Illustr.
Nr. 43, S. 673-676, 1 Illustr.
Nr. 44, S. 689-693, 1 Illustr.
Nr. 45, S. 705-709, 1 Illustr.
Nr. 46, S. 721-725, 1 Illustr.
Nr. 47, S. 737-741, 1 Illustr.
Nr. 48, S. 753-757, 1 Illustr.
Nr. 49, S. 769-772, 1 Illustr.
Nr. 50, S. 785-788, 1 Illustr.
Nr. 51, S. 801-804, 1 Illustr.
Nr. 52, S. 817-821, 1 Illustr.
Erschienen: Vierte Septemberwoche 1888 bis dritte Septemberwo-
che 1889
Nachedition: 236

198

Meine lieben Kameraden! ... Euern eenzig daschtehenden
Hobble=Frank, Villa »Bärenfett«.
In: Der Gute Kamerad. Spemanns Illustrierte Knaben-Zeitung.
(Jg.-Titelblatt: Spemanns Illustriertes Knaben=Jahrbuch).
Berlin-Stuttgart, Verlag von W. Spemann.
3. Jg. 1888/89. 52 Nummern (September 1888-September 1889).
4°
Nr. 7, S. 111
Erschienen: Erste Novemberwoche 1888

199
Der Scout. Reiseerlebniß in Mexico von Karl May.
In: Deutscher Hausschatz in Wort und Bild.
  Regensburg-New-York-Cincinnati, Verlag von Friedrich Pustet.
  15. Jg. 1888/89. 18 Hefte = 52 Nummern (offiziell: Oktober
  1888-Oktober 1889; tatsächlich: Oktober 1888-September 1889).
  4°
  Nr. 11, S. 170-172 (Red. S.: 30. 11. 1888)
  Nr. 12, S. 186-188 (Red. S.: 7. 12. 1888)
  Nr. 13, S. 202-204 (Red. S.: 13. 12. 1888)
  Nr. 14, S. 216, 218-219 (Red. S.: 17. 12. 1888)
  Nr. 15, S. 234-235 (Red. S.: 22. 12. 1888)
  Nr. 16, S. 250-252 (Red. S.: 3. 1. 1889)
  Nr. 17, S. 264, 266-267 (Red. S.: 9. 1. 1889)
  Nr. 18, S. 280, 282-283 (Red. S.: 15. 1. 1889)
  Nr. 19, S. 298-300 (Red. S.: 21. 1. 1889)
  Nr. 20, S. 314-316 (Red. S.: 26. 1. 1889)
  Nr. 21, S. 333-335 (Red. S.: 4. 2. 1889)
  Nr. 22, S. 346-348 (Red. S.: 9. 2. 1889)
  Nr. 23, S. 359-360, 362
  Nr. 24, S. 382-383 (Red. S.: 25. 2. 1889)
  Nr. 25, S. 396-398 (Red. S.: 2. 3. 1889)
  Nr. 26, S. 414-415 (Red. S.: 9. 3. 1889)
  Nr. 27, S. 422-424 (Red. S.: 16. 3. 1889)
  Nr. 28, S. 438-440, 442 (Red. S.: 26. 3. 1889)
  Nr. 29, S. 459-463 (Red. S.: 2. 4. 1889)
  Nr. 30, S. 474-476 (Red. S.: 8. 4. 1889)
  Nr. 31, S. 486-488, 490-491 (Red. S.: 13. 4. 1889)
  Nr. 32, S. 506-507 (Red. S.: 20. 4. 1889)
  Nr. 33, S. 518-520, 522 (Red. S.: 27. 4. 1889)
  Nr. 34, S. 535-536, 538 (Red. S.: 3. 5. 1889)
  Nr. 35, S. 550-552, 554 (Red. S.: 11. 5. 1889)
  Nr. 36, S. 565-568 (Red. S.: 17. 5. 1889)
  Nr. 37, S. 583-584, 586-587 (Red. S.: 24. 5. 1889)
  Nr. 38, S. 598-600, 602 (Red. S.: 31. 5. 1889)
  Nr. 39, S. 614-615, 618-619 (Red. S.: 6. 6. 1889)
  Nr. 40, S. 634-635 (Red. S.: 13. 6. 1889)
  Nr. 41, S. 647-648, 650 (Red. S.: 21. 6. 1889)
  Nr. 42, S. 663-664, 666 (Red. S.: 28. 6. 1889)
  Nr. 43, S. 679-682 (Red. S.: 5. 7. 1889)
  Nr. 44, S. 696, 698-699 (Red. S.: 13. 7. 1889)
  Nr. 45, S. 714-716 (Red. S.: 17. 7. 1889)
  Nr. 46, S. 727-728, 730-731 (Red. S.: 25. 7. 1889)
  Das ist:
  Heft 4-16
Erschienen: Zweite Dezemberwoche 1888 bis zweite Augustwoche
  1889
Nachedition: 240 (S. 7-9), 242 (S. 11-392), 462 (S. 5-6), 468
  (S. 8-324)

Jenseits
der Felsengebirge.

Zwei Erzählungen

aus dem fernen Westen

für die Jugend
von
Carl May und Fr. C. von Wickede.

Dritte Auflage.

—·+·—

Stuttgart,
Rob. Bardtenschlager's Verlag.

200
»Villa Bärenfett« ... wobei ich aber trotzdem verbleibe ihr wohlge-
wogener Heliogabalus Morpheus Edeward Franke, kurzweg
Hobble=Frank.
In: Der Gute Kamerad. Spemanns Illustrierte Knaben-Zeitung.
(Jg.-Titelblatt: Spemanns Illustriertes Knaben=Jahrbuch).
Berlin-Stuttgart, Verlag von W. Spemann.
3. Jg. 1888/89. 52 Nummern (September 1888-September 1889).
4°
Nr. 25, S. 397-398
Erschienen: Zweite Märzwoche 1889

201
Jenseits der Felsengebirge.

Buch-Erstausgabe

201.2
Jenseits der Felsengebirge. Zwei Erzählungen aus dem fernen We-
sten für die Jugend von Carl May und Fr. C. von Wickede.
Zweite Auflage.
Reutlingen, Verlag von Robert Bardtenschlager, 1889. 164 S.,
4 Bilder in Farbendruck (von W. Zweigle). 8°
DB: 9
Erschienen: EN: 21. August 1889
Voredition: 8, 22, 113, 179
Nachedition: 242 (Kap. 5 und 6), 350 E, 387 (S. 171-186), 397 E,
446 E, 468 (Kap. 5 und 6)

May-Text »Jenseits der Felsengebirge«: S. 3-143, 4 Bilder; Wik-
kede-Text »Sagen und Legenden vom Mississippi«: S. 144-164.
Eine 1. Auflage dieses Titels ist nicht nachweisbar; offenbar bezieht
sich die Auflagenbezeichnung auf die Voredition »Im fernen Westen« (Nr. 113).

Buch-Zweitausgabe

201.3
Jenseits der Felsengebirge. Zwei Erzählungen aus dem fernen We-
sten für die Jugend von Carl May und Fr. C. von Wickede. Dritte
Auflage. (Rückentitel: Jenseits der Felsenberge).
Stuttgart, Verlag von Robert Bardtenschlager, (1891). 164 S.,
4 Bilder in Farbendruck (von W. Zweigle). 8°
DB: 9
Erschienen: Vermutlich zwischen Ende August und vor Weihnach-
ten 1891

May-Text »Jenseits der Felsengebirge«: S. 3-146, 4 Bilder; Wik-
kede-Text »Sagen und Legenden vom Mississippi«: S. 147-164.
Außerdem existiert eine »Dritte Auflage« mit der Kollation der
Buch-Erstausgabe (Nr. 201.2). Offenbar handelt es sich dabei um
Restexemplare jener Ausgabe.

Jenseits
der Felsengebirge.

Zwei Erzählungen
aus dem fernen Westen
für die Jugend
von
Carl May und Fr. C. von Wickede.

Vierte Auflage.

———▸▪◂———

Stuttgart.
Rob. Bardtenschlager's Verlag.

Jenseits
der Felsengebirge.

Zwei Erzählungen
aus dem fernen Westen
für die Jugend
von
Carl May und Fr. C. von Wickede.

Vierte Auflage.

Stuttgart.
Rob. Bardtenschlagers Verlag.

Nachauflage der Zweitausgabe

201.4 A
Jenseits der Felsengebirge. Zwei Erzählungen aus dem fernen Westen für die Jugend von Carl May und Fr. C. von Wickede. Vierte Auflage.
Stuttgart, Verlag von Robert Bardtenschlager, (1891/93). 164 S., 4 Bilder in Farbendruck (von W. Zweigle). 8°
DB: 9
Erschienen: Zwischen August 1891 und November 1893

Hiervon existieren Bindequoten in unterschiedlicher Ausstattung, z. B. in grünlich-blauem Halbleinen und in rotem Karton.

Buch-Drittausgabe

201.4 B
Jenseits der Felsengebirge. Zwei Erzählungen aus dem fernen Westen für die Jugend von Carl May und Fr. C. von Wickede. Vierte Auflage.
Stuttgart, Verlag von Robert Bardtenschlager, o. J. 159 S., 4 Bilder in Farbendruck (von W. Zweigle). 8°
DB: 10
Erschienen: Vermutlich frühestens ab 1905

May-Text »Jenseits der Felsengebirge«: S. 3-146, 4 Bilder; Wickede-Text »Sagen und Legenden vom Mississippi«: S. 147-159.

202
Wasserrast auf dem Marsche.
In: Der Gute Kamerad. Spemanns Illustrierte Knaben-Zeitung.
(Jg.-Titelblatt: Spemanns Illustriertes Knaben=Jahrbuch).
Berlin-Stuttgart, Verlag von W. Spemann.
3. Jg. 1888/89. 52 Nummern (September 1888-September 1889). 4°
Nr. 49, S. 780-782, 1 Abb. (S. 776)
Erschienen: Vierte Augustwoche 1889

203
»Löffel begraben.«
In: Der Gute Kamerad. Spemanns Illustrierte Knaben-Zeitung.
(Jg.-Titelblatt: Spemanns Illustriertes Knaben=Jahrbuch).
Berlin-Stuttgart, Verlag von W. Spemann.
3. Jg. 1888/89. 52 Nummern (September 1888-September 1889). 4°
Nr. 51, S. 807-808, 1 Abb. (S. 809)
Erschienen: Zweite Septemberwoche 1889

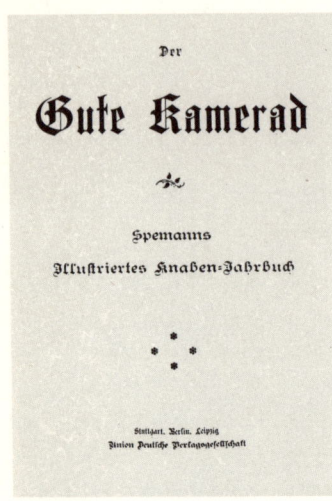

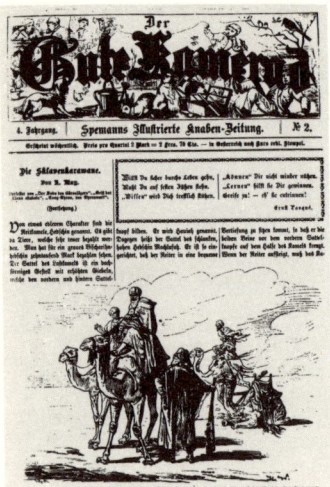

204

Die Sklavenkarawane. Von Karl May. (In Nr. 2, 4, 6, 8, 10, 13, 15, 17, 19, 21, 25: Von K. May). Verfasser von »Der Sohn des Bären-jägers«, »Geist der Llano estakata«, »Kong-Kheou, das Ehren-wort«.

In: Der Gute Kamerad. Spemanns Illustrierte Knaben-Zeitung. (Jg.-Titelblatt: Spemanns Illustriertes Knaben=Jahrbuch).
Berlin-Stuttgart, Verlag von W. Spemann (ab Nr. 18: Stuttgart-Berlin-Leipzig, Verlag der Union Deutsche Verlagsgesellschaft). 4. Jg. 1889/90. 52 Nummern (September 1889-September 1890). 4°

Nr. 1, S. 1-4, 1 Illustr.
Nr. 2, S. 15-19, 1 Illustr.
Nr. 3, S. 29-33, 1 Illustr.
Nr. 4, S. 43-47, 1 Illustr.
Nr. 5, S. 57-61, 1 Illustr.
Nr. 6, S. 71-75, 1 Illustr.
Nr. 7, S. 85-88, 1 Illustr.
Nr. 8, S. 99-104, 1 Illustr.
Nr. 9, S. 113-116, 1 Illustr.
Nr. 10, S. 127-130, 1 Illustr.
Nr. 11, S. 143-146
Nr. 12, S. 155-160, 1 Illustr.
Nr. 13, S. 169-173
Nr. 14, S. 183-188, 1 Illustr.
Nr. 15, S. 197-201, 1 Illustr.
Nr. 16, S. 211-216, 1 Illustr.
Nr. 17, S. 225-229, 1 Illustr.
Nr. 18, S. 239-242, 1 Illustr.
Nr. 19, S. 253-258, 1 Illustr.
Nr. 20, S. 267-271, 1 Illustr.
Nr. 21, S. 281-286, 1 Illustr.
Nr. 22, S. 295-298, 1 Illustr.
Nr. 23, S. 309-312, 1 Illustr.
Nr. 24, S. 323-327, 1 Illustr.
Nr. 25, S. 337-340, 1 Illustr.
Nr. 26, S. 351-355, 1 Illustr.
Nr. 27, S. 365-370, 2 Illustr.
Nr. 28, S. 379-384, 1 Illustr.
Nr. 29, S. 393-396, 1 Illustr.
Nr. 30, S. 407-410, 1 Illustr.
Nr. 31, S. 421-425, 1 Illustr.
Nr. 32, S. 435-439, 1 Illustr.
Nr. 33, S. 449-454, 1 Illustr.
Nr. 34, S. 463-467, 1 Illustr.
Nr. 35, S. 477-482, 1 Illustr.
Nr. 36, S. 491-495, 1 Illustr.
Nr. 37, S. 505-510, 1 Illustr.
Nr. 38, S. 519-524
Nr. 39, S. 533-538, 1 Illustr.
Nr. 40, S. 547-551, 1 Illustr.
Nr. 41, S. 561-565, 1 Illustr.

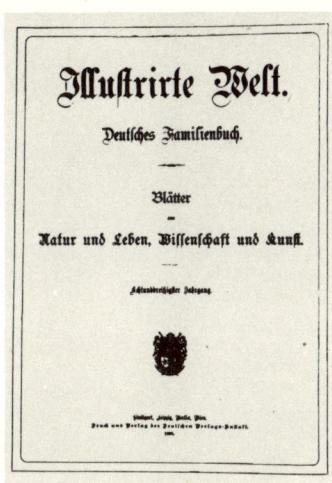

Nr. 42, S. 575-579, 1 Illustr.
Nr. 43, S. 589-592, 1 Illustr.
Nr. 44, S. 603-608, 1 Illustr.
Nr. 45, S. 617-620, 1 Illustr.
Nr. 46, S. 631-637, 1 Illustr.
Nr. 47, S. 645-651, 1 Illustr.
Nr. 48, S. 659-664, 1 Illustr.
Nr. 49, S. 673-676, 1 Illustr.
Nr. 50, S. 687-689, 1 Illustr.
Nr. 51, S. 701-704, 1 Illustr.
Nr. 52, S. 715-717, 1 Illustr.
Erschienen: Zwischen dem 28. September 1889 und 20. September
    1890 (Turnus: allwöchentlich sonnabends)
Nachedition: 249

205

Im Mistake=Cannon.
In: Illustrirte Welt. Deutsches Familienbuch. Blätter aus Natur und
    Leben, Wissenschaft und Kunst.
    Stuttgart-Leipzig-Berlin-Wien, Verlag der Deutschen Verlags-
    Anstalt.
    38. Jg. 1890. 26 Hefte (Juli 1889-Juli 1890). 2°
    Heft 6, S. 148, 150, 1 Abb. (S. 145)
Erschienen: Erste Oktoberwoche 1889
Nachedition: 261 (S. 34-39), 488 (S. 34-39)

206

Sklavenrache.
In: Der Gute Kamerad. Spemanns Illustrierte Knaben-Zeitung.
    (Jg.-Titelblatt: Spemanns Illustriertes Knaben=Jahrbuch).
    Berlin-Stuttgart, Verlag von W. Spemann.
    4. Jg. 1889/90. 52 Nummern (September 1889-September 1890).
    4°
    Nr. 3, S. 35-36, 1 Abb. (S. 37)
Erschienen: 12. Oktober 1889

207

Lopez Jordan. (El Sendador, Theil I.) Reiseroman von Karl May.
In: Deutscher Hausschatz in Wort und Bild.
    Regensburg-New-York-Cincinnati, Verlag von Friedrich Pustet.
    16. Jg. 1889/90. 18 Hefte = 52 Nummern (offiziell: Oktober
    1889-Oktober 1890; tatsächlich: Oktober 1889-September 1890).
    4°
    Nr. 3, S. 44, 46-47
    Nr. 4, S. 60-63
    Nr. 5, S. 74-76
    Nr. 6, S. 88, 90-91
    Nr. 7, S. 102-104
    Nr. 8, S. 122-124
    Nr. 9, S. 139-140, 142
    Nr. 10, S. 155-156, 158
    Nr. 11, S. 171-172
    Nr. 12, S. 187-188

Nr. 13, S. 203-206
Nr. 14, S. 216, 218-220
Nr. 15, S. 230-232, 234
Nr. 16, S. 247, 250-251
Nr. 17, S. 262-264, 266
Nr. 18, S. 282-284, 286
Nr. 19, S. 295-296, 298-299
Nr. 20, S. 309-311
Nr. 21, S. 327, 330-331
Nr. 22, S. 343-344, 346-347
Nr. 23, S. 360, 362-363
Nr. 24, S. 378-379
Nr. 25, S. 390-392, 394
Nr. 26, S. 407-408, 410
Nr. 27, S. 427-428
Nr. 28, S. 442-443
Nr. 29, S. 459-461
Nr. 30, S. 470-472
Nr. 31, S. 486-488
Nr. 32, S. 506-508
Nr. 33, S. 518-520
Nr. 34, S. 529-531
Nr. 35, S. 545-547
Nr. 36, S. 561-563
Nr. 37, S. 577-579
Nr. 38, S. 593-595
Nr. 39, S. 614-615, 618
Nr. 40, S. 634-636
Nr. 41, S. 646-648
Nr. 42, S. 662-663, 666
Nr. 43, S. 684-686
Nr. 44, S. 694-696, 698
Nr. 45, S. 711, 714-715
Nr. 46, S. 726-728
Nr. 47, S. 743-744, 746
Nr. 48, S. 758-760, 762
Nr. 49, S. 775, 778-779
Nr. 50, S. 790-792
Das ist:
Heft 1-18
Erschienen: Dritte Oktoberwoche 1889 bis zweite Septemberwoche 1890
Nachedition: 253 (S. 1-530), 554 (S. 1-530)

208
Das Straußenreiten der Somal.
In: Der Gute Kamerad. Spemanns Illustrierte Knaben-Zeitung. (Jg.-Titelblatt: Spemanns Illustriertes Knaben=Jahrbuch). Berlin-Stuttgart, Verlag von W. Spemann.
4. Jg. 1889/90. 52 Nummern (September 1889-September 1890). 4°
Nr. 13, S. 175-176, 1 Abb. (S. 177)
Erschienen: 21. Dezember 1889

209

Zum erstenmal an Bord.

In: Der Gute Kamerad. Spemanns Illustrierte Knaben-Zeitung.
(Jg.-Titelblatt: Spemanns Illustriertes Knaben=Jahrbuch).
Berlin-Stuttgart, Verlag von W. Spemann.
4. Jg. 1889/90. 52 Nummern (September 1889-September 1890).
4°
Nr. 15, S. 202-206, 8 Abb.
Erschienen: 4. Januar 1890

210

Am »Kai=p'a«.

In: Illustrirte Welt. Deutsches Familienbuch. Blätter aus Natur und
Leben, Wissenschaft und Kunst.
Stuttgart-Leipzig-Berlin-Wien, Verlag der Deutschen Verlags-
Anstalt.
38. Jg. 1890. 26 Hefte (Juli 1889-Juli 1890). 2°
Heft 14, S. 335, 337-338, 1 Abb. (S. 344)
Erschienen: Dritte Januarwoche 1890
Nachedition: 254

211

Jagd auf wilde Truthühner in Texas.

In: Illustrirte Welt. Deutsches Familienbuch. Blätter aus Natur und
Leben, Wissenschaft und Kunst.
Stuttgart-Leipzig-Berlin-Wien, Verlag der Deutschen Verlags-
Anstalt.
38. Jg. 1890. 26 Hefte (Juli 1889-Juli 1890). 2°
Heft 15, S. 370, 1 Abb. (S. 368)
Erschienen: Erste Februarwoche 1890

Mit hoher Wahrscheinlichkeit von Karl May verfaßt.

212

Aus Nordamerika. Von Karl May.

In: Fuldaer Zeitung.
Fulda, Verlag der Fuldaer Actiendruckerei (A. Dillmann).
17. Jg. 1890. 2°
Nr. 184, S. 1-2 (sämtlich unpag.)
Nr. 185, S. 1-2
Nr. 186, S. 1-3

Nr. 187, S. 1-2
Nr. 188, Beilage, S. 1
Nr. 189, S. 1-2
Nr. 190, S. 1-2
Nr. 191, S. 1-2
Nr. 192, S. 1-2
Nr. 193, S. 1-2
Nr. 195, S. 1-2
Nr. 196, S. 1-2
Nr. 197, S. 1-2
Nr. 198, S. 1-2
Nr. 199, S. 1-2
Nr. 201, S. 1-2
Nr. 202, S. 1-2
Erschienen: Zwischen dem 12. August und 3. September 1890 (au-
ßer am 16., 18., 24., 25., 31. August und 1. September)
Voredition: 62, 92, 104
Nachedition: 257 B, 264 B, 267 B, 269 (S. 1-74), 328 B, 353 B, 490
(S. 1-74), 558 E, 563 E

213
»**Ave Maria.**« Reiseerlebnisse aus dem »wilden Westen« Nordame-
rikas von Carl May.
In: Fuldaer Zeitung.
Fulda, Verlag der Fuldaer Actiendruckerei (A. Dillmann).
17. Jg. 1890. 2°
Nr. 221, S. 1-2 (sämtlich unpag.)
Nr. 222, S. 1-2
Nr. 223, S. 1-2
Nr. 224, S. 1-2
Nr. 225, S. 1-2
Nr. 226, S. 1-3
Nr. 227, S. 1-2
Nr. 228, S. 1-2
Nr. 229, S. 1-2
Nr. 231, S. 1-3
Nr. 232, S. 1-3
Nr. 233, S. 1-2
Nr. 234, S. 1-2
Nr. 235, S. 1-2
Nr. 237, S. 1-2
Nr. 238, S. 1-2

Nr. 239, S. 1-2
Nr. 240, S. 1-2
Nr. 241, S. 1-2
Nr. 242, S. 1-2
Nr. 243, S. 1-2
Nr. 244, S. 1-2
Nr. 245, S. 1-2
Nr. 246, S. 1-2
Nr. 247, S. 1-2
Nr. 249, S. 1-3
Nr. 250, S. 1-2
Nr. 251, S. 1-2

Erschienen: Zwischen dem 25. September und 30. Oktober 1890
    (außer am 29. September, 5., 6., 12., 13., 20., 26. und 27. Oktober)
Voredition: 163
Nachedition: 229, 245 (S. 354-476), 474 (S. 302-406)

214

Christus oder Muhammed. Reise=Erlebnis von Karl May.
In: Regensburger Marien=Kalender für das Jahr des Heiles 1891.
    Regensburg-New York-Cincinnati, Verlag von Friedrich Pustet.
    26. Jg. 4°
Sp. 161-184, 4 Illustr.
Erschienen: EN: 25. September 1890
Nachedition: 250 B, 478 B

Parallelausgabe

214 P
Tiroler Marien=Kalender für das Jahr des Heiles 1891.
Regensburg, Verlag von Friedrich Pustet.
Haupt-Depôt für Tirol und Vorarlberg: Innsbruck, H. Schwick (Carl
Rauch's Buchhandlung).
26. Jg. 4°

215

Der Schatz im Silbersee. Von Karl May. Verfasser von »Der Sohn
    des Bärenjägers«, »Geist der Llano estakata«, »Kong-Kheou das
    Ehrenwort«, »Die Sklavenkarawane«.
In: Der Gute Kamerad. Spemanns Illustrierte Knaben-Zeitung.
    (Jg.-Titelblatt: Spemanns Illustriertes Knaben=Jahrbuch).
    Stuttgart-Berlin-Leipzig, Verlag der Union Deutsche Verlagsge-
    sellschaft.
    5. Jg. 1890/91. 52 Nummern (September 1890-September 1891).
    4°

Nr. 1, S. 1-4, 1 Illustr.
Nr. 2, S. 15-19, 1 Illustr.
Nr. 3, S. 29-33, 1 Illustr.
Nr. 4, S. 43-46, 1 Illustr.
Nr. 5, S. 57-62, 1 Illustr.
Nr. 6, S. 71-76, 1 Illustr.
Nr. 7, S. 85-90, 1 Illustr.

Nr. 8, S. 99-104, 1 Illustr.
Nr. 9, S. 113-117, 1 Illustr.
Nr. 10, S. 127-131, 1 Illustr.
Nr. 11, S. 141-146, 1 Illustr.
Nr. 12, S. 155-160, 1 Illustr.
Nr. 13, S. 169-174, 1 Illustr.
Nr. 14, S. 183-187, 1 Illustr.
Nr. 15, S. 197-200, 1 Illustr.
Nr. 16, S. 211-216, 1 Illustr.
Nr. 17, S. 225-230, 1 Illustr.
Nr. 18, S. 239-244, 1 Illustr.
Nr. 19, S. 253-257, 1 Illustr.
Nr. 20, S. 267-272, 1 Illustr.
Nr. 21, S. 281-286, 1 Illustr.
Nr. 22, S. 295-300, 1 Illustr.
Nr. 23, S. 309-313, 1 Illustr.
Nr. 24, S. 323-327, 1 Illustr.
Nr. 25, S. 337-341, 1 Illustr.
Nr. 26, S. 351-355, 1 Illustr.
Nr. 27, S. 365-369, 1 Illustr.
Nr. 28, S. 379-383, 1 Illustr.
Nr. 29, S. 393-397, 1 Illustr.
Nr. 30, S. 407-412, 1 Illustr.
Nr. 31, S. 421-427, 1 Illustr.
Nr. 32, S. 435-439, 1 Illustr.
Nr. 33, S. 449-452, 1 Illustr.
Nr. 34, S. 463-469, 1 Illustr.
Nr. 35, S. 477-480, 1 Illustr.
Nr. 36, S. 491-496, 1 Illustr.
Nr. 37, S. 505-510, 1 Illustr.
Nr. 38, S. 519-522, 1 Illustr.
Nr. 39, S. 533-538, 1 Illustr.
Nr. 40, S. 547-551, 1 Illustr.
Nr. 41, S. 561-565, 1 Illustr.
Nr. 42, S. 575-578, 1 Illustr.
Nr. 43, S. 589-595, 1 Illustr.
Nr. 44, S. 603-607, 1 Illustr.
Nr. 45, S. 617-623, 1 Illustr.
Nr. 46, S. 631-635, 1 Illustr.
Nr. 47, S. 645-649, 1 Illustr.
Nr. 48, S. 659-664, 1 Illustr.
Nr. 49, S. 673-678, 1 Illustr.
Nr. 50, S. 687-692, 1 Illustr.
Nr. 51, S. 701-705, 1 Illustr.
Nr. 52, S. 715-718, 1 Illustr.
Erschienen: Zwischen dem 27. September 1890 und 19. September
1891 (Turnus: allwöchentlich sonnabends)
Nachedition: 263

216

Der Schatz der Inkas. (El Sendador. Theil II.) Reiseroman von Karl May.

In: Deutscher Hausschatz in Wort und Bild.

Regensburg-New-York-Cincinnati, Verlag von Friedrich Pustet.

17. Jg. 1890/91. 18 Hefte = 52 Nummern (offiziell: Oktober 1890-Oktober 1891; tatsächlich: Oktober 1890-September 1891). 4°

Nr. 1, S. 11-12, 14
Nr. 2, S. 27-29
Nr. 3, S. 43-45
Nr. 4, S. 55-56, 58
Nr. 5, S. 71-72, 74
Nr. 6, S. 86-87, 90
Nr. 7, S. 103-104, 106
Nr. 8, S. 122-124
Nr. 9, S. 138-139
Nr. 10, S. 150-151, 154
Nr. 11, S. 171-172, 174-175
Nr. 12, S. 182-184, 186
Nr. 13, S. 203-205
Nr. 14, S. 215, 218-219
Nr. 15, S. 238-239
Nr. 16, S. 248, 250-251
Nr. 17, S. 262-263, 266
Nr. 18, S. 278-280
Nr. 19, S. 295, 298-299
Nr. 20, S. 310-312
Nr. 21, S. 328, 330-331
Nr. 22, S. 343, 346-347
Nr. 23, S. 359, 362-364
Nr. 24, S. 375-376, 378
Nr. 25, S. 391, 394-395
Nr. 26, S. 406-408, 410
Nr. 27, S. 422-424, 426
Nr. 28, S. 444, 446-447
Nr. 29, S. 460, 462-463
Nr. 30, S. 470-472, 474
Nr. 31, S. 487, 490-491
Nr. 32, S. 504, 506-507
Nr. 33, S. 517-520
Nr. 34, S. 538-540
Nr. 35, S. 551-552, 554
Nr. 36, S. 571-574
Nr. 37, S. 582-583, 586-587
Nr. 38, S. 599-600, 602
Nr. 39, S. 618-622
Nr. 40, S. 629-631, 634
Nr. 41, S. 648, 650-651
Nr. 42, S. 660-663, 666-667
Nr. 43, S. 678-680, 682
Nr. 44, S. 696, 698-700, 702

Der Schlangenmensch.

Verrenkungsstudie von Hobbelfrank*).

Da sitzt er! Seht ihn euch mal erst an! Und setzt euch dann mal grad ooch so nieder! Könnt ihr das? Nee? Ich ooch nich. Ich hab's versucht, jedoch die Nähte platzten. Bei so was muß die konschtitutionelle Angeborenheit vorhanden sein, und durch immerwährende mesopotamische Uebung ausgebildet werden.

Ich habe mit diesem Master in eenem und demselben Coupé gesessen. Wie schtieg der Kerl doch nur gleich ein!

*) Der berühmte Westmann und frühere Forstgehilfe aus Moritzburg in Sachsen. (Siehe Jahrgang I. des Guten Kameraden „Der Sohn des Bärenjägers", Jahrgang II. „Der Geist der Llano estakata", siehe auch Buchausgabe: „Die Helden des Westens", erschienen im Verlag der Union Deutsche Verlagsgesellschaft.)

Nr. 45, S. 715-719
Nr. 46, S. 727, 730-733
Nr. 47, S. 743, 746-749
Nr. 48, S. 758-760, 762-763
Nr. 49, S. 775-776, 778-779
Nr. 50, S. 791, 794-796
Nr. 51, S. 807-808, 810-811
Nr. 52, S. 819, 822-824
Das ist:
Heft 1-18
Erschienen: Übergangswoche September/Oktober 1890 bis vierte Septemberwoche 1891
Nachedition: 253 (S. 533-676), 256 (S. 1-584), 554 (S. 533-676), 555 (S. 1-584)

217

Der Schlangenmensch. Verrenkungsstudie von Hobbelfrank.
In: Der Gute Kamerad. Spemanns Illustrierte Knaben-Zeitung. (Jg.-Titelblatt: Spemanns Illustriertes Knaben=Jahrbuch).
Stuttgart-Berlin-Leipzig, Verlag der Union Deutsche Verlagsgesellschaft.
5. Jg. 1890/91. 52 Nummern (September 1890-September 1891). 4°
Nr. 3, S. 41-42, 4 Abb. (S. 41, 42)
Nr. 4, S. 55-56, 6 Abb. (S. 54, 55, 56)
Nr. 5, S. 69-70, 7 Abb. (S. 68, 69, 70)
Erschienen: 11., 18. und 25. Oktober 1890

218

Der Sohn des Bärenjägers.

Es handelt sich um einen Sammelband mit folgenden Erzählungen:

218 A
Der Sohn des Bärenjägers. (S. 3-244)
Voredition: 184

218 B
Der Geist des Llano estakata. (S. 247-448)
Voredition: 191

Buch-Erstausgabe

218.1
OT: Die Helden des Westens. Von Carl May. I. Der Sohn des Bärenjägers. T: Der Sohn des Bärenjägers. Von Carl May. Mit 16 Tondruckbildern (von Karl Weigand). ZT: Zweiter Teil. Der Geist des Llano estakata. (S. 245, unpag.)
Stuttgart-Berlin-Leipzig, Verlag der Union Deutsche Verlagsgesellschaft, 1890. 448 S. 8°
DB: 12
Erschienen: FB: 28. Oktober 1890; EN: 4. November 1890

Die

Helden des Westens.

Von

Carl May.

I.

Der Sohn des Bärenjägers.

Stuttgart, Berlin, Leipzig.
Union Deutsche Verlagsgesellschaft.

Der

Sohn des Bärenjägers.

Von

Carl May.

Mit 16 Tondruckbildern.

Stuttgart, Berlin, Leipzig.
Union Deutsche Verlagsgesellschaft.

Karl May.

Die

Helden des Westens.

I.

Der Sohn des Bärenjägers.

Stuttgart, Berlin, Leipzig.
Union Deutsche Verlagsgesellschaft.

Karl May.

Der

Sohn des Bärenjägers.

Mit 16 Tondruckbildern · Siebente Auflage.

Stuttgart, Berlin, Leipzig.
Union Deutsche Verlagsgesellschaft.

Nachauflagen der Erstausgabe

218.2
Zweite Auflage: wie 218.1
DB: 12
Erschienen: EN: 13. Dezember 1895

218.3
Dritte Auflage: wie 218.1
DB: 12
Erschienen: 1898

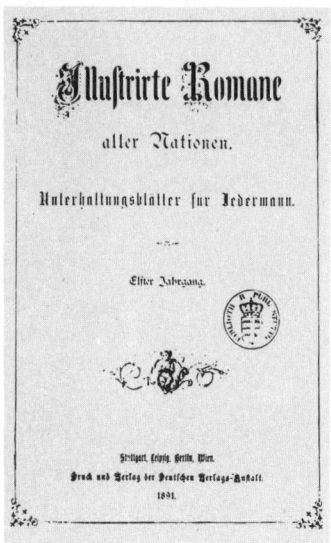

Die Rache des Mormonen.

Erzählung von D. Jam.

(Nachdruck verboten.)

Der Rio San Carlos in Arizona hat zwei Quell-
arme, von denen der eine auf der Sierra
Blanca, der andere im Magollongebirge ent-
springt. Steigt man an dem leßtern aufwärts,
so gelangt man nach und nach aus tiefen Cannons, auf
deren Scheitelhöhen kein Baum, kein Strauch, kein Gras-
halm zu sehen ist, auf die Montanna de la Fuente und
zuleßt an die Stelle, wo das Wasser aus dem Felsen
sickert. Dort ragen drei einzeln stehende Macollasichten in
die Höhe. Hinter denselben fällt die Höhe, deren Kante
früher mit Bäumen derselben Art bewachsen war, fast lot-
recht in einen schmalen, aber um so tiefern Cannon hinab,

gehabt haben. Man sieht, daß, genährt durch die erwähnten Wasserfäden, da drüben ein Wald gestanden hat,
welcher abgebrannt ist. Die verkohlten Baumstümpfe be-
weisen es. Zwischen ihnen liegen die geschwärzten Trüm-
mer leichter Adobehütten und die Ueberreste halb ver-
brannter Tier- und Menschenknochen.
Was ist hier geschehen? Durch welches Ereignis ist
dieser einst so belebte Ort in eine Stätte des Todes ver-
wandelt worden?
Vor noch nicht gar langer Zeit standen zwei Männer
in der Nähe der erwähnten drei Macollasichten und blickten
über den Cannon hinüber nach dem Walde, unter dessen

218.4
Vierte Auflage: wie 218.1
DB: 13
Erschienen: 1900

218.5
Fünfte Auflage: wie 218.1; **OT/T:** Von Karl May.
DB: 13
Erschienen: 1904

218.6
Sechste Auflage: wie 218.5
DB: 13
Erschienen: 1907

218.7
Siebente Auflage: **OT:** Karl May. Die Helden des Westens. I. Der
    Sohn des Bärenjägers. **T:** Karl May. Der Sohn des Bärenjägers.

DB: 14
Erschienen: EN: 8. Juli 1910

219
Die Rache des Mormonen. Erzählung von D. Jam.
In: Illustrirte Romane aller Nationen. Unterhaltungsblätter für Je-
    dermann.
    Stuttgart-Leipzig-Berlin-Wien, Verlag der Deutschen Verlags-
    Anstalt.
    11. Jg. 1891. 26 Hefte (Juli 1890-Juli 1891). gr. 8°
    Heft 10, S. 316-320, 1 Abb.
Erschienen: Vierte Novemberwoche 1890

220
Eine Seehundsjagd.
In: Der Gute Kamerad. Spemanns Illustrierte Knaben-Zeitung.
(Jg.-Titelblatt: Spemanns Illustriertes Knaben=Jahrbuch).
Stuttgart-Berlin-Leipzig, Verlag der Union Deutsche Verlagsge-
sellschaft.
5. Jg. 1890/91. 52 Nummern (September 1890-September 1891). 4°
Nr. 20, S. 272-273, 3 Abb. (S. 270, 271, 273)
Nr. 21, S. 286-287, 3 Abb. (S. 284, 285)
Nr. 22, S. 300-302, 3 Abb. (S. 298, 299, 301)
Erschienen: 7., 14. und 21. Februar 1891

221
Die beiden Kulledschi.
In: Der Gute Kamerad. Spemanns Illustrierte Knaben-Zeitung.
(Jg.-Titelblatt: Spemanns Illustriertes Knaben=Jahrbuch).
Stuttgart-Berlin-Leipzig, Verlag der Union Deutsche Verlagsge-
sellschaft.
5. Jg. 1890/91. 52 Nummern (September 1890-September 1891). 4°
Nr. 50, S. 694-699, 1 Abb.
Erschienen: 5. September 1891

Möglicherweise von Karl May verfaßt; eindeutige Belege für seine
Verfasserschaft fehlen allerdings bisher.

222
Mater dolorosa. Reise=Erlebnis von Karl May.
In: Regensburger Marien=Kalender für das Jahr des Heiles 1892.
Regensburg-New York-Cincinnati, Verlag von Friedrich Pustet.
27. Jg. 4°
Sp. 151-178, 4 Illustr.
Erschienen: EN: 25. September 1891
Nachedition: 250 G, 478 G

Parallelausgabe

222 P
Tiroler Marien=Kalender für das Jahr des Heiles 1892.
Regensburg, Verlag von Friedrich Pustet.
Haupt-Depôt für Tirol und Vorarlberg: Innsbruck, H. Schwick (Carl
Rauch's Buchhandlung).
27. Jg. 4°

223
Das Vermächtnis des Inka. Von Karl May. Verfasser von »Der
Sohn des Bärenjägers«, »Geist der Llano estakata«, »Kong-
Kheou, das Ehrenwort«, »Die Sklavenkarawane«, »Der Schatz
im Silbersee« u. a.
In: Der Gute Kamerad. Spemanns Illustrierte Knaben-Zeitung.
(Jg.-Titelblatt: Spemanns Illustriertes Knaben=Jahrbuch).
Stuttgart-Berlin-Leipzig, Verlag der Union Deutsche Verlagsge-
sellschaft.
6. Jg. 1891/92. 52 Nummern (September 1891-September 1892). 4°

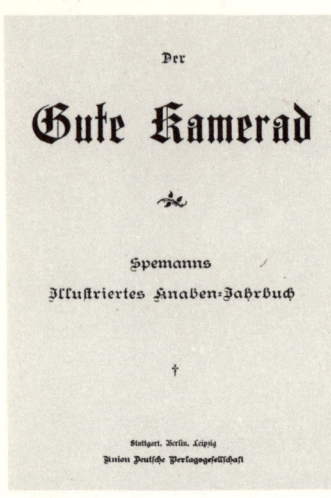

Nr. 1, S. 1-4, 1 Illustr.
Nr. 2, S. 15-18, 1 Illustr.
Nr. 3, S. 29-33, 1 Illustr.
Nr. 4, S. 43-46, 1 Illustr.
Nr. 5, S. 57-60, 1 Illustr.
Nr. 6, S. 71-74, 1 Illustr.
Nr. 7, S. 85-88, 1 Illustr.
Nr. 8, S. 100-103, 1 Illustr.
Nr. 9, S. 113-118, 1 Illustr.
Nr. 10, S. 127-130, 1 Illustr.
Nr. 11, S. 141-145, 1 Illustr.
Nr. 12, S. 155-158, 1 Illustr.
Nr. 13, S. 169-173, 1 Illustr.
Nr. 14, S. 183-187, 1 Illustr.
Nr. 15, S. 197-201, 1 Illustr.
Nr. 16, S. 211-215, 1 Illustr.
Nr. 17, S. 225-228, 1 Illustr.
Nr. 18, S. 239-242, 1 Illustr.
Nr. 19, S. 253-257, 1 Illustr.
Nr. 20, S. 267-271, 1 Illustr.
Nr. 21, S. 281-284, 1 Illustr.
Nr. 22, S. 295-298, 1 Illustr.
Nr. 23, S. 309-313, 1 Illustr.
Nr. 24, S. 323-327, 1 Illustr.
Nr. 25, S. 337-340, 1 Illustr.
Nr. 26, S. 351-354, 1 Illustr.
Nr. 27, S. 365-367, 1 Illustr.
Nr. 28, S. 379-383, 1 Illustr.
Nr. 29, S. 393-396, 1 Illustr.
Nr. 30, S. 407-410, 1 Illustr.
Nr. 31, S. 421-425, 1 Illustr.
Nr. 32, S. 435-438, 1 Illustr.
Nr. 33, S. 449-454, 1 Illustr.
Nr. 34, S. 463-466, 1 Illustr.
Nr. 35, S. 477-481, 1 Illustr.
Nr. 36, S. 491-494, 1 Illustr.
Nr. 37, S. 505-509, 1 Illustr.
Nr. 38, S. 519-522, 1 Illustr.
Nr. 39, S. 533-537, 1 Illustr.
Nr. 40, S. 547-551, 1 Illustr.
Nr. 41, S. 561-567, 1 Illustr.
Nr. 42, S. 575-578, 1 Illustr.
Nr. 43, S. 589-593, 1 Illustr.
Nr. 44, S. 603-607, 1 Illustr.
Nr. 45, S. 617-621, 1 Illustr.
Nr. 46, S. 631-635, 1 Illustr.
Nr. 47, S. 645-649, 1 Illustr.
Nr. 48, S. 659-664, 1 Illustr.
Nr. 49, S. 673-677, 1 Illustr.
Nr. 50, S. 687-692, 1 Illustr.
Nr. 51, S. 701-704, 1 Illustr.
Nr. 52, S. 715-717, 1 Illustr.

Erschienen: Zwischen dem 26. September 1891 und 17. September 1892 (Turnus: allwöchentlich sonnabends)
Nachedition: 275

224

Der Mahdi. Reiseerzählung von Karl May. Erster Band. Am Nile. In: Deutscher Hausschatz in Wort und Bild.
    Regensburg-New-York-Cincinnati, Verlag von Friedrich Pustet. 18. Jg. 1891/92. 18 Hefte = 52 Nummern (offiziell: Oktober 1891-Oktober 1892; tatsächlich: Oktober 1891-September 1892). 4°
    Nr. 1, S. 12-15, Initial mit May-Porträt (identisch mit dem in Nr. 233).
    Nr. 2, S. 24, 26-28
    Nr. 3, S. 42-44
    Nr. 4, S. 55, 58-59
    Nr. 5, S. 70-72
    Nr. 6, S. 86-88, 90
    Nr. 7, S. 106-108
    Nr. 8, S. 118-119, 122
    Nr. 9, S. 135-136, 138
    Nr. 10, S. 151, 154-155
    Nr. 11, S. 166-168, 170-171
    Nr. 12, S. 183, 186-188
    Nr. 13, S. 199, 202-204
    Nr. 14, S. 216, 218-220
    Nr. 15, S. 231-232, 234-235
    Nr. 16, S. 250-252
    Nr. 17, S. 263-264, 266-267
    Nr. 18, S. 279-280, 282
    Nr. 19, S. 298-300
    Nr. 20, S. 314-316
    Nr. 21, S. 326-328, 330
    Nr. 22, S. 343-344, 346
    Nr. 23, S. 359-360, 362
    Nr. 24, S. 376, 378-379
    Nr. 25, S. 392, 394-395
    Nr. 26, S. 407, 410-411
    Nr. 27, S. 426-428
    Nr. 28, S. 439-440, 442
    Nr. 29, S. 449-451
    Nr. 30, S. 474-476
    Nr. 31, S. 487, 490-492
    Nr. 32, S. 503-504, 506
    Nr. 33, S. 520, 522-523
    Nr. 34, S. 535-536, 538-539
    Nr. 35, S. 554-556
    Nr. 36, S. 568, 570-572
    Nr. 37, S. 586-588
    Nr. 38, S. 600-603
    Nr. 39, S. 619-622
    Nr. 40, S. 635-639

Nr. 41, S. 646-648, 650
Nr. 42, S. 664, 666-667
Nr. 43, S. 679-680, 682
Nr. 44, S. 696, 698-699
Nr. 45, S. 711-712, 714
Nr. 46, S. 724-727, 730-731
Nr. 47, S. 746-748, 750
Nr. 48, S. 762-764, 766
Nr. 49, S. 774-775, 778-780
Nr. 50, S. 794-796, 798-799
Nr. 51, S. 808, 810-812
Nr. 52, S. 817-820
Das ist:
Heft 1-18
Erschienen: Übergangswoche September/Oktober 1891 bis dritte
    Septemberwoche 1892
Nachedition: 276, 506

225
May, Dr. Karl ...
In: Katholischer Litteraturkalender. Herausgegeben von Heinrich
    Keiter.
    Regensburg, Selbstverlag des Verfassers. (5. Jg.: Regensburg-
    Leipzig, Verlag von Heinrich Keiter).
    2. Jg. 1892. kl. 8°
    S. 103
Erschienen: SE: 24. November 1891; EN: 28. November 1891

In den folgenden Ausgaben finden sich die entsprechenden Nachweise zu Karl May in:
    4. Jg. 1894, S. 130
    5. Jg. 1897, S. 146-147, 1 May-Porträt (zwischen S. 144/45)

226
Durch Wüste und Harem / Durch die Wüste.

Lieferungsausgabe

226.0
(= 1. bis 10. Lieferung »Carl May's gesammelte Reiseromane«).
kl. 8°
VA: 21. Januar 1892; EN: 22. Januar 1892 – 1. Lfg. (S. 1-64) / SE:
10. Februar 1892; EN: 11. März 1892 – 2. Lfg. (S. 65-128) / SE:
18. Februar 1892; EN: 11. März 1892 – 3. Lfg. (S. 129-192) / VA:
27. Februar 1892; EN: 11. März 1892 – 4. Lfg. (S. 193-256) / EN:
14. April 1892 – 5. bis 9. Lfg. (S. 257-576) / SE: 9. April 1892; EN:
30. April 1892 – 10. Lfg. (S. 577-634).

Buch-Erstausgabe

226.1
RT: Carl May's gesammelte Reiseromane. Band I. T: Durch Wüste
und Harem. Reiseerlebnisse von Carl May.
Freiburg i. B., Verlag von Friedrich Ernst Fehsenfeld, 1892.
634 S. Mit einem »Vorwort«, gez. »Der Herausgeber und Verle-
ger« (2 S. unpag.). kl. 8°
DB: 35, 140
Erschienen: EN: 10. Mai 1892
Voredition: 140 (S. 254-648)
Nachedition: 435

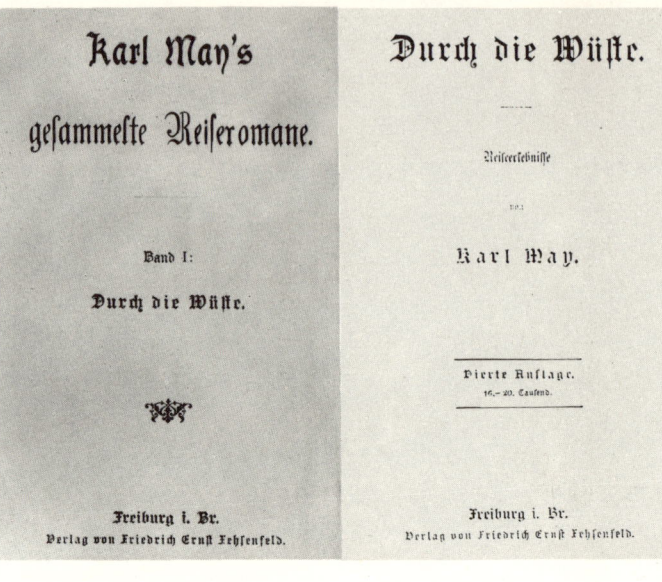

Nachauflagen der Erstausgabe

226.2
Zweite Auflage: wie 226.1
DB: 35, 140
Erschienen: 1892

226.3
Dritte Auflage, 11.-15. Tausend: wie 226.1
DB: 35, 140
Erschienen: 1893

226.4
Vierte Auflage, 16.-20. Tausend: **RT:** Karl May's gesammelte Reise-
 romane. Band I. **T:** Durch die Wüste. Reiseerlebnisse von Karl
 May.
DB: 36, 140
Erschienen: 1895

226.5
Fünfte Auflage, 21.-25. Tausend: **RT:** Karl May's gesammelte Rei-
 seerzählungen. Band I. **T:** wie 226.4
DB: 36, 140
Erschienen: 1896

226.6
Sechste Auflage, 26.-30. Tausend: wie 226.5
DB: 36, 140
Erschienen: 1897

226.7
31.-35. Tausend: wie 226.5 (**RT:** Verlag von Friedrich Ernst Fehsenfeld. **T:** Friedrich Ernst Fehsenfeld).
DB: 36, 140
Erschienen: 1898

226.8
36.-40. Tausend: wie 226.5 (**RT/T:** Freiburg i. Br. Friedrich Ernst
Fehsenfeld. Mit Verlagssignet).
DB: 36, 140
Erschienen: 1899

226.9
41.-45. Tausend: wie 226.8
DB: 36, 140
Erschienen: 1900

226.10
46.-50. Tausend: wie 226.8
DB: 36, 140
Erschienen: 1901

226.11
51.-55. Tausend: wie 226.8
DB: 36, 140
Erschienen: VA (22. Juli 1903): »Demnächst erscheint ...«

226.12
56.-60. Tausend: **T:** Durch die Wüste. Reiseerzählungen von Karl
May.
Freiburg i. B., Verlag von Friedrich Ernst Fehsenfeld, 1904.
634 S. Mit einem neuen »Vorwort zur elften Auflage«, gez. »Der
Herausgeber und Verleger« (S. V-VII).
DB: 36, 37, 140
Erschienen: 1904

226.13
61.-65. Tausend: wie 226.12
DB: 36, 37, 140
Erschienen: SE. 23. November 1906

226.14
66.-70. Tausend: wie 226.12
DB: 36, 37, 140
Erschienen: 1908

226.15
71.-73. Tausend: wie 226.12
DB: 36, 37, 140
Erschienen: 1912

Fortführung der Buchreihe: 228

Die Serie »Carl May's gesammelte Reiseromane« bzw. »Reiseerzählungen« erschien auch in broschierten Bänden.
DB: 38

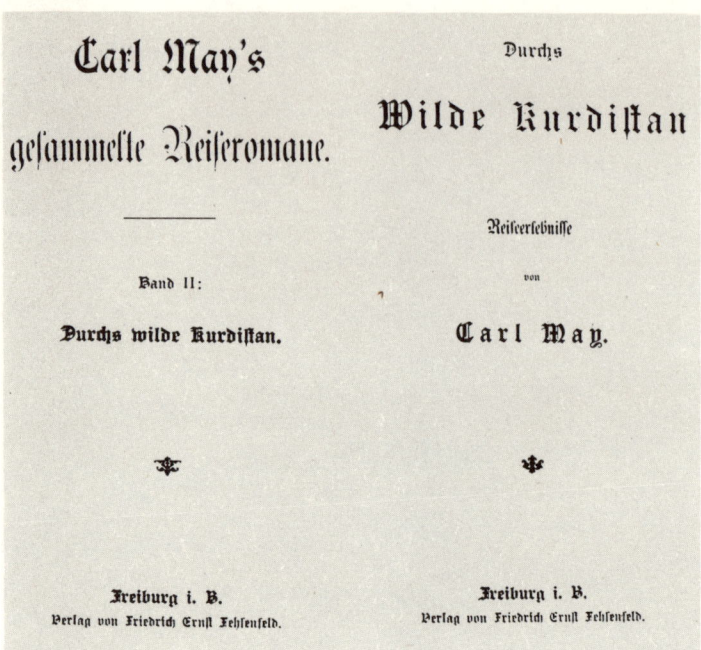

227

Auf tausende von Anfragen. Meine gesammelten Werke erscheinen jetzt durch die rühmlichst bekannte Verlagsbuchhandlung
von Fehsenfeld in Freiburg i. B. ... Hochachtungsvollst Dr. Karl
May. Oberlössnitz-Dresden.
    Privatdruck. 1 Doppelblatt (eine Seite bedruckt). 8°
Erschienen: Frühestens ab Januar 1892

228
Durchs Wilde Kurdistan.

Lieferungsausgabe

228.0
(= 11. bis 20. Lieferung »Carl May's gesammelte Reiseromane«).
kl. 8°
SE: 9. April 1892; EN: 30. April 1892 – 1. Lfg. (S. 1-64) / EN:
30. April 1892 – 2. Lfg. (S. 65–128) / EN: 14. Mai 1892 – 3. bis
5. Lfg. (S. 129-320) / EN: 31. Mai 1892 – 6. Lfg. (S. 321-384) / EN:
3. Juni 1892 – 7. Lfg. (S. 385-448) / EN: 7. Juni 1892 – 8. Lfg.
(S. 449-512) / EN: 13. Juni 1892 – 9. Lfg. (S. 513-576) / VA:
15. Juni 1892; EN: 18. Juni 1892 – 10. Lfg. (S. 577-638).

Buch-Erstausgabe

228.1
RT: Carl May's gesammelte Reiseromane. Band II. **T:** Durchs
Wilde Kurdistan. Reiseerlebnisse von Carl May.
Freiburg i. B., Verlag von Friedrich Ernst Fehsenfeld, 1892.
638 S. kl. 8°
DB: 39, 140
Erschienen: VA: 15. Juni 1892
Voredition: 140 (S. 648-823), 147 (S. 44-407)
Nachedition: 438

Nachauflagen der Erstausgabe

228.2
Zweite Auflage: wie 228.1
DB: 39, 140
Erschienen: 1893

228.3
Dritte Auflage: wie 228.1
DB: 39, 140
Erschienen: 1894

228.4
14.-18. Tausend: **RT:** Karl May's gesammelte Reiseromane.
Band II. **T:** Durchs Wilde Kurdistan. Reiseerlebnisse von Karl
May.
DB: 39, 140
Erschienen: 1895

228.5
19. und 20. Tausend: **RT:** Karl May's gesammelte Reiseerzählungen. Band II. **T:** wie 228.4
DB: 39, 140
Erschienen: 1896

228.6
21.-25. Tausend: wie 228.5
DB: 39, 140
Erschienen: 1897

228.7
26.-30. Tausend: wie 228.5 (**RT/T:** Mit Verlagssignet).
DB: 39, 140
Erschienen: 1898

228.8
31.-35. Tausend: wie 228.7
DB: 39, 140
Erschienen: 1899

228.9
36.-40. Tausend: wie 228.7
DB: 39, 140
Erschienen: 1900

№ 91.   Berlin, Freitag den 22. April 1892.   II. Jahrgang.

Katholische

Volkszeitung.

Unter Leitung und Verantwortlichkeit von Dr jur Oskar Wolff, Berlin. — Verlag und Druck der Germania, Actien-Gesellschaft für Verlag u. Druckerei in Berlin.

228.10
41.-45. Tausend: wie 228.7
DB: 39, 140
Erschienen: 1902

228.11
46.-50. Tausend: **RT:** wie 228.7. **T:** Durchs Wilde Kurdistan. Reiseerzählung von Karl May.
DB: 39, 40, 140
Erschienen: 1904

228.12
51.-55. Tausend: **RT:** wie 228.7. **T:** Durchs Wilde Kurdistan. Reiseerzählungen von Karl May.
DB: 39, 40, 140
Erschienen: SE: 23. November 1906

228.13
56.-60. Tausend: wie 228.12
DB: 39, 40, 140
Erschienen: 1908

Fortführung der Buchreihe: 230

229
»Ave Maria«. Reise=Erlebnisse aus dem »wilden Westen« Nord-
amerikas von Karl May.
In: Katholische Volkszeitung.
Berlin, Verlag der Germania, Actien-Gesellschaft für Verlag und
Druckerei.
2. Jg. 1892. gr. 2°
Nr. 91, S. 2-3 (sämtlich unpag.)
Nr. 92, S. 2
Nr. 93, S. 2-3
Nr. 94, S. 2-3
Nr. 95, S. 2-3
Nr. 96, S. 2
Nr. 97, S. 2
Nr. 98, S. 2

Nr. 99, S. 2
Nr. 100, S. 2-3
Nr. 101, S. 2-3
Nr. 102, S. 2-3
Nr. 103, S. 2-3
Nr. 104, S. 2-3
Nr. 105, S. 2-3
Nr. 106, S. 2
Nr. 107, S. 2-3
Nr. 108, S. 2-3
Nr. 109, S. 2
Nr. 110, S. 2-3
Nr. 111, S. 1-2
Nr. 112, S. 2
Nr. 113, S. 2-3
Nr. 114, S. 2
Nr. 115, S. 2-3
Nr. 116, S. 2
Nr. 117, S. 2
Nr. 118, S. 3
Nr. 119, S. 2
Nr. 120, S. 2

Erschienen: Zwischen dem 22. April und 28. Mai 1892 (mit Aus-
nahme der Tage nach Sonn- und Festtagen)
Voredition: 163, 213
Nachedition: 245 (S. 354-476), 474 (S. 302-406)

230

Von Bagdad nach Stambul.

Lieferungsausgabe

230.0

(= 21. bis 30. Lieferung »Carl May's gesammelte Reiseromane«).
kl. 8°
EN: 23. Juni 1892 - 1. Lfg. (S. 1-64) / EN: 1. Juli 1892 - 2. Lfg.
(S. 65-128) / EN: 8. Juli 1892 - 3. und 4. Lfg. (S. 129-256) / EN:
22. Juli 1892 - 5. bis 7. Lfg. (S. 257-448) / EN: 9. August 1892 - 8.
bis 10. Lfg. (S. 449-644 mit Bildnis).

Buch-Erstausgabe

230.1

RT: Carl May's gesammelte Reiseromane. Band III. **T:** Von Bagdad
nach Stambul. Reiseerlebnisse von Carl May. Mit einem Porträt
des Verfassers (Porträt-Unterschrift: »Dr. Karl May«).
Freiburg i. B., Verlag von Friedrich Ernst Fehsenfeld, 1892.
644 S. kl. 8°
DB: 41, 140
Erschienen: Vermutlich August 1892
Voredition: 153, 157, 160, 165, 175 (S. 81-164)
Nachedition: 439

Nachauflagen der Erstausgabe

230.2
8.-10. Tausend: wie 230.1
DB: 41, 140
Erschienen: 1893

230.3
11.-13. Tausend: wie 230.1
DB: 41, 140
Erschienen: 1894

230.4
14. und 15. Tausend: wie 230.1
DB: 41, 140
Erschienen: 1896

230.5
16.-20. Tausend: **RT:** Carl May's gesammelte Reiseerzählungen.
  Band III. **T:** wie 230.1
DB: 41, 140
Erschienen: 1896

230.6
21.-25. Tausend: **RT:** Karl May's gesammelte Reiseerzählungen.
  Band III. **T:** wie 230.1
DB: 41, 140
Erschienen: 1897

230.7
26.-30. Tausend: wie 230.6 (**RT/T:** Mit Verlagssignet).
DB: 41, 140
Erschienen: 1899

230.8
31.-35. Tausend: wie 230.7
DB: 41, 140
Erschienen: 1900

230.9
36.-40. Tausend: wie 230.7 (Porträt-Unterschrift: »Karl May«).
DB: 41, 140
Erschienen: 1902

230.10
41.-45. Tausend: **RT:** wie 230.7. **T:** Von Bagdad nach Stambul. Reiseerzählung von Karl May. Mit einem Porträt des Verfassers
(neues Bildnis und ohne Unterschrift).
DB: 41, 42, 140
Erschienen: 1904

230.11
46.-50. Tausend: wie 230.10
DB: 41, 42, 140
Erschienen: 1907

230.12
51.-55. Tausend: wie 230.10
DB: 41, 42, 140
Erschienen: 1909

Fortführung der Buchreihe: 232

231
Nûr es Semâ. – Himmelslicht. Reiseerlebnis von Karl May.
In: Benziger's Marien=Kalender für das Jahr 1893.
    Einsiedeln-Waldshut, Verlag von Benziger & Co. gr. 4°
    11 S. (unpag.), 5 Illustr.
Erschienen: Vermutlich Juli oder August 1892
Nachedition: 250 E, 478 E

Parallelausgabe

231 P
Kevelaerer Marien=Kalender für das Jahr 1893.
New-York-Cincinnati-Chicago, Verlag von Benziger Brothers. gr. 4°

232
In den Schluchten des Balkan.

Lieferungsausgabe

232.0
(= 31. bis 40. Lieferung »Carl May's gesammelte Reiseromane«).
kl. 8°
EN: 2. September 1892 – 1. bis 3. Lfg. (S. 1-176) / EN: 12. September 1892 – 4. und 5. Lfg. (S. 177-304) / EN: 22. September 1892 –
6. und 7. Lfg. (S. 305-432) / EN: 7. Oktober 1892 – 8. bis 10. Lfg.
(S. 433-607).

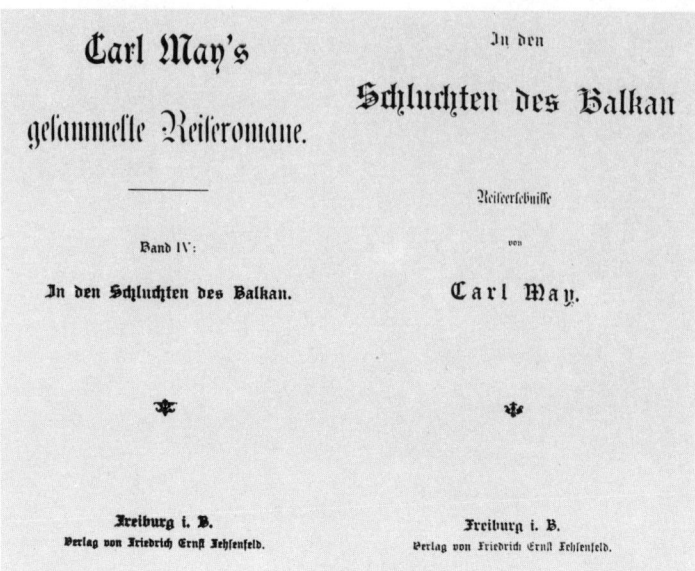

Buch-Erstausgabe

232.1
RT: Carl May's gesammelte Reiseromane. Band IV. **T:** In den
Schluchten des Balkan. Reiseerlebnisse von Carl May.
Freiburg i. B., Verlag von Friedrich Ernst Fehsenfeld, 1892.
607 S. kl. 8°
DB: 43, 140
Erschienen: VA: 1. Oktober 1892
Voredition: 175 (S. 769-820; 6-820), 190 (S. 129-235)
Nachedition: 450

Nachauflagen der Erstausgabe

232.2
11.-15. Tausend: **RT:** Karl May's gesammelte Reiseromane.
Band IV. **T:** In den Schluchten des Balkan. Reiseerlebnisse von
Karl May.
DB: 43, 140
Erschienen: 1895

232.3
16.-20. Tausend: **RT:** Karl May's gesammelte Reiseerzählungen.
Band IV. **T:** wie 232.2
DB: 43, 140
Erschienen: 1896

232.4
21.-25. Tausend: wie 232.3
DB: 43, 44, 140
Erschienen: 1898

232.5
26.-30. Tausend: wie 232.3 (**RT/T:** Mit Verlagssignet).
DB: 44, 140
Erschienen: 1899

232.6
31.-35. Tausend: wie 232.5
DB: 44, 140
Erschienen: 1901

232.7
36.-40. Tausend: wie 232.5
DB: 44, 140
Erschienen: 1903

232.8
41.-45. Tausend: **RT:** wie 232.5. **T:** In den Schluchten des Balkan.
   Reiseerzählung von Karl May.
DB: 44, 45, 140
Erschienen: 1906

232.9
46.-50. Tausend: wie 232.8
DB: 44, 45, 140
Erschienen: 1908

Fortführung der Buchreihe: 237

233
Der Verfluchte. Reiseerlebnis von Dr. Karl May.
In: Regensburger Marien=Kalender für das Jahr des Heiles 1893.
   Regensburg-New York-Cincinnati, Verlag von Friedrich Pustet.
   28. Jg. 4°
   Sp. 137-160, 3 Illustr. (Sp. 137: Initial mit May-Porträt, identisch
   mit dem in Nr. 224).
Erschienen: EN: 19. September 1892
Nachedition: 250 H, 478 H

Parallelausgabe

233 P
Tiroler Marien=Kalender für das Jahr des Heiles 1893.
Regensburg, Verlag von Friedrich Pustet.
Haupt-Depôt für Tirol und Vorarlberg: Innsbruck, H. Schwick (Carl
Rauch's Buchhandlung).
28. Jg. 4°

234
Eine Ghasuah. Reiseerlebnis von Dr. Karl May.
In: Eichsfelder Marien=Kalender für das katholische Volk. 1893.
   Heiligenstadt, Verlag von F. W. Cordier.
   17. Jg. 4°
   Sp. 59-76
Erschienen: EN: 20. September 1892
Nachedition: 250 D, 478 D

235

Der Mahdi. Reiseerzählung von Karl May. Zweiter Band. Im Sudan.

In: Deutscher Hausschatz in Wort und Bild.
Regensburg-New York-Cincinnati, Verlag von Friedrich Pustet.
19. Jg. 1893. 18 Hefte = 52 Nummern (offiziell: Oktober 1892-Oktober 1893; tatsächlich: September 1892-September 1893). 4°

Nr. 1, S. 14-15
Nr. 2, S. 22-24, 26
Nr. 3, S. 38-40, 42
Nr. 4, S. 58-60
Nr. 5, S. 70-71, 74-75
Nr. 6, S. 87-88, 90
Nr. 7, S. 104, 106-108
Nr. 8, S. 120, 122-123
Nr. 9, S. 135, 138-139
Nr. 10, S. 154-157
Nr. 11, S. 172, 174-175
Nr. 12, S. 177-180
Nr. 13, S. 202-204
Nr. 14, S. 218-222
Nr. 15, S. 235-236, 238
Nr. 16, S. 250-252
Nr. 17, S. 267-270
Nr. 18, S. 280, 282-284
Nr. 19, S. 296, 298-300
Nr. 20, S. 314-316
Nr. 21, S. 327-328, 330
Nr. 22, S. 348-350
Nr. 23, S. 362-364
Nr. 24, S. 378-380
Nr. 25, S. 396-398
Nr. 26, S. 408, 410-412
Nr. 27, S. 423, 426-428
Nr. 28, S. 439-440, 442-443
Nr. 29, S. 454-456, 458
Nr. 30, S. 471-472, 474-475
Nr. 31, S. 490-492
Nr. 32, S. 506-509
Nr. 33, S. 520, 522-525
Nr. 34, S. 538-541
Nr. 35, S. 551-552, 554-556
Nr. 36, S. 568, 570-574
Nr. 37, S. 584, 586-588
Nr. 38, S. 599, 602-603
Nr. 39, S. 619-623
Nr. 40, S. 632, 634-636
Nr. 41, S. 648, 650-651
Nr. 42, S. 663, 666-668
Nr. 43, S. 679-684
Nr. 44, S. 695-696, 698-701

Der

blau-rote Methusalem.

Von

Carl May.

Mit einem farbigen Titelbild und 16 Tondruckbildern.

Stuttgart, Berlin, Leipzig.
Union Deutsche Verlagsgesellschaft.

Karl May.

Der

blaurote Methusalem.

Eine Erzählung für
die reifere Jugend.

Mit einem farbigen Titelbild und 16 Tondruckbildern.
Fünfte Auflage.

Stuttgart, Berlin, Leipzig.
Union Deutsche Verlagsgesellschaft.

Nr. 45, S. 714-718
Nr. 46, S. 721-724, 726
Nr. 47, S. 746-748, 750-751
Nr. 48, S. 753-757
Nr. 49, S. 770-772, 774
Nr. 50, S. 790-792, 794-795
Nr. 51, S. 807, 810-814
Nr. 52, S. 817-820, 822
Das ist:
Heft 1-18
Erschienen: Vierte Septemberwoche 1892 bis dritte Septemberwoche 1893
Nachedition: 279, 280 (S. 3-152), 537, 538 (S. 3-152)

236
Der blau-rote Methusalem.

Buch-Erstausgabe

236.1
T: Der blau-rote Methusalem. Von Carl May. Mit einem farbigen
   Titelbild und 16 Tondruckbildern (von Oskar Herrfurth).
   Stuttgart-Berlin-Leipzig, Verlag der Union Deutsche Verlagsge-
   sellschaft, 1892. 546 S. 8°
DB: 15
Erschienen: EN: 28. Oktober 1892
Voredition: 197

Nachauflagen der Erstausgabe

236.2
Zweite Auflage: wie 236.1
DB: 15
Erschienen: EN: 29. Oktober 1897

236.3
Dritte Auflage: wie 236.1
DB: 15
Erschienen: 1900

236.4
Vierte Auflage: T: Der blaurote Methusalem. Von Karl May.
DB: 15
Erschienen: 1904

236.5
Fünfte Auflage: T: Karl May. Der blaurote Methusalem. Eine Er-
   zählung für die reifere Jugend. Mit einem farbigen Titelbild und
   16 Tondruckbildern (von Oskar Herrfurth).
DB: 16, 16 A
Erschienen: EN: 20. November 1908

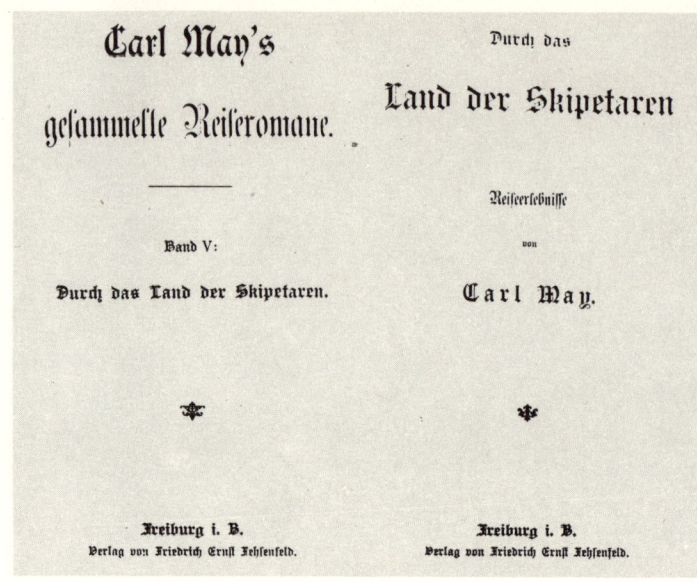

237
Durch das Land der Skipetaren.

Lieferungsausgabe

237.0
(= 41. bis 50. Lieferung »Carl May's gesammelte Reiseromane«).
kl. 8°
EN: 29. Oktober 1892 – 1. bis 3. Lfg. (S. 1-192) / EN: 17. November 1892 – 4. bis 7. Lfg. (S. 193-432) / EN: 8. Dezember 1892 – 8. bis 10. Lfg. (S. 433-597).

Buch-Erstausgabe

237.1
RT: Carl May's gesammelte Reiseromane. Band V. **T:** Durch das Land der Skipetaren. Reiseerlebnisse von Carl May.
Freiburg i. B., Verlag von Friedrich Ernst Fehsenfeld, 1892. 597 S. kl. 8°
DB: 46, 46a, 140
Erschienen: VA (14. November 1892): »erscheint Ende dieser Woche«.
Voredition: 190 (S. 235-529)
Nachedition: 457

Nachauflagen der Erstausgabe

237.2
11.-15. Tausend: **RT:** Karl May's gesammelte Reiseromane. Band V. **T:** Durch das Land der Skipetaren. Reiseerlebnisse von Karl May.
DB: 46, 46a, 140
Erschienen: 1895

237.3
16.-20. Tausend: **RT:** Carl May's gesammelte Reiseerzählungen.
Band 5. **T:** wie 237.2
DB: 46, 46a, 140
Erschienen: 1896

237.4
21.-25. Tausend: wie 237.3
DB: 46a, 47, 140
Erschienen: 1898

237.5
26.-30. Tausend: **RT:** Karl May's gesammelte Reiseerzählungen.
Band V. **T:** wie 237.2 (**RT/T:** Mit Verlagssignet).
DB: 46a, 47, 140
Erschienen: 1900

237.6
31.-35. Tausend: wie 237.5
DB: 46a, 47, 140
Erschienen: SE: 28. Juni 1902

237.7
36.-40. Tausend: wie 237.5
DB: 46a, 47, 48, 140
Erschienen: 1904

237.8
41.-45. Tausend: **RT:** wie 237.5. **T:** Durch das Land der Skipetaren.
Reiseerzählungen von Karl May.
DB: 46a, 47, 48, 140
Erschienen: SE: 23. November 1906

237.9
46.-50. Tausend: wie 237.8
DB: 46a, 47, 48, 140
Erschienen: 1909

Fortführung der Buchreihe: 238

238
Der Schut.

Lieferungsausgabe

238.0
(= 51. bis 60. Lieferung »Carl May's gesammelte Reiseromane«).
kl. 8°
EN: 31. Dezember 1892 - 1. bis 3. Lfg. (S. 1-192) / EN: 23. Januar
1893 - 4. und 5. Lfg. (S. 193-320) / EN: 28. Januar 1893 - 6. bis
8. Lfg. (S. 321-512) / EN: 18. Februar 1893 - 9. und 10. Lfg.
(S. 513-645).

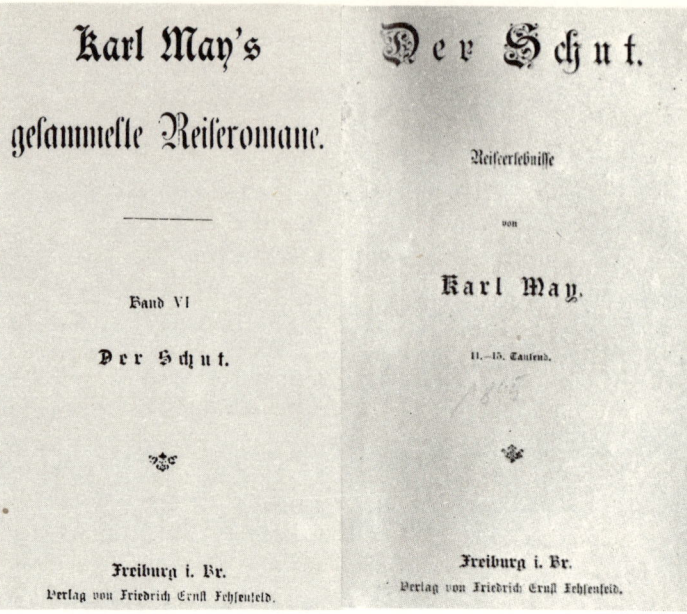

Buch-Erstausgabe

238.1
RT: ohne Reihentitel. **T:** Carl May's gesammelte Reiseromane. Band VI. Der Schut. Reiseerlebnisse von Carl May.
Freiburg i. B., Verlag von Friedrich Ernst Fehsenfeld, 1892. 645 S. kl. 8°
DB: 49, 140
Erschienen: VA (14. November 1892): »wird leider erst Anfang Dezember fertig …«
Voredition: 190 (S. 529-750)
Nachedition: 460

Die S. 750 der Voredition entspricht der Buchseite 535; die Buchseiten 536-645 wurden als »Anhang« für die Buchausgabe hinzugeschrieben.

Nachauflagen der Erstausgabe

238.2
11.-15. Tausend: **RT:** Karl May's gesammelte Reiseromane. Band VI. **T:** Der Schut. Reiseerlebnisse von Karl May.
DB: 49, 140
Erschienen: 1895

238.3
16.-20. Tausend: **RT:** Karl May's gesammelte Reiseerzählungen. Band VI. **T:** wie 238.2
DB: 50, 140
Erschienen: 1896

238.4
21.-25. Tausend: wie 238.3
DB: 50, 140
Erschienen: 1898

238.5
26.-30. Tausend: wie 238.3 (**RT/T:** Mit Verlagssignet).
DB: 50, 140
Erschienen: 1899

238.6
31.-35. Tausend: wie 238.5
DB: 50, 140
Erschienen: 1901

238.7
36.-40. Tausend: wie 238.5
DB: 50, 140
Erschienen: 1903

238.8
41.-45. Tausend: **RT:** wie 238.5. **T:** Der Schut. Reiseerzählung von
   Karl May.
DB: 50, 51, 140
Erschienen: 1906

238.9
46.-50. Tausend: wie 238.8
DB: 50, 51, 140
Erschienen: 1908

238.10
51.-52. Tausend: wie 238.8
DB: 50, 51, 140
Erschienen: 1911

Fortführung der Buchreihe: 240

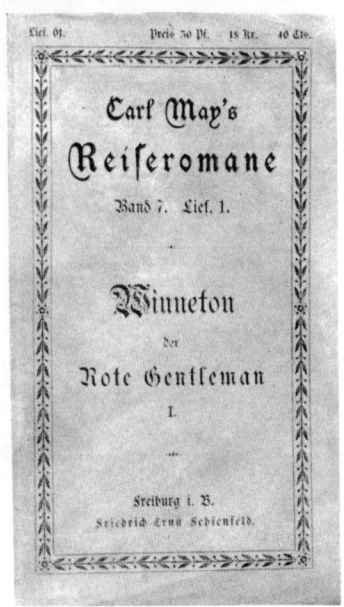

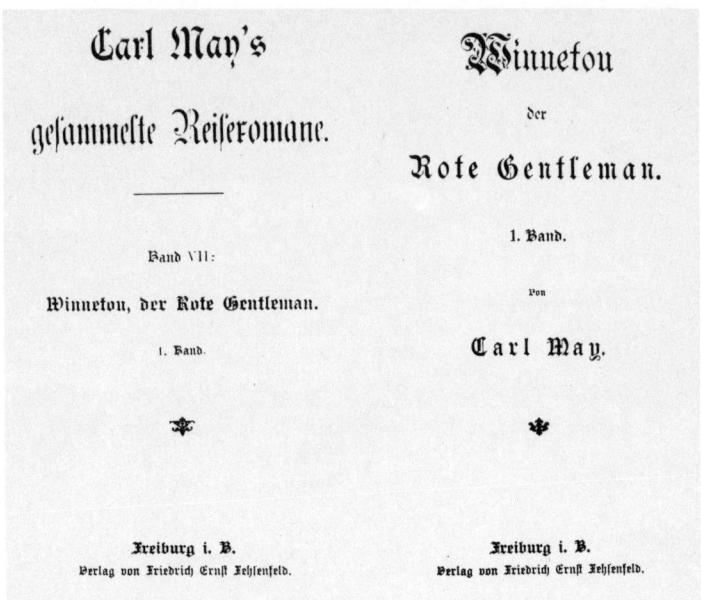

239
Menschentrutz und Gottes Hand. Eine Schmugglergeschichte aus
   den Bergen. Von Dr. Karl May.
In: Euskirchener Volksblatt.
   Euskirchen, Verlag der Aktiengesellschaft für Buchdruckerei
   und Zeitungsverlag.
   45. Jg. 1893. 2°
   23 Nummern (wobei die Fortsetzung 21 irrtümlich zweimal als
   solche ausgewiesen ist).
Erschienen: Vermutlich zwischen März und Mai 1893
Voredition: 91, 91 P, 107, 130, 144, 151, 154, 172, 195
Nachedition: 255, 268, 354, 371, 372 F, 436 E

240
Winnetou der Rote Gentleman / Winnetou. 1. Band.

Lieferungsausgabe

240.0
(= 61. bis 70. Lieferung »Carl May's gesammelte Reiseromane«).
   kl. 8°
   EN: 17. März 1893 – 1. bis 3. Lfg. (S. 1-192) / EN: 17. April 1893 –
   4. bis 6. Lfg. (S. 193-384) / EN: 25. April 1893 – 7. Lfg.
   (S. 385-448) / EN: 29. April 1893 – 8. und 9. Lfg. (S. 449-576) /
   EN: 20. Mai 1893 – 10. Lfg. (S. 577-630).

Buch-Erstausgabe

240.1
RT: Carl May's gesammelte Reiseromane. Band VII. **T:** Winnetou
der Rote Gentleman. 1. Band. Von Carl May.
Freiburg i. B., Verlag von Friedrich Ernst Fehsenfeld, 1893.
630 S. Mit einer »Einleitung ... Der Verfasser« (S. 1-6). kl. 8°
DB: 52, 140
Erschienen: Vermutlich Mai 1893
Nachedition: 462

Nachauflagen der Erstausgabe

240.2
11.-15. Tausend: **RT:** Karl May's gesammelte Reiseromane.
Band VII. **T:** Winnetou der Rote Gentleman. 1. Band. Von Karl
May.
DB: 52, 140
Erschienen: 1895

240.3
16.-20. Tausend: **RT:** Karl May's gesammelte Reiseerzählungen.
Band VII. **T:** wie 240.2
DB: 53, 140
Erschienen: 1896

240.4
21.-25. Tausend: wie 240.3
DB: 53, 140
Erschienen: 1897

240.5
26.-30. Tausend: wie 240.3 (**RT/T:** Mit Verlagssignet). .
DB: 53, 140
Erschienen: 1898

240.6
31.-35. Tausend: wie 240.5
DB: 53, 140
Erschienen: 1899

240.7
36.-40. Tausend: wie 240.5
DB: 53, 140
Erschienen: 1901

240.8
41.-45. Tausend: wie 240.5
DB: 53, 140
Erschienen: 1902

240.9
46.-50. Tausend: **T:** Winnetou. 1. Band. Von Karl May. (**RT:** ebenfalls mit verkürztem Titel).
DB: 53, 140
Erschienen: 1904

240.10
51.-55. Tausend: wie 240.9
DB: 53, 54, 140
Erschienen: 1905

240.11
56.-60. Tausend: wie 240.9
DB: 53, 54, 140
Erschienen: 1908

240.12
61.-65. Tausend: wie 240.9
DB: 53, 54, 140
Erschienen: 1909

Fortführung der Buchreihe: 242

241
Der erste Elk.
In: Ueber Land und Meer. Illustrierte Oktavhefte.
  Stuttgart-Leipzig-Berlin-Wien, Verlag der Deutschen Verlags-
  Anstalt.
  9. Jg. 1892/93. 13 Hefte. (August 1892-Juli 1893). III. Band
  (Heft 10-13). Lex.-8°
  Heft 11, Sp. 341-350
Erschienen: Zweite Maiwoche 1893
Nachedition: 261 (S. 13-31), 488 (S. 13-31)

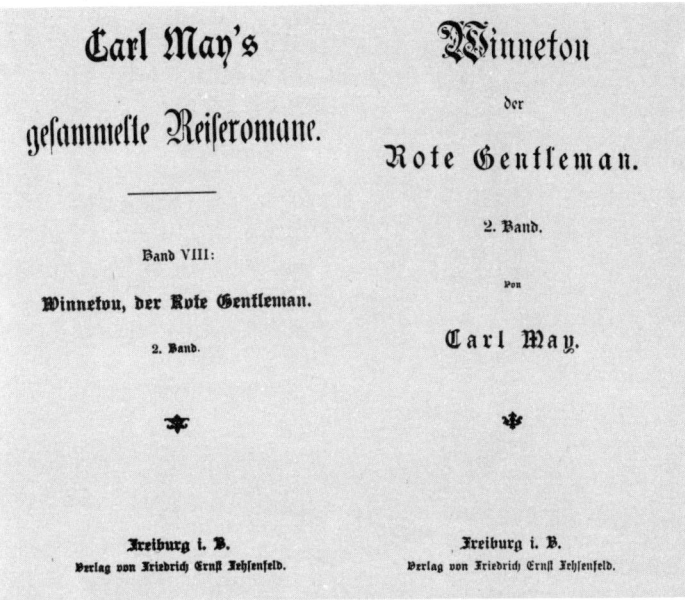

242
Winnetou der Rote Gentleman / Winnetou. 2. Band.

Lieferungsausgabe

242.0
(= 71. bis 80. Lieferung »Carl May's gesammelte Reiseromane«).
kl. 8°
EN: 2. Juni 1893 - 1. bis 3. Lfg. (S. 1-192) / EN: 17. Juni 1893 - 4.
bis 6. Lfg. (S. 193-384) / EN: 7. Juli 1893 - 7. bis 9. Lfg.
(S. 385-576) / EN: 17. August 1893 - 10. Lfg. (S. 577-630).

Buch-Erstausgabe

242.1
RT: Carl May's gesammelte Reiseromane. Band VIII. **T:** Winnetou
    der Rote Gentleman. 2. Band. Von Carl May.
    Freiburg i. B., Verlag von Friedrich Ernst Fehsenfeld, 1893.
    630 S. kl. 8°
    DB: 52, 140
Erschienen: Vermutlich August 1893
Voredition: 8, 22, 113, 179, 199, 201
Nachedition: 350 E, 387 (S. 171-186), 397 E, 446 E, 468

Nachauflagen der Erstausgabe

242.2
11.-15. Tausend: **RT:** Karl May's gesammelte Reiseromane. Band
    VIII. **T:** Winnetou der Rote Gentleman. 2. Band. Von Karl May.
    DB: 52, 140
Erschienen: 1895

242.3
16.-20. Tausend: **RT:** Karl May's gesammelte Reiseerzählungen.
Band VIII. **T:** wie 242.2
DB: 52, 140
Erschienen: 1897

242.4
21.-25. Tausend: wie 242.3
DB: 52, 53, 140
Erschienen: 1898

242.5
26.-30. Tausend: wie 242.3 (**RT/T:** Mit Verlagssignet)
DB: 53, 140
Erschienen: 1899

242.6
31.-35. Tausend: wie 242.5
DB: 53, 140
Erschienen: 1900

242.7
36.-40. Tausend: wie 242.5
DB: 53, 140
Erschienen: SE: 28. Juni 1902

242.8
41.-45. Tausend: wie 242.5
DB: 53, 140
Erschienen: 1903

242.9
46.-50. Tausend: **RT:** wie 242.5. **T:** Winnetou. 2. Band von Karl
May. (**RT:** ebenfalls mit verkürztem Titel).
DB: 53, 55, 140
Erschienen: 1905

242.10
51.-55. Tausend: wie 242.9
DB: 53, 55, 140
Erschienen: 1907

242.11
56.-60. Tausend: wie 242.9
DB: 53, 55, 140
Erschienen: 1909

242.12
61.-63. Tausend: wie 242.9
DB: 53, 55, 140
Erschienen: 1913

Fortführung der Buchreihe: 245

№ 50 — 1893.   22. Jahrgang.

Clevischer Volksfreund.

Samstag den 24. Juni.

Verantwortlicher Redacteur: W. Heinrich in Cleve.   Druck und Verlag der Boß'schen Buchdruckerei in Cleve.

243

Schuld und Sühne. Eine Erzählung aus den Bergen von Dr. Karl
  May.
In: Clevischer Volksfreund.
  Cleve, Verlag der Boß'schen Buchdruckerei.
  22. Jg. 1893. gr. 2° (erscheint sonnabends mit zwei Blättern).
  Nr. 50, Erstes Blatt, S. 1-2 (sämtlich unpag.)
  Nr. 51, S. 1-2
  Nr. 52, Erstes Blatt, S. 1; Zweites Blatt, S. 1
  Nr. 53, S. 1-2
  Nr. 54, Erstes Blatt, S. 1-2
  Nr. 55, S. 1-2
  Nr. 56, Erstes Blatt, S. 1
  Nr. 57, S. 1
  Nr. 58, Erstes Blatt, S. 1-2
  Nr. 59, S. 1-2
  Nr. 61, S. 1-2
  Nr. 62, Erstes Blatt, S. 1
  Nr. 63, S. 1
  Nr. 64, Erstes Blatt, S. 1
  Nr. 65, S. 1-2
  Nr. 66, Erstes Blatt, S. 1
Erschienen: Zwischen dem 24. Juni und 26. Juli sowie dem 2. Au-
  gust und 19. August 1893 (Turnus: jeweils sonnabends und mitt-
  wochs)
Voredition: 40, 103, 103 P
Nachedition: 372 E, 436 D, 466

244

Christ ist erstanden! Reiseerzählung von Dr. Karl May.
In: Benziger's Marien=Kalender. 1894.
  Einsiedeln-Waldshut, Verlag von Benziger & Co. gr. 4°
  11 S. (unpag.), 6 Illustr.
Erschienen: SE: 21. Juli 1893; EN: 5. August 1893

Parallelausgabe

244 P
Kevelaerer Marien=Kalender. 1894.
New-York-Cincinnati-Chicago, Verlag von Benziger Brothers. gr. 4°

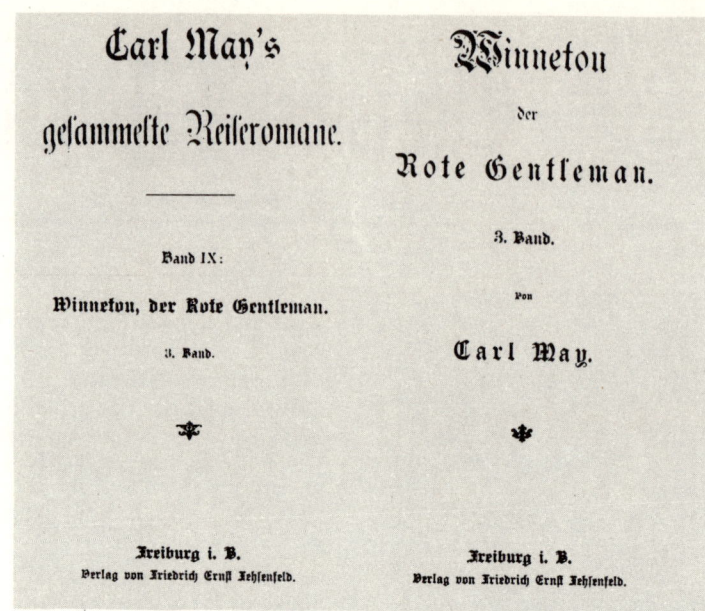

245
Winnetou der Rote Gentleman / Winnetou. 3. Band.

Lieferungsausgabe

245.0
(= 81. bis 90. Lieferung »Carl May's gesammelte Reiseromane«).
kl. 8°
EN: 31. Juli 1893 - 1. bis 3. Lfg. (S. 1-192) / EN: 17. August
1893 - 4. Lfg. (S. 193-256) / EN: 2. September 1893 - 5. bis 7. Lfg.
(S. 257-448) / EN: 17. Oktober 1893 - 8. und 9. Lfg. (S. 449-560) /
EN: 24. Oktober 1893 - 10. Lfg. (S. 561-631).

Buch-Erstausgabe

245.1
RT: Carl May's gesammelte Reiseromane. Band IX. **T:** Winnetou
der Rote Gentleman. 3. Band. Von Carl May.
Freiburg i. B., Verlag von Friedrich Ernst Fehsenfeld, 1893.
631 S. Mit einem »Nachwort ... Oberlößnitz=Dresden. Dr. Karl
May« (S. 628-631). kl. 8°
DB: 52, 140
Erschienen: Vermutlich Oktober 1893
Voredition: 126, 163, 213, 229
Nachedition: 474

Nachauflagen der Erstausgabe

245.2
11.-15. Tausend: **RT:** Karl May's gesammelte Reiseromane.

Band IX. **T**: Winnetou der Rote Gentleman. 3. Band. Von Karl
   May.
DB: 52, 140
Erschienen: 1895

245.3
16.-20. Tausend: **RT**: Karl May's gesammelte Reiseerzählungen.
   Band IX. **T**: wie 245.2
DB: 52, 140
Erschienen: 1897

245.4
21.-25. Tausend: wie 245.3
DB: 53, 140
Erschienen: 1898

245.5
26.-30. Tausend: wie 245.3 (**RT/T**: Mit Verlagssignet).
DB: 53, 140
Erschienen: 1899

245.6
31.-35. Tausend: wie 245.5
DB: 53, 140
Erschienen: 1900

245.7
36.-40. Tausend: wie 245.5
DB: 53, 140
Erschienen: **SE**: 2. Juli 1902

245.8
41.-45. Tausend: **RT**: wie 245.5. **T**: Winnetou. 3. Band. Von Karl
   May. (**RT**: ebenfalls mit verkürztem Titel). 629 S. Mit einem
   neuen »Nachwort ... Radebeul=Dresden. Villa ›Shatterhand‹.
   Karl May« (2 S. unpag.).
DB: 53, 140
Erschienen: 1904

245.9
46.-50. Tausend: wie 245.8
DB: 53, 56, 140
Erschienen: 1905

245.10
51.-55. Tausend: wie 245.8
DB: 53, 56, 140
Erschienen: 1907

245.11
56.-60. Tausend: wie 245.8
DB: 53, 56, 140
Erschienen: 1909

Fortführung der Buchreihe: 250

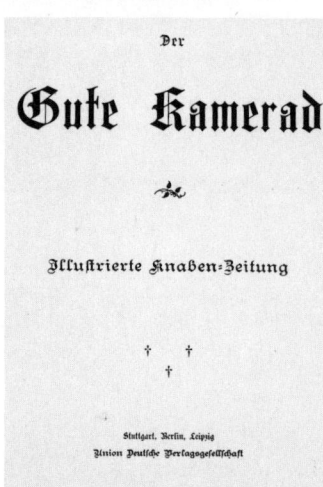

246

Maria oder Fatima. Reiseerlebnis von Dr. Karl May.
In: Eichsfelder Marien=Kalender für das katholische Volk. 1894.
    Heiligenstadt, Verlag von F. W. Cordier.
    18. Jg. 4°
Sp. 39-60, 5 Illustr.
Erschienen: EN: 1. September 1893
Nachedition: 294 G, 548 G

247

Der Oelprinz. Von Karl May. (Ab Nr. 2: Von Dr. Karl May).
In: Der Gute Kamerad. Illustrierte Knaben-Zeitung.
    Stuttgart-Berlin-Leipzig, Verlag der Union Deutsche Verlagsge-
    sellschaft.
    8. Jg. 1893/94. 52 Nummern (September 1893-September 1894). 4°
    Nr. 1, S. 1-4, 1 Illustr.
    Nr. 2, S. 15-20, 1 Illustr.
    Nr. 3, S. 29-32, 1 Illustr.
    Nr. 4, S. 42-48, 1 Illustr.
    Nr. 5, S. 57-62, 1 Illustr.
    Nr. 6, S. 71-76, 1 Illustr.
    Nr. 7, S. 85-89, 1 Illustr.
    Nr. 8, S. 99-104, 1 Illustr.
    Nr. 9, S. 113-118, 1 Illustr.
    Nr. 10, S. 126-132, 1 Illustr.
    Nr. 11, S. 141-146, 1 Illustr.
    Nr. 12, S. 155-160
    Nr. 13, S. 169-173, 1 Illustr.
    Nr. 14, S. 183-188, 1 Illustr.
    Nr. 15, S. 197-201, 1 Illustr.
    Nr. 16, S. 211-217, 1 Illustr.
    Nr. 17, S. 225-229, 1 Illustr.
    Nr. 18, S. 239-244, 1 Illustr.
    Nr. 19, S. 253-258, 1 Illustr.
    Nr. 20, S. 267-272, 1 Illustr.
    Nr. 21, S. 281-286, 1 Illustr.
    Nr. 22, S. 295-300, 1 Illustr.
    Nr. 23, S. 309-314, 1 Illustr.
    Nr. 24, S. 323-328, 1 Illustr.
    Nr. 25, S. 337-340, 1 Illustr.
    Nr. 26, S. 351-356, 1 Illustr.
    Nr. 27, S. 365-370, 1 Illustr.
    Nr. 28, S. 379-382, 1 Illustr.
    Nr. 29, S. 393-397, 1 Illustr.
    Nr. 30, S. 407-412, 1 Illustr.
    Nr. 31, S. 421-426, 1 Illustr.
    Nr. 32, S. 435-440, 1 Illustr.
    Nr. 33, S. 449-454, 1 Illustr.
    Nr. 34, S. 463-468, 1 Illustr.
    Nr. 35, S. 477-483, 1 Illustr.
    Nr. 36, S. 491-496, 1 Illustr.
    Nr. 37, S. 505-510, 1 Illustr.

Nr. 38, S. 519-524, 1 Illustr.
Nr. 39, S. 533-538, 1 Illustr.
Nr. 40, S. 547-551, 1 Illustr.
Nr. 41, S. 561-567, 1 Illustr.
Nr. 42, S. 575-580, 1 Illustr.
Nr. 43, S. 589-594, 1 Illustr.
Nr. 44, S. 603-608, 1 Illustr.
Nr. 45, S. 617-622, 1 Illustr.
Nr. 46, S. 631-636, 1 Illustr.
Nr. 47, S. 645-649, 1 Illustr.
Nr. 48, S. 659-664, 1 Illustr.
Nr. 49, S. 673-678, 1 Illustr.
Nr. 50, S. 687-693, 1 Illustr.
Nr. 51, S. 701-705, 1 Illustr.
Nr. 52, S. 715-720, 1 Illustr.
Erschienen: Zwischen dem 21. September 1893 und 13. September
1894 (Turnus: allwöchentlich donnerstags)
Nachedition: 299

248
Die Felsenburg. Reiseerzählung von Karl May.
In: Deutscher Hausschatz in Wort und Bild.
Regensburg-New York-Cincinnati, Verlag von Friedrich Pustet.
20. Jg. 1894. 18 Hefte = 52 Nummern (offiziell: Oktober
1893-Oktober 1894; tatsächlich: September 1893-September
1894). 4°
Nr. 1, S. 11-13
Nr. 2, S. 24, 26-28
Nr. 3, S. 43-45
Nr. 4, S. 58-60
Nr. 5, S. 76-79
Nr. 6, S. 92-95
Nr. 7, S. 106-108
Nr. 8, S. 120, 122-124
Nr. 9, S. 136, 138-139
Nr. 10, S. 154-157
Nr. 11, S. 166-167, 170-171
Nr. 12, S. 184, 186-187
Nr. 13, S. 197-200, 202
Nr. 14, S. 215-216, 218-219
Nr. 15, S. 231, 234-236
Nr. 16, S. 247, 250-252
Nr. 17, S. 266-268
Nr. 18, S. 282-284
Nr. 19, S. 298-300, 302
Nr. 20, S. 311-312, 314-315
Nr. 21, S. 326-328, 330
Nr. 22, S. 343-344, 346-347
Nr. 23, S. 363-364, 366-367
Nr. 24, S. 373-376, 378
Nr. 25, S. 389-392
Nr. 26, S. 406-407, 410-411

Nr. 27, S. 421-423, 426
Nr. 28, S. 442-446
Nr. 29, S. 458-462
Nr. 30, S. 470-471, 474
Nr. 31, S. 488, 490-491
Nr. 32, S. 503-504, 506
Nr. 33, S. 519-520, 522-523
Nr. 34, S. 536, 538-540
Nr. 35, S. 552, 554-555
Nr. 36, S. 570-572
Nr. 37, S. 584, 586-588
Nr. 38, S. 603-606
Nr. 39, S. 614-616, 618
Nr. 40, S. 632, 634-635
Nr. 41, S. 650-652
Nr. 42, S. 663, 666-668
Nr. 43, S. 680, 682-684
Nr. 44, S. 699-703
Nr. 45, S. 714-718
Nr. 46, S. 727-728, 730-732, 734
Nr. 47, S. 743-744, 746-750
Nr. 48, S. 763-766
Nr. 49, S. 776, 778-780, 782
Nr. 50, S. 790-791, 794-796
Nr. 51, S. 805-808, 810
Nr. 52, S. 817-820
Das ist:
Heft 1-18
Erschienen: Vierte Septemberwoche 1893 bis dritte Septemberwoche 1894
Nachedition: 287, 291 (S. 1-200), 557, 559 (S. 1-200)

249
Die Sklavenkarawane.

Buch-Erstausgabe

249.1
T: Die Sklavenkarawane. Von Karl May. Mit 16 Tondruckbildern (von Gustav Adolf Closs).
Stuttgart-Berlin-Leipzig, Verlag der Union Deutsche Verlagsgesellschaft, 1893. 493 S. 8°
DB: 17
Erschienen: EN: 13. Oktober 1893
Voredition: 204

Nachauflagen der Erstausgabe

249.2
Zweite Auflage: wie 249.1. 496 S.
DB: 17
Erschienen: 1898

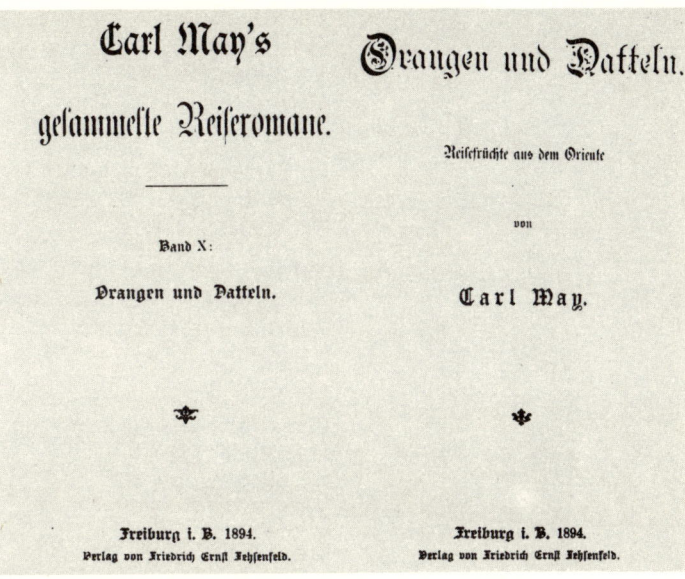

249.3
Dritte Auflage: wie 249.2
DB: 17
Erschienen: EN: 6. November 1901

249.4
Vierte Auflage: **T:** Karl May. Die Sklavenkarawane. 496 S.
DB: 18
Erschienen: 1905

249.5
Fünfte Auflage: wie 249.4
DB: 18
Erschienen: EN: 14. Mai 1909

250
Orangen und Datteln.

Es handelt sich um einen Sammelband mit folgenden Erzählungen:

250 A
Die Gum. (S. 1-154)
Voredition: 53, 98, 171, 177
Nachedition: 257 A, 258 A, 264 A, 265 A, 267 A, 328 A, 353 A,
    478 A, 558 A, 563 A

250 B
Christus oder Muhammed. (S. 155-212)
Voredition: 214, 214 P
Nachedition: 478 B

250 C
Der Krumir. (S. 213-425)
Voredition: 150, 155
Nachedition: 478 C

250 D
Eine Ghasuah. (S. 427-461)
Voredition: 234
Nachedition: 478 D

250 E
Nûr es Semâ. – Himmelslicht. (S. 463-510)
Voredition: 231, 231 P
Nachedition: 478 E

250 F
Christi Blut und Gerechtigkeit. (S. 511-544)
Voredition: 158
Nachedition: 478 F

250 G
Mater dolorosa. (S. 545-610)
Voredition: 222, 222 P
Nachedition: 478 G

250 H
Der Verfluchte. (S. 611-665)
Voredition: 233, 233 P
Nachedition: 478 H

Lieferungsausgabe

250.0
(= 91. bis 100. Lieferung »Carl May's gesammelte Reiseromane«).
kl. 8°
EN: 24. Oktober 1893 – 1. Lfg. (S. 1-64) / EN: 6. November 1893 –
2. bis 4. Lfg. (S. 65-256) / EN: 11. November 1893 – 5. und 6. Lfg.
(S. 257-384) / EN: 27. November 1893 – 7. und 8. Lfg.
(S. 385-512) / EN: 19. Dezember 1893 – 9. und 10. Lfg.
(S. 513-665).

Buch-Erstausgabe

250.1
RT: Carl May's gesammelte Reiseromane. Band X. **T:** Orangen und
Datteln. Reisefrüchte aus dem Oriente von Carl May.
Freiburg i. B., Verlag von Friedrich Ernst Fehsenfeld, 1894.
665 S. kl. 8°
DB: 57, 140
Erschienen: EN: 5. Dezember 1893

Nachauflagen der Erstausgabe

250.2
11.-13. Tausend: wie 250.1
DB: 57, 140
Erschienen: 1896

250.3
14. und 15. Tausend: wie 250.1
DB: 57, 140
Erschienen: 1896

250.4
16.-20. Tausend: wie 250.1
DB: 57, 140
Erschienen: 1897

250.5
21.-25. Tausend: **RT:** Karl May's gesammelte Reiseerzählungen.
Band X. **T:** Orangen und Datteln. Reisefrüchte aus dem Oriente
von Karl May. (**RT/T:** Mit Verlagssignet).
DB: 57, 140
Erschienen: 1899

250.6
26.-30. Tausend: wie 250.5
DB: 57, 140
Erschienen: 1901

250.7
31.-35. Tausend: wie 250.5
DB: 57, 58, 140
Erschienen: 1904

250.8
36.-40. Tausend: wie 250.5
DB: 57, 58, 140
Erschienen: 1907

250.9
41.-45. Tausend: wie 250.5
DB: 57, 58, 140
Erschienen: 1910

Fortführung der Buchreihe: 252

251
Die Rose von Kaïrwan.

Es handelt sich um einen Sammelband mit folgenden Erzählungen:

251 A
Erste Abtheilung (auch: Abteilung). Ein Kaper. (S. 1-121)
Voredition: 156

251 B
Zweite Abtheilung. Der Pfahlmann. (S. 122-241)
Voredition: 95, 95 P

251 C
Dritte Abtheilung. Eine Befreiung. (S. 242-352)
Voredition: 79, 145

Buchausgabe

251.1
Die Rose von Kaïrwan. Erzählung aus drei Erdtheilen von Karl
   May.
   Osnabrück, Verlag von Bernhard Wehberg, 1894. 352 S. 8°
   DB: 11
Erschienen: Im laufenden Jahr 1894

252
Am Stillen Ocean.

Es handelt sich um einen Sammelband mit folgenden Erzählungen:

252 A
Der Ehri. (S. 1-66)
Voredition: 81, 114, 138
Nachedition: 257 F, 264 F, 267 F, 328 F, 353 F, 547 A, 558 D,
   563 D

252 B
Der Kiang-lu (auch: Wiang-lu). (S. 67-318)
Voredition: 136
Nachedition: 547 B

252 C
Der Brodnik. (S. 319-382)
Voredition: 84, 131, 159
Nachedition: 547 C

252 D
Der Girl-Robber. (S. 383-476)
Voredition: 55, 108
Nachedition: 257 D, 264 D, 267 D, 328 D, 353 D, 547 D, 558 B,
   563 B

252 E
An der Tigerbrücke. (S. 477-607)
Nachedition: 547 E

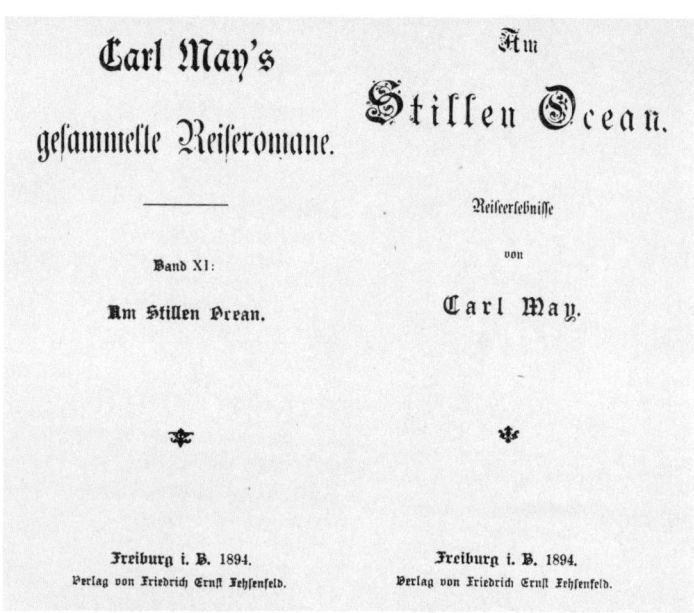

Lieferungsausgabe

252.0
(= 101. bis 110. Lieferung »Carl May's gesammelte Reiseromane«).
kl. 8°
EN: 3. Januar 1894 – 1. und 2. Lfg. (S. 1-128) / EN: 19. Januar
1894 - 3. und 4. Lfg. (S. 129-256) / EN: 20. Januar 1894 – 5. und
6. Lfg. (S. 257-384) / EN: 5. Februar 1894 – 7. und 8. Lfg.
(S. 385-496) / EN: ? - 9. und 10. Lfg. (S. 497-607).

Buch-Erstausgabe

252.1
RT: Carl May's gesammelte Reiseromane. Band XI. **T:** Am Stillen
Ocean. Reiseerlebnisse von Carl May.
Freiburg i. B., Verlag von Friedrich Ernst Fehsenfeld, 1894.
607 S. kl. 8°
DB: 59, 140
Erschienen: SE: 7. April 1894; EN: 19. April 1894

Nachauflagen der Erstausgabe

252.2
11.-15. Tausend: **RT:** Karl May's gesammelte Reiseerzählungen.
Band XI. **T:** Am Stillen Ocean. Reiseerlebnisse von Karl May.
DB: 59, 140
Erschienen: 1896

252.3
16.-20. Tausend: wie 252.2
DB: 59, 140
Erschienen: 1898

252.4
21.-25. Tausend: wie 252.2 (**RT/T:** Mit Verlagssignet).
DB: 59, 140
Erschienen: 1899

252.5
26.-30. Tausend: wie 252.4
DB: 59, 60, 140
Erschienen: 1900

252.6
31.-35. Tausend: **RT:** wie 252.4. **T:** Am Stillen Ocean. Reiseerzählungen von Karl May.
DB: 60, 61, 140
Erschienen: 1904

252.7
36.-40. Tausend: wie 252.6
DB: 60, 61, 140
Erschienen: 1907

252.8
41. und 42. Tausend: wie 252.6
DB: 60, 61, 140
Erschienen: 1911

Fortführung der Buchreihe: 253

253
Am Rio de la Plata.

Lieferungsausgabe

253.0
(= 111. bis 121. Lieferung »Carl May's gesammelte Reiseromane«).
kl. 8°
EN: 26. Februar 1894 - 1. und 2. Lfg. (S. 1-128) / EN: 12. März
1894 - 3. und 4. Lfg. (S. 129-256) / EN: 22. März 1894 – 5. und
6. Lfg. (S. 257-384) / EN: 11. April 1894 - 7. und 8. Lfg.
(S. 385-496) / EN: 20. April 1894 - 9. bis 11. Lfg. (S. 497-676).

Buch-Erstausgabe

253.1
RT: Carl May's gesammelte Reiseromane. Band XII. **T:** Am Rio de
la Plata. Reiseerlebnisse von Carl May.
Freiburg i. B., Verlag von Friedrich Ernst Fehsenfeld, 1894.
676 S. kl. 8°
DB: 62, 140

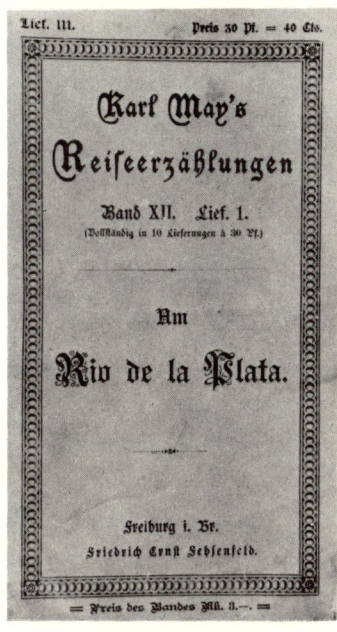

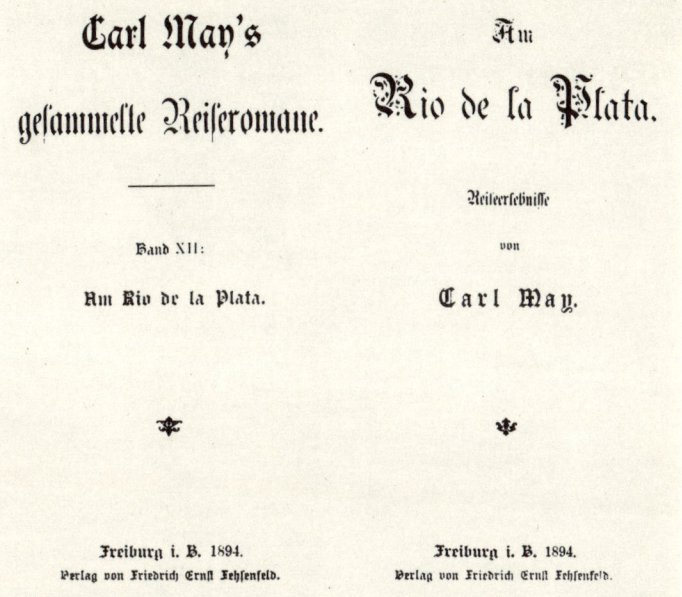

Erschienen: SE: 7. April 1894 (broschierte Ausgabe): »Der gebun-
dene XII. Band wird nächste Woche ausgegeben.«
Voredition: 207, 216 (S. 14-219)
Nachedition: 554

Nachauflagen der Erstausgabe

253.2
11.-15. Tausend: **RT**: Karl May's gesammelte Reiseerzählungen.
Band XII. **T**: Am Rio de la Plata. Reiseerlebnisse von Karl May.
DB: 62, 140
Erschienen: 1896

253.3
16.-20. Tausend: wie 253.2
DB: 62, 140
Erschienen: 1897

253.4
21.-25. Tausend: wie 253.2 (**RT/T**: Mit Verlagssignet).
DB: 62, 140
Erschienen: 1899

253.5
26.-30. Tausend: wie 253.4
DB: 62, 140
Erschienen: 1901

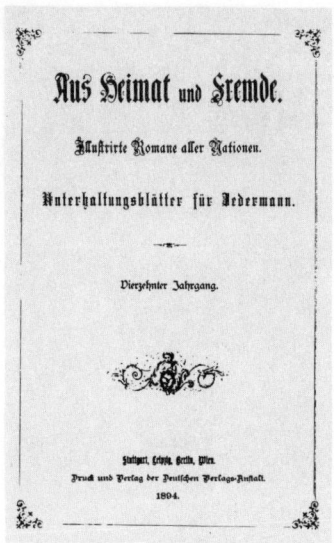

253.6
31.-35. Tausend: **RT:** wie 253.4. **T:** Am Rio de la Plata. Reiseerzählungen von Karl May.
DB: 62, 63, 140
Erschienen: 1904

253.7
36.-40. Tausend: wie 253.6
DB: 62, 63, 140
Erschienen: 1907

253.8
41.-45. Tausend: wie 253.6
DB: 62, 63, 140
Erschienen: 1911

Fortführung der Buchreihe: 256

254
Am »Kai=p'a«.
In: Aus Heimat und Fremde. Illustrirte Romane aller Nationen.
   Unterhaltungsblätter für Jedermann.
   Stuttgart-Leipzig-Berlin-Wien, Verlag der Deutschen Verlags-Anstalt.
   14. Jg. 1894. 28 Hefte (Juli 1893-Juni 1894). gr. 4°
   Heft 19, S. 524, 526-527, 1 Illustr. (S. 517)
Erschienen: Mitte März 1894
Voredition: 210

255
Unter Paschern. Eine Geschichte aus den Bergen von Dr. Karl May.
In: Ermländische Zeitung.
   Braunsberg, Verlag der Ermländischen Zeitungs- und Verlagsdruckerei (J. A. Wichert).
   21. Jg. 1894.
   Nr. 65, Beilage, S. 1 (sämtlich unpag.)
   Nr. 66, S. 1
   Nr. 67, Beilage, S. 1
   Nr. 68, Beilage, S. 1 (?)
   Nr. 69, Beilage, S. 1
   Nr. 70, Beilage, S. 2

XI. Jahrgang.   Braunsberg, Mittwoch den 21. März 1894.   65.

Ermländische Zeitung.

Mit den Wochenbeilagen:
St. Adalbertsblatt und Ratgeber für Landwirtschaft 2c.

Nr. 71, S. 1
Nr. 72, Beilage, S. 1
Nr. 73, Beilage, S. 1
Nr. 74, Beilage, S. 1-2
Nr. 75, Beilage, S. 2
Nr. 76, S. 1
Nr. 77, Beilage, S. 1-2
Nr. 78, Beilage, S. 1
Nr. 79, Beilage, S. ?
Nr. 80, Beilage, S. ?
Nr. 81, Beilage, S. 2
Nr. 82, S. 1-2
Nr. 83, S. 1-2
Nr. 84, Beilage, S. 1-2
Nr. 85, Beilage, S. 1-2
Nr. 86, Beilage, S. 2
Nr. 87, Beilage, S. 2
Nr. 88, S. 1-2
Nr. 89, Beilage, S. 1-2
Nr. 90, Beilage, S. 1-2
Nr. 91, Beilage, S. 1
Erschienen: 21.-24. März, 28. März bis 1. April, 3.-8. April, 10.-15.
    April, 17.-22. April 1894
Voredition: 91, 91 P, 107, 130, 144, 151, 154, 172, 195, 239
Nachedition: 268, 354, 371, 372 F, 436 E

256
In den Cordilleren.

Lieferungsausgabe

256.0
(= 122. bis 130. Lieferung »Carl May's gesammelte Reiseromane«).
kl. 8°
    EN: 16. Mai 1894 - 1. Lfg. (S. 1-64) / EN: 19. Mai 1894 - 2. bis
    4. Lfg. (S. 65-256) / EN: 9. Juni 1894 – 5. bis 7. Lfg. (S. 257-448) /
    EN: 23. Juni 1894 - 8. und 9. Lfg. (S. 449-584).

Buch-Erstausgabe

256.1
RT: Carl May's gesammelte Reiseromane. Band XIII. **T:** In den
    Cordilleren. Reiseerlebnisse von Carl May.

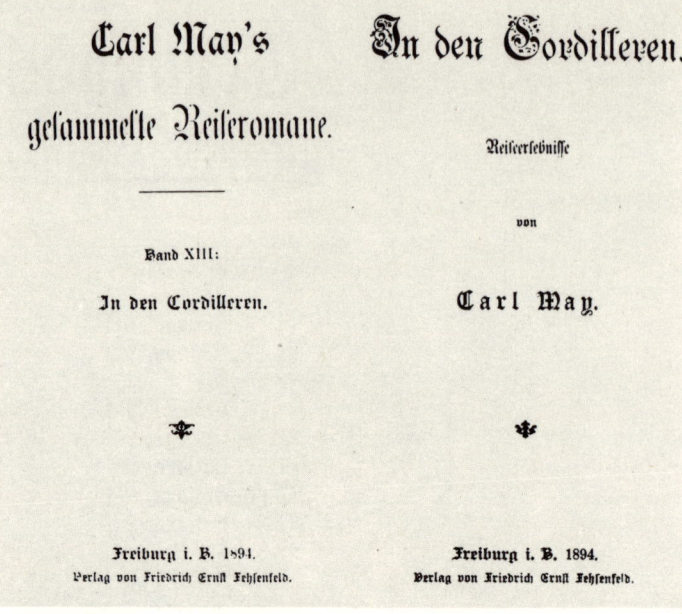

Freiburg i. B., Verlag von Friedrich Ernst Fehsenfeld, 1894.
584 S. kl. 8°
DB: 64, 140
Erschienen: Vermutlich Juni 1894
Voredition: 216 (S. 238-824)
Nachedition: 555

Nachauflagen der Erstausgabe

256.2
11.-15. Tausend: **RT:** Karl May's gesammelte Reiseerzählungen.
Band XIII. **T:** In den Cordilleren. Reiseerlebnisse von Karl
May.
DB: 64,140
Erschienen 1896

256.3
16.-20. Tausend: wie 256.2
DB: 64, 140
Erschienen: 1898

256.4
21.-25. Tausend: wie 256.2
DB: 64,140
Erschienen: 1899

256.5
26.-30. Tausend: wie 256.2 (**RT/T:** Mit Verlagssignet).
DB: 64, 140
Erschienen: 1901

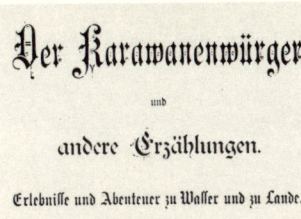

256.6
31.-35. Tausend: **RT:** wie 256.5. **T:** In den Cordilleren. Reiseerzäh-
    lungen von Karl May.
DB: 64, 65, 140
Erschienen: 1904

256.7
36.-40. Tausend: wie 256.6
DB: 64, 65, 140
Erschienen: 1907

256.8
41.-45. Tausend: wie 256.6
DB: 64, 65, 140
Erschienen: 1909

Fortführung der Buchreihe: 261

257
Der Karawanenwürger und andere Erzählungen. (Liebau-Edition).

Es handelt sich um einen Sammelband mit folgenden May-Texten:

257 A
Der Karawanenwürger. Von Karl May. (S. 5-27)
Voredition: 53, 98, 171, 177, 250 A
Nachedition: 258 A, 264 A, 265 A, 267 A, 328 A, 353 A, 478 A,
    558 A, 563 A

257 B
Im wilden Westen. Eine Erzählung aus dem Leben der Grenzer
    von E. Pollmer. (S. 28-50)
Voredition: 62, 92, 104, 212
Nachedition: 264 B, 267 B, 269 (S. 24-30), 328 B, 353 B, 490
    (S. 24-30), 558 E, 563 E

257 C
Ein Abenteuer in Südafrika. Von Emma Pollmer. (S. 67-79)
Voredition: 74, 111
Nachedition: 258 B, 264 C, 265 B, 267 C, 294 B, 328 C, 353 C,
    548 B

257 D
An Bord der Schwalbe. Von Karl May. (S. 80-98)
Voredition: 55, 108, 252 D
Nachedition: 264 D, 267 D, 328 D, 353 D, 547 D, 558 B, 563 B

257 E
Der Brand des Ölthals. Ein Abenteuer aus den Vereinigten Staaten.
    Von Karl May. (S. 99-116)
Voredition: 52
Nachedition: 258 C, 264 E, 265 C, 267 E, 328 E, 353 E, 558 C, 563 C

Aus fernen Zonen.

◆<≫

Erzählungen

◆✦ für die Jugend. ◆✦

Mit Buntbildern.

Berlin,
Verlag von H. Liebau.

257 F
Die Rache des Ehri. Ein Abenteuer aus dem südlichen Polynesien
    von Emma Pollmer. (S. 117-127)
Voredition: 81, 114, 138, 252 A
Nachedition: 264 F, 267 F, 328 F, 353 F, 547 A, 558 D, 563 D

Buch-Erstausgabe (Liebau-Edition)

257.1
Der Karawanenwürger und andere Erzählungen. Erlebnisse und
    Abenteuer zu Wasser und zu Lande.
    Berlin, Verlag von H. Liebau, 1894. 127 S., 5 Buntdruckbilder.
    8°
DB: 26
Erschienen: EN: 11. August 1894
Nachedition: 264

Der Band enthält außerdem die anonyme, offensichtlich nicht von
Karl May stammende Erzählung »Ein Kampf mit Piraten«
(S. 51-66).

258
Aus fernen Zonen. (Liebau-Edition).

Es handelt sich um einen Sammelband mit folgenden Erzählungen:

258 A
Der Karawanenwürger. Von Karl May. (S. 3-32)
Voredition: 53, 98, 171, 177, 250 A, 257 A
Nachedition: 264 A, 265 A, 267 A, 328 A, 353 A, 478 A, 558 A,
    563 A

258 B
Ein Abenteuer in Südafrika. Von Emma Pollmer. (S. 33-49)
Voredition: 74, 111, 257 C
Nachedition: 264 C, 265 B, 267 C, 294 B, 328 C, 353 C, 548 B

258 C
Der Brand des Ölthals. Ein Abenteuer aus den Vereinigten Staaten.
    Von Karl May. (S. 50-72)
Voredition: 52, 257 E
Nachedition: 264 E, 265 C, 267 E, 328 E, 353 E, 558 C, 563 C

Buch-Erstausgabe (Liebau-Edition)

258.1
Aus fernen Zonen. Erzählungen für die Jugend.
    Berlin, Verlag von H. Liebau, 1894. 72 S., 3 Buntdruckbilder.
    kl. 8°
DB: 29
Erschienen: 11. August 1894
Nachedition: 265

259

Der Kutb. Reiseerzählung von Dr. Karl May.
In: Benziger's Marien=Kalender. 1895.
   Einsiedeln-Waldshut-Köln, Verlag von Benziger & Co. gr. 4°
   12 S. (unpag.), 4 Illustr.
Erschienen: FB: 14. August 1894; EN: 7. September 1894
Nachedition: 294 E, 548 E

Parallelausgabe

259 P
Kevelaerer Marien=Kalender. 1895.
New-York-Cincinnati-Chicago, Verlag von Benziger Brothers.
   gr. 4°

260

Blutrache. Reiseerlebnis auf der Karawanenstraße nach Mekka von
   Dr. Karl May.
In: Regensburger Marien=Kalender für das Jahr des Heiles 1895.
   Regensburg-New York-Cincinnati, Verlag von Friedrich Pustet.
   30. Jg. 4°
   Sp. 159-184, 3 Illustr.
Erschienen: EN: 30. August 1894
Nachedition: 294 D, 548 D

Parallelausgabe

260 P
Tiroler Marien=Kalender für das Jahr des Heiles 1895.
Regensburg, Verlag von Friedrich Pustet.
Haupt-Depôt für Tirol und Vorarlberg: Innsbruck, H. Schwick (Carl
Rauch's Buchhandlung).
30. Jg. 4°

261
Old Surehand. 1. Band.

Lieferungsausgabe

261.0
(= 131. bis 140. Lieferung »Karl May's gesammelte Reiseromane«).
kl. 8°
   EN: 11. September 1894 - 1. Lfg. (S. 1-64) / EN: 25. September
   1894 - 2. Lfg. (S. 65-128) / EN: 2. Oktober 1894 - 3. und 4. Lfg.
   (S. 129-256) / EN: 2. November 1894 - 5. Lfg. (S. 257-320) / EN:
   10. Dezember 1894 - 6. Lfg. (S. 321-384) / EN: 17. Dezember
   1894 - 7. Lfg. (S. 385-448) / EN: 8. Januar 1895 - 8. bis 10. Lfg.
   (S. 449-644).

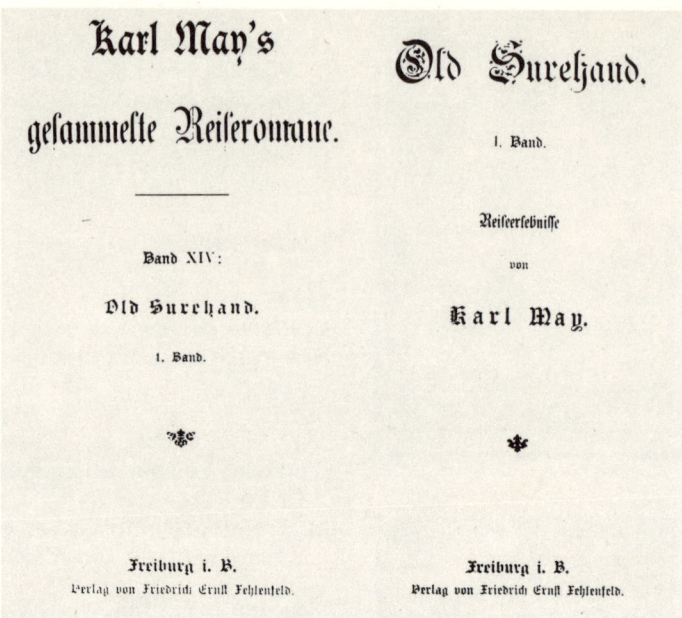

Buch-Erstausgabe

261.1
RT: Karl May's gesammelte Reiseromane. Band XIV. **T:** Old Sure-
    hand. 1. Band. Reiseerlebnisse von Karl May.
    Freiburg i. B., Verlag von Friedrich Ernst Fehsenfeld, 1894.
    644 S. kl. 8°
    DB: 66, 140
Erschienen: FB: Kurz vor Weihnachten 1894
Nachedition: 488

Nachauflagen der Erstausgabe

261.2
11.-15. Tausend: **RT:** Karl May's gesammelte Reiseerzählungen.
    Band XIV. **T:** Old Surehand. 1. Band. Reiseerlebnisse von Karl
    May.
DB: 66, 140
Erschienen: 1896

261.3
16.-20. Tausend: wie 261.2
DB: 66, 140
Erschienen: 1898

261.4
21.-25. Tausend: wie 261.2 (**RT/T:** Mit Verlagssignet).
DB: 66, 140
Erschienen: 1899

261.5
26.-30. Tausend: wie 261.2 (**RT/T:** Ohne Verlagssignet).
DB: 66, 140
Erschienen: 1901

261.6
31.-35. Tausend: **RT:** wie 261.5. **T:** Old Surehand. 1. Band. Reiseerzählungen von Karl May.
DB: 66, 67, 140
Erschienen: 1904

261.7
36.-40. Tausend: wie 261.6 (**RT/T:** Mit Verlagssignet).
DB: 66, 67, 140
Erschienen: 1907

261.8
41.-45. Tausend: wie 261.7
DB: 66, 67, 140
Erschienen: 1909

Fortführung der Buchreihe: 269

262
Krüger=Bei. Reiseroman von Karl May.
In: Deutscher Hausschatz in Wort und Bild.
  Regensburg-New-York-Cincinnati, Verlag von Friedrich Pustet.
  21. Jg. 1895. 18 Hefte = 52 Nummern (offiziell: Oktober 1894-
  Oktober 1895; tatsächlich: September 1894-September 1895). 4°
  Nr. 1, S. 10-12, 14
  Nr. 2. S. 23-24, 26-27
  Nr. 3, S. 38-40, 42
  Nr. 4, S. 54-56, 58-59
  Nr. 5, S. 74-78
  Nr. 6, S. 91-92, 94
  Nr. 7, S. 106-108
  Nr. 8, S. 120, 122-123
  Nr. 9, S. 134-135, 138
  Nr. 10, S. 151, 154-156
  Nr. 11, S. 166-168, 170
  Nr. 12, S. 182-183, 186
  Nr. 13, S. 202-204
  Nr. 14, S. 216, 218
  Nr. 15, S. 232, 234-235
  Nr. 16, S. 250-252
  Nr. 17, S. 264, 266-267
  Nr. 18, S. 282-283
  Nr. 19, S. 294-296, 298
  Nr. 20, S. 312, 314-315
  Nr. 21, S. 330-332
  Nr. 22, S. 343, 346-347
  Nr. 23, S. 362-364
  Nr. 24, S. 378-379
  Nr. 25, S. 395-396

Der

Schatz im Silbersee.

Von

Dr. Karl May.

Mit 16 Tondruckbildern.

Stuttgart, Berlin, Leipzig.
Union Deutsche Verlagsgesellschaft.

Karl May.

Der

Schatz im Silbersee.

Mit 16 Tondruckbildern ⁘ Siebente Auflage.

⨾⊙ Stuttgart, Berlin, Leipzig. ⊙⨾
Union Deutsche Verlagsgesellschaft.

Nr. 26, S. 406-407
Nr. 27, S. 422-424
Nr. 28, S. 437-439
Nr. 29, S. 455-456, 458
Nr. 30, S. 471, 474
Nr. 31, S. 487-488
Nr. 32, S. 504, 506
Nr. 33, S. 519-520
Das ist:
Heft 1-12
Erschienen: Vierte Septemberwoche 1894 bis erste Maiwoche 1895
Nachedition: 291 (S. 201-540), 559 (S. 201-540)

263
Der Schatz im Silbersee.

Buch-Erstausgabe

263.1
T: Der Schatz im Silbersee. Von Dr. Karl May. Mit 16 Tondruckbildern (von Ewald Thiel).
Stuttgart-Berlin-Leipzig, Verlag der Union Deutsche Verlagsgesellschaft, 1894. 521 S. 8°
DB: 19
Erschienen: EN: 20. Oktober 1894
Voredition: 215

Nachauflagen der Erstausgabe

263.2
Zweite Auflage: T: Der Schatz im Silbersee. Von Karl May.
DB: 19
Erschienen: EN: 29. Oktober 1897

263.3
Dritte Auflage: wie 263.2. 527 S.
DB: 19
Erschienen: EN: 13. April 1899

263.4
Vierte Auflage: wie 263.3
DB: 19
Erschienen: EN: 6. November 1901

263.5
Fünfte Auflage: wie 263.3
DB: 19
Erschienen: 1904

263.6
Sechste Auflage: wie 263.3
DB: 20
Erschienen: 1907

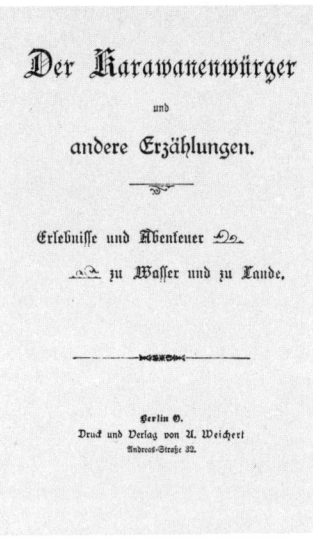

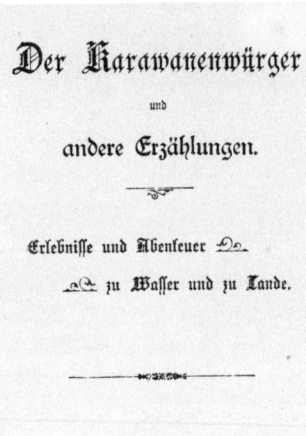

263.7
Siebente Auflage: **T**: Karl May. Der Schatz im Silbersee.
DB: 20
Erschienen: EN: 27. Juni 1910

264
Der Karawanenwürger und andere Erzählungen. (Weichert-Edition).

Es handelt sich um einen Sammelband mit folgenden May-Texten:

264 A
Der Karawanenwürger. Von Karl May. (S. 5-27)
Voredition: 53, 98, 171, 177, 250 A, 258 A
Nachedition: 265 A, 267 A, 328 A, 353 A, 478 A, 558 A, 563 A

264 B
Im wilden Westen. Eine Erzählung aus dem Leben der Grenzer
    von E. Pollmer. (S. 28-50)
Voredition: 62, 92, 104, 212, 257 B
Nachedition: 267 B, 269 (S. 24-30), 328 B, 353 B, 490 (S. 24-30),
    558 E, 563 E

264 C
Ein Abenteuer in Südafrika. Von Emma Pollmer. (S. 67-79)
Voredition: 74, 111, 257 C, 258 B
Nachedition: 265 B, 267 C, 294 B, 328 C, 353 C, 548 B

264 D
An Bord der Schwalbe. Von Karl May. (S. 80-98)
Voredition: 55, 108, 252 D, 257 D
Nachedition: 267 D, 328 D, 353 D, 547 D, 558 B, 563 B

264 E
Der Brand des Ölthals. Ein Abenteuer aus den Vereinigten Staaten.
    Von Karl May. (S. 99-116)
Voredition: 52, 257 E, 258 C
Nachedition: 265 C, 267 E, 328 E, 353 E, 558 C, 563 C

264 F
Die Rache des Ehri. Ein Abenteuer aus dem südlichen Polynesien
    von Emma Pollmer. (S. 117-127)
Voredition: 81, 114, 138, 252 A, 257 F
Nachedition: 267 F, 328 F, 353 F, 547 A, 558 D, 563 D

Buch-Erstauflage (Weichert-Edition)

264.1
Der Karawanenwürger und andere Erzählungen. Erlebnisse und
    Abenteuer zu Wasser und zu Lande.
    Berlin O., Verlag von A. Weichert, Andreas-Straße 32, 1894.
    127 S., 5 Buntdruckbilder. 8°
    DB: 26
Erschienen: Zwischen dem 1. November und 31. Dezember 1894
Voredition: 257

Der Karawanenwürger

und

andere Erzählungen.

Erlebnisse und Abenteuer
zu Wasser und zu Lande.

Berlin NO. 43.
Druck und Verlag von A. Weichert
Neue Königstraße 9.

Der

Karawanenwürger

und andere Erzählungen.

Erlebnisse und Abenteuer
zu Wasser und zu Lande.
Von Karl May u. a.

Mit farbigen Vollbildern.

Neue Ausgabe mit neuster Rechtschreibung.

A. Weichert, Verlagsbuchhandlung und Buchdruckerei
Berlin NO.43   Neue Königstr. 9.

Der Band enthält außerdem die anonyme, offensichtlich nicht von Karl May stammende Erzählung »Ein Kampf mit Piraten« (S. 51-66).

Möglicherweise existieren hiervon noch Restexemplare aus dem Bestand des Liebau-Verlages (Aufbrauchausgabe), die auf dem Deckelbild des Einbandes weiterhin die Firmenbezeichnung »Liebau« tragen, auf dem Titelblatt aber bereits A. Weichert als Verlag ausweisen.

Nachauflagen (mit erweitertem Text)

264.2

Der Karawanenwürger und andere Erzählungen. Erlebnisse und Abenteuer zu Wasser und zu Lande.
  Berlin O., Verlag von A. Weichert, Andreas-Straße 32, 1896. 159 S., 4 Buntdruckbilder. 8°
  DB: 27, analog 30 (m. Kopftitel: Der Karawanen-Würger)
Erschienen: EN: 10. September 1896 (bis 31. 3. 1898)

Der Band enthält außerdem die anonyme, offensichtlich nicht von Karl May stammende Erzählung »Ein Kampf mit Piraten« (S. 51-66) sowie die Geschichte »Auf dem Rio Gila. Eine Erzählung aus dem Südwesten der vereinigten Staaten von Amerika« von Heinrich Walden (S. 130-159).
Die Ausgabe besitzt folgende Bilder in folgender Reihung:
Frontispiz: Löwenjagd-Bild. Unterschrift: Der Karawanenwürger.
Nach S. 32: Reiter in Gebirgsschlucht, von Eingeborenen angegriffen. Unterschrift: Ein Abenteuer in Südafrika.
Nach S. 80: Handgemenge an Bord einer chinesischen Dschunke. Unterschrift: An Bord der Schwalbe.
Nach S. 112: Flußufer, explodierende Ölquelle mit zwei fliehenden Reitern. Unterschrift: Der Brand des Ölthals.
Von dieser Edition existieren in bezug auf die Bebilderung noch zwei Varianten: 1. Eine Ausgabe, die als Frontispiz eine Abbildung (Flußlandschaft mit Floß, von Indianern beschossen) mit der Unterschrift »Im fernen Westen« enthält. – 2. Eine Ausgabe, in der jene Flußlandschaft-Abbildung hinter der S. 32 plaziert ist und die als Frontispiz das Löwenjagd-Bild aufweist. Die Abbildung »Ein Abenteuer in Südafrika« befindet sich hinter der S. 64 und das Bild »Der Brand des Ölthals« nach S. 96.

264.3

Der Karawanenwürger und andere Erzählungen. Erlebnisse und Abenteuer zu Wasser und zu Lande.
  Berlin NO., Verlag von A. Weichert, Neue Königstraße 9, (1898/1902). 159 S., 4 Buntdruckbilder. 8°
  DB: 27
Erschienen: Zwischen dem 1. April 1898 und vermutlich Mai 1902

Fremdtexte und Bilderfolge: wie 264.2 (DB: 27)
Von dieser Ausgabe existiert hinsichtlich der Bebilderung folgende Variante: Als Frontispiz enthält sie das Löwenjagd-Bild mit der

Der Karawanenwürger

und

andere Erzählungen.

Erlebnisse und Abenteuer &c.

&c. zu Wasser und zu Lande.

Fünfundzwanzigstes bis dreißigstes Tausend.

Berlin NO. 43.

Druck und Verlag von A. Weichert
Neue Königstr. 9.

Unterschrift »Der Karawanenwürger«. Nach S. 32 befindet sich die Abbildung (Flußlandschaft mit Floß, von Indianern beschossen) mit der Unterschrift »Im fernen Westen«, nach S. 80 das Bild »Ein Abenteuer in Südafrika« und nach S. 112 die Abbildung »An Bord der Schwalbe«. Das Bild »Der Brand des Ölthals« fehlt. Alle Bilder sind von einer roten Zierlinie umschlossen, wie sie auch die Abbildungen dieses Titels in der Edition des Liebau-Verlages aufweisen und in der Ausgabe 264.2, DB: analog 30.

264.4
Der Karawanenwürger und andere Erzählungen. Erlebnisse und Abenteuer zu Wasser und zu Lande. Fünfundzwanzigstes bis dreißigstes Tausend.
Berlin NO., Verlag von A. Weichert, Neue Königstraße 9, (1898/1902). 159 S., 4 Buntdruckbilder. 8°
DB: 27
Erschienen: Zwischen dem 1. April 1898 und vermutlich Mai 1902

Fremdtexte und Bilderfolge: wie 264.2 (DB: 27)

264.5
Der Karawanenwürger und andere Erzählungen. Erlebnisse und Abenteuer zu Wasser und zu Lande.
Berlin NO. 43, Verlag von A. Weichert, Neue Königstraße 9, (1902/03). 159 S., 4 Buntdruckbilder. 8°
DB: 27, 28
Erschienen: Vermutlich zwischen Mai 1902 und laufendem Jahr 1903

Fremdtexte und Bilderfolge: wie 264.2 (DB: 27)

264.6
Der Karawanenwürger und andere Erzählungen. Erlebnisse und Abenteuer zu Wasser und zu Lande. Fünfundzwanzigstes bis dreißigstes Tausend.
Berlin NO. 43, Verlag von A. Weichert, Neue Königstraße 9, (1902/03). 159 S., 4 Buntdruckbilder. 8°
DB: 27
Erschienen: Vermutlich zwischen Mai 1902 und laufendem Jahr 1903

Fremdtexte: wie 264.2 (DB: 27), Bilderfolge abweichend

264.7
Der Karawanenwürger und andere Erzählungen. Erlebnisse und Abenteuer zu Wasser und zu Lande. Von Karl May u. a. Neue Ausgabe mit neuester Rechtschreibung.
Berlin NO. 43, Verlag von A. Weichert, Neue Königstraße 9, o. J. 155 S., 4 farbige Vollbilder. 8°
DB: 27
Erschienen: Frühestens ab zweite Jahreshälfte 1903

Die May-Texte dieser Ausgabe haben folgende Anordnung:
Der Karawanenwürger. Von Karl May. (S. 3-22)

An Bord der Schwalbe. Von Karl May. (S. 22-37)
Der Brand des Oeltals. Ein Abenteuer aus den Vereinigten Staaten.
   Von Karl May. (S. 37-51)
Die Rache des Ehri. Ein Abenteuer aus dem südlichen Polynesien
   von Emma Pollmer. (S. 52-60)
Im wilden Westen. Eine Erzählung aus dem Leben der Grenzer
   von Emma Pollmer. (S. 84-102)
Ein Abenteuer in Südafrika. Von Emma Pollmer. (S. 115-125)

Bilderfolge: wie 264.2 (DB: 27)

Der Band enthält außerdem folgende Fremdtexte: »Auf dem Rio
Gila. Eine Erzählung. Von Heinrich Walden« (S. 61-83), »Ein
Kampf mit Piraten« (S. 102-115) sowie »Die Sklavenjäger von
Lindi. Erzählung von Ludwig Foehse« (S. 126-155).

265

Aus fernen Zonen. (Weichert-Edition).

Es handelt sich um einen Sammelband mit folgenden Erzählungen:

265 A
Der Karawanenwürger. Von Karl May. (S. 3-32)
Voredition: 53, 98, 171, 177, 250 A, 257 A, 258 A, 264 A
Nachedition: 267 A, 328 A, 353 A, 478 A, 558 A, 563 A

265 B
Ein Abenteuer in Südafrika. Von Emma Pollmer. (S. 33-49)
Voredition: 74, 111, 257 C, 258 B, 264 C
Nachedition: 267 C, 294 B, 328 C, 353 C, 548 B

265 C
Der Brand des Ölthals. Ein Abenteuer aus den Vereinigten Staaten.
   Von Karl May. (S. 50-72)
Voredition: 52, 257 E, 258 C, 264 E
Nachedition: 267 E, 328 E, 353 E, 558 C, 563 C

Buch-Erstauflage (Weichert-Edition)

265.1
Aus fernen Zonen. Erzählungen für die Jugend.
   Berlin O., Verlag von A. Weichert, Andreas-Straße 32, 1894.
   72 S., 3 Buntbilder. kl. 8°
   DB: 29
Erschienen: Zwischen dem 1. November und 31. Dezember 1894
Voredition: 258

Hiervon existieren noch Restexemplare aus dem Bestand des Liebau-Verlages (Aufbrauchausgabe), die auf dem Deckelbild des Einbandes weiterhin die Firmenbezeichnung »Liebau« tragen, auf
dem Titelblatt aber bereits A. Weichert als Verlag ausweisen.

Nachauflagen

265.2
Aus fernen Zonen. Erzählungen für die Jugend.
  Berlin NO., Verlag von A. Weichert, Neue Königstraße 9,
  (1898/1902). 72 S., 3 Buntbilder. kl. 8°
  DB: 29
Erschienen: Zwischen dem 1. April 1898 und vermutlich Mai
  1902

265.3
Aus fernen Zonen. Erzählungen für die Jugend.
  Berlin NO. 43, Verlag von A. Weichert, Neue Königstraße 9,
  (1902/03). 72 S., 3 (?) Buntbilder. kl. 8°
  DB: 29
Erschienen: Vermutlich zwischen Mai 1902 und laufendem Jahr
  1903

Diese Ausgabe enthält noch die alte Orthographie. Es ist möglich,
daß hiervon auch eine Edition mit neuer Rechtschreibung existiert,
die dann frühestens ab der zweiten Jahreshälfte 1903 erschienen
sein könnte.

Deutsche Gartenlaube

Illustrirtes Familienblatt

zur Unterhaltung und Belehrung für Jedermann.

Heft 1.

Verlagsdruck von E. Bartels,
Neu-Weißensee, Generalstr. 8. — Berlin O., Blumenstr. 70.

Zu beziehen durch alle Buchhandlungen.

266.1

Schloß Wildauen. Criminal=Roman von Carl May (in einigen Nr.
bzw. Heften: Karl May).

In: Deutsche Gartenlaube. Illustrirtes Familienblatt zur Unterhaltung und Belehrung für Jedermann.

Neu=Weißensee, Generalstr. 8, und Berlin O., Blumenstr. 70, Verlagsdruck von E. Bartels.

60 Hefte, davon Heft 1-52 = 104 Nummern. 4°

Nr. 1, S. 4, 6-7
Nr. 2, S. 14-15
Nr. 3, S. 21-23
Nr. 4, S. 30-31
Nr. 5, S. 38-39
Nr. 6, S. 45-47
Nr. 7, S. 52, 54-55
Nr. 8, S. 62-63
Nr. 9, S. 69-71
Nr. 10, S. 76, 78-79
Nr. 11, S. 84, 86-87
Nr. 12, S. 94-95
Nr. 13, S. 102-103
Nr. 14, S. 109-111
Nr. 15, S. 118-119
Nr. 16, S. 126-127
Nr. 17, S. 134-135
Nr. 18, S. 141-143
Nr. 19, S. 150-151
Nr. 20, S. 157-159
Nr. 21, S. 165-167
Nr. 22, S. 174-175
Nr. 23, S. 181-183
Nr. 24, S. 189-191
Nr. 25, S. 198-199
Nr. 26, S. 205-207
Nr. 27, S. 213-215
Nr. 28, S. 222-223
Nr. 29, S. 230-231
Nr. 30, S. 237-239
Nr. 31, S. 246-247
Nr. 32, S. 253-255

Nr. 33, S. 261-263
Nr. 34, S. 270-271
Nr. 35, S. 277-279
Nr. 36, S. 285-287
Nr. 37, S. 294-295
Nr. 38, S. 301-303
Nr. 39, S. 309-311
Nr. 40, S. 318-319
Nr. 41, S. 325-327
Nr. 42, S. 334-335
Nr. 43, S. 342-343
Nr. 44, S. 350-351
Nr. 45, S. 359
Nr. 46, S. 367
Das ist:
Heft 1-23
Erschienen: Zwischen 1895 und 1896
Voredition: 59, 87, 194
Nachedition: 269 (S. 116-210, 437-578), 490 (S. 116-210, 437-578)

Parallelausgabe

266 P
Deutsche Gartenlaube. Eine Sammlung hochinteressanter Romane, Novellen und Humoresken zur Unterhaltung und Belehrung für alle Stände.
Berlin, F. Schuckar, Wolliner Str. 28.
60 Hefte, davon Heft 1-52 = 104 Nummern. 4°

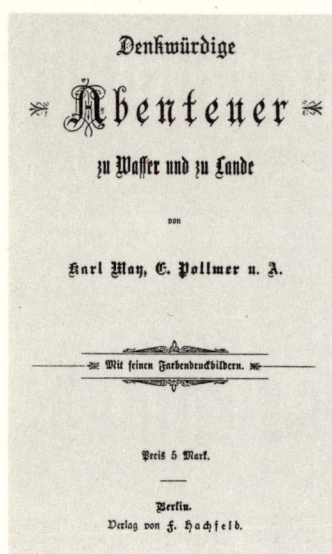

Bei F.Schuckar handelte es sich lediglich um eine Kolportagebuch-handlung (ohne eigenen Verlag, ohne eigene Druckerei); unter der Anschrift: Wollinerstr. 28 bestand sie zwischen 1893 und 1896.

Nachauflage

266.2

Deutsche Gartenlaube. Illustrirtes Familienblatt zur Unterhaltung und Belehrung für Jedermann.
Neu=Weißensee bei Berlin, Generalstr. 8, Verlagsdruck von E. Bartels.
60 Hefte, davon Heft 1-52 = 104 Nummern. 4°
Erschienen: Zwischen 1896 und 1897

Diese Ausgabe besitzt auch Nummern bzw. Hefte ohne Verlagsan-gabe im Titelkopf; ab Heft 53 fehlt der Titelkopf gänzlich.

267
Denkwürdige Abenteuer zu Wasser und zu Lande.

Es handelt sich um einen Sammelband mit folgenden May-Tex-ten:

267 A
Der Karawanenwürger. Von Karl May. (S. 5-27)
Voredition: 53, 98, 171, 177, 250 A, 257 A, 258 A, 264 A, 265 A
Nachedition: 328 A, 353 A, 478 A, 558 A, 563 A

267 B
Im wilden Westen. Eine Erzählung aus dem Leben der Grenzer von E. Pollmer (S. 28-50)
Voredition: 62, 92, 104, 212, 257 B, 264 B
Nachedition: 269 (S. 24-30), 328 B, 353 B, 490 (S. 24-30), 558 E, 563 E

267 C
Ein Abenteuer in Südafrika. Von Emma Pollmer. (S. 67-79)
Voredition: 74, 111, 257 C, 258 B, 264 C, 265 B
Nachedition: 294 B, 328 C, 353 C, 548 B

267 D
An Bord der Schwalbe. Von Karl May. (S. 80-98)
Voredition: 55, 108, 252 D, 257 D, 264 D
Nachedition: 328 D, 353 D, 547 D, 558 B, 563 B

267 E
Der Brand des Ölthals. Ein Abenteuer aus den Vereinigten Staaten. Von Karl May. (S. 99-116)
Voredition: 52, 257 E, 258 C, 264 E, 265 C
Nachedition: 328 E, 353 E, 558 C, 563 C

267 F
Die Rache des Ehri. Ein Abenteuer aus dem südlichen Polynesien von Emma Pollmer. (S. 117-127)
Voredition: 81, 114, 138, 252 A, 257 F, 264 F
Nachedition: 328 F, 353 F, 547 A, 558 D, 563 D

Das Witzenhäus'r Kreisblatt' erschein'
wöchentlich drei Mal am Dienstag, Donner
tag und Sonnabend.
Abonnem ntspreis: vierteljähr. 1 M. 40 Pf.,
durch die Post bezogen 1 M. 60 Pf. mit dem
mon.-lichen „Illustr. Unterhaltungsbl." 1 M. 90 Pf.

Insertionsgebühren: für die 3 gespaltene
Korpuszeile oder deren Raum 10 Pf., im
amtlichen Theile 15 Pf. Tabellarischer Satz
pro Zeile 15 Pf. Bei Wiederholungen Rabatt.
Inserate, welche für die betr. Nummer
sichere Aufnahme finden sollen, werden Tags
vorher bis 10 Uhr erbeten.

№ 4   Witzenhausen, Dienstag, den 8. Januar   1895.

Sechsundzwanzigster   Jahrgang.

Buchausgabe

267.1
Denkwürdige Abenteuer zu Wasser und zu Lande von Karl May,
    E. Pollmer u. A. (Einband-Titel: Abenteuer)
    Berlin, Verlag von Friedrich Hachfeld, o. J. 159 S., 4 (?) Farben-
    druckbilder. 8°
DB: 30
Erschienen: Zwischen 1895 und vermutlich 1902

Der Band enthält außerdem den anonymen, offensichtlich nicht
von Karl May stammenden Text »Ein Kampf mit Piraten«
(S. 51-66) sowie die Geschichte »Auf dem Rio Gila. Eine Erzählung aus dem Südwesten der vereinigten Staaten von Amerika« von
Heinrich Walden (S. 130-159).

268
Das Geheimniß des Stollens. Roman von Dr. Carl Mai.
In: Witzenhäuser Kreisblatt.
    Witzenhausen, Verlag von Christian Trautvetter.
    26. Jg. 1895. 2°
    Nr. 4, S. 2-3 (sämtlich unpag.)
    Nr. 5, S. 3
    Nr. 6, S. 3
    Nr. 7, S. 3
    Nr. 8, S. 2-3
    Nr. 9, S. 2-3
    Nr. 10, S. 2-3
    Nr. 11, S. 3
    Nr. 12, Beilage, S. 1
    Nr. 13, S. 3
    Nr. 14, S. 3
    Nr. 15, S. 2-3
    Nr. 16, S. 2-3
    Nr. 19, S. 2-3
    Nr. 23, S. 2-3
    Nr. 24, Beilage, S. 1
    Nr. 25, S. 2-3
    Nr. 28, S. 3

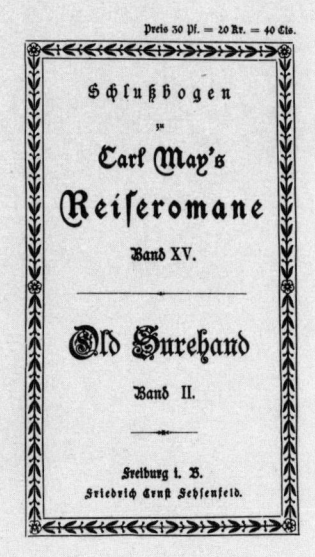

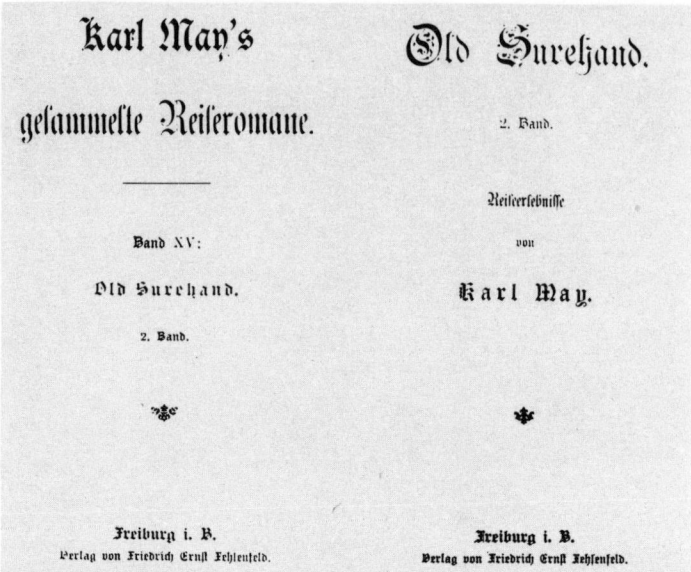

Nr. 29, S. 2-3
Nr. 30, Beilage, S. 1
Nr. 31, S. 2-3
Nr. 32, S. 2-3
Nr. 34, S. 2-3
Nr. 35, S. 2-3

Erschienen: Zwischen dem 8. Januar und 21. März 1895 (außer am 7., 9., 14., 16., 19. und 28. Februar, 2. und 16. März). (Turnus: jeweils dienstags, donnerstags und sonnabends).
Voredition: 91, 91 P, 107, 130, 144, 151, 154, 172, 195, 239, 255
Nachedition: 354, 371, 372 F, 436 E

269
Old Surehand. 2. Band.

Lieferungsausgabe

269.0
(= 141. bis 150. Lieferung »Karl May's gesammelte Reiseromane«).
kl. 8°
EN: 22. Januar 1895 –1. Lfg. (S. 1-64) / EN: 28. Januar 1895 - 2. Lfg. (S. 65-128) / EN: 11. Februar 1895 - 3. und 4. Lfg. (S. 129-256) / EN: 23. Februar 1895 - 5. und 6. Lfg. (S. 257-384) / EN: 8. März 1895 - 7. und 8. Lfg. (S. 385-512) / EN: 28. März 1895 - 9. und 10. Lfg. (S. 513-647).

Buch-Erstausgabe

269.1
RT: Karl May's gesammelte Reiseromane. Band XV. **T:** Old Surehand. 2. Band. Reiseerlebnisse von Karl May.

Freiburg i. B., Verlag von Friedrich Ernst Fehsenfeld, 1895.
647 S. kl. 8°
DB: 66, 140
Erschienen: VA: 12. März 1895
Voredition: 59, 62, 76, 87, 92, 104, 161 (Lfg. 16-21 = S. 376-481),
    183, 194, 212, 257 B, 264 B, 266.1, 266.P, 266.2, 267 B
Nachedition: 328 B, 347.1 B (S. 93-177), 353 B, 442 1 B (S. 93-177),
    490, 558 E, 563 E, 592 (S. 93-177)

Nachauflagen der Erstausgabe

269.2
11.-15. Tausend: **RT:** Karl May's gesammelte Reiseerzählungen.
Band XV. **T:** Old Surehand. 2. Band. Reiseerlebnisse von Karl
May.
DB: 66, 140
Erschienen: 1896

269.3
16.-20. Tausend: wie 269.2
DB: 66, 140
Erschienen: 1898

269.4
21.-25. Tausend: wie 269.2 (**RT/T:** Mit Verlagssignet).
DB: 66, 140
Erschienen: 1899

269.5
26.-30. Tausend: wie 269.4
DB: 66, 140
Erschienen: 1901

269.6
31.-35. Tausend: **RT:** wie 269.4. **T:** Old Surehand. 2. Band. Reiseerzählung von Karl May.
DB: 66, 67, 140
Erschienen: 1905

269.7
36.-40. Tausend: wie 269.6
DB: 66, 67, 140
Erschienen: 1907

269.8
41.-43. Tausend: wie 269.6
DB: 66, 67, 140
Erschienen: 1913

Fortführung der Buchreihe: 276

270
Der Kys-Kaptschiji. Reiseerlebnis von Dr. Karl May. Erster Teil.
In: Benziger's Marien=Kalender. 1896.
    Einsiedeln-Waldshut-Köln, Verlag von Benziger & Co. gr. 4°
    8 S. (unpag.), 4 Illustr., 1 Karte
Erschienen: FB: 10. Juli 1895; EN: 16. Juli 1895
Nachedition: 294 F (S. 389-428), 548 F (S. 389-428)

Parallelausgabe

270 P
Kevelaerer Marien=Kalender. 1896.
New-York-Cincinnati-Chicago, Verlag von Benziger Brothers. gr. 4°

271
Er Raml el Helahk. Reiseerlebnis von Dr. Karl May.
In: Regensburger Marien=Kalender für das Jahr des Heiles 1896.
    Regensburg-New York-Cincinnati, Verlag von Friedrich Pustet.
    31. Jg. 4°
    Sp. 161-186, 3 Illustr., 1 Titelvignette
Erschienen: FB: 24. August 1895; EN: 21. Oktober 1895
Nachedition: 294 C, 548 C

Parallelausgabe

271 P
Tiroler Marien=Kalender für das Jahr des Heiles 1896.
Regensburg, Verlag von Friedrich Pustet.
Haupt-Depôt für Tirol und Vorarlberg: Innsbruck, H. Schwick (Carl
    Rauch's Buchhandlung).
31. Jg. 4°

272
Die Jagd auf den Millionendieb. Reiseerzählung von Karl May.
In: Deutscher Hausschatz in Wort und Bild.
    Regensburg-New York-Cincinnati, Verlag von Friedrich Pustet.
    22. Jg. 1896. 18 Hefte = 52 Nummern (offiziell: Oktober 1895-Ok-
    tober 1896; tatsächlich: September 1895-September 1896). 4°
    Nr. 1, S. 10-12, 14
    Nr. 2, S. 24, 26-29
    Nr. 3, S. 42-44
    Nr. 4, S. 54-56, 58
    Nr. 5, S. 70-71, 74
    Nr. 6, S. 88, 90-91
    Nr. 7, S. 106-108, 110
    Nr. 8, S. 119, 122-124
    Nr. 9, S. 135-136, 138-139
    Nr. 10, S. 152, 154-155
    Nr. 11, S. 168, 170-172
    Nr. 12, S. 187-188, 190
    Nr. 13, S. 199-200, 202-204
    Nr. 14, S. 218-220, 222

Nr. 15, S. 232, 234-236
Nr. 16, S. 250-252
Nr. 17, S. 266-268
Nr. 18, S. 279-283
Nr. 19, S. 295-296, 298
Nr. 20, S. 311, 314-316
Nr. 21, S. 328, 330-332
Nr. 22, S. 343, 346-347
Nr. 23, S. 360, 362-363
Nr. 24, S. 376, 378-380
Nr. 25, S. 391, 394-395
Nr. 26, S. 407-408, 410
Nr. 27, S. 423, 426-428
Nr. 28, S. 440, 442-444
Nr. 29, S. 456, 458
Nr. 30, S. 471-472, 474-475
Nr. 31, S. 491-492, 494-495
Nr. 32, S. 503, 506-508
Nr. 33, S. 523-524, 526-527
Nr. 34, S. 538-541
Nr. 35, S. 550-552
Nr. 36, S. 567-568, 570-571
Nr. 37, S. 583-584, 586-587
Nr. 38, S. 600, 602-603
Nr. 39, S. 615-616, 618
Nr. 40, S. 632, 634-635
Nr. 41, S. 650-652, 654
Nr. 42, S. 666-668
Nr. 43, S. 679-680, 682
Nr. 44, S. 696, 698-699
Nr. 45, S. 712, 714-715
Nr. 46, S. 727-728, 730
Das ist:
Heft 1-16
Erschienen: Vierte Septemberwoche 1895 bis erste Augustwoche
    1896
Nachedition: 292, 560

273

Hochgeehrter Herr Redakteur! Sie schreiben Seite 688 Nr. 43
Jahrgang XXI von mir: »Es gibt nur einen Karl May, und das ist
der unsere.« Sie haben Recht ... Ihr ergebener Dr. Karl May.
In: Deutscher Hausschatz in Wort und Bild.
    Regensburg-New York-Cincinnati, Verlag von Friedrich Pustet.
    22. Jg. 1896. 18 Hefte = 52 Nummern (offiziell: Oktober
    1895-Oktober 1896; tatsächlich: September 1895-September
    1896). 4°
    Nr. 4, S. 64
    Das ist:
    Heft 2
Erschienen: Dritte Oktoberwoche 1895

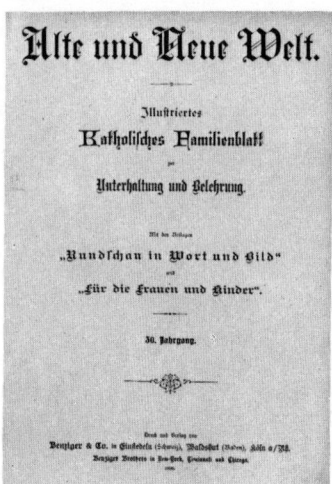

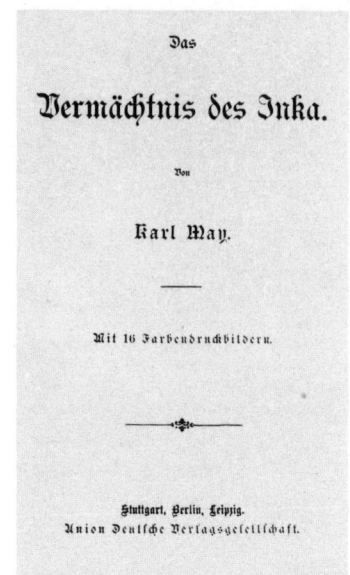

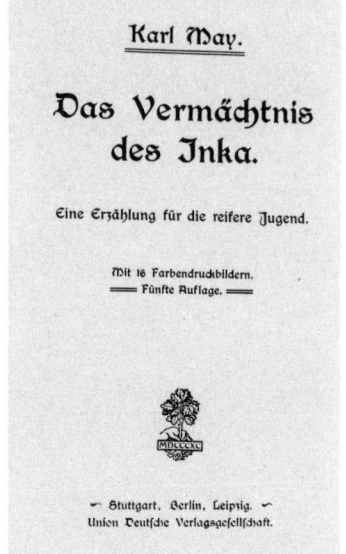

274

Die Todeskarawane. Ein orientalisches Sittenbild von Dr. Karl
May.

In: Alte und Neue Welt. Illustriertes Katholisches Familienblatt
zur Unterhaltung und Belehrung. Mit den Beilagen »Rundschau
in Wort und Bild« und »Für die Frauen und Kinder«.
Einsiedeln (Schweiz) - Waldshut (Baden) - Köln a/Rh., Verlag
von Benziger & Co. Benziger Brothers in New=York, Cincinnati
und Chicago.
30. Jg. 1896. 12 Hefte (Oktober 1895-September 1896). 2°
Heft 2, S. 95-96, 1 Abb. (S. 89)
Erschienen: November 1895
Voredition: 157 (S. 91), 230 (S. 286-287)
Nachedition: 439 (S. 233-234)

275

Das Vermächtnis des Inka.

Buch-Erstausgabe

275.1

T: Das Vermächtnis des Inka. Von Karl May. Mit 16 Farbendruck-
bildern (von Ewald Thiel).
Stuttgart-Berlin-Leipzig, Verlag der Union Deutsche Verlagsge-
sellschaft, 1895. 547 S. 8°
DB: 21, 21a
Erschienen: EN: 2. November 1895
Voredition: 223

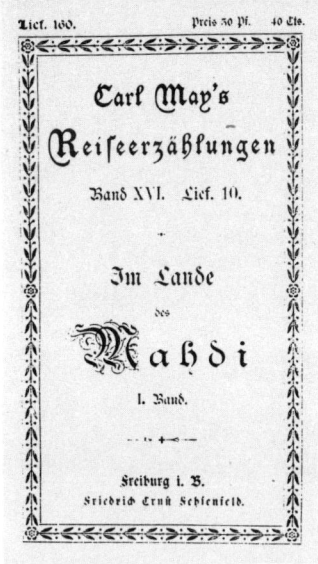

Nachauflagen der Erstausgabe

275.2
Zweite Auflage: wie 275.1. 552 S.
DB: 21, 21 a
Erschienen: 1898

275.3
Dritte Auflage: wie 275.2
DB: 21, 21 a
Erschienen: 1900

275.4
Vierte Auflage: wie 275.2
DB: 21, 21 a
Erschienen: 1905

275.5
Fünfte Auflage: **T:** Karl May. Das Vermächtnis des Inka. Eine Er-
zählung für die reifere Jugend. Mit 16 Farbendruckbildern (von
Ewald Thiel).
DB: 21 a, 22
Erschienen: EN: 20. November 1908

276
Im Lande des Mahdi. 1. Band.

Lieferungsausgabe

276.0
(= 151. bis 160. Lieferung »Karl May's gesammelte Reiseromane«).
kl. 8°

VA: 14. November 1895; EN: 14. Dezember 1895 - 1. Lfg.
(S. 1-64) / EN: 21. Dezember 1895 - 2. Lfg. (S. 65-128) / EN:
4. Januar 1896 - 3. und 4. Lfg. (S. 129-256) / EN: 10. Januar
1896 - 5. und 6. Lfg. (S. 257-384) / EN: 27. Januar 1896 - 7. und
8. Lfg. (S. 385-512) / EN: 13. Februar 1896 - 9. und 10. Lfg.
(S. 513-638).

Buch-Erstausgabe

276.1
RT: Karl May's gesammelte Reiseromane. Band XVI. **T:** Im Lande
des Mahdi. I. Band. Reiseerlebnisse von Karl May. 1. Auflage. 1.
bis 5. Tausend.
Freiburg i. B., Verlag von Friedrich Ernst Fehsenfeld, 1896.
638 S. kl. 8°
DB: 68, 140
Erschienen: EN: 20. Januar 1896
Voredition: 224
Nachedition: 506

Nachauflagen der Erstausgabe

276.2
2. Auflage. 6.-10. Tausend: wie 276.1
DB: 68, 140
Erschienen: 1896

276.3
11.-15. Tausend: **RT:** Karl May's gesammelte Reiseerzählungen.
Band XVI. **T:** wie 276.1
DB: 68, 140
Erschienen: 1896

276.4
16.-20. Tausend: wie 276.3 (**RT/T:** Mit Verlagssignet).
DB: 68, 140
Erschienen: 1898

276.5
21.-25. Tausend: wie 276.4
DB: 68, 140
Erschienen: 1900

276.6
26.-30. Tausend: **RT:** wie 276.4. **T:** Im Lande des Mahdi. 1. Band.
Reiseerzählung von Karl May.
DB: 68, 69, 140
Erschienen: 1904

276.7
31.-35. Tausend: wie 276.6
DB: 68, 69, 140
Erschienen: 1908

Fortführung der Buchreihe: 279

Datum des Poststempels.

P. P.

Bei den vielen Tausenden von Zuschriften, mit denen
ich seitens meiner Leserinnen und Leser förmlich überschwemmt
werde und deren grössere Hälfte Bitten enthält, welche ich erfüllen soll, ist es mir unmöglich, die an mich gestellten Wünsche
zu befriedigen, wenn nicht folgende Bedingungen berücksichtigt
werden:

1. **Man frankire richtig!** Die jährliche Summe der
Strafporti, welche ich für ungenügend frankirte Zusendungen
bezahle, hat nachgerade eine solche Höhe erreicht, dass ich
die Annahme von jetzt an verweigern muss.

2. **Man unterschreibe deutlich.** Ist es schon höchst
ärgerlich, wenn ich gezwungen werde, meine kostbare und mir
karg zugemessene Zeit an einen langen, schlechtgeschriebenen
Brief zu verschwenden, so muss es doppelt peinlich für mich
sein, jemandem antworten zu sollen, der gerade die Hauptsache,
seinen Namen, so unleserlich hingeworfen hat, dass ich ihn
nicht entziffern kann. Schon die einfachste Rücksicht verbietet,
die Zeit des Adressaten durch schlechte Schrift unnütz zu ver-
kürzen. Ich darf das auch nicht, obwohl ich der Beantwortung
der fast zahllos zu nennenden Eingänge sogar meine Nächte
opfern muss.

3. **Man gebe den Stand an.** Es ist doch selbst-
verständlich, dass ich wissen will, was Derjenige ist, der an
mich schreibt. Man sollte es nicht für möglich halten, dass
man sehr häufig die Erfüllung höchst anspruchsvoller Bitten
(meist um Geld, Stellenbesorgung etc.) ohne Angabe des
Namens und Standes unter postlagernder Chiffre von mir
verlangt!

Ergebenste Bitte.

Bei meinen oft sehr lange währenden Reisen, welche
mich von der Heimath fern halten, ist es mir unmöglich, die
zwar in sehr erfreulicher aber oft auch überwältigender Zahl
einlaufenden Sendungen sofort zu erledigen. Ich muss daher
um gütige Nachsicht bitten, wenn einmal die Antwort nicht
sogleich erfolgt.

Und bei den innigen Geistes- und auch seelischen Beziehungen, in welche sich meine freundlichen Leserinnen und
Leser zu mir gestellt haben, würde es mir sehr lieb sein,
wenn ich recht oft durch Beilegung der Photographie für mein
Leser-Album erfreut würde.

Radebeul-Dresden,
Villa „Shatterhand".

Dr. Karl May.

277

Datum des Poststempels. P. P. Bei den vielen Tausenden von Zuschriften, mit denen ich seitens meiner Leserinnen und Leser
förmlich überschwemmt werde ... Radebeul-Dresden, Villa
»Shatterhand«. Dr. Karl May.
Privatdruck. 1 Doppelblatt (gedruckter Text auf eineinhalb Seiten). 8°
Erschienen: Vermutlich frühestens Anfang 1896

In diesem Blatt erläutert May die Voraussetzungen, unter denen
von ihm Leserbriefe beantwortet werden.

278

Ergebenste Bitte.

Bei meinen oft sehr lange währenden Reisen ... Radebeul-Dres-
den, Villa »Shatterhand«. Dr. Karl May.
Privatdruck. 1 Doppelblatt (gedruckter Text auf der letzten
Seite). 8°
Erschienen: Vermutlich frühestens Anfang 1896
Nachedition: 500

In dieser Mitteilung bat Karl May um Nachsicht für verspätete
Antwort und um die Zusendung von Porträt-Fotografien für sein
Leser-Album.

279

Im Lande des Mahdi. 2. Band.

Lieferungsausgabe

279.0

(= 161. bis 170. Lieferung »Karl May's gesammelte Reiseromane«).
kl. 8°
EN: 6. März 1896 - 1. und 2. Lfg. (S. 1-128) / EN: 21. März 1896 -
3. und 4. Lfg. (S. 129-256) / EN: 4. April 1896 - 5. und 6. Lfg.
(S. 257-384) / EN: 20. April 1896 - 7. und 8. Lfg. (S. 385-512) /
EN: 5. Mai 1896 - 9. und 10. Lfg. (S. 513-587).

Buch-Erstausgabe

279.1

RT: Karl May's gesammelte Reiseromane. Band XVII. **T:** Im
Lande des Mahdi. II. Band. Reiseerlebnisse von Karl May.
1. Auflage. 1. bis 5. Tausend.
Freiburg i. B., Verlag von Friedrich Ernst Fehsenfeld, 1896.
587 S. kl. 8°
DB: 68, 140
Erschienen: VA: 28. April 1896; EN: 5. Mai 1896
Voredition: 235 (S. 14-699)
Nachedition: 537

Nachauflagen der Erstausgabe

279.2
6.-10. Tausend: wie 279.1
DB: 68, 140
Erschienen: 1896

279.3
11.-15. Tausend: wie 279.1
DB: 68, 140
Erschienen: 1897

279.4
16.-20. Tausend: **RT:** Karl May's gesammelte Reiseerzählungen.
   Band XVII. **T:** wie 279.1 (**RT/T:** Mit Verlagssignet).
DB: 68, 140
Erschienen: 1898

279.5
21.-25. Tausend: **RT:** Karl May's gesammelte Reiseerlebnisse.
   Band XVII. **T:** wie 279.4
DB: 68, 140
Erschienen: 1901

279.6
26.-30. Tausend: **RT:** wie 279.5. **T:** Im Lande des Mahdi. II. Band.
   Reiseerzählung von Karl May.
DB: 68, 70, 140
Erschienen: 1905

279.7
31.-35. Tausend: wie 279.6
DB: 68, 70, 140
Erschienen: 1909

Fortführung der Buchreihe: 280

280

Im Lande des Mahdi. 3. Band.

Lieferungsausgabe

280.0

(= 171. bis 180. Lieferung »Karl May's gesammelte Reiseerzählun-
gen«). kl. 8°
EN: 5. Juni 1896 - 1. und 2. Lfg. (S. 1-128) / EN: 20. Juni 1896 -
3. und 4. Lfg. (S. 129-256) / EN: 7. Juli 1896 - 5. und 6. Lfg.
(S. 257-384) / EN: 3. August 1896 - 7. und 8. Lfg. (S. 385-480) /
EN: 10. August 1896 - 9. und 10. Lfg. (S. 481-571).

Buch-Erstausgabe

280.1

RT: Karl May's gesammelte Reiseerzählungen. Band XVIII. T: Im
Lande des Mahdi. III. Band. Reiseerlebnisse von Karl May.
1. Auflage. 1. bis 5. Tausend.
Freiburg i. B., Verlag von Friedrich Ernst Fehsenfeld, 1896.
571 S. Mit einem »Nachwort ... Radebeul=Dresden, Villa ›Shat-
terhand‹. Dr. Karl May« (S. 567-571). kl. 8°
DB: 68, 140
Erschienen: VA: 10. August 1896; EN: 15. August 1896
Voredition: 235 (S. 700-822)
Nachedition: 538

Nachauflagen der Erstausgabe

280.2

2. Auflage. 6.-10. Tausend: wie 280.1
DB: 68, 140
Erschienen: 1896

280.3
11.-15. Tausend: wie 280.1
DB: 68, 140
Erschienen: 1897

280.4
16.-20. Tausend: wie 280.1
DB: 68, 140
Erschienen: 1898

280.5
21.-25. Tausend: wie 280.1 (**RT/T:** Mit Verlagssignet).
DB: 68, 140
Erschienen: 1901

280.6
26.-30. Tausend: **RT:** wie 280.5. **T:** Im Lande des Mahdi. III. Band.
  Reiseerzählungen von Karl May.
DB: 68, 71, 140
Erschienen: 1905

280.7
31.-35. Tausend: wie 280.6; teilweise ohne Nachwort: 566 S.
DB: 68, 71, 140
Erschienen: 1909

Die S. 819 der Voredition entspricht der Buchseite 152 (die S. 820
und 822 der Voredition sind in der Buchausgabe nicht enthalten);
die Buchseiten 153-571 wurden für die Buchausgabe hinzugeschrieben.

Fortführung der Buchreihe: 286

281
Ein amerikanisches Doppelduell. Reiseerinnerung von Dr. Karl
  May.
In: Einsiedler Marien=Kalender. 1897.
  Einsiedeln (Schweiz) - St. Ludwig (Elsaß), Verlag von Eberle &
  Rickenbach, Nachf. von Wyss, Eberle & Co. gr. 8°
  8 S. (unpag.), 3 Illustr.
Erschienen: Zweite Jahreshälfte 1896
Nachedition: 294 I, 548 I

282
Old Cursing-Dry. Reiseerinnerung von Dr. Karl May.
In: Regensburger Marien=Kalender für das Jahr des Heiles 1897.
  Regensburg-New York-Cincinnati, Verlag von Friedrich Pustet.
  32. Jg. 4°
  Sp. 171-200, 4 Illustr.
Erschienen: Vermutlich August 1896
Nachedition: 294 H, 548 H

Parallelausgabe

282 P
Tiroler Marien=Kalender für das Jahr des Heiles 1897.
Regensburg, Verlag von Friedrich Pustet.
Haupt-Depôt für Tirol und Vorarlberg: Innsbruck, H. Schwick (Carl
Rauch's Buchhandlung).
32. Jg. 4°

283
Der Kys-Kaptschiji. Reiseerlebnisse von Dr. Karl May. Zweiter
Teil.
In: Benziger's Marien=Kalender. 1897.
Einsiedeln-Waldshut-Köln, Verlag von Benziger & Co. gr. 4°
6 S. (unpag.), 3 Illustr., 2 Fotos
Erschienen: FB: 10. August 1896; EN: 13. August 1896
Nachedition: 294 F (S. 428-454), 548 F (S. 428-454)

Parallelausgabe

283 P
Kevelaerer Marien=Kalender. 1897.
New-York-Cincinnati-Chicago, Verlag von Benziger Brothers. gr. 4°

284
Der schwarze Mustang. Von Dr. Karl May.
In: Der Gute Kamerad. Illustrierte Knaben-Zeitung. (Titel der
Band-Ausgabe: Illustriertes Knaben=Jahrbuch).
Stuttgart-Berlin-Leipzig, Verlag der Union Deutsche Verlagsge-
sellschaft.
11. Jg. (Titelblatt der Nummern- und Bandausgabe: Elfte Folge).
1896/97. 52 Nummern (September 1896-September 1897). 4°
Nr. 1, S. 1-4, 1 Illustr.
Nr. 2, S. 15-20, 1 Illustr.
Nr. 3, S. 29-34, 1 Illustr.
Nr. 4, S. 43-47, 1 Illustr.
Nr. 5, S. 57-60, 1 Illustr.
Nr. 6, S. 71-76, 1 Illustr.
Nr. 7, S. 85-89, 1 Illustr.
Nr. 8, S. 99-104, 1 Illustr.
Nr. 9, S. 113-119, 1 Illustr.
Nr. 10, S. 127-132, 1 Illustr.
Nr. 11, S. 141-146, 1 Illustr.
Nr. 12, S. 155-159, 1 Illustr.
Nr. 13, S. 169-174, 1 Illustr. (S. 175)
Nr. 14, S. 183-187, 1 Illustr.
Nr. 15, S. 197-202, 1 Illustr.
Nr. 16, S. 211-216, 1 Illustr.
Nr. 17, S. 225-231, 1 Illustr.
Nr. 18, S. 239-244, 1 Illustr.
Nr. 19, S. 253-258, 1 Illustr.
Nr. 20, S. 267-271, 1 Illustr.

Nr. 21, S. 281-284, 1 Illustr.

Nr. 22, S. 295-300, 1 Illustr.

Nr. 23, S. 309-313, 1 Illustr.

Nr. 24, S. 323-328, 1 Illustr.

Nr. 25, S. 337-343, 346, 1 Illustr.

Nr. 26, S. 351-356, 1 Illustr.

Nr. 27, S. 367-372

Nr. 28, S. 386, 388-392, 1 Illustr.

Erschienen: Dritte Septemberwoche 1896 bis vierte Märzwoche 1897

Nachedition: 322

285

Freuden und Leiden eines Vielgelesenen. Von Dr. Karl May.

In: Deutscher Hausschatz in Wort und Bild.

Regensburg-New York-Cincinnati, Verlag von Friedrich Pustet. 23. Jg. 1897. 18 Hefte = 52 Nummern (offiziell: Oktober 1896-Oktober 1897; tatsächlich: September 1896-September 1897). 4°

Nr. 1, S. 1-6, 4 Fotos (S. 1, 4, 5, 13)

Nr. 2, S. 17-21, 5 Fotos (S. 17, 20, 24, 28)

Das ist:

Heft 1

Erschienen: Vierte Septemberwoche und Übergangswoche September/Oktober 1896

Nachedition: 315

286

Old Surehand. 3. Band.

Lieferungsausgabe

286.0

(= 181. bis 190. Lieferung »Karl May's gesammelte Reiseerzählungen«). kl. 8°

EN: 23. November 1896 - 1. Lfg. (S. 1-64) / EN/ 7. Dezember 1896 - 2. Lfg. (S. 65-128) / EN: 12. Dezember 1896 - 3. Lfg. (S. 129-176) / EN: 21. Dezember 1896 - 4. Lfg. (S. 177-240) / EN: 29. Dezember 1896 - 5. und 6. Lfg. (S. 241-352) / EN: 9. Januar 1897 - 7. und 8. Lfg. (S. 353-464) / EN: 26. Januar 1897 - 9. und 10. Lfg. (S. 465-566).

Buch-Erstausgabe

286.1

RT: Karl May's gesammelte Reiseerzählungen. Band XIX. T: Old Surehand. 3. Band. Reiseerlebnisse von Karl May. Mit einem Porträt Old Shatterhands. 1. bis 15. Tausend.

Freiburg i. B., Verlag von Friedrich Ernst Fehsenfeld, 1896. 566 S. kl. 8°

DB: 66, 140

Erschienen: VA: Dezember 1896; EN: 9. Januar 1897

Nachedition: 505

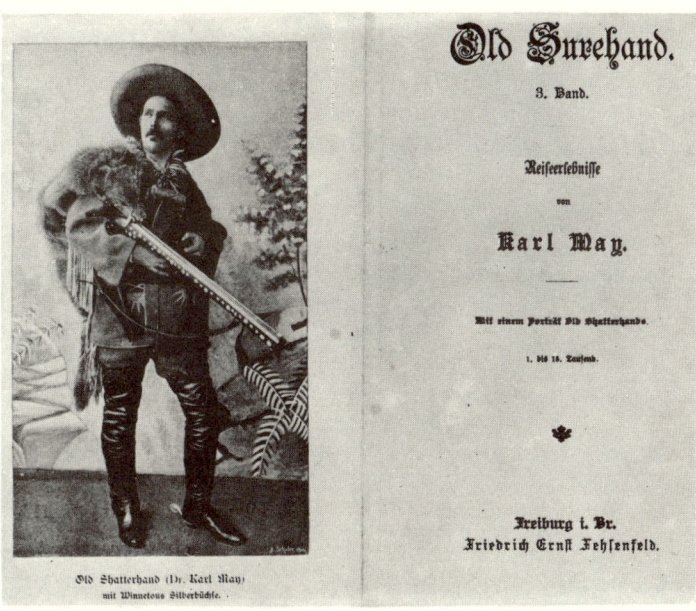

Nachauflagen der Erstausgabe

286.2
16.-20. Tausend: wie 286.1
DB: 66, 140
Erschienen: 1898

286.3
21.-25. Tausend: wie 286.1 (**RT/T:** Mit Verlagssignet).
DB: 66, 140
Erschienen: 1899

286.4
26.-30. Tausend: **RT:** wie 286.3. **T:** keine Angaben zum Titelporträt,
    das aber teilweise noch beigegeben ist.
DB: 66, 140
Erschienen: SE: 2. Juli 1902

286.5
31.-35. Tausend: **RT:** wie 286.3. **T:** Old Surehand. 3. Band. Reiseer-
    zählungen von Karl May.
DB: 66, 67, 140
Erschienen: 1905

286.6
36.-40. Tausend: wie 286.5
DB: 66, 67, 140
Erschienen: 1908

Fortführung der Buchreihe: 287

287
Satan und Ischariot. 1. Band.

Lieferungsausgabe
287.0
(=191. bis 200. Lieferung »Karl May's gesammelte Reiseerzählungen«). kl. 8°
EN: 6. Februar 1897 - 1. bis 4. Lfg. (S. 1-224) / EN: 19. Februar 1897 – 5. bis 8. Lfg. (S. 225-448) / EN: 5. März 1897 – 9. und 10. Lfg. (S. 449-550).

Buch-Erstausgabe

287.1
RT: Karl May's gesammelte Reiseerzählungen. Band XX. **T:** Satan und Ischariot. I. Band. Reiseerlebnisse von Karl May. 1.-10. Tausend.
Freiburg i. B., Verlag von Friedrich Ernst Fehsenfeld, 1897. 550 S. kl. 8°
DB: 72, 140
Erschienen: EN: 23. Dezember 1896
Voredition: 248
Nachedition: 557

Nachauflagen der Erstausgabe

287.2
11.-15. Tausend: wie 287.1
DB: 72, 140
Erschienen: 1897

287.3
16.-20. Tausend: wie 287.1 (**RT/T:** Mit Verlagssignet).
DB: 72, 140
Erschienen: 1898

287.4
21.-25. Tausend: wie 287.3
DB: 72, 140
Erschienen: 1901

287.5
26.-30. Tausend: **RT:** wie 287.3. **T:** Satan und Ischariot. I. Band.
   Reiseerzählungen von Karl May.
DB: 72, 73, 140
Erschienen: 1905

287.6
31.-35. Tausend: wie 287.5
DB: 72, 73, 140
Erschienen: 1909

Fortführung der Buchreihe: 291

288

Im Reiche des silbernen Löwen. Reiseerzählung von Karl May. Erste Abteilung. Die Rose von Schiras.
In: Deutscher Hausschatz in Wort und Bild.
    Regensburg-New York-Cincinnnati, Verlag von Friedrich Pustet.
    23. Jg. 1897. 18 Hefte = 52 Nummern (offiziell: Oktober 1896-Ok-
    tober 1897; tatsächlich: September 1896-September 1897). 4°
    Nr. 22, S. 393-396
    Nr. 23, S. 409-412
    Nr. 24, S. 433-436
    Nr. 25, S. 449-452
    Nr. 26, S. 465-468
    Nr. 27, S. 489-492
    Nr. 28, S. 505-508
    Nr. 29, S. 521-524
    Nr. 30, S. 545-548
    Nr. 31, S. 561-564
    Nr. 32, S. 577-580
    Nr. 33, S. 601-605
    Nr. 34, S. 617-620
    Nr. 35, S. 633-635
    Nr. 36, S. 657-659
    Nr. 37, S. 673-675
    Nr. 38, S. 689-691
    Nr. 39, S. 713-715
    Nr. 40, S. 729-731
    Das ist:
    Heft 8-14
Fortsetzung in:
    Deutscher Hausschatz in Wort und Bild.
    Regensburg-New York-Cincinnati, Verlag von Friedrich Pustet.
    24. Jg. 1898. 18 Hefte = 52 Nummern (offiziell: Oktober 1897-

Oktober 1898; tatsächlich: September 1897-September 1898).
4°

Ave Maria!
Marienzeitschrift
und
Vereinsorgan des Vereines der heiligen Familie.
Jährlich 12 Hefte.
Herausgegeben vom Linzer Dombauvereine.
Redigiert von
Friedrich J. Pesendorfer, Direktor des katholischen Preßvereines in Linz.
Vierter Jahrgang.
Mit Empfehlung des hochwürdigsten Herrn Bischofes von Linz.
Wels, März 1897 — Februar 1898.

Nr. 37, S. 673-675
Nr. 38, S. 689-692
Nr. 39, S. 713-715
Nr. 40, S. 729-731
Nr. 41, S. 745-747
Nr. 42, S. 769-771
Nr. 43, S. 785-787
Nr. 44, S. 809-811
Nr. 45, S. 825-827
Nr. 46, S. 841-843, 857-864
Nr. 47, S. 873-880
Nr. 48, S. 889-896
Nr. 49, S. 906-908, 910-912, 914-916, 918-923
Nr. 50, S. 938-941
Nr. 51, S. 953-956, 958-960, 962-963
Nr. 52, S. 969-972, 974-976
Das ist:
Heft 3-18
Erschienen: Dritte Februarwoche bis vierte Juniwoche 1897, erste
     Novemberwoche 1897 bis zweite Septemberwoche 1898
Nachedition: 303, 309, 584, 585

289
»Ave Maria!«
Es will das Licht des Tages scheiden ...
In: Ave Maria! Marienzeitschrift und Vereinsorgan des Vereines
     der heiligen Familie.
Wels, Verleger: Der Dombauverein in Linz.
4. Jg. 1897/98. 12 Hefte (März 1897-Februar 1898). 4°
Heft 1, S. 18
Erschienen: März 1897
Voredition: 163 (S. 237), 213 (Nr. 238, S. 2; Nr. 251, S. 1-2), 229
     (Nr. 107, S. 3; Nr. 109, S. 2; Nr. 120, S. 2), 245 (S. 414, 422, 473,
     474, 476), 285 (S. 21)
Nachedition: 293, 295, 297, 301, 302, 310, 314, 315 (S. 106), 474
     (S. 352, 358, 403, 404, 406), 491

290
... Fehsenfeld wird diesen falschen Titel nächstens auch strei-
chen ...
In: Ave Maria! Marienzeitschrift und Vereinsorgan des Vereines
     der heiligen Familie.
Wels, Verleger: Der Dombauverein in Linz.
4. Jg. 1897/98. 12 Hefte (März 1897-Februar 1898). 4°
Heft 1, S. 17
Erschienen: März 1897

Es handelt sich um den Auszug aus einem längeren Brief, den Karl
May vermutlich um die Mitte des Jahres 1896 an L. Schlesier geschrieben hat, und in dem er diesem die bevorstehende Änderung
des Reihentitels der Freiburger Buchausgabe von »Reiseroman« in
»Reiseerzählung« mitteilt.

Karl May's

Satan und Ischariot

gesammelte Reiseerzählungen.

II. Band

Band XXI:

Satan und Ischariot

2. Band.

Reiseerlebnisse

von

Karl May.

1.-10. Tausend.

Freiburg i. Br.
Friedrich Ernst Fehsenfeld.
1897.

Freiburg i. Br.
Friedrich Ernst Fehsenfeld.
1897.

291
Satan und Ischariot. 2. Band.

Lieferungsausgabe

291.0
(= 201. bis 210. Lieferung »Karl May's gesammelte Reiseerzählungen«). kl. 8°
EN: 5. März 1897 –1. Lfg. (S. 1-64) / EN: 22. März 1897 - 2. bis
5. Lfg. (S. 65-272) / EN: 12. April 1897 - 6. bis 9. Lfg.
(S. 273-480) / EN: 3. Mai 1897 – 10. Lfg. (S. 481-540).

Buch-Erstausgabe

291
RT: Karl May's gesammelte Reiseerzählungen. Band XXI. **T:** Satan
und Ischariot. II. Band. Reiseerlebnisse von Karl May. 1.-10. Tausend.
Freiburg i. B., Verlag von Friedrich Ernst Fehsenfeld, 1897.
540 S. kl. 8°
DB: 72, 140
Erschienen: VA: 15. März 1897; EN: 22. März 1897
Voredition: 248 (S. 652-820), 262
Nachedition: 559

Nachauflagen der Erstausgabe

291.2
11.-15. Tausend: wie 291.1
DB: 72, 140
Erschienen: 1897

291.3
16.-20. Tausend: wie 291.1 (**RT/T:** Mit Verlagssignet).
DB: 72, 140
Erschienen: 1899

291.4
21.-25. Tausend: wie 291.3
DB: 72, 73, 140
Erschienen: 1901

291.5
26.-30. Tausend: wie 291.3
DB: 72, 73, 140
Erschienen: 1906

291.6
31.-35. Tausend: wie 291.3
DB: 72, 73, 140
Erschienen: 1910

Fortführung der Buchreihe: 292

292
Satan und Ischariot. 3. Band.

Lieferungsausgabe

292.0
(= 211. bis 220. Lieferung »Karl May's gesammelte Reiseerzählungen«). kl. 8°
EN: 3. Mai 1897 – 1. und 2. Lfg. (S. 1-128) / EN: 18. Mai 1897 – 3. und 4. Lfg. (S. 129-256) / EN: 29. Mai 1897 – 5. und 6. Lfg. (S. 257-368) / EN: 5. Juni 1897 – 7. und 8. Lfg. (S. 369-496) / EN: 21. Juni 1897 – 9. und 10. Lfg. (S. 497-615).

Buch-Erstausgabe

292.1
RT: Karl May's gesammelte Reiseerzählungen. Band XXII. T: Satan und Ischariot. III. Band. Reiseerlebnisse von Karl May. 1.-10. Tausend.
Freiburg i. B., Verlag von Friedrich Ernst Fehsenfeld, 1897. 615 S. kl. 8°
DB: 72, 140
Erschienen: VA: 31. Mai 1897; EN: 1. Juli 1897
Voredition: 272
Nachedition: 560

Nachauflagen der Erstausgabe

292.2
11.-15. Tausend: wie 292.1
DB: 72, 140
Erschienen: 1897

292.3
16.-20. Tausend: wie 292.1 (**RT/T**: Mit Verlagssignet).
DB: 72, 140
Erschienen: 1899

292.4
21.-25. Tausend: wie 292.3
DB: 72, 73, 140
Erschienen: SE: 2. Juli 1902

292.5
26.-30. Tausend: **RT**: wie 292.3. **T**: Satan und Ischariot. III. Band.
   Reiseerzählung von Karl May.
DB: 72, 73, 140
Erschienen: SE: 23. November 1906

292.6
31.-35. Tausend: wie 292.5
DB: 72, 73, 140
Erschienen: 1910

Fortführung der Buchreihe: 294

293
Ave Maria. Gedicht und Komposition für Männerchor von Dr. Karl
   May.
In: Deutscher Hausschatz in Wort und Bild.
   Regensburg-New York-Cincinnati, Verlag von Friedrich Pustet.
   23. Jg. 1897. 18 Hefte = 52 Nummern (offiziell: Oktober
   1896-Oktober 1897; tatsächlich: September 1896-September
   1897). 4°
Nr. 38, S. 703 (Text und Partitur)

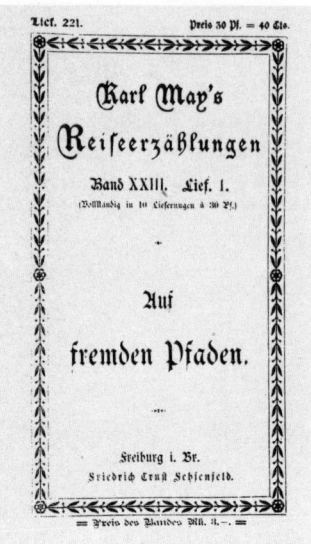

Das ist:
Heft 13

Erschienen: Zweite Juniwoche 1897

Voredition: 163 (S. 237), 213 (Nr. 238, S. 2; Nr. 251, S. 1-2), 229 (Nr. 107, S. 3; Nr. 109, S. 2; Nr. 120, S. 2), 245 (S. 414, 422, 473, 474, 476), 285 (S. 21), 289

Nachedition: 295, 297, 301, 302, 310, 314, 315 (S. 106), 474 (S. 352, 358, 403, 404, 406), 491

294
Auf fremden Pfaden.

Es handelt sich um einen Sammelband mit folgenden Erzählungen:

294 A
Saiwa tjalem. (S. 1-48)
Voredition: 166
Nachedition: 548 A

294 B
Der Boer van het Roer. (S. 49-196)
Voredition: 74, 111, 257 C, 258 B, 264 C, 265 B, 267 C
Nachedition: 328 C, 353 C, 548 B

294 C
Er Raml el Helahk. (S. 197-258)
Voredition: 271, 271 P
Nachedition: 548 C

294 D
Blutrache. (S. 259-320)
Voredition: 260, 260 P
Nachedition: 548 D

294 E
Der Kutb. (S. 321-386)
Voredition: 259, 259 P
Nachedition: 548 E

294 F
Der Kys=Kaptschiji. (S. 387-454)
Voredition: 270, 270 P, 283, 283 P
Nachedition: 548 F

294 G
Maria oder Fatima. (S. 455-500)
Voredition: 246
Nachedition: 548 G

294 H
Gott läßt sich nicht spotten. (S. 501-566)
Voredition: 282, 282 P
Nachedition: 548 H

294 I
Ein Blizzard. (S. 567-598)
Voredition: 281
Nachedition: 548 I

Lieferungsausgabe

294.0
(= 221. bis 230. Lieferung »Karl May's gesammelte Reiseerzählungen«). kl. 8°
EN: 3. Juli 1897 - 1. und 2. Lfg. (S. 1-128) / EN: 12. Juli 1897 - 3.
und 4. Lfg. (S. 129-256) / EN: 24. Juli 1897 - 5. und 6. Lfg.
(S. 257-368) / EN: 9. August 1897 - 7. und 8. Lfg. (S. 369-480) /
EN: 28. August 1897 - 9. und 10. Lfg. (S. 481-598).

Buch-Erstausgabe

294.1
RT: Karl May's gesammelte Reiseerzählungen. Band XXIII. T: Auf
fremden Pfaden. Reiseerlebnisse von Karl May. 1.-10. Tausend.
Freiburg i. B., Verlag von Friedrich Ernst Fehsenfeld, 1897.
598 S. kl. 8°
DB: 74, 140
Erschienen: VA: 16. August 1897; EN: 20. August 1897

Nachauflagen der Erstausgabe

294.2
10.-15. Tausend: wie 294.1
DB: 74, 140
Erschienen: 1897

294.3
16.-20. Tausend: wie 294.1 (**RT/T**: Mit Verlagssignet).
DB: 74, 140
Erschienen: 1899

294.4
21.-25. Tausend: wie 294.3
DB: 74, 140
Erschienen: 1900

294.5
26.-30. Tausend: **RT**: wie 294.3. **T**: Auf fremden Pfaden. Reiseerzählungen von Karl May.
DB: 74, 75, 140
Erschienen: 1904

294.6
31.-35. Tausend: wie 294.5
DB: 74, 75, 140
Erschienen: 1907

Fortführung der Buchreihe: 300

295

Ave Maria. Gedicht und Composition für Männerchor von Dr. Karl
May.
In: Perlen der Erinnerung an die Fünfte Wiener Männerfahrt nach
Mariazell.
Wien, Verlag »Austria« Franz Doll, 1897. kl. 8°
Anhang, S. 45-48 (unpag.): Text und Partitur.
Erschienen: Vermutlich frühestens ab August 1897
Voredition: 163 (S. 237), 213 (Nr. 238, S. 2; Nr. 251, S. 1-2), 229
(Nr. 107, S. 3; Nr. 109, S. 2; Nr. 120, S. 2), 245 (S. 414, 422, 473,
474, 476), 285 (S. 21), 289, 293
Nachedition: 297, 301, 302, 310, 314, 315 (S. 106), 474 (S. 352, 358,
403, 404, 406), 491

296

Scheba et Thar. Reiseerzählung von Dr. Karl May.
In: Regensburger Marien=Kalender für das Jahr des Heiles 1898.
Regensburg-New York-Cincinnati, Verlag von Friedrich Pustet.
33. Jg. 4°
Sp. 153-184, 5 Illustr., 1 Titelvignette
Erschienen: SE: 7. August 1897; EN: 6. Dezember 1897
Nachedition: 303 (S. 291-357), 584 (S. 291-357)

Parallelausgabe

296 P

Tiroler Marien=Kalender für das Jahr des Heiles 1898.
Regensburg, Verlag von Friedrich Pustet.
Haupt-Depôt für Tirol und Vorarlberg: Innsbruck, H. Schwick (Carl
Rauch's Buchhandlung).
33. Jg. 4°

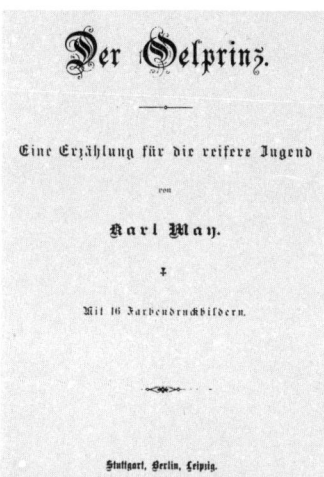

297
Ave Maria. Text von Dr. Karl May, Komposition von J. Schildknecht.
In: Deutscher Hausschatz in Wort und Bild.
  Regensburg-New York-Cincinnati, Verlag von Friedrich Pustet.
  23. Jg. 1897. 18 Hefte = 52 Nummern (offiziell: Oktober
  1896-Oktober 1897; tatsächlich: September 1896-September
  1897). 4°
  Nr. 49, S. 854-855 (Text und Partitur)
  Das ist:
  Heft 17
Erschienen: Vierte Augustwoche 1897
Voredition: 163 (S. 237), 213 (Nr. 238, S. 2; Nr. 251, S. 1-2), 229
  (Nr. 107, S. 3; Nr. 109, S. 2; Nr. 120, S. 2), 245 (S. 414, 422, 473,
  474, 476), 285 (S. 21), 289, 293, 295
Nachedition : 301, 302, 310, 314, 315 (S. 106), 474 (S. 352, 358, 403,
  404, 406), 491

298
Mutterliebe. Reiseerinnerung von Dr. Karl May. I. Gefangen.
In: Einsiedler Marien=Kalender. 1898.
  Einsiedeln (Schweiz) - St. Ludwig (Elsaß), Verlag von Eberle &
  Rickenbach, Nachf. von Wyss, Eberle & Co. gr. 8°
  7 S. (unpag.), 2 Illustr.
Erschienen: Spätestens Anfang September 1897; EN: 14. 12. 1897

299
Der Oelprinz.

Buch-Erstausgabe

299.1
T: Der Oelprinz. Eine Erzählung für die reifere Jugend. Von Karl
  May. Mit 16 Farbendruckbildern (von Oskar Herrfurth).
  Stuttgart-Berlin-Leipzig, Verlag der Union Deutsche Verlagsgesellschaft, 1897. 559 S. 8°
  DB: 23
Erschienen: EN: 26. Oktober 1897
Voredition: 247

Nachauflagen der Erstausgabe

299.2
Zweite Auflage: wie 299.1
DB: 23
Erschienen: 1898

299.3
Dritte Auflage: wie 299.1 (aber mit abweichender Kollation).
DB: 23
Erschienen: EN: 6. November 1901

299.4
Vierte Auflage: T: Karl May. Der Ölprinz. Erzählung für die reifere
    Jugend.
DB: 24
Erschienen: 1905

299.5
Fünfte Auflage: wie 299.4
DB: 24
Erschienen: EN: 14. Mai 1909

300
»Weihnacht!«

Lieferungsausgabe

300.0
(= 231. bis 240. Lieferung »Karl May's gesammelte Reiseerzählun-
    gen«). kl. 8°
    EN: 2. Dezember 1897 - 1. und 2. Lfg. (S. 1-112) / EN: 11. De-
    zember 1897 - 3. und 4. Lfg. (S. 113-240) / EN: 8. Januar 1898 -
    5. bis 10. Lfg. (S. 241-623).

Buch-Erstausgabe

300.1
RT: Karl May's gesammelte Reiseerzählungen. Band XXIV. T:
    »Weihnacht!« Reiseerzählung von Karl May. 1.-15. Tausend.
    Freiburg i. B., Verlag von Friedrich Ernst Fehsenfeld, 1897.
    623 S. kl. 8°
DB: 76, 77, 140

Erschienen: VA: 20. Dezember 1897; EN: 28. Dezember 1897
Nachedition: 464, 564

Nachauflagen der Erstausgabe

300.2
16.-20. Tausend: wie 300.1 (**RT/T:** Mit Verlagssignet).
DB: 76, 77, 140
Erschienen: 1899

300.3
21.-25. Tausend: wie 300.2
DB: 76, 77, 140
Erschienen: 1900

300.4
26.-30. Tausend: wie 300.2
DB: 76, 77, 140
Erschienen: VA (22. Juli 1903): »Demnächst erscheint ...«

300.5
31.-35. Tausend: wie 300.2
DB: 76, 77, 140
Erschienen: SE: 23. November 1906

300.6
36.-40. Tausend: wie 300.2
DB: 76, 77, 140
Erschienen: 1910

Fortführung der Buchreihe: 303

Literariſcher Anzeiger.

Herausgegeben von

BENZIGER BROTHERS, 343 Main St., Cincinnati, O.

No. 19.   Februar.   1898.

Dr. Karl May und ſein herrliches „Ave Maria".

Kurz ſkizziert von L. Sch ...

301

»Ave Maria!«

Es will das Licht des Tages scheiden ...

In: Literarischer Anzeiger. Herausgegeben von Benziger Brothers,
   Cincinnati, O.
   Cincinnati, Verlag von Benziger Brothers, 1898. 8°
   Nr. 19, S. 450

Erschienen: Februar 1898

Voredition: 163 (S. 237), 213 (Nr. 238, S. 2; Nr. 251, S. 1-2), 229
   (Nr. 107, S. 3; Nr. 109, S. 2; Nr. 120, S. 2), 245 (S. 414, 422, 473,
   474, 476), 285 (S. 21), 289, 293, 295, 297

Nachedition: 302, 310, 314, 315 (S. 106), 474 (S. 352, 358, 403, 404,
   406), 491

302

Ave Maria. Gedicht von K. May. Komposition von K. W. Nitzsche.
In: Deutscher Hausschatz in Wort und Bild.
   Regensburg-New York-Cincinnati, Verlag von Friedrich Pustet.
   24. Jg. 1898. 18 Hefte = 52 Nummern (offiziell: Oktober
   1897-Oktober 1898; tatsächlich: September 1897-September
   1898). 4°
   Nr. 29, S. 542-543 (Text und Partitur)
   Das ist:
   Heft 10

Erschienen: Erste Aprilwoche 1898

Voredition: 163 (S. 237), 213 (Nr. 238, S. 2; Nr. 251, S. 1-2), 229
   (Nr. 107, S. 3; Nr. 109, S. 2; Nr. 120, S. 2), 245 (S. 414, 422, 473,
   474, 476), 285 (S. 21), 289, 293, 295, 297, 301

Nachedition: 310, 314, 315 (S. 106), 474 (S. 352, 358, 403, 404,
   406), 491

303

Im Reiche des silbernen Löwen. 1. Band.

Lieferungsausgabe

303.0

(= 241. bis 250. Lieferung »Karl May's gesammelte Reiseerzählungen«). kl. 8°
   VA: 20. August 1898; EN: 15. September 1898 - 1. und 2. Lfg.

(S. 1-128) / EN: 19. September 1898 - 3. und 4. Lfg. (S. 129-256) / EN: 1. Oktober 1898 - 5. und 6. Lfg. (S. 257-384) / EN: 15. Oktober 1898 - 7. und 8. Lfg. (S. 385-512) / EN: 5. November 1898 - 9. und 10. Lfg. (S. 513-624).

Buch-Erstausgabe

303.1
RT: Karl May's gesammelte Reiseerzählungen. Band XXVI. **T:** Im Reiche des silbernen Löwen. 1. Band. Reiseerlebnisse von Karl May. 1.-15. Tausend. Mit Verlagssignet.
Freiburg i. B., Verlag von Friedrich Ernst Fehsenfeld, 1898. 624 S. kl. 8°
DB: 80, 140
Erschienen: EN: 19. November 1898
Voredition: 288 (23. Jg., S. 393 731; 24. Jg., S. 113-561)
Nachedition: 584

Nachauflagen der Erstausgabe

303.2
16.-20. Tausend: wie 303.1
DB: 80, 140
Erschienen: 1899

303.3
21.-25. Tausend: wie 303.1
DB: 80, 140
Erschienen: SE: 9. August 1902

303.4
26.-30. Tausend: wie 303.1
DB: 80, 81, 140
Erschienen: 1905

303.5
31.-35. Tausend: wie 303.1
DB: 80, 81, 140
Erschienen: 1908

Fortführung der Buchreihe: 309

304
Die »Umm ed Dschamahl«. Reiseerzählung von Dr. Karl May.
In: Regensburger Marien=Kalender für das Jahr des Heiles 1899.
    Regensburg-New York-Cincinnati, Verlag von Friedrich Pustet.
    34. Jg. 4°
    Sp. 171-200, 5 Illustr.
Erschienen: SE: 30. August 1898
Nachedition: 309 (S. 456-472), 585 (S. 456-472)

Parallelausgabe

304 P
Tiroler Marien=Kalender für das Jahr des Heiles 1899.
Regensburg, Verlag von Friedrich Pustet.
Haupt-Depôt für Tirol und Vorarlberg: Innsbruck, H. Schwick (Carl
Rauch's Buchhandlung).
34. Jg. 4°

305
Mutterliebe. Schluß der Reiseerinnerung von Dr. Karl May. (Siehe
    vorjähriger Kalender.) II. Gerettet.
In: Einsiedler Marien=Kalender . 1899.
    Einsiedeln (Schweiz) - St. Ludwig (Elsaß), Verlag von Eberle &
    Rickenbach, Nachf. von Wyss, Eberle & Co. gr. 8°
    6 S. (unpag.), 4 Illustr.
Erschienen: Vermutlich spätestens Anfang September 1898

306
›Dobrodružné Cesty‹.
    Zu meinem großen Erstaunen erfahre ich hier durch öffentliche
    Plakate, daß die Verlagshandlung von Jos. R. Vilimek mit der
    Herausgabe einer böhmischen Uibersetzung resp. Bearbeitung
    meiner Reisewerke begonnen hat ... Prag (Hôtel de Saxe), am
    13. October 1898. Dr. Karl May.
In: Bohemia.
    Prag, Verlag der k. und k. Hofbuchdruckerei A. Haase.
    71. Jg. 1898. 2°
    Nr. 283, S. 16
Erschienen: 14. Oktober 1898 (6 Uhr früh)
Nachedition: 307

307

Zu meinem großen Erstaunen erfahre ich hier durch öffentliche
 Placate, daß die Verlagshandlung von Joseph R. Vilimek mit der
 Herausgabe einer böhmischen Uebersetzung, respective Bearbei-
 tung meiner Reisewerke begonnen hat ... Prag (Hotel de Saxe),
 am 13. October 1898. Dr. Carl May.
In: Das Vaterland. Zeitung für die österreichische Monarchie.
 Wien, Druck der Buchdruckerei »Austria«.
 39. Jg. 1898. 2°
 Nr. 284, Morgenblatt, S. 5
Erschienen: 15. Oktober 1898 (6 Uhr früh)
Voredition: 306

308

»Dobrodružné cesty.«
 Ich erkläre hiermit, daß ich mich mit der hiesigen Verlagsfirma
 Jos. R. Vilimek bezüglich der Uibersetzung meiner Werke in die
 böhmische Sprache gütlich geeinigt habe ... Prag, den 18. Octo-
 ber 1898. Dr. Karl May.
In: Bohemia.
 Prag, Verlag der k. und k. Hofbuchdruckerei A. Haase.
 71. Jg. 1898. 2°
 Nr. 288, S. 16
Erschienen: 19. Oktober 1898 (6 Uhr früh)

309
Im Reiche des silbernen Löwen. 2. Band.

Lieferungsausgabe

309.0
(= 251. bis 260. Lieferung »Karl May's gesammelte Reiseerzählungen«). kl. 8°
 EN: 28. November 1898 - 1. und 2. Lfg. (S. 1-128) / EN: 12. Dezember 1898 - 3. bis 6. Lfg. (S. 129-384) / EN: 24. Dezember
 1898 - 7. bis 10. Lfg. (S. 385-628).

Buch-Erstausgabe

309.1
RT: Karl May's gesammelte Reiseerzählungen. Band XXVII. T: Im
 Reiche des silbernen Löwen. 2. Band. Reiseerlebnisse von Karl
 May. 1.-15. Tausend. Mit Verlagssignet.
 Freiburg i. B., Verlag von Friedrich Ernst Fehsenfeld, 1898.
 628 S. kl. 8°
 DB: 80, 140
Erschienen: VA: Mitte Dezember 1898; EN: 17. Dezember 1898
Voredition: 288 (24. Jg., S. 562-976)
Nachedition: 585

Nachauflagen der Erstausgabe

309.2
16.-20. Tausend: wie 309.1
DB: 80, 140
Erschienen: 1899

309.3
21.-25. Tausend: wie 309.1
DB: 80, 140
Erschienen: SE: 9. August 1902

309.4
26.-30. Tausend: wie 309.1
DB: 80, 82, 140
Erschienen: 1905

309.5
31.-35. Tausend: wie 309.1
DB: 80, 82, 140
Erschienen: 1908

Fortführung der Buchreihe: 311

310
Ernste Klänge.

Erstausgabe

310.1
Ernste Klänge. Heft I. Ave Maria. Vergiß mich nicht. Gedichtet
und componiert von Karl May.
Freiburg i. B., Verlag von Friedrich Ernst Fehsenfeld.

6 S. (Text und Partitur)
DB: 89
Erschienen: VA: Mitte Dezember 1898
Voredition: 163 (S. 237), 213 (Nr. 238, S. 2; Nr. 251, S. 1-2), 229
    (Nr. 107, S. 3; Nr. 109, S. 2; Nr. 120, S. 2), 245 (S. 414, 422, 473,
    474, 476), 285 (S. 21), 289, 293, 295, 297, 301, 302
Nachedition: 314, 315 (S. 106), 474 (S. 352, 358, 403, 404, 406), 491

Nachauflage

310.2
Ernste Klänge. Ave Maria. Vergiß mich nicht! Gedichtet und kom-
poniert von Karl May.
    Freiburg i. B., Verlag von Friedrich Ernst Fehsenfeld. gr. 8°
    6 S. (Text und Partitur)
    DB: 90
Erschienen: 1903

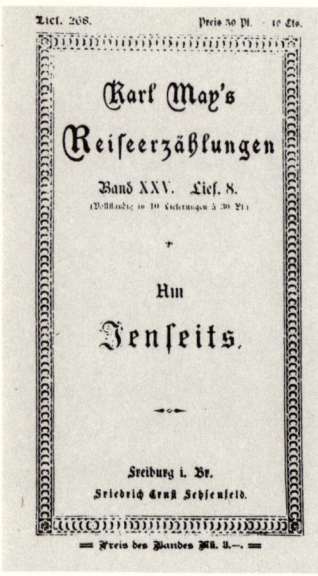

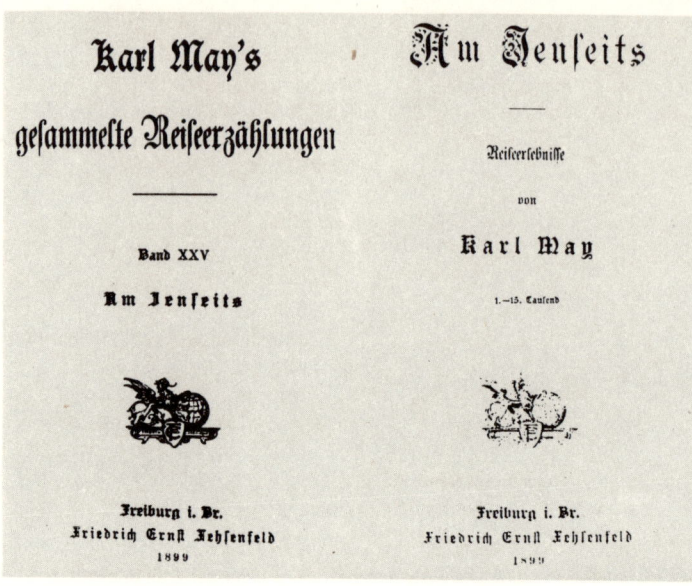

311
Am Jenseits.

Lieferungsausgabe

311.0
(= 261. bis 270. Lieferung »Karl May's gesammelte Reiseerzählungen«). kl. 8°
EN: Vermutlich März 1899 - 1. und 2. Lfg. (S. 1-128) / EN:
21. April 1899 - 3. bis 6. Lfg. (S. 129-352) / EN: ? - 7. Lfg.
(S. 353-416) / EN: 8. Mai 1899 - 8. bis 10. Lfg. (S. 417-594).

Buch-Erstausgabe

311.1
RT: Karl May's gesammelte Reiseerzählungen. Band XXV. **T:** Am
Jenseits. Reiseerlebnisse von Karl May. 1.-15. Tausend. Mit Verlagssignet.
Freiburg i. B., Verlag von Friedrich Ernst Fehsenfeld, 1899.
594 S. kl. 8°
DB: 78, 140
Erschienen: VA: 24. April 1899; EN: 27. April 1899
Nachedition: 565

Nachauflagen der Erstausgabe

311.2
16.-20. Tausend: wie 311.1
DB: 78, 140
Erschienen: 1900

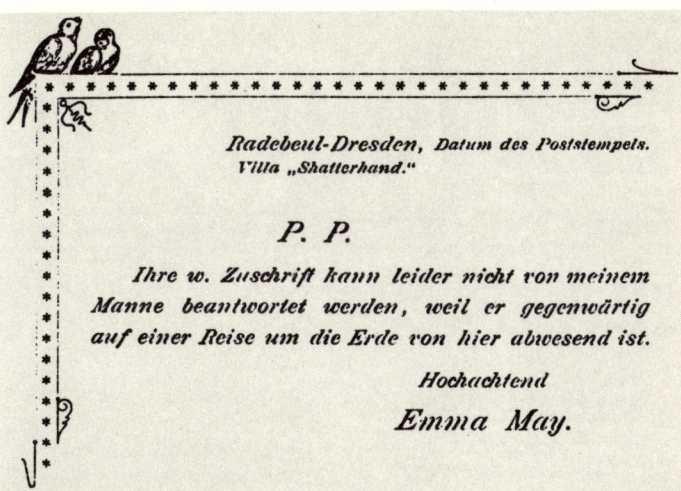

Radebeul-Dresden, Datum des Poststempels.
Villa „Shatterhand."

P. P.

Ihre w. Zuschrift kann leider nicht von meinem
Manne beantwortet werden, weil er gegenwärtig
auf einer Reise um die Erde von hier abwesend ist.

Hochachtend

Emma May.

311.3
21.-25. Tausend: wie 311.1
DB: 78, 79, 140
Erschienen: 1902

311.4
26.-30. Tausend: **RT:** wie 311.1. **T:** Am Jenseits. Reiseerzählungen
von Karl May.
DB: 78, 79, 140
Erschienen: SE: 23. November 1906

Fortführung der Buchreihe: 352

312
Radebeul-Dresden, Datum des Poststempels. Villa »Shatter-
hand.« P. P. Ihre w. Zuschrift kann leider nicht von meinem
Manne beantwortet werden ... Hochachtend Emma May.
Privatdruck. 1 Kärtchen (8,9 × 11,6 cm)
Erschienen: Spätestens März 1899

Interimsantwort für die Leser während der Zeit seiner großen
Orientreise; von Karl May höchstwahrscheinlich selbst verfaßt.

313 (Abbildung siehe folgende Seite.)
Bischari=Lager, sechs Reitstunden von Schellal in Nubien ent-
fernt, den 6. Juni 1899. Hochgeehrter Herr! ... von Ihrem Ihnen
dankbar ergebenen Kara Ben Nemsi Effendi.
In: Pfälzer Zeitung.
Speyer, Verlag der Jäger'schen Buchdruckerei.
50. Jg. 1899. gr. 2°
Nr. 161, S. 2 (unpag.)
Erschienen: 16. Juni 1899

Pfälzer Zeitung.

Dieses Blatt erscheint siebenmal wöchentlich, das Beiblatt "Palatina" sechsmal wöchentlich und beide zusammen kosten vierteljährlich in ganz Bayern 3 Reichsmark.

Inserate werden mit 10 Pfg., außerpfälzische mit 15 Pfg. die einspaltige Petitzeile oder deren Raum berechnet. Bei Auskunftertheilung oder Entgegennahme von Offerten per Zeile 5 Pfg. mehr. Reclamen kosten 30 Pfg. per Zeile.

№ 161.   50. Jahrgang.   Redigirt unter Verantwortlichkeit von Nikolaus Müller in Speyer. Telephon Nr. 18.   Speyer, Freitag den 16. Juni   Druck und Verlag der Bayerischen Buchdruckerei in Speyer. Telephon Nr. 19   50. Jahrgang.   1899.

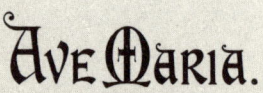

314

Ave Maria. Gedichtet von Dr. Carl May. Für vierstimmigen Frauenchor komponiert von Wunibald Briem.
   Regensburg, Verlag von Alfred Coppenrath (H. Pawelek). 8°
   3 S. (Text und Partitur)
Erschienen: Zwischen dem 2. und 17. August 1899
Voredition: 163 (S. 237), 213 (Nr. 238, S. 2; Nr. 251, S. 1-2), 229
   (Nr. 107, S. 3; Nr. 109, S. 2; Nr. 120, S. 2), 245 (S. 414, 422, 473,
   474, 476), 285 (S. 21), 289, 293, 295, 297, 301, 302, 310
Nachedition: 315 (S. 106), 474 (S. 352, 358, 403, 404, 406), 491

315

Freuden und Leiden eines Vielgelesenen. Von Dr. Karl May.
In: Koch's Bayerischer Schulmentor für das Schuljahr 1899/1900.
   Nürnberg, Verlag von C. Koch's Buchhandlung und Lehrmittel-
   anstalt.
   8. Jg. 1899. kl. 8°
   S. 71-106, 1 Porträt (S. 70)
Erschienen: Vermutlich August 1899
Voredition: 285

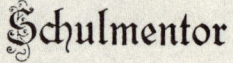

316

Schellal in Nubien, den 6. VI. 99. Hochgeehrter Herr! ... Ihr erge-
bener Dr. Karl May.
In: Raphael. Illustrierte Zeitschrift für die reifere Jugend und das
   Volk.
   Donauwörth, Verlag der Buchhandlung Ludwig Auer.
   21. Jg. 1899. 52 Nummern (Januar-Dezember 1899). gr. 4°
   Nr. 34, S. 272 (Red. S.: 9. 8. 1899)
Erschienen: Vierte Augustwoche 1899

Es handelt sich um eine Grußkarte von der großen Orientreise Karl
Mays an den katholischen Pädagogen Ludwig Auer, Gründer und
erster Leiter des Cassianeums in Donauwörth.

317

Radebeul b. Dresden, Villa Plöhn, d. 20. Aug. 1899. Hochverehrter
   Herr Redacteur! ...
In: Tremonia. Zeitung und Anzeiger für Westfalen u. Rheinland.
   Dortmund, Verlag von Gebr. Lensing.
   24. Jg. 1899. gr. 2°

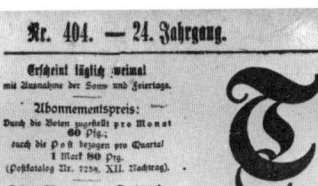

Nr. 404, Morgen-Ausgabe I, S. 1-2 (sämtlich unpag.)
Nr. 406, Morgen-Ausgabe II, S. 1-2
Nr. 408, Morgen-Ausgabe I, S. 1
Erschienen: 27., 28., 29. September 1899
Nachedition: 318

Es handelt sich hierbei um eine in den wesentlichen Teilen mit an
Sicherheit grenzender Wahrscheinlichkeit von Karl May selbst ver-
faßte, unter dem Namen seines Radebeuler Freundes Richard
Plöhn veröffentlichte und durch diesen der »Tremonia« zugeleitete
Erwiderung auf Beiträge in der deutschen Presse, die sich Karl May
und seinem literarischen Werk gegenüber kritisch geäußert haben.
Die »Tremonia« brachte diese Stellungnahme unter der Über-
schrift »Karl May und seine Gegner.«

318
Nicht nur gute, sondern ganz außerordentliche. Fehsenfeld hat
    eine glückliche Nummer gezogen. Das glaube ich nicht nur, son-
    dern ich bin überzeugt davon … Richard Plöhn.
In: Bayerischer Kurier & Münchner Fremdenblatt mit Handels- In-
    dustrie- und Gewerbe-Zeitung.
    München, Nationale Verlagsanstalt.
    43. Jg. 1899. gr. 2°
    Nr. 274, S. 2-3
    Nr. 276, S. 2-3
    Nr. 277 & 278, S. 2
    Nr. 280, S. 2-3
    Nr. 281, S. 2
Erschienen: 5., 7., 8./9., 11., 12. Oktober 1899
Voredition: 317

319

Bei einer Glut von 41 Grad Réaumur schreibe ich Ihnen diesen
    Gruß ... Indem ich bitte, Ihren Lesern einen herzlichen Gruß
    aus Aethiopien senden zu dürfen, bin ich mit vorzüglichster
    Hochachtung Ihr ergebener Karl May.
In: Tremonia. Zeitung und Anzeiger für Westfalen u. Rheinland.
    Dortmund, Verlag von Gebr. Lensing.
    24. Jg. 1899. gr. 2°
    Nr. 424, Morgen-Ausgabe I, S. 2 (unpag.)
Erschienen: 10. Oktober 1899
Nachedition: 454

Grußkarte Karl Mays vom 23. 9. 1899 aus Massaua an den zuständi-
gen Redakteur der »Tremonia«, Johann Dederle.

320

Glücklich durch den Sudan und Aethiopien hier angekommen.
    Herzlichen Gruß!
In: Das Vaterland. Zeitung für die österreichische Monarchie.
    Wien, Druck der Buchdruckerei »Austria«.
    40. Jg. 1899. 2°
    Nr. 279, Abendblatt, S. 3
Erschienen: 10. Oktober 1899 (3 Uhr nachmittags)
Nachedition: 321

Grußkarte vom 23. 9. 1899 aus Massaua an einen nicht näher bezeichneten Adressaten in Wien.

321

Glücklich durch den Sudan und Aethiopien hier angekommen.
    Herzlichen Gruß!
In: Frankfurter Zeitung und Handelsblatt. (Frankfurter Handelszei-
    tung.) (Neue Frankfurter Zeitung.)
    Frankfurt, Verlag der Frankfurter Societäts-Druckerei (Gesell-
    schaft m. b. H.).
    43. Jg. 1899. gr. 2°
    Nr. 283, Abendblatt, S. 2
Erschienen: 12. Oktober 1899
Voredition: 320

322

Der schwarze Mustang.

Buch-Erstausgabe

322.1

T: Karl May. Der schwarze Mustang.
    Stuttgart-Berlin-Leipzig, Verlag der Union Deutsche Verlagsge-
    sellschaft, 1899. 344 S., 27 Illustr. (von Oskar Herrfurth). kl. 8°
    (= Kamerad-Bibliothek, Bd. 1).
    DB: 25

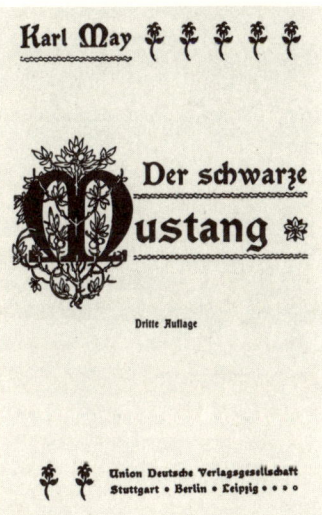

Erschienen: VA (26. Oktober 1899): »Diese Woche gelangen ... zur Versendung ...« (Auslieferung am Kommissionsplatz Leipzig: 1. November 1899)
Voredition: 284

Nachauflagen der Erstausgabe

322.2
Zweite Auflage: wie 322.1
DB: 25
Erschienen: Vermutlich Anfang November 1899

322.3
Dritte Auflage: wie 322.1
DB: 25
Erschienen: EN: 6. November 1899

322.4-322.5
Vierte und fünfte Auflage: wie 322.1
DB: 25
Erschienen: Vermutlich November und Dezember 1899

322.6-322.15
Sechste bis fünfzehnte Auflage: wie 322.1
DB: 25
Erschienen: Zwischen vermutlich 1900 und 1907

322.16
Sechzehnte Auflage: wie 322.1
DB: 25
Erschienen: 1907

322.17-322.20
Siebzehnte bis zwanzigste Auflage (auch: 20. Tausend): wie 322.1
DB: 25
Erschienen: Zwischen 1907 und spätestens Anfang März 1908

322.21
Einundzwanzigste Auflage: wie 322.1
DB: 25
Erschienen: EN: 27. Juni 1910

322.22
Zweiundzwanzigste Auflage: wie 322.1
DB: 25
Erschienen: Vermutlich zwischen frühestens August 1910 und spätestens Ende November 1911

322.23
Dreiundzwanzigste Auflage: wie 322.1
DB: 25
Erschienen: Vermutlich 1911 (vor dem 6. Dezember)

322.24
Vierundzwanzigste Auflage: wie 322.1
DB: 25
Erschienen: EN: 28. Juni 1912

323

Colombo auf Ceylon, 12. Okt. 1899. Hochgeehrter Herr Redakteur! Aus der Post, welche in Massaua erledigt wurde, ersah ich, daß Sie einer der wenigen Journalisten und Redakteure sind, welche gerecht genug waren, sich nicht an der allgemeinen Hetze gegen mich mit fortreißen zu lassen … Mit dankbar ergebenem Gruß Ihr Karl May.

In: Tremonia. Zeitung und Anzeiger für Westfalen u. Rheinland.
Dortmund, Verlag von Gebr. Lensing.
24. Jg. 1899. gr. 2°
Nr. 468, Morgen-Ausgabe I, S. 1 (unpag.)
Erschienen: 8. November 1899

Karl May hatte diesen längeren Reisegruß auf 22 Ansichtskarten geschrieben.

324

Colombo auf Ceylon, 10. October. Hochgeehrter Herr Redacteur! Ihnen durch das gütige Entgegenkommen, welches ich während meiner letzten Anwesenheit in Prag von Ihrer Seite fand, zur Dankbarkeit verpflichtet … Mit hochachtungsvollem Gruße bin ich Ihr Ihnen stets ergebener Carl May.

In: Prager Tagblatt.
Prag, Verlag von Heinrich Mercy Sohn.
23. Jg. 1899. 2°
Nr. 312, S. 1-2 (unpag.)
Erschienen: 10. November 1899 (6 Uhr früh)

Für diesen Reisegruß hatte Karl May 11 Ansichtskarten verwendet.

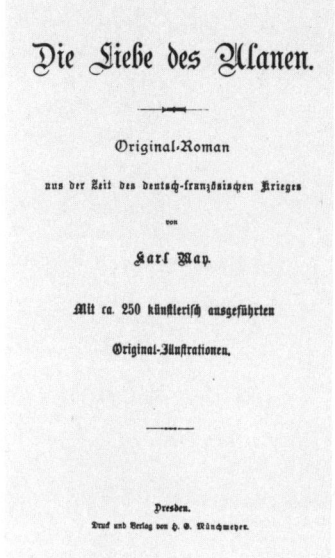

325

Die Liebe des Ulanen. Original=Roman aus der Zeit des deutsch-
französischen Krieges von Karl May. Mit ca. 250 künstlerisch
ausgeführten Original-Illustrationen.

In: Allgemeine Unterhaltungs-Bibliothek.

Dresden, Verlag von H. G. Münchmeyer.

Serie I. 20 Bände (März 1900-März 1901). gr. 8°

  1. Bd., S. 1-96, 13 Illustr.
  2. Bd., S. 97-176, 10 Illustr.
  3. Bd., S. 177-272, 16 Illustr.
  4. Bd., S. 273-368, 11 Illustr.
  5. Bd., S. 369-464, 9 Illustr.
  6. Bd., S. 465-560, 11 Illustr.
  7. Bd., S. 561-656, 11 Illustr.
  8. Bd., S. 657-752, 10 Illustr.
  9. Bd., S. 753-864, 10 Illustr.
 10. Bd., S. 865-976, 11 Illustr.
 11. Bd., S. 977-1088, 9 Illustr.
 12. Bd., S. 1089-1200, 10 Illustr.
 13. Bd., S. 1201-1312, 10 Illustr.
 14. Bd., S. 1313-1424, 10 Illustr.
 15. Bd., S. 1425-1536, 8 Illustr.
 16. Bd., S. 1537-1664, 11 Illustr.
 17. Bd., S. 1665-1792, 11 Illustr.
 18. Bd., S. 1793-1920, 11 Illustr.
 19. Bd., S. 1921-2048, 10 Illustr.
 20. Bd., S. 2049-2126, 7 Illustr.

Erschienen: Bd. 1 - EN: 25. März 1900; Bd. 20 - EN: 25. März 1901

Voredition: 169

Nachedition: 329, 388, 394, 445

326

Inn-nu-woh. Aus der Mappe eines Vielgereisten von Karl May.
In: Novellenschatz zur Allgemeinen Unterhaltungs=Bibliothek.
   Dresden, Verlag von H.G. Münchmeyer. gr. 8°
   7. Bd., S. 230-237
Erschienen: EN: 25. Juli 1900
Voredition: 6, 47, 77, 215 (S. 1-32), 263 (S. 1-26)
Nachedition: 350 F, 397 F, 446 F

327

Ein Stücklein vom alten Dessauer. Humoristische Episode aus
   dem Leben des Herzogs Leopold von Anhalt. Von Karl May.
In: Novellenschatz zur Allgemeinen Unterhaltungs=Bibliothek.
   Dresden, Verlag von H.G. Münchmeyer. gr. 8°
   10. Bd., S. 299-302
   11. Bd., S. 305-318
   12. Bd., S. 321-329
Erschienen: EN: 10., 25. September, 25. Oktober 1900
Voredition: 167
Nachedition: 350 C, 397 C, 446 C

328
Im wilden Westen.

Es handelt sich um einen Sammelband mit folgenden May-Texten:

328 A
Der Karawanenwürger. Von Karl May. (S. 5-27)
Voredition: 53, 98, 171, 177, 250 A, 257 A, 258 A, 264 A, 265 A,
   267 A
Nachedition: 353 A, 478 A, 558 A, 563 A

328 B
Im wilden Westen. Eine Erzählung aus dem Leben der Grenzer
   von E. Pollmer. (S. 28-50)
Voredition: 62, 92, 104, 212, 257 B, 264 B, 267 B, 269 (S. 24-30)
Nachedition: 353 B, 490 (S. 24-30), 558 E, 563 E

328 C
Ein Abenteuer in Südafrika. Von Emma Pollmer. (S. 67-79)
Voredition: 74, 111, 257 C, 258 B, 264 C, 265 B, 267 C, 294 B
Nachedition: 353 C, 548 B

328 D
An Bord der Schwalbe. Von Karl May. (S. 80-98)
Voredition: 55, 108, 252 D, 257 D, 264 D, 267 D
Nachedition: 353 D, 547 D, 558 B, 563 B

328 E
Der Brand des Ölthals. Ein Abenteuer aus den Vereinigten Staaten.
   Von Karl May. (S. 99-116)
Voredition: 52, 257 E, 258 C, 264 E, 265 C, 267 E
Nachedition: 353 E, 558 C, 563 C

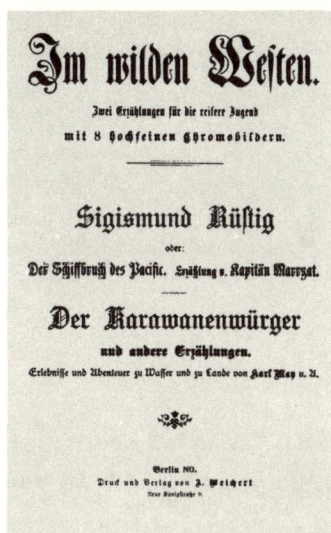

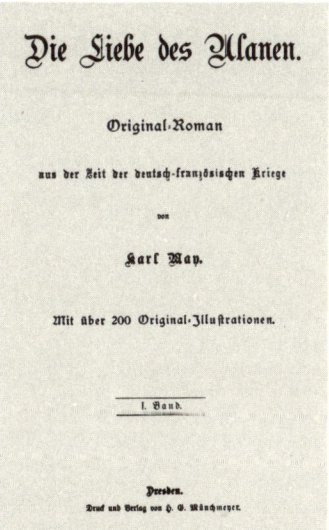

328 F
Die Rache des Ehri. Ein Abenteuer aus dem südlichen Polynesien
    von Emma Pollmer. (S. 117-127)
Voredition: 81, 114, 138, 252 A, 257 F, 264 F, 267 F
Nachedition: 353 F, 547 A, 558 D, 563 D

Buch-Erstausgabe

328.1
Im wilden Westen. Zwei Erzählungen für die reifere Jugend.
    Berlin, Verlag A. Weichert, 1900. 135 S., 4 Chromobilder. 127 S.,
    4 Chromobilder. gr. 8°
    DB: 32
Erschienen: EN: 24. November 1900

Die May-Texte bilden den zweiten Teil der Buchausgabe (127 S.),
zusammen mit der anonymen, offensichtlich nicht von Karl May
stammenden Erzählung »Ein Kampf mit Piraten« (S. 51-66).
Der erste Teil der Buchausgabe (135 S.) besteht aus der Marryat-
Erzählung »Sigismund Rüstig«.

Nachauflagen

328.2
Im wilden Westen. Zwei Erzählungen für die reifere Jugend.
    Berlin, Verlag A. Weichert, o. J. 135 S., 4 Chromobilder. 127 S.,
    4 Chromobilder. gr. 8°
    DB: 32
Erschienen: Angezeigt im illustrierten Weichert-Verlagskatalog
    vom April 1903

328.3
Im wilden Westen. Zwei Erzählungen für die reifere Jugend.
    Berlin, Verlag A. Weichert, o. J. 135 S., 4 Chromobilder. 127 S.,
    4 Chromobilder. gr. 8°
    DB: 33
Erschienen: Angezeigt im illustrierten Weichert-Verlagskatalog
    vom März 1908

329
Die Liebe des Ulanen. 3 Bände.

Broschierte Ausgabe

329.1
Die Liebe des Ulanen. Original=Roman aus der Zeit der deutsch-
    französischen Kriege von Karl May. Mit über 200 Original-Illu-
    strationen.
    3 Bände.
    Dresden, Verlag von H. G. Münchmeyer. gr. 8°
    I. Bd., S. 1-704, 85 Illustr.
    II. Bd., S. 705-1408, 64 Illustr.
    III. Bd., S. 1409-2126, 60 Illustr. und 2 Illustr.-Proben aus dem
        Roman »Deutsche Herzen und Helden«.

Himmelsgedanken

Gedichte

von

Karl May

Freiburg i/B.
Friedrich Ernst Feßenfeld

DB: kein Nachweis
Erschienen: Vermutlich zwischen Ende 1900 und Ende März 1901
Voredition: 169, 325
Nachedition: 388, 394, 445

Gebundene Ausgabe

329.2
Die Liebe des Ulanen. Original=Roman aus der Zeit der deutsch-
  französischen Kriege von Karl May. Mit über 200 Original-Illu-
  strationen.
  3 Bände.
  Dresden, Verlag von H. G. Münchmeyer. gr. 8°
   I. Bd., S. 1-704, 85 Illustr.
   II. Bd., S. 705-1408, 64 Illustr.
   III. Bd., S. 1409-2126, 60 Illustr. und 2 Illustr.-Proben aus dem
     Roman »Deutsche Herzen und Helden«.
  DB: 93
Erschienen: Vermutlich zwischen November 1901 und Juni 1902

330
Himmelsgedanken. Gedichte von Karl May.
  Freiburg i. B., Verlag von Friedrich Ernst Fehsenfeld, 1900. XI.,
  364 S. 8°
  DB: 91, 92 (auch broschiert)
Erschienen: VA: 12. Dezember 1900; EN: 18. Dezember 1900

331
Deutsche Herzen und Helden.

Lieferungsausgabe

331.0
(= »Karl May's Illustrierte Werke«, Serie I: 35 Lieferungen). 8°
SE: 8. Februar 1901; EN: 23. Februar 1901 - 1. Lfg. (S. 1-80, 15 Illustr.) / SE: 8. Februar 1901 - 2. Lfg.; EN: 10. Mai 1901 - 2. bis
6. Lfg. (S. 81-512, 66 Illustr.) / VA (27. April 1901): »erscheint
nächste Woche«; EN: 13. Mai 1901 - 7. Lfg. (S. 513-592, 16 Illustr.) / VA (10. Mai 1901): »erscheint nächste Woche«; EN:
29. Mai 1901 - 8. Lfg. (1. Teil, S. 593-614, 3 Illustr.; 2. Teil, S. 1-64,
9 Illustr.) / EN: 7. Juni 1901 - 9. Lfg. (2. Teil, S. 65-144, 12 Illustr.) / EN: 25. Juni 1901 - 10. Lfg. (2. Teil, S. 145-240, 16 Illustr.) / EN: 3. Juli 1901 - 11. Lfg. (2. Teil, S. 241-336, 14 Illustr.) / EN: 19. Juli 1901 - 12. Lfg. (2. Teil, S. 337-432,
14 Illustr.) / EN: 27. Juli 1901 - 13. Lfg. (2. Teil, S. 433-528, 15 Illustr.) / EN: 5. August 1901 - 14. Lfg. (2. Teil, S. 529-608, 13 Illustr.) / EN: 13. August 1901 - 15. Lfg. (2. Teil, S. 609-623, 3 Illustr.; 3. Teil, S. 1-80, 14 Illustr.) / EN: 19. August 1901 - 16. Lfg.
(3. Teil, S. 81-176, 19 Illustr.) / EN: 24. August 1901 - 17. Lfg.
(3. Teil, S. 177-272, 15 Illustr.) / EN: 31. August 1901 - 18. Lfg.
(3. Teil, S. 273-368, 16 Illustr.) / EN: 7. September 1901 - 19. Lfg.
(3. Teil, S. 369-464, 15 Illustr.) / EN: 20. September 1901 -
20. Lfg. (3. Teil, S. 465-528, 10 Illustr.; 4. Teil, S. 1-32, 5 Illustr.) /
EN: 27. September 1901 - 21. Lfg. (4. Teil, S. 33-128, 16 Illustr.) /
EN: 7. Oktober 1901 - 22. Lfg. (4. Teil, S. 129-224, 15 Illustr.) /
EN: 14. Oktober 1901 - 23. Lfg. (4. Teil, S. 225-304, 14 Illustr.) /
EN: 18. Oktober 1901 - 24. Lfg. (4. Teil, S. 305-400, 17 Illustr.) /
EN: 28. Oktober 1901 - 25. Lfg. (4. Teil, S. 401-496, 20 Illustr.) /
EN: 2. November 1901 - 26. Lfg. (4. Teil, S. 497-544, 12 Illustr.;
5. Teil, S. 1-48, 8 Illustr.) / EN: 18. November 1901 - 27. Lfg.
(5. Teil, S. 49-128, 13 Illustr.) / EN: 2. Dezember 1901 - 28. Lfg.
(5. Teil, S. 129-208, 13 Illustr.) / EN: 10. Dezember 1901 - 29. Lfg.
(5. Teil, S. 209-304, 14 Illustr.) / EN: 24. Dezember 1901 - 30. Lfg.
(5 Teil, S. 305-384, 9 Illustr.) / EN: 31. Dezember 1901 - 31. Lfg.
(5. Teil, S. 385-480, 13 Illustr.) / EN: 11. Januar 1902 - 32. Lfg.
(5. Teil, S. 481-560, 9 Illustr.) / EN: 20. Januar 1902 - 33. Lfg.
(5. Teil, S. 561-640, 10 Illustr.) / EN: 31. Januar 1902 - 34. Lfg.
(5. Teil, S. 641-720, 10 Illustr.) / EN: 10. Februar 1902 - 35. Lfg.
(5. Teil, S. 721-800, 14 Illustr.).

Band-Erstausgabe

331.1 A
RT: ohne. T: Eine deutsche Sultana. Roman von Karl May. Illu-
strierte Ausgabe. (Einband-Titel: Eine Deutsche Sultana. Illu-
strierter Roman von Karl May.).
Dresden, Verlag von H. G. Münchmeyer, 1901. 614 S., 100 Il-
lustr. 8°
DB: 102
Erschienen: EN: 14. September 1901

Deutsche Herzen und Helden.

Roman

von

Karl May.

Neue illustrierte Ausgabe.

—◦>◦<◦—

Dresden.
Verlag von H. G. Münchmeyer.

Eine deutsche Sultana.

Roman

von

Karl May.

Illustrierte Ausgabe.

Verlag und Druck von
H. G. Münchmeyer, Dresden.

331.1 B

RT: ohne. **T:** Die Königin der Wüste. Roman von Karl May. Illustrierte Ausgabe. (Einband-Titel: Die Königin der Wüste. Illustrierter Roman von Karl May.).
Dresden, Verlag von H. G. Münchmeyer, 1901. 623 S., 96 Illustr. 8°
DB: 103
Erschienen: 14. September 1901

331.1 C

RT: ohne. **T:** Der Fürst der Bleichgesichter. Roman von Karl May. Illustrierte Ausgabe. I. Teil. (Einband-Titel: Der Fürst der Bleichgesichter. Illustrierter Roman von Karl May.).
Dresden, Verlag von H. G. Münchmeyer, 1901. 528 S., 89 Illustr. 8°
DB: 104
Erschienen: EN: 26. Oktober 1901

331.1 D

RT: ohne. **T:** Der Fürst der Bleichgesichter. Roman von Karl May. Illustrierte Ausgabe. II. Teil. (Einband-Titel: Der Fürst der Bleichgesichter. Illustrierter Roman von Karl May.).
Dresden, Verlag von H. G. Münchmeyer, 1901. 544 S., 99 Illustr. 8°
DB: 104
Erschienen: EN: 4. November 1901

331.1. E

RT: ohne. **T:** Der Engel der Verbannten. Roman von Karl May. Illustrierte Ausgabe. (Einband-Titel: Der Engel der Verbannten. Illustrierter Roman von Karl May.).
Dresden, Verlag von H. G. Münchmeyer, 1902. 800 S., 113 Illustr. 8°
DB: 105
Erschienen: EN: 1. Februar 1902

Nachauflage der Erstausgabe

331.2 A

RT: Deutsche Herzen und Helden. Roman von Karl May. Neue illustrierte Ausgabe. Band I. **T:** Eine deutsche Sultana. Roman von Karl May. I. Band des Romans »Deutsche Herzen und Helden«.
Niedersedlitz-Dresden, Verlag von H. G. Münchmeyer, o. J. 614 S., 100 Illustr. 8°
DB: 102
Erschienen: Vermutlich frühestens 1902 (nicht vor Juni)

331.2 B

RT: Deutsche Herzen und Helden. Roman von Karl May. Neue illustrierte Ausgabe. Band II. **T:** Die Königin der Wüste. Roman von Karl May. II. Band des Romans »Deutsche Herzen und Helden«.

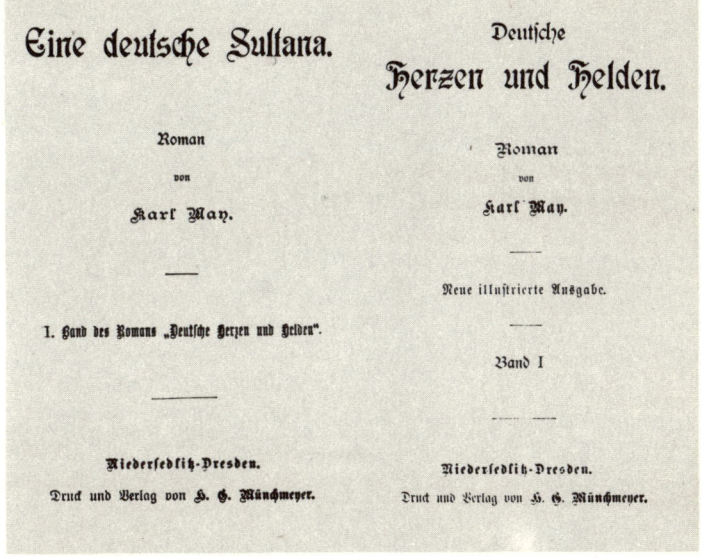

Niedersedlitz-Dresden, Verlag von H. G. Münchmeyer, o. J.
623 S., 96 Illustr. 8°
DB: 103
Erschienen: Vermutlich frühestens 1902 (nicht vor Juni)

331.2 C
RT: Deutsche Herzen und Helden. Roman von Karl May. Neue il-
lustrierte Ausgabe. Band III. **T:** Der Fürst der Bleichgesichter.
Reiseerzählung von Karl May. Band I. III. Band des Romans
»Deutsche Herzen und Helden«.
Niedersedlitz-Dresden, Verlag von H. G. Münchmeyer, o. J.
528 S., 89 Illustr. 8°
DB: 104
Erschienen: Vermutlich frühestens 1902 (nicht vor Juni)

331.2 D
RT: Deutsche Herzen und Helden. Roman von Karl May. Neue il-
lustrierte Ausgabe. Band IV. **T:** Der Fürst der Bleichgesichter.
Reiseerzählung von Karl May. Band II. IV. Band des Romans
»Deutsche Herzen und Helden«.
Niedersedlitz-Dresden, Verlag von H. G. Münchmeyer, o. J.
544 S., 99 Illustr. 8°
DB: 104
Erschienen: Vermutlich frühestens 1902 (nicht vor Juni)

331.2 E
RT: Deutsche Herzen und Helden. Roman von Karl May. Neue il-
lustrierte Ausgabe. Band V. **T:** Der Engel der Verbannten. Ro-
man von Karl May. V. Band des Romans »Deutsche Herzen und
Helden«.
Niedersedlitz-Dresden, Verlag von H. G. Münchmeyer, o. J.
800 S., 113 Illustr. 8°
DB: 105

Erschienen: Vermutlich frühestens 1902 (nicht vor Juni)
Voredition: 180
Nachedition: 441

Den Abonnenten der beiden Lieferungsausgaben »Illustrierte Ausgabe« und »Neue illustrierte Ausgabe« wurde zwecks Herstellung
einer Bandedition gewöhnlich ein Gesamttitelblatt mitgeliefert.
Von seiten des Verlages wurde die Bandausgabe in verschiedenen
farbigen Varianten in Umlauf gebracht, z. B. als blaue, rote, braune
und grüne Leinenausgabe; auch andere May-Bände des Verlags.

332

In Bezug auf Karl May's illustrirte Werke ... Radebeul-Dresden,
    Villa »Shatterhand«. Karl May.
In: Allgemeiner Wahlzettel für den deutschen Buch- und Musika-
    lienhandel. Als Manuskript.
    Leipzig, Verlag von C. W. B. Naumburg.
    55. Jg. 1901. 4°
    Nr. 54, S. 216
Erschienen: 19. März 1901
Nachedition: 351, 549 M

333

In betreff der jetzt angebotenen Karl May's illustrirte Werke und
    »Ulanenliebe« ... Karl May.
In: Börsenblatt für den Deutschen Buchhandel.
    Leipzig, Eigentum des Börsenvereins der Deutschen Buchhänd-
    ler.
    68. Jg. 1901. gr. 4°
    Nr. 69, S. 2418
Erschienen: 23. März 1901

334

Hochgeehrter Herr Redacteur! ... In aufrichtigster Hochachtung
    bin ich, Herr Redacteur, Ihr ergebener Karl May.
    Radebeul=Dresden, 25. März 1901.
In: Rhein= und Mosel=Bote. Katholischer General-Anzeiger für
    Stadt und Land.
    Coblenz, Verlag von Johannes Schuth.
    8. Jg. 1901. gr. 2°
    Nr. 71, Zweites Blatt, S. 3
Erschienen: 27. März 1901

In diesem Eingesandt bezieht sich Karl May auf einen Artikel in
Nr. 68 des »Rhein= und Mosel=Boten« vom 22. 3. 1901, der sich mit
dem Erscheinen von »Karl May's illustrierten Werken« im Verlag
H. G. Münchmeyer auseinandersetzt, und zwar unter Verwendung
einer Stellungnahme Karl Mays selbst, die aber nicht zitiert, sondern nur indirekt wiedergegeben ist und in dieser Form einen Irr-
tum enthält, den er in seiner jetzigen Zuschrift berichtigt.

335

**Erklärung zur »Entgegnung« des Buchhändlers Fischer in Nr. 58
ds. »Wahlzettels«** … Radebeul-Dresden, den 26. März 1901. Karl
May.

In: Allgemeiner Wahlzettel für den deutschen Buch- und Musika-
lienhandel. Als Manuskript.

Leipzig, Verlag von C. W. B. Naumburg.

55. Jg. 1901. 4°

Nr. 60, S. 239-240

Erschienen: 28. März 1901

Nachedition: 340, 401

Aus dieser Erklärung wird zitiert in: Kölnische Volkszeitung und
Handels-Blatt. Allgemeiner Anzeiger für Rheinland-Westfalen
(Kölnische Handels-Zeitung). 43. Jg., Nr. 73, vom 24. 1. 1902, Drittes Blatt (Abend=Ausgabe), Freitags=Beilage Nr. 4, S. 1; außerdem
in: Historisch-politische Blätter für das katholische Deutschland.
129. Bd., Heft 7, vom 1. 4. 1902, S. 529-530; ferner in: Dresdner Anzeiger, 181. Jg., Nr. 81, vom 22. März 1911, S. 2, und bei Lebius, Rudolf: Die Zeugen Karl May und Klara May (vgl. Nr. 549), S. 186.

336

Radebeul, Dresden, Villa »Shatterhand«, 15. April 1901. Hochgeehrter Herr Redacteur! Soeben geht mir die Nr. 77 Ihrer »Reichspost« vom 3. April c. zu. Mein Vertrauen zu Ihrer Gerechtigkeits-
liebe gibt mir die Ueberzeugung, daß ich mich mit gegenwärtiger
Berichtigung nicht erfolglos an Sie wenden werde … Mit vorzüglicher Hochachtung ergebenst Carl May.

In: Reichspost. Unabhängiges Tagblatt für das christliche Volk
Oesterreich=Ungarns.

Wien, Verlag von Ambr. Opitz.

8. Jg. 1901. 2°

Nr. 88, S. 1-2

Erschienen: 17. April 1901

Nachedition: 337, 549 N

Diese Zuschrift ist Teil der publizistischen Auseinandersetzung
um die Herausgabe von »Karl May's illustrierten Werken« im Verlag H. G. Münchmeyer (Inhaber: Adalbert Fischer). Außerdem erläutert darin Karl May seine Beziehungen zum »Deutschen Hausschatz« und zum Verlag Pustet in Regensburg.

337

Radebeul, Dresden, Villa »Shatterhand«, 15. April 1901. Hochge-
ehrter Herr Redakteur! ... Mit vorzüglicher Hochachtung erge-
benst Karl May.
In: Schlesische Volkszeitung.
  Breslau, Verlag der Gesellschaft für Herausgabe der Schlesischen
  Volkszeitung (Grosser & Comp.).
  33. Jg. 1901. gr. 2°
  Nr. 185, Morgen=Ausgabe, S. 2
Erschienen: 24. April 1901
Voredition: 336
Nachedition: 549 N

338

Ich werde die Münchmeyer'sche Verlagshandlung gerichtlich be-
langen ...
In: Reichspost. Unabhängiges Tagblatt für das christliche Volk
  Oesterreich=Ungarns.
  Wien, Verlag von Ambr. Opitz.
  8. Jg. 1901. 2°
  Nr. 106, S. 6
Erschienen: 9. Mai 1901

Dieses Zitat aus einem Brief Karl Mays vom 16. 7. 1897 an den Ver-
lag Pustet in Regensburg ist Bestandteil einer »Erklärung« dieses
Verlages vom 29. 4. 1901 an die Wiener »Reichspost«.
Ebenfalls zitiert in: Historisch-politische Blätter für das katholische
Deutschland. 129. Bd., Heft 7, vom 1. 4. 1902, S. 532.

339

Ich brach zum ersten Male mit dem »Hausschatz«, als mir unter
der Redaction von Venanz Müller ein Manuscript verändert wor-
den war ... Radebeul-Dresden, 12. Mai 1901. Carl May.
In: Reichspost. Unabhängiges Tagblatt für das christliche Volk
  Oesterreich=Ungarns.
  Wien, Verlag von Ambr. Opitz.
  8. Jg. 1901. 2°
  Nr. 113, S. 9
Erschienen: 18. Mai 1901

Mit dieser Stellungnahme reagierte Karl May auf die »Erklärung«
des Pustet-Verlages (»Deutscher Hausschatz«), die in der »Reichspost«, 8. Jg., Nr. 106, vom 9. 5. 1901, S. 6, veröffentlicht worden
war.
Teilzitate daraus in: Historisch-politische Blätter für das katholische Deutschland. 129. Bd., Heft 7, vom 1. 4. 1902, S. 532; bei Lebius (Nr. 549), S. 187.

340

Vor ca. einem Vierteljahrhundert gründete ich bei H. G. Münch-
meyer in Dresden ...
In: Historisch-politische Blätter für das katholische Deutschland.
  München, In Commission der literarisch=artistischen Anstalt.

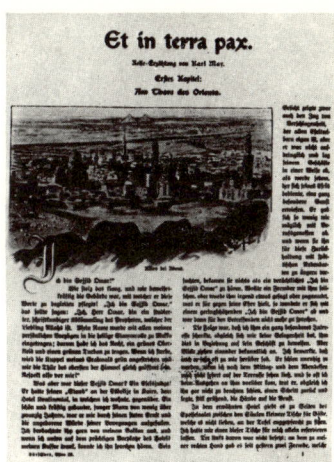

127. Bd. 1901. 8°
Heft 11, S. 824-825
Erschienen: 1. Juni 1901
Voredition: 335
Nachedition: 401

341

Et in terra pax. Reise=Erzählung von Karl May.
In: China. Schilderungen aus Leben und Geschichte, Krieg und
  Sieg. Ein Denkmal den Streitern und der Weltpolitik. Herausge-
  geben von Joseph Kürschner.
  Dritter Teil. Erzählendes und Anderes von und aus China. Erster
  Abschnitt.

Lieferungsausgabe

341.0

VA: 15. August 1901; EN: 28. August 1901 - 1. Lfg. (Sp. 1-16, 5 Illustr.) / VA: 22. August 1901; EN: 28. August 1901 - 2. Lfg.
(Sp. 17-32, 2 Illustr.) / VA: 29. August 1901; EN: 7. September
1901 - 3. Lfg. (Sp. 33-48, 6 Illustr.) / VA: 5. September 1901; EN:
7. September 1901 - 4. Lfg. (Sp. 49-64, 4 Illustr.) / EN: 30. September 1901 - 6. Lfg. (Sp. 65-80, 6 Illustr.) / EN: 14. Oktober
1901 - 8. Lfg. (Sp. 81-96, 7 Illustr.) / EN: 21. Oktober 1901 -
9. Lfg. (Sp. 97-112, 4 Illustr.) / EN: 28. Oktober 1901 - 10. Lfg.
(Sp. 113-128, 3 Illustr.) / EN: 8. November 1901 - 12. Lfg.
(Sp. 129-144, 4 Illustr.) / im folgenden vermutlich: 21. November
1901 - 14. Lfg. (Sp. 145-160, 3 Illustr.) / 28. November 1901 -
15. Lfg. (Sp. 161-176, 3 Illustr.) / 12. Dezember 1901 - 17. Lfg.
(Sp. 177-192, 4 Illustr.) / 19. Dezember 1901 - 18. Lfg.
(Sp. 193-208, 2 Illustr.) / 2. Januar 1902 - 20. Lfg. (Sp. 209-224,
5 Illustr.) / 16. Januar 1902 - 22. Lfg. (Sp. 225-240) / 30. Januar
1902 - 24. Lfg. (Sp. 241-256, 2 Illustr.) / 6. Februar 1902 - 25. Lfg.
(Sp. 257-272, 2 Illustr.) / 27. Februar 1902 - 28. Lfg. (Sp. 273-284,
1 Schlußvignette).

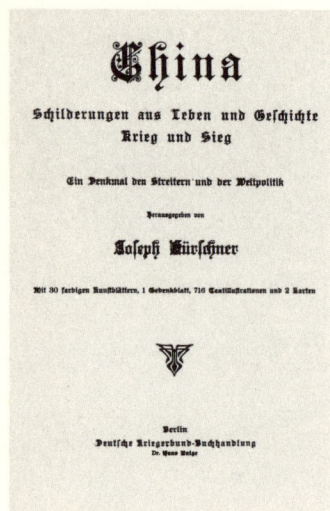  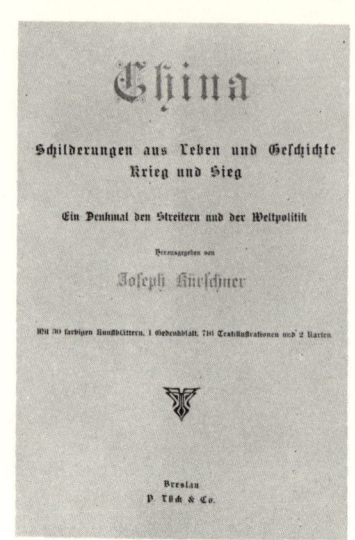

Buch-Erstausgabe

341.1

China. Schilderungen aus Leben und Geschichte, Krieg und Sieg.
 Ein Denkmal den Streitern und der Weltpolitik. Herausgegeben
 von Joseph Kürschner.
 Leipzig, Verlag von Hermann Zieger. gr. 4°
 Dritter Teil, Sp. 1-284, 62 Illustr., 1 Schlußvignette (von Ferdi-
 nand Lindner). Mit Illustr. v. Roegge ab 1902.
Erschienen: 1. November 1901
Nachedition: 373, 588

Nachauflagen der Erstausgabe

341.2

China. Schilderungen aus Leben und Geschichte, Krieg und Sieg.
 Ein Denkmal den Streitern und der Weltpolitik. Herausgegeben
 von Joseph Kürschner.
 Berlin, Verlag der Deutschen Kriegerbund-Buchhandlung Dr.
 Hans Natge. gr. 4°
 Dritter Teil, Sp. 1-284, 62 Illustr., 1 Schlußvignette (von Wilhelm
 Roegge). – Auch teilweise noch mit Illustr. v. Lindner.
Erschienen: 1902

341.3

China. Schilderungen aus Leben und Geschichte, Krieg und Sieg.
 Ein Denkmal den Streitern und der Weltpolitik. Herausgegeben
 von Joseph Kürschner.
 Breslau, Verlag von P. Lück & Co. gr. 4°
 Dritter Teil, Sp. 1-284, 62 Illustr., 1 Schlußvignette (von Wilhelm
 Roegge).
Erschienen: Vermutlich 1906 (vor Ende Oktober)

Wanda.

Novelle

von

Karl May.

Dresden.
H. G. Münchmeyer.

342

Wanda. Novelle von Karl May.
Dresden, Verlag von H. G. Münchmeyer, 1901. 230 S. 8°
DB: 98
Erschienen: EN: 26. Oktober 1901
Voredition: 4, 4 P 1 bis 4 P 15, 128, 128 P
Nachedition: 400, 446.2, 447

343

Radebeul=Dresden, den 28. Nov. 1901. Sehr geehrter Herr! Nehmen Sie für den mir gesandten Aufsatz meinen Herzensdank! ...
Mit hochachtungsvollem Gruße Ihr dankbarer May.
In: Münchener Zeitung. General-Anzeiger der kgl. Haupt- und Residenzstadt München.
München, Münchener Zeitungsverlag G.m.b.H.
4. Jg. 1901. gr. 2°
Nr. 289, S. 1
Erschienen: 4. Dezember 1901

Karl May bedankt sich in dieser Zuschrift für den Beitrag eines Einsenders (J. Sgbr.), der in derselben Ausgabe der »Münchener Zeitung« abgedruckt ist und in welchem May gegen seine Kritiker in Schutz genommen wird.
Ein Zitat daraus in: Kölnische Volkszeitung und Handels-Blatt. Allgemeiner Anzeiger für Rheinland-Westfalen (Kölnische Handels-Zeitung). 43. Jg., Nr. 73, vom 24. 1. 1902, Drittes Blatt (Abend=Ausgabe), Freitags=Beilage Nr. 4, S. 1; außerdem in: Historisch-politische Blätter für das katholische Deutschland. 129. Bd., Heft 7, vom 1. 4. 1902, S. 539.

344

»Karl May als Erzieher« und »Die Wahrheit über Karl May« oder
Die Gegner Karl Mays in ihrem eigenen Lichte von einem dank-
baren May-Leser.
Freiburg i. B., Verlag von Friedrich Ernst Fehsenfeld, 1902.
159 S. 8°
DB: 94
Erschienen: 13. Januar 1902

345

Oberlößnitz=Dresden, den 30. August 1893. Hochgeehrter Herr!
Gestatten Sie mir die gehorsame Mittheilung ... habe ich die
Ehre, zu sein Ihr ganz ergebener Dr. Karl May.
In: Elberfelder Zeitung.
Elberfeld, Verlag von Samuel Lucas.
113. Jg. 1902. 2°
Nr. 17, Zweites Blatt, S. 4 (unpag.)
Erschienen: 17. Januar 1902
Nachedition: 346, 349

Brief an den Verleger J. P. Bachem in Köln in betreff der Erzählung
»Die Wüstenräuber«.

346

Oberlößnitz=Dresden, den 30. August 1893. Hochgeehrter Herr!
Gestatten Sie mir die gehorsame Mitteilung ... habe ich die Ehre
zu sein Ihr ganz ergebener Dr. Karl May.
In: Kölnische Volkszeitung und Handels-Blatt. Allgemeiner Anzei-
ger für Rheinland-Westfalen (Kölnische Handels-Zeitung).
Köln, Verlag von J. P. Bachem.
43. Jg. 1902. gr. 2°
Nr. 73, Drittes Blatt (Abend=Ausgabe), Freitags=Beilage Nr. 4, S. 1
Erschienen: 24. Januar 1902
Voredition: 345
Nachedition: 349

347

Das Waldröschen.

Lieferungsausgabe

347.0

(= »Karl May's Illustrierte Werke«, Serie II: 44 Lieferungen). 8°
EN: 31. Januar 1902 - 1. Lfg. (S. 1-96, 16 Illustr., 1 Vignette) /
EN: 24. Februar 1902 - 2. Lfg. (S. 97-192, 20 Illustr.) / EN:
1. März 1902 - 3. Lfg. (S. 193-288, 19 Illustr.) / EN: 7. März
1902 - 4. Lfg. (S. 289-384, 18 Illustr.) / EN: 2. April 1902 - 5. Lfg.
(S. 385-480, 15 Illustr.) / EN: 8. April 1902 - 6. Lfg. (S. 481-560,
12 Illustr.) / EN: 19. April 1902 - 7. Lfg. (1. Teil, S. 561-565, 1 Illustr.; 2. Teil, S. 1-80, 13 Illustr.) / EN: 2. Mai 1902 - 8. Lfg.
(2. Teil, S. 81-176, 15 Illustr.) / EN: 10. Mai 1902 - 9. Lfg. (2. Teil,
S. 177-272, 17 Illustr.) / EN: 26. Mai 1902 – 10. Lfg. (2. Teil,

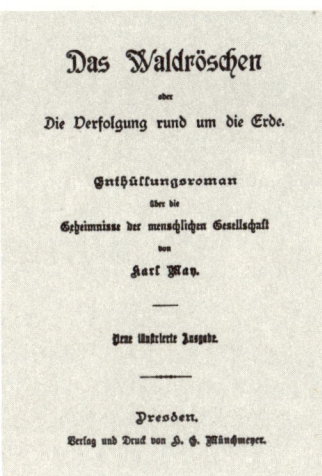

S. 273-352, 12 Illustr.) / EN: 31. Mai 1902 - 11. Lfg. (2. Teil, S. 353-360, 1 Illustr.; 3. Teil, S. 1-80, 12 Illustr., 1 Vignette) / EN: 9. Juni 1902 - 12. Lfg. (3. Teil, S. 81-176, 16 Illustr.) / EN: 13. Juni 1902 - 13. Lfg. (3. Teil, S. 177-272, 15 Illustr.) / EN: 20. Juni 1902 - 14. Lfg. (3. Teil, S. 273-368, 13 Illustr.) / EN: 27. Juni 1902 - 15. Lfg. (3. Teil, S. 369-464, 14 Illustr.) / EN: 4. Juli 1902 - 16. Lfg. (3. Teil, S. 465-560, 16 Illustr.) / EN: 18. Juli 1902 - 17. Lfg. (3. Teil, S. 561-656, 14 Illustr.) / EN: 25. Juli 1902 - 18. Lfg. (3. Teil, S. 657-752, 14 Illustr.) / VA: 19. Juli 1902; EN: 29. Juli 1902 - 19. Lfg. (3. Teil, S. 753-848, 15 Illustr.) / EN: 4. August 1902 – 20. Lfg. (3. Teil, S. 849-944, 13 Illustr.) / EN: 9. August 1902 - 21. Lfg. (3. Teil, S. 945-968, 4 Illustr.; 4. Teil, S. 1-64, 8 Illustr.) / EN: 15. August 1902 - 22. Lfg. (4. Teil, S. 65-160, 14 Illustr.) / EN: 25. August 1902 - 23. Lfg. (4. Teil, S. 161-256, 16 Illustr.) / EN: 29. August 1902 - 24. Lfg. (4. Teil, S. 257-352, 13 Illustr.) / EN: 8. September 1902 - 25. Lfg. (4. Teil, S. 353-448, 14 Illustr.) / EN: 20. September 1902 - 26. Lfg. (4. Teil, S. 449-544, 17 Illustr.) / EN: 22. September 1902 - 27. Lfg. (4. Teil, S. 545-640, 16 Illustr.) / EN: 27. September 1902 - 28. Lfg. (4. Teil, S. 641-736, 14 Illustr.) / EN: 6. Oktober 1902 - 29. Lfg. (4. Teil, S. 737-832, 13 Illustr.) / EN: 17. Oktober 1902 - 30. Lfg. (4. Teil, S. 833-840, 1 Illustr.; 5. Teil, S. 1-80, 9 Illustr.) / EN: 25. Oktober 1902 - 31. und 32. Lfg. (5. Teil, S. 81-272, 26 Illustr.) / EN: 3. November 1902 - 33. Lfg. (5. Teil, S. 273-368, 14 Illustr.) / EN: 14. November 1902 - 34. Lfg. (5. Teil, S. 369-464, 14 Illustr.) / EN: 22. November 1902 – 35. Lfg. (5. Teil, S. 465-560, 11 Illustr.) / EN: 29. November 1902 - 36. Lfg. (5. Teil, S. 561-656, 13 Illustr.) / EN: 16. Dezember 1902 - 37. Lfg. (5. Teil, S. 657-714, 9 Illustr.; 6. Teil, S. 1-32, 3 Illustr.) / EN: 23. Dezember 1902 - 38. Lfg. (6. Teil, S. 33-128, 15 Illustr.) / EN: 2. Januar 1903 - 39. Lfg. (6. Teil, S. 129-224, 13 Illustr.) / EN: 12. Januar 1903 - 40. Lfg. (6. Teil, S. 225-320, 13 Illustr.) / EN: 26. Januar 1903 - 41. Lfg. (6. Teil, S. 321-400, 11 Illustr.) / EN: 31. Januar 1903 - 42. Lfg. (6. Teil, S. 401-480, 11 Illustr.) / EN: 16. Februar 1903 - 43. Lfg. (6. Teil, S. 481-560, 9 Illustr.) / EN: 20. Februar 1903 - 44. Lfg. (6. Teil, S. 561-632, 13 Illustr.).

Band-Ausgabe

347.1 A
RT: Das Waldröschen oder Die Verfolgung rund um die Erde. Enthüllungsroman über die Geheimnisse der menschlichen Gesellschaft von Karl May. Band I. **T:** Die Tochter des Granden. Roman von Karl May. I. Band des Romans »Das Waldröschen«.
Dresden-Niedersedlitz, Verlag von H. G. Münchmeyer, 1902. 565 S., 101 Illustr., 1 Vignette. 8°
DB: 106
Erschienen: Vermutlich Mai oder Juni 1902

347.1 B
RT: Das Waldröschen oder Die Verfolgung rund um die Erde. Enthüllungsroman über die Geheimnisse der menschlichen Gesellschaft von Karl May. Band II. **T:** Der Schatz der Mixtekas. Roman von Karl May. II. Band des Romans »Das Waldröschen«.
Dresden-Niedersedlitz, Verlag von H. G. Münchmeyer, 1902.
360 S., 58 Illustr. 8°
DB: 107
Erschienen: VA: 21. Juli 1902

347.1 C
RT: Das Waldröschen oder Die Verfolgung rund um die Erde. Ent-
hüllungsroman über die Geheimnisse der menschlichen Gesell-
schaft von Karl May. Band III. **T:** Matavase, der Fürst des Fel-
sens. Roman von Karl May. III. Band des Romans »Das
Waldröschen«.
Dresden-Niedersedlitz, Verlag von H. G. Münchmeyer, 1902.
968 S., 146 Illustr., 1 Vignette. 8°
DB: 108
Erschienen: VA: August 1902

347.1 D
RT: Das Waldröschen oder Die Verfolgung rund um die Erde. Ent-
hüllungsroman über die Geheimnisse der menschlichen Gesell-
schaft von Karl May. Band IV. **T:** Erkämpftes Glück. Roman von
Karl May. Band I. IV. Band des Romans »Das Waldröschen«.
Dresden-Niedersedlitz, Verlag von H. G. Münchmeyer, 1902.
840 S., 126 Illustr. 8°
DB: 109
Erschienen: Vermutlich November oder Dezember 1902

347.1 E
RT: Das Waldröschen oder Die Verfolgung rund um die Erde. Ent-
hüllungsroman über die Geheimnisse der menschlichen Gesell-
schaft von Karl May. Band V. T: Erkämpftes Glück. Roman von
Karl May. Band II. V. Band des Romans »Das Waldröschen«.
Dresden-Niedersedlitz, Verlag von H. G. Münchmeyer, o. J.
714 S., 96 Illustr. 8°
DB: 109
Erschienen: Vermutlich Dezember 1902 oder Januar 1903

347.1 F
RT: Das Waldröschen oder Die Verfolgung rund um die Erde. Ent-
hüllungsroman über die Geheimnisse der menschlichen Gesell-
schaft von Karl May. Band VI. T: Erkämpftes Glück. Roman von
Karl May. Band III. VI. Band des Romans »Das Waldröschen«.
Dresden-Niedersedlitz, Verlag von H. G. Münchmeyer, 1903.
632 S., 88 Illustr. 8°
DB: 109
Erschienen: Vermutlich März oder April 1903

Voredition: 161
Nachedition: 442, 592

348
Am Tode. Reiseerzählung von Karl May.
In: Rhein= und Mosel=Bote. Katholischer General-Anzeiger für
Stadt und Land.
Coblenz, Verlag von Johannes Schuth.
9. Jg. 1902, gr. 2°
Nr. 38, Erstes Blatt, S. 1 (sämtlich unpag.)
Nr. 39, Erstes Blatt, S. 1
Nr. 40, Erstes Blatt, S. 1
Nr. 41, Erstes Blatt, S. 1
Nr. 42, Erstes Blatt, S. 1
Nr. 43, Erstes Blatt, S. 1
Nr. 44, Zweites Blatt, S. 1
Nr. 45, Erstes Blatt, S. 1
Nr. 46, Erstes Blatt, S. 1
Nr. 47, Erstes Blatt, S. 1
Nr. 48, Erstes Blatt, S. 1
Nr. 49, Erstes Blatt, S. 1
Nr. 50, Zweites Blatt, S. 1
Nr. 51, Erstes Blatt, S. 1
Nr. 52, Erstes Blatt, S. 1
Nr. 53, Erstes Blatt, S. 1
Nr. 54, Erstes Blatt, S. 1
Nr. 56, Drittes Blatt, S. 1
Nr. 57, Erstes Blatt, S. 1
Nr. 58, Erstes Blatt, S. 1
Nr. 59, Zweites Blatt, S. 1
Nr. 60, Erstes Blatt, S. 1
Nr. 62, Erstes Blatt, S. 1
Nr. 63, Erstes Blatt, S. 1

Rhein= und Mosel=Bote.

Katholischer General-Anzeiger für Stadt und Land.

Redaction und Expedition: Coblenz, Marktstraße 7. — Draht-Adresse: Moselbote, Coblenz.

Rotationsdruck und Verlag von Johannes Schmid in Coblenz.   (Fernsprech-Anschluß Nr. 180.)   Verantwortlicher Redacteur: Johannes Bederia in Coblenz.

Nr. 38.   (Erstes Blatt.)   Coblenz, Samstag den 15. Februar 1902.   9. Jahrgang.

Nr. 64, Erstes Blatt, S. 1
Nr. 65, Erstes Blatt, S. 1
Nr. 66, Erstes Blatt, S. 1
Nr. 68, Erstes Blatt, S. 1
Nr. 69, Erstes Blatt, S. 1
Nr. 70, Erstes Blatt, S. 1
Nr. 71, Zweites Blatt, S. 1
Nr. 72, Zweites Blatt, S. 1
Nr. 73, Erstes Blatt, S. 1
Nr. 74, Erstes Blatt, S. 1
Nr. 75, Erstes Blatt, S. 1
Nr. 76, Erstes Blatt, S. 1
Nr. 77, Erstes Blatt, S. 1
Nr. 78, Zweites Blatt, S. 1
Nr. 79, Erstes Blatt, S. 1
Nr. 80, Erstes Blatt, S. 1
Nr. 81, Erstes Blatt, S. 1
Nr. 82, Erstes Blatt, S. 1
Nr. 83, Erstes Blatt, S. 1
Nr. 85, Erstes Blatt, S. 1
Nr. 86, Erstes Blatt, S. 1
Nr. 87, Erstes Blatt, S. 1
Nr. 88, Erstes Blatt, S. 1
Nr. 89, Erstes Blatt, S. 1
Nr. 91, Erstes Blatt, S. 1
Nr. 92, Erstes Blatt, S. 1
Nr. 93, Erstes Blatt, S. 1
Nr. 94, Erstes Blatt, S. 1
Nr. 95, Erstes Blatt, S. 1
Nr. 97, Erstes Blatt, S. 1
Nr. 98, Erstes Blatt, S. 1

Erschienen: Zwischen dem 15. Februar und 30. April 1902 (außer
     am 7., 14., 21. März, 7., 14., 21. und 28. April sowie außer sonn-
     und feiertags)
Nachedition: 352 (S. 67-266), 586 (S. 67-266)

349

Oberlößnitz=Dresden, den 30. August 1893. Hochgeehrter Herr!
     Gestatten Sie mir die gehorsame Mitteilung … habe ich die Ehre
     zu sein Ihr ganz ergebener Dr. Karl May.

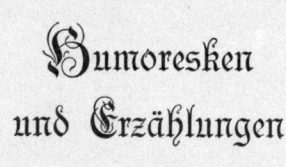

H. G. Münchmeyer, Dresden-Niedersedlitz.

In: Börsenblatt für den Deutschen Buchhandel.
   Leipzig, Eigentum des Börsenvereins der Deutschen Buchhändler.
   69. Jg. 1902. gr. 4°
   Nr. 43, S. 1647
Erschienen: 21. Februar 1902
Voredition: 345, 346

350

Humoresken und Erzählungen.

Es handelt sich um einen Sammelband mit folgenden Erzählungen:

350 A
I. Auf den Nußbäumen. (S. 5-53)
Voredition: 34, 142
Nachedition: 397 A, 446 A

350 B
II. Unter den Werbern. Humoristische Episode aus dem Leben des
   alten Dessauer. (S. 55-191)
Voredition: 35, 39, 86, 86 P, 121, 176
Nachedition: 397 B, 446 B

350 C
III. Ein Stücklein vom alten Dessauer. Humoristische Episode aus
   dem Leben des alten Dessauer. (S. 193-239)
Voredition: 167, 327
Nachedition: 397 C, 446 C

350 D
IV. Die Fastnachtsnarren. (S. 241-283)
Voredition: 11, 52a, 63
Nachedition: 397 D, 446 D

350 E
I. Old Firehand. (S. 1-184)
Voredition: 8, 22, 113, 179, 201, 242 (Kap. 5 und 6)
Nachedition: 387 (S. 171-186), 397 E, 446 E, 468 (Kap. 5 und 6)

350 F
II. Inn-nu-woh, der Indianerhäuptling. (S. 185-204)
Voredition: 6, 47, 77, 215 (S. 1-32), 263 (S. 1-26), 326
Nachedition: 397 F, 446 F

350 G
III. Der Gitano. Ein Abenteuer unter den Carlisten. (S. 205-235)
Voredition: 5, 5 P 1 bis 5 P 15, 45, 110, 110 P
Nachedition: 397 G, 446 G

Broschierte Ausgabe

350.1
Humoresken und Erzählungen von Karl May.
   Dresden, Verlag von H. G. Münchmeyer, 1902. 283 S., 235 S. 8°
   DB: 99
Erschienen: VA: Ende Februar 1902; EN: 7. April 1902

Gebundene Ausgabe

350.2
Humoresken und Erzählungen von Karl May.
  Dresden, Verlag von H.G.Münchmeyer, 1902. 283 S., 235 S. 8°
  DB: 99
Erschienen: VA: Ende Februar 1902; EN: 7. April 1902
Nachedition: 397, 446

351
In Bezug auf Karl May's Illustrierte Werke ... Radebeul=Dresden.
  Villa Shatterhand. Karl May.
In: Historisch-politische Blätter für das katholische Deutschland.
  München. In Commission der literarisch=artistischen Anstalt.
  129. Bd. 1902. 8°
  Heft 7, S. 529
Erschienen: 1. April 1902
Voredition: 332
Nachedition: 549 M

352
Im Reiche des silbernen Löwen. 3. Band.

Lieferungsausgabe

352.0
(= 271. bis 280. Lieferung »Karl May's gesammelte Reiseerzählungen«). kl. 8°
  VA (10. April 1902): »In wenigen Tagen erscheint«; EN: 13. Mai
  1902 - 1. und 2.Lfg. (S.1-128) / EN: 27. Mai 1902 - 3. und 4.Lfg.
  (S.129-256) / EN: 14.Juli 1902 - 5. und 6.Lfg. (S.257-384) / EN:
  4. August 1902 - 7. und 8. Lfg. (S. 385-512) / EN: 9. August
  1902 - 9. und 10.Lfg. (S.513-636).

Buch-Erstausgabe

352.1
RT: Karl May's gesammelte Reiseerzählungen. Band XXVIII. **T:**
Im Reiche des silbernen Löwen. 3. Band. Reiseerlebnisse von
Karl May. 1.-5. Tausend. Mit Verlagssignet.
Freiburg i. B., Verlag von Friedrich Ernst Fehsenfeld, 1902.
636 S. kl. 8°
DB: 80, 140
Erschienen: VA: 4. August 1902 (Barbestellungen), 11. August 1902
(Kommissionsbestellungen); EN: 9. August 1902
Nachedition: 586

Nachauflagen der Erstausgabe

352.2
6.-10. Tausend: wie 352.1
DB: 80, 140
Erschienen: 1902

352.3
11.-15. Tausend: wie 352.1
DB: 80, 140
Erschienen: 1902

352.4
16.-20. Tausend: wie 352.1
DB: 80, 83, 140
Erschienen: 1904

352.5
21.-25. Tausend: wie 352.1
DB: 80, 83, 140
Erschienen: 1908

352.6
26. und 27. Tausend: wie 352.1
DB: 80, 83, 140
Erschienen: 1913

Fortführung der Buchreihe: 364

353
Auf der Prairie.

Es handelt sich um einen Sammelband mit folgenden May-Texten:

353 A
Der Karawanenwürger. Von Karl May. (S. 5-27)
Voredition: 53, 98, 171, 177, 250 A, 257 A, 258 A, 264 A, 265 A,
267 A, 328 A
Nachedition: 478 A, 558 A, 563 A

Auf der Prairie

Erzählungen aus dem wilden Westen Amerikas

von

Arthur Wollbrandt, Carl May
und Kapitän Maryat.

Berlin NO. 43.
Druck und Verlag von A. Weichert
Neue Königstraße 9.

Das Geheimnis des Stollens.

Von

Dr. Carl Mai.

353 B
Im wilden Westen. Eine Erzählung aus dem Leben der Grenzer
von E. Pollmer. (S. 28-50)
Voredition: 62, 92, 104, 212, 257 B, 264 B, 267 B, 269 (S. 24-30),
328 B
Nachedition: 490 (S. 24-30), 558 E, 563 E

353 C
Ein Abenteuer in Südafrika. Von Emma Pollmer. (S. 67-79)
Voredition: 74, 111, 257 C, 258 B, 264 C, 265 B, 267 C, 294 B,
328 C
Nachedition: 548 B

353 D
An Bord der Schwalbe. Von Karl May. (S. 80-98)
Voredition: 55, 108, 252 D, 257 D, 264 D, 267 D, 328 D
Nachedition: 547 D, 558 B, 563 B

353 E
Der Brand des Ölthals. Ein Abenteuer aus den Vereinigten Staaten.
Von Karl May. (S. 99-116)
Voredition: 52, 257 E, 258 C, 264 E, 265 C, 267 E, 328 E
Nachedition: 558 C, 563 C

353 F
Die Rache des Ehri. Ein Abenteuer aus dem südlichen Polynesien
von Emma Pollmer. (S. 117-127)
Voredition: 81, 114, 138, 252 A, 257 F, 264 F, 267 F, 328 F
Nachedition: 547 A, 558 D, 563 D

Buchausgabe

353.1
Auf der Prairie. Erzählungen aus dem wilden Westen Amerikas
von Arthur Wollbrandt, Carl May und Kapitän Maryat.
Berlin, Verlag von A. Weichert, (1902/03). 135 S., 3 Buntdruck-
bilder. 127 S., 4 Buntdruckbilder. 8°
DB: 31
Erschienen: Vermutlich zwischen Mai 1902 und laufendem Jahr
1903

Die May-Texte bilden den zweiten Teil der Buchausgabe (127 S.),
zusammen mit der anonymen, offensichtlich nicht von Karl May
stammenden Erzählung »Ein Kampf mit Piraten« (S. 51-66).
Der erste Teil der Buchausgabe (135 S.) besteht aus der Marryat-
Erzählung »Sigismund Rüstig«.

354
Das Geheimnis des Stollens. Roman von Dr. Karl Mai.
Heilbronn, Verlag von Otto Weber, 1902. 126 S., 6 Abb. kl. 8°
(= Weber's Moderne Bibliothek. Illustrierte Sammlung guter Er-
zählungen und Novellen aus der Feder beliebter Schriftsteller,
Nr. 38).
DB: 96

Erschienen: EN: 24. Mai 1902
Voredition: 91, 91 P, 107, 130, 144, 151, 154, 172, 195, 239, 255,
268
Nachedition: 371, 372 F, 436 F

„Der Löwe Sachsens."

355
»Der Löwe Sachsens.«
- 1849 - Horch! Klingt das nicht wie ferner Schwerterklang? ...
Nachdruck gestattet. Karl May.
Privatdruck. 1 Faltblatt.
Erschienen: 21. oder 22. Juni 1902
Voredition: 2, 169, (Lfg. 106, S. 1688), 325 (19. Bd., S. 2037), 329
(S. 2037)
Nachedition: 356, 357, 358, 359, 360, 361, 362, 388 (Lfg. 106,
S. 1688), 394.1 E (S. 421), 445.1 E (S. 421)

Dieser private Sonderdruck war in erster Linie für die Presse be-
stimmt. Es ist daher möglich, daß außer den verzeichneten Nachdrucken noch weitere Veröffentlichungen in sächsischen Lokal-
und Regionalzeitungen existieren.

356
»Der Löwe Sachsens.«
- 1849 - Horch! Klingt das nicht wie ferner Schwerterklang? ...
Karl May.
In: Bautzener Nachrichten. Verordnungsblatt der Kreishauptmann-
schaft Bautzen zugleich als Konsistorialbehörde der Oberlausitz.
Amtsblatt der Amtshauptmannschaften Bautzen und Löbau, des
Landgerichts Bautzen und der Amtsgerichte Bautzen, Schirgis-
walde, Herrnhut, Bernstadt und Ostritz, des Hauptsteueramts
Bautzen, ingleichen der Stadträte zu Bautzen und Bernstadt, so-
wie der Stadtgemeinderäte zu Schirgiswalde und Weißenberg.
Organ der Handels= und Gewerbekammer zu Zittau.
Bautzen, Verlag von E. M. Monse.
120. Jg. 1902. gr. 2°
Nr. 142, Erste Beilage, S. 1 (unpag.)
Erschienen: 23. Juni 1902 (abends)
Voredition: 2, 169, (Lfg. 106, S. 1688), 325 (19. Bd., S. 2037), 329
(S. 2037), 355
Nachedition: 357, 358, 359, 360, 361, 362, 388 (Lfg. 106, S. 1688),
394.1 E (S. 421), 445.1 E (S. 421)

357
Zum Gedächtniß König Alberts. Von Karl May. (Eingesandt.)
- 1849 - Horch! Klingt das nicht wie ferner Schwerterklang? ...
In: Hohenstein=Ernstthaler Tageblatt. Anzeiger für Hohenstein-
Ernstthal, Oberlungwitz, Gersdorf, Lugau, Hermsdorf, Bernsdorf,
Langenberg, Falken, Langenchursdorf, Meinsdorf, Rußdorf, Wü-
stenbrand, Grüna, Mittelbach, Ursprung, Erlbach, Kirchberg,
Pleißa, Reichenbach, Callenberg, Tirschheim, Kuhschnappel,
Grumbach, St. Egydien, Hüttengrund usw. Amtsblatt für das Kö-
nigliche Amtsgericht und den Stadtrath zu Hohenstein=Ernst-

Noſſener Anzeiger.

Tageblatt

für

Noſſen, Siebenlehn und die umliegenden Ortſchaften.

Amtsblatt

der Königlichen Amtshauptmannſchaft Meißen, des Königlichen Amtsgerichts zu Noſſen, ſowie der Stadträte zu Noſſen und Siebenlehn.

Nr. 143. | Fernſprecher Nr. 11. | Dienstag, den 24. Juni | Zeitungs-Preis Nr. 1625. | **1902.**

thal. Organ aller Gemeinde-Verwaltungen der umliegenden Ortschaften.

Hohenstein-Ernstthal, Verlag von J. Nuhr Nachfolger, Max Förster. 52. Jg. 1902. gr. 2°

Nr. 143, vom 24. 6. 1902, S. 3 (unpag.)

Erschienen: 23. Juni 1902 (abends)

Voredition: 2, 169 (Lfg. 106, S. 1688), 325, (19. Bd., S. 2 037), 329 (S. 2 037), 355, 356

Nachedition: 358, 359, 360, 361, 362, 388, (Lfg. 106, S. 1688), 394.1 E (S. 421), 445.1 E (S. 421)

358

König Albert †.

1849. Horch! Klingt das nicht wie ferner Schwerterklang? ... Karl May.

In: Nossener Anzeiger. Tageblatt für Nossen, Siebenlehn und die umliegenden Ortschaften. Amtsblatt der Königlichen Amtshauptmannschaft Meißen, des Königlichen Amtsgerichts zu Nossen, sowie der Stadträte zu Nossen und Siebenlehn.

Nossen, Verlag von Emil Hensel (i. F.: C. F. Hensel).

55. Jg. 1902. 2°

Nr. 143, vom 24. 6. 1902, Beilage, S. 1 (unpag.)

Erschienen: 23. Juni 1902 (6 Uhr abends)

Voredition: 2, 169, (Lfg. 106, S. 1688), 325 (19. Bd., S. 2 037), 329 (S. 2 037), 355, 356, 357

Nachedition: 359, 360, 361, 362, 388 (Lfg. 106, S. 1688), 394.1 E (S. 421), 445.1 E (S. 421)

359

»Der Löwe Sachsens.«

– 1849 – Horch! Klingt das nicht wie ferner Schwerterklang? ... Karl May.

In: Glauchauer Tageblatt und Anzeiger. Amtsblatt für den Stadt-Rath zu Glauchau.

Glauchau, Verlag des Glauchauer Tageblattes R. Dulce, Buch- und Steindruckerei, Lithographische Anstalt (Inh. Moritz Oscar Dulce und Joh. Gust. Ad. Garcke).

54. Jg. 1902. 2°

Nr. 143, Beilage, S. 1 (unpag.)

Erschienen: 24. Juni 1902

Voredition: 2, 169 (Lfg. 106, S. 1 688), 325 (19. Bd., S. 2 037), 329
(S. 2 037), 355, 356, 357, 358
Nachedition: 360, 361, 362, 388 (Lfg. 106, S. 1 688), 394.1 E
(S. 421), 445.1 E (S. 421)

360

»Der Löwe Sachsens.«
1849. Horch! Klingt das nicht wie ferner Schwerterklang? ... Karl
May.
In: Auerbacher Zeitung. Amtsblatt der Königlichen Amtshaupt-
mannschaft, des Königlichen Amtsgerichtes, der Königlichen
Bezirksschulinspektion und des Stadtrates zu Auerbach (Vogtl.).
Tageblatt für Auerbach, Falkenstein, Treuen, Lengenfeld, Rode-
wisch, Wernesgrün, Rothenkirchen, Ellefeld, Klingenthal und
Rautenkranz.
Auerbach, Verlag von Adolf Gröger.
50. Jg. 1902. gr. 2°
Nr. 143, Beilage, S. 1 (unpag.)
Erschienen: 24. Juni 1902
Voredition: 2, 169 (Lfg. 106, S. 1 688), 325 (19. Bd., S. 2 037), 329
(S. 2 037), 355, 356, 357, 358, 359
Nachedition: 361, 362, 388 (Lfg. 106, S. 1 688), 394.1 E (S. 421),
445.1 E (S. 421)

361

»Der Löwe Sachsens«.
– 1849 – Horch! Klingt das nicht wie ferner Schwerterklang? ...
Karl May.
In: Meeraner Tageblatt und Anzeiger. Organ für Politik, Lokalge-
schichte und Geschäftsverkehr, sowie für amtliche Nachrichten.
Meerane, Verlag von Johannes Sievers (Inhaber: Guido und
Emil Sievers).
40. Jg. 1902, gr. 2°
Nr. 145, Beilage, S. 1 (unpag.)
Erschienen: 26. Juni 1902
Voredition: 2, 169 (Lfg. 106, S. 1 688), 325 (19. Bd., S. 2 037), 329
(S. 2 037), 355, 356, 357, 358, 359, 360
Nachedition: 362, 388 (Lfg. 106, S. 1 688), 394.1 E (S. 421), 445.1 E
(S. 421)

362

»Der Löwe Sachsens.«
1849 Horch! Klingt das nicht wie ferner Schwerterklang? ... Karl
May.
In: Zwickauer Wochenblatt. Amtsblatt für die königlichen und
städtischen Behörden in Zwickau und das königliche Amtsge-
richt in Wildenfels.
Zwickau, Verlag der Firma R. Zückler (Inhaber: Paul Robert
Zückler und Friedrich Martin Lippmann).
100 Jg. 1902. gr. 2°
Nr. 148, vom 29. 6. 1902, Vierte Beilage, S. 2 (unpag.)
Erschienen: 28. Juni 1902 (nachmittags)

KLEINE SCHÜLER-BIBLIOTHEK

MIT ANMERKUNGEN

HERAUSGEGEBEN VON

HJALMAR HJORTH UND ANNA LINDHAGEN

IX

(von IX. Hjorth.)

Abu-Seïf

EIN REISEERLEBNIS

VON

KARL MAY

STOCKHOLM
WILHELM BILLES BOKFÖRLAGS AKTIEBOLAG

Zwickauer Wochenblatt.

Amtsblatt für die königlichen und städtischen Behörden in Zwickau und das königliche Amtsgericht in Wildenfels.

Erscheint täglich, außer Sonn- und Feiertags, Nachmittags für den folgenden Tag.

№ 148.   Sonntag, den 29. Juni 1902.   100. Jahrgang.

Voredition: 2, 169 (Lfg. 106, S. 1688), 325 (19. Bd., S. 2037), 329 (S. 2037), 355, 356, 357, 358, 359, 360, 361
Nachedition: 388 (Lfg. 106, S. 1688), 394.1 E (S. 421), 445.1 E (S. 421)

363
Abu-Seïf. Ein Reiseerlebnis von Karl May.
Stockholm, Wilhelm Billes Bokförlags Aktiebolag, 1902. 219 S. kl. 8°
(= Kleine Schüler-Bibliothek mit Anmerkungen herausgegeben von Hjalmar Hjorth und Anna Lindhagen, Bd. IX).
DB: 95
Erschienen: Oktober 1902
Voredition: 140 (S. 378-467), 226 (S. 170-315)
Nachedition: 435 (S. 139-257)

Auf den May-Text entfallen die Seiten 1-182; die Seiten 183-219 enthalten Anmerkungen, und zwar in Deutsch und mit schwedischer Übersetzung. Der Band diente als Textbuch (Übungsbuch) für schwedische Schüler zur Erlernung der deutschen Sprache.

364
Im Reiche des silbernen Löwen. 4. Band.

Lieferungsausgabe

364.0
(= 281. bis 290. Lieferung »Karl May's gesammelte Reiseerzählungen«). kl. 8°
VA (8. Dezember 1902): »In den nächsten Tagen erscheint«; EN: 2. Januar 1903 - 1. Lfg. (S. 1-64) / EN: 27. April 1903 - 2. Lfg. (S. 65-128) / VA (22. Juli 1903): »Demnächst erscheint« - 2. und 3. Lfg.; EN: 17. August 1903 - 3. Lfg. (S. 129-192) / EN: 31. August 1903 - 4. und 5. Lfg. (S. 193-320) / EN: 30. September 1903 - 6. bis 8. Lfg. (S. 321-512) / EN: 17. Oktober 1903 - 9. und 10. Lfg. (S. 513-644).

Buch-Erstausgabe

364.1
RT: Karl May's gesammelte Reiseerzählungen. Band XXIX. **T:** Im Reiche des silbernen Löwen. 4. Band. Reiseerlebnisse von Karl May. 1.-5. Tausend. Mit Verlagssignet.

Freiburg i. B., Verlag von Friedrich Ernst Fehsenfeld, 1903.
644 S. kl. 8°
DB: 80, 84, 140
Erschienen: VA: 1. Oktober 1903
Nachedition: 587

Nachauflagen der Erstausgabe

364.2
6.-10. Tausend: wie 364.1
DB: 80, 84, 140
Erschienen: EN: 16. Oktober 1903

364.3
11.-15. Tausend: wie 364.1
DB: 80, 84, 140
Erschienen: 1903

364.4
16.-20. Tausend: **RT:** wie 364.1. **T:** Im Reiche des silbernen Löwen.
  4. Band. Reiseerzählung von Karl May.
DB: 80, 84, 140
Erschienen: SE: 23. November 1906

364.5
21.-25. Tausend: wie 364.4
DB: 80, 84, 140
Erschienen: 1909

Fortführung der Buchreihe: 373

365
Sylvester 1902-1903.
Geh aus dem Licht, du Geist der letzten Stunde … Karl May.
In: Rhein= und Mosel=Bote. Katholischer General-Anzeiger für
Stadt und Land.
Coblenz, Verlag von Johannes Schuth.
9. Jg. 1902. gr. 2°
Nr. 300, Erstes Blatt, S. 2 (unpag.)
Erschienen: 31. Dezember 1902

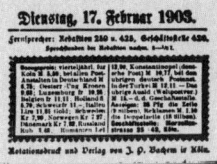

366

Ich, Karl May, erkläre hiermit, daß Herr Verlagsbuchhändler
Adelbert Fischer ... Dresden, im Februar 1903. Karl May.

In: Dresdner Anzeiger. Amtsblatt des Königlichen Landgerichtes,
des Königlichen Amtsgerichtes, der Königlichen Hauptzollämter I und II, der Königlichen Polizeidirektion und des Rates zu
Dresden, sowie des Gemeindevorstandes und Gemeinderates zu
Blasewitz.

Dresden, Verlag des K. S. Adreß=Comptoirs.

173. Jg. 1903. gr. 2°

Nr. 48, S. 12

Erschienen: 17. Februar 1903 (früh)

Nachedition: 367, 368, 370, 402, 422, 549 O

Mit großer Wahrscheinlichkeit ist anzunehmen, daß außer den verzeichneten Nachdrucken hiervon noch weitere Veröffentlichungen
existieren.

367

Ich, Karl May, erkläre hiermit, daß Herr Verlagsbuchhändler
Adelbert Fischer ... Dresden, im Februar 1903. Karl May.

In: Kölnische Volkszeitung und Handels-Blatt. Allgemeiner Anzeiger für Rheinland-Westfalen (Kölnische Handels-Zeitung).

Köln, Verlag von J. P. Bachem.

44. Jg. 1903. gr. 2°

Nr. 152, Morgen=Ausgabe (Erstes Blatt), S. 4

Erschienen: 17. Februar 1903

Voredition: 366

Nachedition: 368, 370, 402, 422, 549 O

368

Ich, Karl May, erkläre hiermit, daß Herr Verlagsbuchhändler
Adalbert Fischer ... Dresden, im Februar 1903. Karl May.

In: Börsenblatt für den Deutschen Buchhandel.

Leipzig, Eigentum des Börsenvereins der Deutschen Buchhändler.

70. Jg. 1903. gr. 4°

Nr. 41, S. 1444

Erschienen: 19. Februar 1903

Voredition: 366, 367

Nachedition: 370, 402, 422, 549 O

369

Radebeul-Dresden Villa »Shatterhand« am 25ten Februar 1903.
    An alle meine lieben Gratulanten! Geburtstag heut! Ein ernster Tag für Jeden …
Privatdruck. 3 S. (unpag.)
Erschienen: 25. Februar 1903
Nachedition: 375 D

Dankschreiben Karl Mays an die Gratulanten anläßlich seines 61. Geburtstages.

370

Ich, Carl May, erkläre hiermit, dass Herr Verl.-Buchhdl. Adelbert Fischer …
In: Gottesminne. Monatschrift für religiöse Dichtkunst. Herausgegeben von P. Ansgar Pöllmann O. S. B.
    Münster i. W., Verlag der Alphonsus=Buchhandlung (A. Ostendorff).
    1. Jg. 1903. 8°
    Heft 3, S. 144
Erschienen: März 1903
Voredition: 366, 367, 368
Nachedition: 402, 422, 549 O

371

Das Geheimnis des Stollens. Von Dr. Karl Mai.
    Zürich, Verlag von Justus Hebsacker, 1903. 126 S., 6 Abb. kl. 8°
    (= Schweizer Wochen=Bibliothek, Bd. 38).
    DB: 97
Erschienen: Vermutlich Anfang April 1903
Voredition: 91, 91 P, 107, 130, 144, 151, 154, 172, 195, 239, 255, 268, 354
Nachedition: 372 F, 436 E

372

Erzgebirgische Dorfgeschichten.

Es handelt sich um einen Sammelband mit folgenden Erzählungen:

372 A
Vorwort … Radebeul, im Mai 1903. Karl May. (S. III-IV)
Nachedition: 375 B

372 B
Sonnenscheinchen. (S. 1-47, 2 Vignetten)
Nachedition: 436 A

372 C
Des Kindes Ruf. (S. 49-95, 2 Vignetten)
Voredition: 85, 94, 118, 143
Nachedition: 436 B

372 D
Der Einsiedel. (S. 97-166, 2 Vignetten)
Voredition: 51, 67, 115, 115 P
Nachedition: 436 C

372 E
Der Dukatenhof. (S. 167-277, 2 Vignetten)
Voredition: 40, 103, 103 P, 243
Nachedition: 436 D, 466

372 F
Vergeltung. (S. 279-437, 2 Vignetten)
Voredition: 91, 91 P, 107, 130, 144, 151, 154, 172, 195, 239, 255,
    268, 354, 371
Nachedition: 436 E

372 G
Das Geldmännle. (S. 439-648, 2 Vignetten)
Nachedition: 436 F

Buchausgabe

372.1
Erzgebirgische Dorfgeschichten. Karl Mays Erstlingswerke. Autori-
sierte Ausgabe. Band I.
    Dresden-Niedersedlitz, Belletristischer Verlag, 1903. V, 648 S.,
    12 Vignetten. 8°
    DB: 117, 118
Erschienen: VA: 25. Mai 1903; FB: 6. Juni 1903; EN: 14. August
    1903
Nachedition: 436

Ein zweiter Band ist hiervon nie erschienen. Im Jahre 1908, spätestens im Dezember, übernahm die Firma R. Jacobsthal, Verlag und
Groß-Antiquariat in Berlin-Schöneberg, vom Belletristischen Verlag die Restbestände dieses Werkes und bot sie zu verbilligten Preisen an.

373
Und Friede auf Erden!

Lieferungsausgabe

373.0
(= 291. bis 300. Lieferung »Karl May's gesammelte Reiseerzählungen«). kl. 8°
VA: 1. November 1903 - 1. und 2. Lfg.; EN: 28. November 1903 -
1. bis 5. Lfg. (S. 1-320) / EN: 20. August 1904 - 6. und 7. Lfg.
(S. 321-448) / EN: 26. September 1904 - 8. bis 10. Lfg.
(S. 449-660).

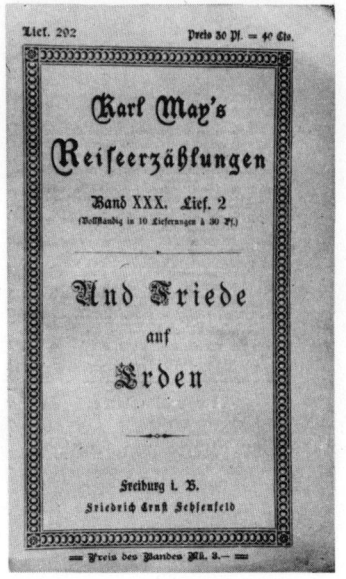

Buch-Erstausgabe

373.1
RT: Karl May's gesammelte Reiseerzählungen. Band XXX. **T:** Und
Friede auf Erden! Reiseerzählung von Karl May. 1.-5. Tausend.
Mit Verlagssignet.
Freiburg i. B., Verlag von Friedrich Ernst Fehsenfeld, 1904.
660 S. kl. 8°
DB: 85, 86, 140
Erschienen: VA: 19. September 1904
Voredition: 341
Nachedition: 588

Nachauflagen der Erstausgabe

373.2
6.-10. Tausend: wie 373.1
DB: 85, 140
Erschienen: 1904

373.3
11.-15. Tausend: wie 373.1
DB: 85, 140
Erschienen: 1904

373.4
16.-20. Tausend: wie 373.1
DB: 85, 140
Erschienen: 1907

Fortführung der Buchreihe: 479

374
Der Weg zum Glück.

Lieferungsausgabe

374.0
(= »Karl May's Illustrierte Werke«, Serie III: 37 Lieferungen). 8°
VA (6. November 1903): »Nächste Woche beginnt zu erscheinen«; EN: 7. März 1904 - 1. und 2. Lfg. (S. 1-192, 30 Illustr.,
1 Vignette) / EN: 7. April 1904 - 3. bis 16. Lfg. (1. Bd., S. 193-783,
66 Illustr.; 2. Bd., S. 1-752, 70 Illustr.) / EN: 9. April 1904 -
17. Lfg. (2. Bd., S. 753-848, 8 Illustr.) / EN: 18. April 1904 -
18. Lfg. (2. Bd., S. 849-944, 8 Illustr.) / EN: 3. Mai 1904 - 19. Lfg.
(2. Bd., S. 945-972, 2 Illustr.; 3. Bd., S. 1-64, 6 Illustr.) / EN: 9. Mai
1904 - 20. Lfg. (3. Bd., S. 65-160, 9 Illustr.) / EN: 16. Mai 1904 -
21. Lfg. (3. Bd., S. 161-256, 10 Illustr.) / EN: 26. Mai 1904 -
22. Lfg. (3. Bd., S. 257-352, 9 Illustr.) / EN: 28. Mai 1904 - 23. Lfg.
(3. Bd., S. 353-448, 8 Illustr.) / EN: 3. Juni 1904 - 24. Lfg. (3. Bd.,
S. 449-544, 7 Illustr.) / EN: 11. Juni 1904 - 25. Lfg. (3. Bd.,
S. 545-640, 9 Illustr.) / EN: 21. Juni 1904 - 26. Lfg. (3. Bd.,
S. 641-720, 6 Illustr.; 4. Bd., S. 1-16, 1 Illustr.) / EN: 25. Juni
1904 - 27. Lfg. (4. Bd., S. 17-112, 12 Illustr.) / EN: 4. Juli 1904 -
28. Lfg. (4. Bd., S. 113-208, 8 Illustr.) / EN: 9. Juli 1904 - 29. Lfg.
(4. Bd., S. 209-304, 9 Illustr.) / EN: 16. Juli 1904 - 30. Lfg. (4. Bd.,
S. 305-400, 7 Illustr.) / EN: 25. Juli 1904 - 31. Lfg. (4. Bd.,
S. 401-496, 10 Illustr.) / EN: 29. Juli 1904 - 32. Lfg. (4. Bd.,
S. 497-592, 7 Illustr.) / EN: 15. August 1904 - 33. Lfg. (4. Bd.,
S. 593-688, 8 Illustr.) / EN: 30. August 1904 - 34. Lfg. (4. Bd.,
S. 689-784, 8 Illustr.) / EN: 5. September 1904 - 35. Lfg. (4. Bd.,
S. 785-800, 2 Illustr.) / EN: 16. September 1904 - 36. Lfg. (4. Bd.,
S. 801-960, 17 Illustr.) / EN: vermutlich Ende September 1904 -
37. Lfg. (4. Bd., S. 961-1052, 4 Illustr., 1 Vignette).

Band-Ausgabe

374.1 A
RT: Der Weg zum Glück. Eine oberbayrische Geschichte aus dem
Leben Ludwigs II. von Karl May. Band I. Die Murenleni. **T:** Die
Murenleni. Von Karl May. Neue illustrierte Ausgabe.
Dresden-Niedersedlitz, Verlag von H. G. Münchmeyer, 1904.
783 S., 96 Illustr., 1 Vignette. 8°
DB: analog 110
Erschienen: VA: 25. Juni 1904

374.1 B
RT: Der Weg zum Glück. Eine oberbayrische Geschichte aus dem
Leben Ludwigs II. von Karl May. Band II. Der Wurz'nsepp. **T:**
Der Wurz'nsepp. Von Karl May. Neue illustrierte Ausgabe.
Dresden-Niedersedlitz, Verlag von H. G. Münchmeyer, 1904.
972 S., 88 Illustr. 8°
DB: analog 110
Erschienen: VA: 25. Juni 1904

Der

Weg zum Glück.   Die Murenleni.

Eine oberbayrische Geschichte
aus dem Leben Ludwigs II.

von

Von

Karl May.

Karl May.

Band I.
Die Murenleni.

Neue Illustrierte Ausgabe.

H. G. Münchmeyer, Dresden-Niedersedlitz.   H. G. Münchmeyer, Dresden-Niedersedlitz.

374.1 C
RT: Der Weg zum Glück. Eine oberbayrische Geschichte aus dem
Leben Ludwigs II. von Karl May. Band III. Der Geldprotz. **T:**
Der Geldprotz. Von Karl May. Neue illustrierte Ausgabe.
Dresden-Niedersedlitz, Verlag von H. G. Münchmeyer, 1904.
720 S., 64 Illustr. 8°
DB: 110
Erschienen: VA: 25. Juni 1904

374.1 D
RT: Der Weg zum Glück. Eine oberbayrische Geschichte aus dem
Leben Ludwigs II. von Karl May. Band IV. Der Krikelanton. **T:**
Der Krikelanton. Von Karl May. Neue illustrierte Ausgabe.
Dresden-Niedersedlitz, Verlag von H. G. Münchmeyer, 1904.
1052 S., 93 Illustr., 1 Vignette. 8°
DB: analog 110
Erschienen: Vermutlich frühestens Ende September 1904
Voredition: 181
Nachedition: 443

Den Abonnenten der Lieferungsausgabe wurde zwecks Herstellung
einer Bandedition gewöhnlich ein Gesamttitelblatt mitgeliefert.

**❦ Karl May ❦
und ſeine Schriften.**

Eine literariſch‑pſychologiſche Studie
◦ für Mayfreunde und Mayfeinde ◦
von

Max Dittrich.

Mit zwei Lichtdruck‑Bildern.

Motto: Wir gleichen bleiernen Soldaten,
Genau gerichtet nach der Schnur,
Wagt einer es mit Worten, Taten
Sich aus dem Glied: „O ist den Narren nur!"
Und Faß und Hohn wird ihm geboten,
Bis endlich vielleicht wird aufgeſtellt
E'n Standbild „dem verehrten Goten";
Zum Vorbild der geſamten Welt!
Dr. med. Klencke‑Mannhart.

Dresden 1904.
C. Weiskes Buchhandlung (Gg. Schmidt).

375
Karl May und seine Schriften.

Die Publikation enthält folgende May-Texte:

375 A
Es gibt so wunderliebliche Geschichten ... (S. 33)
Voredition: 181 (S. 734), 286 (S. 157), 374.1 B (S. 234, 235)
Nachedition: 387 (S. 30), 443.1 B (S. 234, 235), 505 (S. 157)

375 B
Komm, lieber Leser, komm! Ich führe Dich hinauf in das Ge-
birge ... Radebeul, im Mai 1903. Karl May. (S. 49-50)
Voredition: 372 A

375 C
Ich fragte zu den Sternen ... (S. 62-63)
Voredition: 311 (S. 133-134), 330 (S. III-IV)
Nachedition: 403, 565 (S. 133-134), 583 (S. 281)

375 D
Radebeul=Dresden, Villa »Shatterhand«, am 25. Februar 1903. An
alle meine lieben Gratulanten! ... May. (S. 71-74)
Voredition: 369

375 E
Nachwort: »Winnetou« hat eine wahre Flut von Karten und Brie-
fen, die man mir sendet, hervorgerufen ... Radebeul=Dresden,
Villa »Shatterhand«. Karl May. (S. 80-81)
Voredition: 245.8 bis 245.11, 474 (S. 535, unpag.)

375 F
Lieber alter Held und Degen! ... Ihr alter, treuer May. (S. 88-90)

375 G
Grüß Gott, du liebes Tröpflein Tau! ... (S. 90-91)
Voredition: 330 (S. V-VI)
Nachedition: 583 (S. 280)

375 H
Tragt Euer Evangelium hinaus   (S. 92-93, 123)
Voredition: 341 (Leitgedicht), 373 (Leitgedicht)
Nachedition: 433, 583 (S. 282), 588 (Leitgedicht)

Buch-Erstausgabe

375.1
Karl May und seine Schriften. Eine literarisch-psychologische Stu-
die für Mayfreunde und Mayfeinde von Max Dittrich. Mit zwei
Lichtdruck-Bildern.
Dresden, Verlag von C. Weiskes Buchhandlung (Gg. Schmidt),
1904. 127 S. 8°
Erschienen: VA (18. August 1904): »In Kürze erscheint«; EN:
9. September 1904

Nachauflage der Erstausgabe

375.2
Karl May und seine Schriften. Eine literarisch-psychologische Stu-
die für Mayfreunde und Mayfeinde von Max Dittrich. Mit zwei
Lichtdruck-Bildern. Zweite Auflage.
    Dresden, Verlag von C. Weiskes Buchhandlung (Gg. Schmidt),
    1904. 127 S. 8°
Erschienen: Vermutlich zwischen Oktober und Dezember 1904

Am 23. März 1905 teilte der Verlag dem Buchhandel mit, daß die
Broschüre aus dem Handel gezogen worden ist.

376
Der verlorene Sohn.

Lieferungsausgabe

376.0
(= »Karl May's illustrierte Werke«, Serie IV: 34 Lieferungen). 8°
    VA (1. September 1904): »Mitte September erscheint im An-
    schluss an Karl May's illustrierte Werke Serie III ...« / VA
    (12. Januar 1905): »gelangt am 15. d. M. Lfg. 14 zum Versand.«

Band-Ausgabe

376.1 A
RT: Der verlorene Sohn. Roman aus dem Leben von Karl May.
    Band I. Sklaven des Elends. **T:** Sklaven des Elends. Von Karl
    May. Neue illustrierte Ausgabe.
    Dresden-Niedersedlitz, Verlag von H. G. Münchmeyer, 1904.
    651 S., 48 Illustr. 8°
    DB: 111
Erschienen: VA: 7. Dezember 1904; EN: 31. Juli 1905

376.1 B
RT: Der verlorene Sohn. Roman von Karl May. Band II. Sklaven
    der Arbeit. **T:** Sklaven der Arbeit. Von Karl May. Neue illu-
    strierte Ausgabe.
    Dresden-Niedersedlitz, Verlag von H. G. Münchmeyer, 1905.
    606 S., 36 Illustr. 8°
    DB: 112
Erschienen: VA (12. Januar 1905): »In Kürze erscheint«; EN:
    31. Juli 1905

376.1 C
RT: Der verlorene Sohn. Roman von Karl May. Band III. Sklaven
    der Schande. **T:** Sklaven der Schande. Von Karl May. Neue illu-
    strierte Ausgabe.
    Dresden-Niedersedlitz, Verlag von H. G. Münchmeyer, 1905.
    592 S., 36 Illustr. 8°
    DB: 113
Erschienen: EN: 31. Juli 1905

Der verlorene Sohn.

Roman aus dem Leben

von

Karl May.

Band I.
Sklaven des Elends.

H. G. Münchmeyer, Dresden-Niedersedlitz.

Sklaven des Elends.

Von

Karl May.

Neue illustrierte Ausgabe.

H. G. Münchmeyer, Dresden-Niedersedlitz.

Der verlorene Sohn.

Roman

von

Karl May.

Neue illustrierte Ausgabe.

H. G. Münchmeyer, Dresden-Niedersedlitz.

376.1 D

RT: Der verlorene Sohn. Roman von Karl May. Band IV. Sklaven des Goldes. **T:** Sklaven des Goldes. Von Karl May. Neue illustrierte Ausgabe.
Dresden-Niedersedlitz, Verlag von H. G. Münchmeyer, 1905. 560 S., 29 Illustr. 8°
DB: 114
Erschienen: EN: 31. Juli 1905

376.1 E

RT: Der verlorene Sohn. Roman von Karl May. Band V. Sklaven der Ehre. **T:** Sklaven der Ehre. Von Karl May. Neue illustrierte Ausgabe.
Dresden-Niedersedlitz, Verlag von H. G. Münchmeyer, 1905. 704 S., 37 Illustr. 8°
DB: 115
Erschienen: EN: 31. Juli 1905
Voredition: 174
Nachedition: 444

Der ursprünglich vom Verleger gewählte Untertitel »Roman aus dem Leben von Karl May«, der den Eindruck vermitteln sollte, der Verfasser schildere darin in der Hauptsache Selbsterlebtes ab, wurde nach einem massiven Einspruch Karl Mays noch im Dezember 1904 wieder fallengelassen. Das ist auch aus der unterschiedlichen Gestaltung des Gesamttitelblattes zur Lieferungsausgabe zu ersehen, das den Abonnenten zwecks Herstellung einer Bandedition gewöhnlich mitgeliefert wurde.

377

Sei mir gegrüßt, Du liebes Österreich! Du ragst so hoch und bist
   so tief gegründet ...
In: Obersteirische Volkszeitung.
   Leoben, Verlag von J. Hans Prosl.
   20. Jg. 1904. 2°
   Nr. 82, S. 4
Erschienen: 15. Oktober 1904

Mit diesem Gedicht hatte sich Karl May am 13. 10. 1904 in das Ge-
denkbuch des Hotels Gärner in Leoben eingeschrieben.

378

An den Dresdner Anzeiger.
   Man rühmt sich von gewisser Seite, die sogenannte »May=Frage«
   wieder in Fluß gebracht zu haben ... Radebeul, den 5. November
   1904. May.
In: Dresdner Nachrichten.
   Dresden, Verlag von Liepsch & Reichardt.
   Jg. 1904. gr. 2°
   Nr. 307, S. 13
Erschienen: 5. November 1904
Nachedition: 379, 380

Ein längeres Zitat daraus in: Über den Wassern. Halbmonatschrift
für schöne Literatur. Herausgeber: Dr. P. Expeditus Schmidt
O. F. M. 3. Jg., Heft 9, vom 10. 5. 1910, S. 313-314.

379

An den Dresdner Anzeiger.
   Man rühmt sich von gewisser Seite, die sogenannte »May=Frage«
   wieder in Fluß gebracht zu haben ... Radebeul, den 5. November
   1904. May.
In: Dresdner Journal. Herausgegeben von der Königl. Expedition
   des Dresdner Journals.
   Dresden, Druck von B. G. Teubner.
   Jg. 1904. gr. 2°
   Nr. 259, Zweite Beilage, S. 2090
Erschienen: 7. November 1904 (5 Uhr nachmittags)
Voredition: 378
Nachedition: 380

380

Erklärung.

Man rühmt sich von gewisser Seite, die sogenannte »May=Frage«
wieder in Fluß gebracht zu haben ... Radebeul, den 5. November
1904. May.

In: Radebeuler Tageblatt. Amtsblatt für die Gemeindebehörden
Radebeul, Serkowitz, Oberlößnitz, Wahnsdorf, Reichenberg und
Boxdorf. Anzeiger für Kötzschenbroda, Niederlößnitz, Kaditz,
Trachau, Mickten, Dippelsdorf=Buchholz, Rähnitz, Volkersdorf.
Radebeul, Verlag von Kupky & Dietze (Inh. Max Brummer).
33. Jg. 1904. 2°
Nr. 260, vom 8. 11. 1904, Beilage, S. 1-2 (unpag.)
Erschienen: 7. November 1904 (abends)
Voredition: 378, 379

381

Noch einmal: an den Anzeiger.

Um mein Wort zu halten, habe ich heute und hier zu konstatie-
ren ... Radebeul, den 12. November 1904. May.

In: Dresdner Nachrichten.
Dresden, Verlag von Liepsch & Reichardt.
Jg. 1904. gr. 2°
Nr. 315, S. 42
Erschienen: 13. November 1904

Ein längeres Zitat daraus in: Über den Wassern. Halbmonatschrift
für schöne Literatur. Herausgeber: Dr. P. Expeditus Schmidt
O. F. M. 3. Jg., Heft 9, vom 10. 5. 1910, S. 314-315

382

Herrn Professor Dr. Paul Schumann.

Sehr geehrter Herr! Als ich mein letztes Buch »Und Friede auf
Erden« veröffentlicht hatte ... Radebeul, den 18. November
1904. May.

In: Radebeuler Tageblatt. Amtsblatt für die Gemeindebehörden
Radebeul, Serkowitz, Oberlößnitz, Wahnsdorf, Reichenberg und
Boxdorf. Anzeiger für Kötzschenbroda, Niederlößnitz, Kaditz,
Trachau, Mickten, Dippelsdorf=Buchholz, Rähnitz, Volkersdorf.

Radebeul, Verlag von Kupky & Dietze (Inh. Max Brummer).
Nr. 269, vom 19. 11. 1904, Beilage, S. 4 (unpag.)
Erschienen: 18. November 1904 (abends)
Nachedition: 383, 384, 385, 386, 549 T

383
Herrn Professor Dr. Paul Schumann.
Sehr geehrter Herr! Als ich mein letztes Buch »Und Friede auf
Erden« veröffentlicht hatte ... Radebeul, den 18. November
1904. May.
In: Sächsische Arbeiter-Zeitung. Organ zur Wahrung der Interes-
sen der Arbeiterklasse.
Dresden, Verlag von Kaden & Komp.
15. Jg. 1904. gr. 2°
Nr. 269, 2. Beilage, S. 2 (unpag.)
Erschienen: 19. November 1904
Voredition: 382
Nachedition: 384, 385, 386, 549 T

384
Herrn Professor Dr. Paul Schumann.
Sehr geehrter Herr! Als ich mein letztes Buch »Und Friede auf
Erden« veröffentlicht hatte ... Radebeul, den 18. November
1904. May.
In: Dresdner Neueste Nachrichten. Unabhängige Tageszeitung.
Dresden, Verlag der Dresdner Neuesten Nachrichten Wolff u.
Co.
Jg. 1904. 2°
Nr. 317, 2. Ausgabe, S. 37
Erschienen: 20. November 1904 (früh)
Voredition: 382, 383
Nachedition: 385, 386, 549 T

385

Herrn Professor Dr. Paul Schumann.
  Sehr geehrter Herr! Als ich mein letztes Buch »Und Friede auf
  Erden« veröffentlicht hatte ... Radebeul, den 18. November
  1904. May.
In: Dresdner Nachrichten.
  Dresden, Verlag von Liepsch & Reichardt.
  Jg. 1904. gr. 2°
  Nr. 322, S. 36
Erschienen: 20. November 1904
Voredition: 382, 383, 384
Nachedition: 386, 549 T

386

Herrn Professor Dr. Paul Schumann.
  Sehr geehrter Herr! Als ich mein letztes Buch »Und Friede auf
  Erden« veröffentlicht hatte ... Radebeul, den 18. November
  1904. May.
In: Deutsche Wacht. Freimütiges Dresdner Tageblatt.
  Dresden, Verlag der Sächsischen Buchdruckerei und Verlagsan-
  stalt (Knabe & Wolf).
  18. Jg. 1904. gr. 2°
  Nr. 272, S 6
Erschienen: 23. November 1904
Voredition: 382, 383, 384, 385
Nachedition: 549 T

387

Sonnenstrahlen aus Karl Mays Volksromanen.
  Dresden-Niedersedlitz, Verlag von H. G. Münchmeyer, 1904.
  252 S. (Mit einem Vorwort des Verlegers, S. 3-4), 12 Vignetten.
  8°
  DB: 101
Erschienen: VA (12. November 1904): »Mitte November gelangt in
  Leipzig zur Auslieferung«; FB (3. Dezember 1904): »Vor wenigen
  Tagen versandte ich ...«

Der Band ist in zwei große Abschnitte gegliedert:
  Poesie (S. 5-44).
  Prosa (S. 45-252).

Sonnenstrahlen

aus

Karl Mays

Volksromanen.

✳

H. G. Münchmeyer
Dresden-Niedersedlitz.

Der Poesie-Teil enthält Gedichte aus:
»Das Waldröschen« (S. 7, 10, 11, 15, 20, 21, 22, 27, 28, 29, 32, 33, 35, 36, 37, 38, 43).
»Der verlorene Sohn« (S. 8, 9, 12-13, 16-17, 42).
»Der Weg zum Glück« (S. 14, 18, 19, 23-26, 30, 31, 34, 39-40, 41, 44).

Der Prosa-Teil enthält Texte aus:
»Das Waldröschen« (S. 47-91).
»Der Weg zum Glück« (S. 92-150).
»Deutsche Herzen und Helden« (S. 151-171).
»Old Firehand« (S. 171-186).
»Der verlorene Sohn« (S. 187-223).
»Die Liebe des Ulanen« (S. 224-252).

388

Die Liebe des Ulanen. Original=Roman aus der Zeit des deutsch=französischen Krieges von Karl May.
In: Von Nah und Fern. Illustrirtes Familienblatt für alle Stände.
Berlin, Commissionsverlag von A. Eichler.
1. Jg. (bzw. Bd.). 108 Hefte (bzw. Lieferungen). (Vermutlich 1904/05). 4°
Lfg. 1, S. 1-3, 5-13
Lfg. 2, S. 17-19, 21-29
Lfg. 3, S. 33-35, 37-45
Lfg. 4, S. 49-51, 53-60
Lfg. 5, S. 65-67, 69-76
Lfg. 6, S. 81-83, 85-92
Lfg. 7, S. 97-99, 101-106
Lfg. 8, S. 113-122
Lfg. 9, S. 129-138
Lfg. 10, S. 145-153
Lfg. 11, S. 161-169
Lfg. 12, S. 177-185
Lfg. 13, S. 193-201
Lfg. 14, S. 209-216
Lfg. 15, S. 225-234
Lfg. 16, S. 240-250
Lfg. 17, S. 257-259, 261-265
Lfg. 18, S. 273-281
Lfg. 19, S. 289-297
Lfg. 20, S. 305-313
Lfg. 21, S. 321-329
Lfg. 22, S. 337-345
Lfg. 23, S. 353-361
Lfg. 24, S. 369-377
Lfg. 25, S. 385-393
Lfg. 26, S. 401-409
Lfg. 27, S. 417-425
Lfg. 28, S. 433-438
Lfg. 29, S. 449-454
Lfg. 30, S. 465-473

Lfg. 65, S. 1025-1027, 1029-1034
Lfg. 66, S. 1041-1050
Lfg. 67, S. 1057-1066
Lfg. 68, S. 1073-1075, 1077-1080
Lfg. 69, S. 1089-1091, 1093-1097
Lfg. 70, S. 1105-1107, 1109-1113
Lfg. 71, S. 1121-1123, 1125-1130
Lfg. 72, S. 1137-1139, 1141-1143
Lfg. 73, S. 1153-1155, 1157-1158
Lfg. 74, S. 1169-1171, 1173-1178
Lfg. 75, S. 1185-1187, 1189-1193
Lfg. 76, S. 1201-1203, 1205-1209
Lfg. 77, S. 1217-1219, 1221-1224
Lfg. 78, S. 1233-1235, 1237-1243
Lfg. 79, S. 1249-1251, 1253-1258
Lfg. 80, S. 1265-1267, 1269-1276
Lfg. 81, S. 1281-1283, 1285-1292
Lfg. 82, S. 1297-1299, 1301-1307
Lfg. 83, S. 1312-1315, 1317-1323
Lfg. 84, S. 1329-1331, 1333-1341
Lfg. 85, S. 1345-1347, 1349-1357
Lfg. 86, S. 1361-1363, 1365-1370
Lfg. 88, S. 1393-1401
Lfg. 89, S. 1407-1411, 1413-1416
Lfg. 90, S. 1425-1427, 1429
Lfg. 91, S. 1441-1443, 1445-1449
Lfg. 92, S. 1457-1459, 1461-1465
Lfg. 93, S. 1473-1475, 1477-1481
Lfg. 94, S. 1489-1491, 1493-1497
Lfg. 95, S. 1505-1513
Lfg. 96, S. 1521-1523, 1525-1529
Lfg. 97, S. 1537-1545
Lfg. 98, S. 1553-1560
Lfg. 99, S. 1569-1571, 1573-1576
Lfg. 100, S. 1585-1594
Lfg. 101, S. 1601-1608
Lfg. 102, S. 1617-1627
Lfg. 103, S. 1633-1635, 1637-1644
Lfg. 104, S. 1649-1664
Lfg. 105, S. 1665-1680
Lfg. 106, S. 1681-1696
Lfg. 107, S. 1697-1699, 1701-1712
Lfg. 108, S. 1713-1724
Erschienen: Vermutlich zwischen 1904 und vor Mitte September 1905
Voredition: 169, 325, 329
Nachedition: 394, 445

389

Offener Brief an den Haupt=Redakteur der »Kölnischen Volkszei-
tung« Herrn Dr. phil. Hermann Cardauns … In höflichster Hoch-
achtung Karl May. Radebeul=Dresden, den 1. März 1905.
Privatdruck. 2 S. (unpag.), 1 Schlußvignette. 4°
Erschienen: 1. März 1905
Nachedition: 392 (S. 265-269)

Ein längeres Zitat daraus in: Historisch-politische Blätter für das
katholische Deutschland. 140. Bd., Heft 4, vom 16. 8. 1907,
S. 298-299. Cardauns selbst bemerkt dazu (S. 298), daß es sich bei
diesem »Offenen Brief« um ein 19 Seiten umfassendes Privat-
schreiben handelt, das Karl May ihm am 22. 2. 1905 zugesandt
hatte. Zitatnachdruck bei Lebius, Rudolf: Die Zeugen Karl May
und Klara May (vgl. Nr. 549), S. 202-203.

390

Sehr geehrter Herr! Sie forderten mich auf, in Ihrem »Beobach-
ter« das Wort zu ergreifen … Indem Sie diese Zeilen drucken,
werden Sie zum Vorkämpfer der öffentlichen guten Sitte. Ich
danke Ihnen nochmals. Hochachtungsvoll Karl May.
In: Beobachter und Dresdner Justiz-Zeitung.
Dresden, Verlag von Alwin Risse.
3. Jg. 1905. 4°
Nr. 13, S. 7-8, 1 May-Porträt
Erschienen: 29. März 1905
Nachedition: 392 (S. 269-273)

In diesem Brief referiert Karl May über seinen Platz in der Literaturgeschichte, über die öffentlichen Auseinandersetzungen um
seine Person und sein Werk sowie über sein Verhältnis zum Verlag
H. G. Münchmeyer.

391

Sehr geehrter Herr! Sie wollen in Ihrer nächsten Nummer für
   mich das Wort ergreifen? Nein! Bitte, tun Sie das nicht! ...
   Hochachtungsvoll Karl May.
In: Beobachter und Dresdner Justiz-Zeitung.
   Dresden, Verlag von Alwin Risse.
   3. Jg. 1905. 4°
   Nr. 14, S. 8, 10
Erschienen: 5. April 1905
Nachedition: 392 (S. 273-276)

In dieser Zuschrift unternimmt Karl May eine Einschätzung seines
bisherigen literarischen Werkes, berichtet über das Verhältnis zu
seinen Kritikern und über seine Beziehungen zur Kolportage.

392

Ein Schundverlag von Karl May. Korrekturheft, Bogen 17 bis 26.
   Nur für den Verfasser gedruckt.
   Dresden, Druck von Alwin Risse. 8°
   S. 257-416
   DB: 135
Erschienen: 1905 (nicht vor Anfang April)

Dieser Privatdruck entstand im Zusammenhang mit Mays Prozeß
gegen die Verlegerwitwe Ida Pauline Münchmeyer.

393

May, Karl, Schriftst. ...
In: Wer ist's? Unsere Zeitgenossen. Zeitgenossenlexikon enthal-
   tend Biographien nebst Bibliographien. Angaben über Herkunft,
   Familie, Lebenslauf, Werke, Lieblingsbeschäftigungen, Parteian-
   gehörigkeit, Mitgliedschaft bei Gesellschaften, Adresse. Andere
   Mitteilungen von allgemeinem Interesse. Zusammengestellt und
   herausgegeben von Herrmann A. L. Degener.
   Leipzig, Verlag von H. A. Ludwig Degener, o. J. 8°
   S. 546-547
Erschienen: SE: 13. Juli 1905; EN: 18. Juli 1905

In den folgenden Ausgaben finden sich die entsprechenden Nach-
weise zu Karl May in:
   II. Jahrgang 1906, S. 764
   III. Ausgabe 1908, S. 884
   IV. Ausgabe 1909, S. 902
Nachedition: 405 (S. 4)

394

Die Liebe des Ulanen.

Lieferungsausgabe

394.0

(= »Karl May's illustrierte Werke«, Serie V: 40 Lieferungen. Einige
   dieser Lieferungen enthalten in Teilen oder als vollständiges

Die

Liebe des Ulanen.

Roman

von

Karl May.

Neue illustrierte Ausgabe.

I. Band.

H. G. Münchmeyer, Dresden-Niedersedlitz.

Heft die illustrierte Ausgabe der »Humoresken und Erzählungen« sowie die illustrierte Edition »Wanda«; somit besteht genaugenommen diese »Ulanen«-Ausgabe eigentlich nur aus 37 Lieferungen). 8°

EN: 31.Juli 1905 – 1. bis 7.Lfg. (1.Bd., S.1-600, 49 Illustr.; 2.Bd., S.1-64, 4 Illustr.) / EN: 8.August 1905 – 8.Lfg. (2.Bd., S.65-160, 9 Illustr.) / EN: 14.August 1905 – 9.Lfg. (2.Bd., S.161-256, 5 Illustr.) / EN: ? – 10. Lfg. (2. Bd., S. 257-353, 8 Illustr.) / EN: 25. August 1905 – 11. Lfg. (2. Bd., S. 354-448, 6 Illustr.) / EN: 2. September 1905 – 12. Lfg. (2. Bd., S. 449-544, 4 Illustr.) / EN: 11. September 1905 – 13.Lfg. (2.Bd., S.545-586, 4 Illustr.; 3.Bd., S. 1-48, 1 Illustr.) / EN: 18. September 1905 – 14. Lfg. (3. Bd., S. 49-144, 5 Illustr.) / EN: 26. September 1905 – 15. Lfg. (3. Bd., S. 145-240, 4 Illustr.) / EN: 11. Oktober 1905 – 16. und 17.Lfg. (3. Bd., S. 241-416, 10 Illustr.) / EN: ? – 18. Lfg. (3. Bd., S. 417-496, 4 Illustr.) / EN: 23. Oktober 1905 – 19. Lfg. (3. Bd., S. 497-556, 3 Illustr.; 4. Bd., S. 1-16, 1 Illustr.) / EN: 28. Oktober 1905 – 20. Lfg. (4. Bd., S. 17-96, 3 Illustr.) / EN: 7. November 1905 – 21. Lfg. (4. Bd., S. 97-176, 6 Illustr.) / EN: 18. November 1905 – 22. und 23.Lfg. (4.Bd., S.177-336, 8 Illustr.) / EN: 25. November 1905 – 24.Lfg. (4.Bd., S.337-416, 4 Illustr.) / EN: 6. Dezember 1905 – 25.Lfg. (4.Bd., S.417-496, 4 Illustr.) / EN: 12. Dezember 1905 – 26. Lfg. (4. Bd., S. 497-560, 4 Illustr.) / EN: 18. Dezember 1905 – 27.Lfg. (4.Bd., S.561-602, 3 Illustr.; 5.Bd., S. 1-64, 4 Illustr.; vermutlich S. 1-16 »Humoresken und Erzählungen«) / EN: 23. Dezember 1905 – 28.Lfg. (S.17-112 »Humoresken und Erzählungen«) / EN: 30. Dezember 1905 – 29. Lfg. (5.Bd., S.65-160, 7 Illustr.; vermutlich S.113-160 »Humoresken und Erzählungen«) / EN: 9. Januar 1906 – 30. Lfg. (S. 161-208 »Humoresken und Erzählungen«) / EN: 15. Januar 1906 – 31. Lfg. (5. Bd., S. 161-256, 6 Illustr.) / EN: 23. Januar 1906 – 32. Lfg. (S. 209-283, S. 1-16 »Humoresken und Erzählungen«) / EN: 1. Februar 1906 – 33. Lfg. (5. Bd., S. 257-304, 2 Illustr.; S. 17-64 »Humoresken und Erzählungen«) / EN: ? – 34. Lfg. (5. Bd., S.305-352, 5 Illustr.; S.65-112 »Humoresken und Erzählungen«) / EN: 13.Februar 1906 – 35.Lfg. (5.Bd., S.353-400, 5 Illustr.; S.113-160 »Humoresken und Erzählungen«) / EN: 19.Februar 1906 – 36. Lfg. (5. Bd., S. 401-448, 3 Illustr.; S. 161-208 »Humoresken und Erzählungen«) / EN: 27. Februar 1906 – 37. Lfg. (5. Bd., S. 449-480, 3 Illustr.; S. 209-235 »Humoresken und Erzählungen«; S. 1-32 »Wanda«) / EN: 3. März 1906 – 38. Lfg. (5. Bd., S. 481-512, 2 Illustr.; S. 33-96 »Wanda«) / EN: 15. März 1906 – 39.Lfg. (5.Bd., S.513-528; S.97-176 »Wanda«) / EN: 26. März 1906 – 40. Lfg. (5. Bd., S. 529-541, 2 Illustr.; S. 177-230 »Wanda«).

Band-Ausgabe

394.1 A

RT: Die Liebe des Ulanen. Roman von Karl May. Band I. Die Herren von Königsau. **T:** Die Herren von Königsau. Von Karl May. Neue illustrierte Ausgabe.

Dresden-Niedersedlitz, Verlag von H. G. Münchmeyer, (1905).
600 S., 49 Illustr. 8°
DB: 116
Erschienen: Vermutlich Juli oder August 1905

394.1 B

RT: Die Liebe des Ulanen. Roman von Karl May. Band II. Napoleons letzte Liebe. **T:** Napoleons letzte Liebe. Von Karl May. Neue illustrierte Ausgabe.
Dresden-Niedersedlitz, Verlag von H. G. Münchmeyer, 1905.
586 S., 40 Illustr. 8°
DB: 116
Erschienen: Vermutlich September 1905

394.1 C

RT: Die Liebe des Ulanen. Roman von Karl May. Band III. Der Kapitän der Kaisergarde. **T:** Der Kapitän der Kaisergarde. Von Karl May. Neue illustrierte Ausgabe.
Dresden-Niedersedlitz, Verlag von H. G. Münchmeyer, 1905.
556 S., 27 Illustr. 8°
DB: 116
Erschienen: Vermutlich Oktober oder November 1905

394.1 D

RT: Die Liebe des Ulanen. Roman von Karl May. Band IV. Der Spion von Ortry. **T:** Der Spion von Ortry. Von Karl May. Neue illustrierte Ausgabe.
Dresden-Niedersedlitz, Verlag von H. G. Münchmeyer, o. J.
602 S., 33 Illustr. 8°
DB: 116
Erschienen: Vermutlich Dezember 1905 oder Januar 1906

394.1 E
RT: Die Liebe des Ulanen. Roman von Karl May. Band V. Durch
   Kampf zum Sieg. T: Durch Kampf zum Sieg. Von Karl May.
   Neue illustrierte Ausgabe.
   Dresden-Niedersedlitz, Verlag von H. G. Münchmeyer, 1906.
   541 S., 39 Illustr. 8°
   DB: 116
Erschienen: Vermutlich März oder April 1906
Voredition: 169, 325, 329, 388
Nachedition: 445

395
Karl May.
   Karl May ist ein Kind bitterster Armut, des Elends. Er wurde als
   Sohn eines blutarmen Webers in Hohenstein=Ernstthal gebo-
   ren ... Frau Klara May.
   Von Karl May's Reiseerzählungen sind bis jetzt folgende Bände
   erschienen ...
In: Bildende Geister. Unsere bedeutendsten Dichter und Schrift-
   steller der Gegenwart und Vergangenheit in charakteristischen
   Selbstbiographien sowie gesammelten Biographien und Bildern.
   Bearbeitet und redigiert von Fritz Abshoff. I. Band.
   Berlin-Schöneberg, Verlags-Anstalt von Peter J. Oestergaard,
   G. m. b. H., 1905.
   S. 79, 1 May-Porträt
Erschienen: EN: 1. 12. 1905 (im Besitz Mays: September 1905)
Nachedition: 405 (S. 6)

Mit an Sicherheit grenzender Wahrscheinlichkeit von Karl May
selbst verfaßter Text. Ein längeres Zitat daraus in: Heimgarten.
Eine Monatsschrift. 32. Jg., Heft 2, November 1907, S. 112.

396
May, Karl ...
In: Deutsches Zeitgenossenlexikon. Biographisches Handbuch
   deutscher Männer und Frauen der Gegenwart. Herausgeber:
   Franz Neubert.
   Leipzig, Verlagsbuchhandlung Schulze & Co., 1905. Lex.-8°
   Sp. 941
Erschienen: SE: 16. Dezember 1905; EN: 20. Dezember 1905

397
Humoresken und Erzählungen.

Es handelt sich um einen Sammelband mit folgenden Erzählungen:

397 A
I. Auf den Nußbäumen. (S. 5-53, 2 Illustr.)
Voredition: 34, 142, 350 A
Nachedition: 446 A

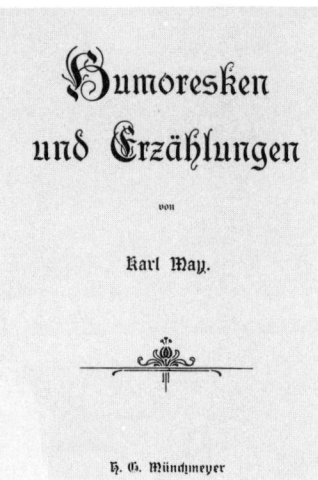

Humoresken
und Erzählungen

von

Karl May.

H. G. Münchmeyer
Dresden.

397 B

II. Unter den Werbern. Humoristische Episode aus dem Leben des
alten Dessauer. (S. 55-191, 3 Illustr.)
Voredition: 35, 39, 86, 86 P, 121, 176, 350 B
Nachedition: 446 B

397 C

III. Ein Stücklein vom alten Dessauer. Humoristische Episode aus
dem Leben des alten Dessauer. (S. 193-239, 2 Illustr.)
Voredition: 167, 327, 350 C
Nachedition: 446 C

397 D

IV. Die Fastnachtsnarren. (S. 241-283, 1 Illustr.)
Voredition: 11, 52 a, 63, 350 D
Nachedition: 446 D

397 E

I. Old Firehand. (S. 1-184, 3 Illustr.)
Voredition: 8, 22, 113, 179, 201, 242 (Kap. 5 und 6), 350 E
Nachedition: 387 (S. 171-186), 446 E, 468 (Kap. 5 und 6)

397 F

II. Inn-nu-woh, der Indianerhäuptling. (S. 185-204, 1 Illustr.)
Voredition: 6, 47, 77, 215 (S. 1-32), 263 (S. 1-26), 326, 350 F
Nachedition: 446 F

397 G

III. Der Gitano. Ein Abenteuer unter den Carlisten. (S. 205-235)
Voredition: 5, 5 P 1 bis 5 P 15, 45, 110, 110 P, 350 G
Nachedition: 446 G

Lieferungsausgabe

397.0

Diese Lieferungen wurden in Teilen oder als vollständiges Heft innerhalb von »Karl May's illustrierten Werken«, Serie V: »Die Liebe
des Ulanen« ausgegeben.
EN: 18. Dezember 1905 - 1. Lfg. (S. 1-16, 1 Illustr.; vermutlich in
27. Lfg. »Ulan« enthalten) / EN: 23. Dezember 1905 - 2. Lfg.
(S. 17-112, 3 Illustr.; 28. Lfg. »Ulan«) / EN: 30. Dezember 1905 -
3. Lfg. (S. 113-160, 1 Illustr.; vermutlich in 29. Lfg. »Ulan« enthalten) / EN: 9. Januar 1906 - 4. Lfg. (S. 161-208, 1 Illustr.; 30. Lfg.
»Ulan«) / EN: 23. Januar 1906 - 5. Lfg. (S. 209-283, 2 Illustr.;
32. Lfg. »Ulan«) / / EN: 23. Januar 1906 - 1. Lfg. (S. 1-16; 32. Lfg.
»Ulan«) / EN: 1. Februar 1906 - 2. Lfg. (S. 17-64, 1 Illustr.; in
33. Lfg. »Ulan« enthalten) / EN: ? - 3. Lfg. (S. 65-112, 1 Illustr.;
in 34. Lfg. »Ulan« enthalten) / EN: 13. Februar 1906 - 4. Lfg.
(S. 113-160, 1 Illustr.; in 35. Lfg. »Ulan« enthalten) / EN: 19. Februar 1906 - 5. Lfg. (S. 161-208, 1 Illustr.; in 36. Lfg. »Ulan« enthalten) / EN: 27. Februar 1906 - 6. Lfg. (S. 209-235; in 37. Lfg.
»Ulan« enthalten).

Buchausgabe

397.1
Humoresken und Erzählungen von Karl May.
  Dresden-Niedersedlitz, Verlag von H. G. Münchmeyer, (1906).
  283 S., 8 Illustr. 235 S., 4 Illustr. 8°
  DB: 99
Erschienen: Vermutlich Februar oder März 1906
Voredition: 350
Nachedition: 446

398
Das Wort.
　Sprich nie ein liebeloses Wort … Karl May (Himmelsgedanken.)
In: Hildesia. Beilage zum Hildesheimer Kurier.
　Hildesheim, Verlag von M. v. Witzleben. (H. Fünfstück Nachf.).
　47. Jg. 1906. 4°
　Nr. 16, S. 1 (unpag.)
Erschienen: 22. Februar 1906
Voredition: 330 (S. 334)

399
Villa »Shatterhand« Radebeul-Dresden, am 25ten Februar 1906.
　An meine lieben Gratulanten! Hier sitze ich im Duft von Blumen …
　Privatdruck. 3 S. (unpag.)
Erschienen: 25. Februar 1906
Nachedition: 516

Dankschreiben Karl Mays an die Gratulanten anläßlich seines 64. Geburtstages. Ein Zitat daraus in: Österreich=Ungarn. Wochenschrift für alle Gebiete des öffentlichen Lebens. 1. Jg., Wien 1912, Nr. 15, vom 5. 4. 1912, S. 11.

400
Wanda.

Lieferungsausgabe

400.0
Diese Lieferungen wurden in Teilen innerhalb von »Karl May's illustrierten Werken«, Serie V: »Die Liebe des Ulanen« ausgegeben.
　EN: 27. Februar 1906 – 1. Lfg. (S. 1-32, 1 Illustr.; in 37. Lfg. »Ulan« enthalten) / EN: 3. März 1906 – 2. Lfg. (S. 33-96, 1 Illustr.; in 38. Lfg. »Ulan« enthalten) / EN: 15. März 1906 – 3. Lfg. (S. 97-176, 1 Illustr.; in 39. Lfg. »Ulan« enthalten) / EN: 26. März 1906 – 4. Lfg. (S. 177-230, 1 Illustr.; in 40. Lfg. »Ulan« enthalten).

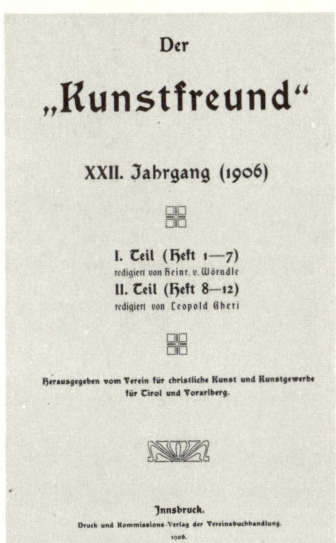

Buchausgabe

400.1

Wanda. Novelle von Karl May.

> Dresden-Niedersedlitz, Verlag von H. G. Münchmeyer, (1906).
> 230 S., 4 Illustr. 8°

DB: 98

Erschienen: Vermutlich März oder April 1906

Voredition: 4, 4 P 1 bis 4 P 15, 128, 128 P, 342

Nachedition: 446.2, 447

401

Vor ca. einem Vierteljahrhundert gründete ich bei H. G. Münchmeyer in Dresden …

> In: Rückständigkeiten. Gesammelte Aufsätze von P. Ansgar Pöll-
> mann O. S. B. aus der Beuroner Kongregation.
> Ravensburg, Verlag von Friedrich Alber, 1906. 8°
> S. 137-138

Erschienen: EN: 2. Mai 1906

Voredition: 335, 340

402

Ich, Karl May, erkläre hiermit, daß Herr Verlags=Buchhändler
Adelbert Fischer …

> In: Rückständigkeiten. Gesammelte Aufsätze von P. Ansgar Pöll-
> mann O. S. B. aus der Beuroner Kongregation.
> Ravensburg, Verlag von Friedrich Alber, 1906. 8°
> S. 146-147

Erschienen: EN: 2. Mai 1906

Voredition: 366, 367, 368, 370

Nachedition: 422, 549 O

403

Der Sänger und sein Lied.

> Ich fragte zu den Sternen … Dresden=Radebeul. Karl May.

> In: Der Kunstfreund. Kurze Rundschau auf dem Gebiete der bil-
> denden Künste alter und neuer Zeit mit praktischen Winken in
> Wort und Bild. Innsbruck, Verlag der Marianischen Vereins-
> buchhandlung und Buchdruckerei.
> 22. Jg. Neue Folge. 1906. 12 Nummern (Januar-November 1906).
> II. Teil (Nr. 8-12). Lex.-8°
> Nr. 8, S. 93 (Red. S.: 1. 8. 1906)

Erschienen: 14. August 1906

Voredition: 311 (S. 133-134), 330 (S. III-IV), 375 C

Nachedition: 565 (S. 133-134), 583 (S. 281)

404 (Abbildung siehe folgende Seite)

Babel und Bibel. Arabische Fantasia in zwei Akten von Karl
May.

> Freiburg i. B., Verlag von Friedrich Ernst Fehsenfeld, 1906.
> 203 S. gr. 8°

DB: 133, 134

Erschienen: SE: 1. September 1906; EN: 15. September 1906

405

Herrn Verlagsbuchhändler F. E. Fehsenfeld, Freiburg (Baden).
  Sehr geehrter Herr Fehsenfeld! ... Immer Ihr alter May.
In: Karl Mays Reise-Erzählungen.
  Freiburg i. B., Verlag von Friedrich Ernst Fehsenfeld, (1906).
  kl. 8°
  S. 4, 6, 8, 10
Erschienen: Vermutlich September 1906

Es handelt sich hierbei um einen Verlagsprospekt der Firma Fehsenfeld.

406

Briefe über Kunst. Von Karl May, Dresden. I.
  Sehr geehrter Herr Redakteur! ... Radebeul=Dresden, den 2. Ok-
  tober 1906. Karl May.
In: Der Kunstfreund. Zeitschrift für alle Freunde der schönen Künste.
  Innsbruck, Kommissionsverlag der Marianischen Vereinsbuch-
  handlung und Buchdruckerei.
  22. Jg. Neue Folge. 1906. 12 Nummern (Januar-November 1906).
  II. Teil (Nr. 8-12). Lex.-8°
  Nr. 10/11, S. 153-154 (Red. S.: 18. 10. 1906)
Erschienen: 28. Oktober 1906

407

Briefe über Kunst. Von Karl May, Dresden. II.
  Sehr geehrter Herr Redakteur! ... Radebeul=Dresden, den 2. No-
  vember 1906. Karl May.
In: Der Kunstfreund. Zeitschrift für alle Freunde der schönen Künste.
  Innsbruck, Kommissionsverlag der Marianischen Vereinsbuch-
  handlung und Buchdruckerei.
  22. Jg. Neue Folge. 1906. 12 Nummern (Januar-November 1906).
  II. Teil (Nr. 8-12). Lex.-8°
  Nr. 12, S. 197-199 (Red. S.: 15. 11. 1906)
Erschienen: 20. November 1906
Nachedition: 408, 416

Hierin ist auch das May-Gedicht »Der Dorf=Bildschnitzer« mit veröffentlicht: »Hab' all mein Lebtag stets gedacht ...«

408

Ich denke nicht daran, daß die Produkte gewisser Künste ... nun
  endlich einmal verstanden und begriffen werden möge!
In: Hildesheimer Kurier. Zeitung und Anzeiger für Stadt und Stift
  Hildesheim.
  Hildesheim, Verlag von M. v. Witzleben. (H. Fünfstück Nachf.)
  47. Jg. 1906. gr. 2°
  Nr. 288, III. Blatt, S. 1-2 (unpag.)
Erschienen: 8. Dezember 1906
Voredition: 407
Nachedition: 416

Hierin ist auch das May-Gedicht »Der Dorf=Bildschnitzer« mit veröffentlicht: »Hab' all mein Lebtag stets gedacht ...«

Donau=Zeitung.

Nr. 3   **Paſſau, Freitag den 4. Januar 1907.   (Titus.)**   **117. Jahrg.**

Verantwortlich: Chefredakteur Heinrich Wagner in Paſſau. — Rotationsdruck und Verlag der Buchdruckerei Aktiengeſellſchaft Paſſavia in Paſſau.

Die „Donau-Zeitung" erſcheint wöchentlich ſiebenmal mit Ausnahme der Wochenfeiertage und koſtet in ganz Bayern monatlich 60 Pfg.
Die „Donau-Zeitung" mit der Beilage „Illuſtrierte Sonntags-Zeitung" koſtet monatlich 70 Pfg. — Alle Poſtanſtalten und Poſtboten nehmen Beſtellungen an.
Anzeigen aller Art finden in der „Donau-Zeitung" weiteſte Verbreitung.   Inſertionsgebühr: Die fünfſpaltige Petitzeile 15 Pfg.

409

May, Karl ...

In: Literarische Silhouetten. Deutsche Dichter und Denker und
  ihre Werke. Ein literarkritisches Jahrbuch (Ausgabe 1907). Herausgegeben und bearbeitet von Heinz Voss und Bruno Volger.
  Oetzsch-Leipzig, Literaturwissenschaftlicher Verlag B. Volger,
  1907. 8°
  S. 173-179

Erschienen: Zwischen Januar und März 1907

410

Sehr geehrter Herr Chefredakteur! Sie sagen in Nr. 320 Ihrer Zeitung, daß ich nicht der katholischen Kirche angehöre ... In vorzüglichster Hochachtung ergebenst Karl May.

In: Donau=Zeitung.
  Passau, Verlag der Buchdruckerei Aktiengesellschaft Passavia.
  117. Jg. 1907. 2°
  Nr. 3, S. 3

Erschienen: 4. Januar 1907

Nachedition: 413

Brief an den Chefredakteur der »Donau=Zeitung«, Heinrich Wagner, geschrieben vermutlich in der ersten Dezemberhälfte 1906.

411

Sehr geehrter Herr Chefredakteur! Infolge des Vortrages, den Sie
  in Passau über mich gehalten und dann in Ihrem Blatte veröffentlicht haben, gelangen zahlreiche Anfragen an mich, die
  sich ... meist aber mit meinem Glauben beschäftigen ... Mein
  Glaubensbekenntnis ... Radebeul=Dresden, den 21. Dezember
  1906. Karl May.

In: Donau=Zeitung.
  Passau, Verlag der Buchdruckerei Aktiengesellschaft Passavia.
  117. Jg. 1907. 2°
  Nr. 3, S. 3

Erschienen: 4. Januar 1907

Nachedition: 414, 512

Dieser Brief enthält auch Karl Mays »Glaubensbekenntnis«.

412

Briefe über Kunst. Von Karl May, Dresden. III.
   Sehr geehrter Herr Redakteur! … Radebeul=Dresden, den 7. Dez.
   1906. Karl May.
In: Der Kunstfreund. Illustrierte Zeitschrift für alle Freunde der
   schönen Künste.
   Innsbruck, Kunstverlag Eugen Sibler.
   23. Jg. 1907. 12 Hefte (Januar–November 1907). Lex.-8°
   I. Heft, S. 9÷12 (Red. S.: 24. 12. 1906)
Erschienen: 23. Januar 1907

413

Sehr geehrter Herr Chefredakteur! Sie sagen in Nr. 320 Ihrer Zei-
tung, daß ich nicht der katholischen Kirche angehöre … in vor-
züglichster Hochachtung ergebenst Karl May.
In: Augsburger Postzeitung.
   Augsburg, Verlag des Literarischen Instituts von Haas & Grab-
   herr, G. m. b. H.
   221. Jg. 1907. 2°
   Nr. 23, S. 1
Erschienen: 27. Januar 1907
Voredition: 410

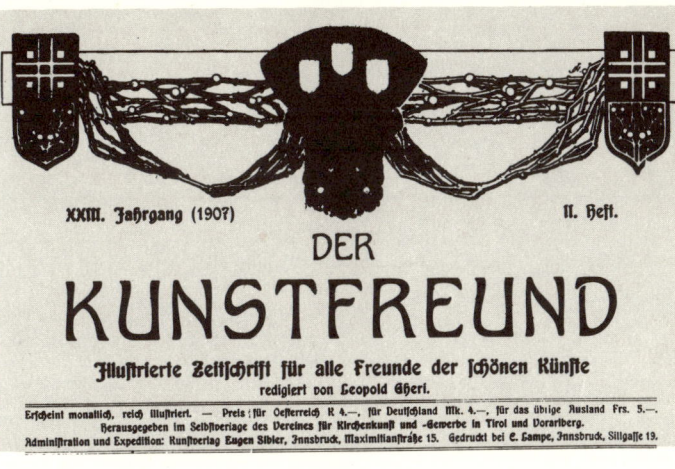

414

Sehr geehrter Herr Chefredakteur! Infolge des Vortrages, den Sie
in Passau über mich gehalten und dann in Ihrem Blatte veröf-
fentlicht haben, gelangen zahlreiche Anfragen an mich, die
sich … meist aber mit meinem Glauben beschäftigen … Mein
Glaubensbekenntnis … Radebeul=Dresden, den 21. Dezember
1906. Karl May.
In: Augsburger Postzeitung.
Augsburg, Verlag des Literarischen Instituts von Haas & Grab-
herr, G. m. b. H.
221. Jg. 1907. 2°
Nr. 23, S. 1-2
Erschienen: 27. Januar 1907
Voredition: 411
Nachedition: 512

Dieser Brief enthält auch Karl Mays »Glaubensbekenntnis«.

415

Briefe über Kunst. Von Karl May, Dresden. IV.
Mein sehr geehrter Herr Redakteur! … Radebeul=Dresden, den
22. Januar 1907. Karl May.
In: Der Kunstfreund. Illustrierte Zeitschrift für alle Freunde der
schönen Künste.
Innsbruck, Kunstverlag von Eugen Sibler.
23. Jg. 1907. 12 Hefte (Januar-November 1907). Lex.-8°
II. Heft, S. 34-35 (Red. S.: 17. 1. 1907)
Erschienen: 6. Februar 1907

416

Ich denke nicht daran, daß die Produkte gewisser Künste … nun
endlich einmal verstanden und begriffen werden möge!
In: Anzeiger und Post.
Lawrence, Mass., Herausgeber: Dick & Trumpold.
24. Jg. 1907. gr. 2°
Nr. 22, S. 7

XXIV. Jahrgang.   Lawrence, Maſſ., Sonnabend, den 2 März 1907.   (12 Seiten)   Nr. 22.

Erschienen: 2. März 1907
Voredition: 407, 408

Hierin ist auch das May-Gedicht »Der Dorf=Bildschnitzer« mit veröffentlicht: »Hab' all mein Lebtag stets gedacht …«

417

May, Karl …
In: Sachsens Gelehrte, Künstler und Schriftsteller in Wort und Bild
    nebst einem Anhang: »Nichtsachsen«. Herausgegeben und redi-
    giert von Bruno Volger.
    Leipzig-Gohlis, Bruno Volger Verlagsbuchhandlung, 1907-1908.
    gr. 8°
    S. 97-98, 1 May-Porträt
Erschienen: Vermutlich Ende März/Anfang April 1907
Nachedition: 440, 526

418

Briefe über Kunst. Von Karl May, Dresden. V.
    Sehr geehrter Herr Redakteur! … Radebeul=Dresden, den
    25. Febr. 1907. Karl May.
In: Der Kunstfreund. Illustrierte Zeitschrift für alle Freunde der
    schönen Künste.
    Innsbruck, Kunstverlag von Eugen Sibler.
    23. Jg. 1907. 12 Hefte (Januar-November 1907). Lex.-8°
    V. Heft, S. 90-92 (Red. S.: 16. 3. 1907)
Erschienen: 5. April 1907

Nr. 117. Stuttgart.   Siebenundsiebzigster Jahrgang.   **Mittwoch, 22. Mai 1907**

Der Beobachter.

Ein Volksblatt aus Schwaben.

Abonnement:
In Stuttgart . . . . ℳ 2.80
In Württemberg . . . ℳ 2.90
In Deutschland . . . ℳ 3.02

Redaktion und Expedition:
Stuttgart, Langestraße Nr. 18.
Telephon-Nummer 2629.

Anzeigen:
Preis der 6gespaltenen Petitzeile:

für Württemberg . . . . . . 16 Pfg.
für außerhalb Württemberg 18 Pfg.
für die Reklamezeile . . . . 40 Pfg.

Einzelverkauf des Beobachters:
Bei der Expedition, am Zeitungstisch
und den Handelsbuchhandlungen 10 Pfg.

Ein VI. Brief über Kunst (»Sehr geehrter Herr Redakteur! ... Radebeul=Dresden, den 15. April 1907. Karl May.«) wurde infolge eines Redakteurswechsels im »Kunstfreund« nicht mehr veröffentlicht. Er findet sich jedoch abgedruckt in: Karl-May-Jahrbuch 1920. 3. Jahr. Radebeul bei Dresden, Karl-May-Verlag, 1919, S. 65-71.

419

Hochverehrter Herr Professor! Hier meine Antwort auf Ihre drei
  Fragen ... In aufrichtiger Hochachtung ergebenst Karl May.
In: Der Beobachter. Ein Volksblatt aus Schwaben.
  Stuttgart, Verleger: Karl Schmidt.
  77. Jg. 1907. gr. 2°
  Nr. 117, S. 1
Erschienen: 22. Mai 1907

Es handelt sich hierbei um die von der »Association de la Paix par le Droit«, Dijon, erbetene Antwort Karl Mays an deren Präsident, Universitätsprofessor Th. Ruyssen, zu drei Fragen über die Problematik der französisch-deutschen Annäherung. Die französische Fassung dieser Antwort erschien bereits im Märzheft der pazifistischen Zeitschrift »La paix par le droit«; Karl Mays Brief datiert vom 17.2.1907, was in der französischen Fassung vermerkt ist. Die Anfrage war seinerzeit an verschiedene Persönlichkeiten des deutschen Kulturlebens gerichtet.

420

Theater ... Karl May.
In: Salzbrunner Zeitung. Amtliches Publikations=Organ für Ober=
  Salzbrunn inkl. Kolonie Sandberg, Nieder= und Neu=Salzbrunn,
  Konradsthal und Hartau. Publikations=Organ für Weißstein,
  Adelsbach, Liebersdorf, Alt= und Neu=Reichenau, Sorgau etc.
  Bad Salzbrunn, Verlag von A. Torzewski.
  21. Jg. 1907. gr. 2°
  Nr. 69, S. 1
Erschienen: 15. Juni 1907

Bei diesem Karl-May-Text handelt es sich um einen kleinen Essay über das Theaterleben in Bad Salzbrunn, das Karl May während eines Kuraufenthaltes kennengelernt hatte.

421

An mein liebes Schlesien.
  Ich kam zu Dir im Kampfe mit dem Tod ... Bad Salzbrunn,
  30. Juni 1907. Karl May.

In: Salzbrunner Zeitung. Amtliches Publikations=Organ für
Ober=Salzbrunn inkl. Kolonie Sandberg, Nieder= und
Neu=Salzbrunn, Konradsthal und Hartau. Publikations=Organ
für Weißstein, Adelsbach, Liebersdorf, Alt= und Neu=Reichenau,
Sorgau etc.
Bad Salzbrunn, Verlag von A. Torzewski.
21. Jg. 1907. gr. 2°
Nr. 76, S. 1
Erschienen: 2. Juli 1907

422
Ich, Karl May, erkläre hiermit, daß Hr. Verlags=Buchhändler Adal-
bert Fischer …
In: Historisch-politische Blätter für das katholische Deutschland.
München. In Kommission d. Literarisch=artistischen Anstalt
(Theodor Riedel).
140. Bd. Des Jahrgangs 1907 Zweiter Band. 8°
Heft 4, S. 302
Erschienen: 16. August 1907
Voredition: 366, 367, 368, 370, 402
Nachedition: 549 O

423
Aus dem Lager der May=Gemeinde.
In Heft 4 der »Historisch=politischen Blätter« erschien ein Auf-
satz von Hermann Cardauns … Radebeul=Dresden, den 19. Au-
gust 1907. Karl May.
Privatdruck. 1 S. 4°
Erschienen: 19. August 1907
Nachedition: 426

424
Die »Rettung« des Herrn Cardauns.
Das vierte Heft der »Historisch=politischen Blätter« bringt einen
Aufsatz, in welchem der oben genannte, frühere Redakteur der
»Kölnischen Volkszeitung« sich über mich in Auslassungen er-
geht … Radebeul-Dresden, im August 1907. Karl May.
Privatdruck. 7 S. (unpag.), 1 Schlußvignette. 4°
Erschienen: August 1907
Nachedition: 428, 429, 544

425

Ist Cardauns rehabilitiert?
  Entgegnung zu No. 194 der »Germania« ... Radebeul-Dresden,
  den 26. August 1907. Karl May.
  Privatdruck. 2 S. (unpag.). 4°
Erschienen: 26. August 1907
Nachedition: 428

426

In Heft 4 der »Historisch=politischen Blätter« erschien ein Auf-
  satz von Hermann Cardauns ... Radebeul=Dresden, 19. August
  1907. Karl May.
In: Das Vaterland. Zeitung für die österreichische Monarchie.
  Wien, Druck der Buch= und Kunstdruckerei »St. Norbertus«.
  48. Jg. 1907. 2°
  Nr. 233, Abendblatt, S. 6-7
Erschienen: 26. August 1907 (3 Uhr nachmittags)
Voredition: 423

427

An die deutsche Presse!
  Als der frühere Redakteur Cardauns mich vor Jahren öffentlich
  anklagte, in den Münchmeyerschen Romanen unsittlich ge-
  schrieben zu haben ... Radebeul-Dresden, Ende August 1907.
  Karl May.
  Privatdruck. 4 S. (unpag.) mit einem Anhang »Rechtsanwaltliche
  Bestätigungen« (S. 4). 4°
Erschienen: Ende August 1907

428

Dr. Cardauns war früher höflich, sogar sehr höflich gegen mich. Er
  bezeichnete in seiner »Kölnischen Volks=Ztg.« meine Werke als
  »turmhoch« stehend ...
In: Das Vaterland. Zeitung für die österreichische Monarchie.
  Wien, Druck der Buch= und Kunstdruckerei »St. Norbertus«.
  48. Jg. 1907. 2°
  Nr. 239, Morgenblatt, S. 2-5
Erschienen: 1. September 1907 (6 Uhr früh)
Voredition: 424, 425
Nachedition: 429, 544

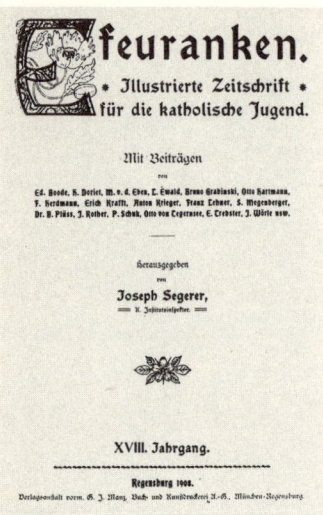

429

Das vierte Heft der »Historisch=politischen Blätter« bringt einen
Aufsatz, in welchem der obengenannte, frühere Redakteur der
»Kölnischen Volkszeitung« sich über mich in Auslassungen er-
geht …

In: Augsburger Postzeitung.
Augsburg, Verlag des Literarischen Instituts von Haas & Grab-
herr, G.m.b.H.
221. Jg. 1907. 2°
Nr. 209, S. 1-4
Erschienen: 17. September 1907
Voredition: 424, 428
Nachedition: 544

430

Schamah. Reiseerzählung aus dem Gelobten Lande von Karl
May.

In: Efeuranken. Illustrierte Zeitschrift für die katholische Ju-
gend.
Regensburg, Verlagsanstalt vorm. G. J. Manz, Buch- und Kunst-
druckerei A.-G.
18. Jg. 1908. 12 Hefte (Oktober 1907-September 1908). Lex.-8°
Heft 1, S. 2-10, 1 May-Porträt (S. 3)
Heft 2, S. 33-44, 2 Abb.
Heft 3, S. 66-74, 2 Abb.
Heft 4, S. 97-106
Heft 5, S. 129-136, 1 Abb.
Heft 6, S. 161-168, 2 Abb.
Erschienen: 1. Oktober 1907, 1. November 1907, 1. Dezember 1907,
15. Januar 1908, 15. Februar 1908, 16. März 1908.
Der gebundene Band: EN: 13. November 1908
Nachedition: 459, 487, 552

431

Der Prayer-man. Reise=Erzählung von Karl May (ab Nr. 94 unter
dem Titel: Im Schnee. Reise=Erzählung von Karl May).
In: Feierstunde. Unterhaltungsblatt zur »Pfälzischen Presse«.
Kaiserslautern, Verlag der Thieme'schen Druckereien G.m.b.H.
91. Jg. 1907. 4°
Nr. 79, S. 1-2, mit einer redaktionellen Einführung (S. 1; sämtlich
unpag.)
Nr. 80, S. 1-2
Nr. 81, S. 1-2
Nr. 82, S. 1-2
Nr. 83, S. 1-2
Nr. 84, S. 1-2
Nr. 85, S. 1-2
Nr. 86, S. 1-3
Nr. 87, S. 1-2
Nr. 88, S. 1-3
Nr. 89, S. 1-3
Nr. 90, S. 1-3
Nr. 91, S. 1-3
Nr. 92, S. 1-3
Nr. 93, S. 1-3
Nr. 94, S. 1-3
Nr. 95, S. 1-3
Nr. 96, S. 1-3
Nr. 97, S. 1-2
Nr. 98, S. 1-2
Nr. 99, S. 1-2
Nr. 100, S. 1-2

Der 'Mir von Dschinnistan.

〰〰〰〰〰〰 Reiseerzählung von Karl May. 〰〰〰〰〰〰

1. Kapitel.
Eine Mission.

Allen Lesern unseres lieben „Hausschatz" ein herzliches Gruß Gott! Es tat mir unendlich leid, daß die Reihe meiner für sie bestimmten Reiseerzählungen in unserem Lieblingsblatt unterbrochen werden mußte, denn diese Erzählungen hatten einen tiefen, menschheitspsychologischen Zweck und führten nach einem hohen kulturgeschichtlichen Ziele. Was ich inzwischen weitererzählt habe, ist für diesen Zweck und dieses Ziel von solcher

Tal. Goldige Früchte winken aus dunklem Laub. Jede Bewegung der Luft spendet süßen Blumenduft. Ed Din, der Fluß, tritt, unberührt von dem Schmutze des alltäglichen Lebens, wie eine Offenbarung aus höheren Welten aus dem Gebirge hervor, schließt Ißbal in zwei schwellende Arme ein und tritt dann in die See, um ihre Flut zu läutern und zu klären.

Der kleine Hafen von Ißbal ist mit der Außenwelt nur durch einen einzigen größeren Segler verbunden, welcher „Wilahde" heißt und immer segelfertig gerichtet ist. Dieses Schiff gleicht einer Arche. Sein Bau ist uralt. Es hat die Formen und die Linien vergangener Jahrtausende. Sein Tau- und Segel-

Erschienen: Zwischen dem 2. Oktober und 13. Dezember 1907 (Turnus: jeweils mittwochs und freitags)
Voredition: 300 (S. 117-621)
Nachedition: 464 (23. Jg., S. 179, bis 24. Jg., S. 358), 564 (S. 117-621)

Es handelt sich hierbei um einen sehr stark gekürzten Auszug aus dem in der Vor- bzw. Nachedition angegebenen Text.

432
Der 'Mir von Dschinnistan. Reiseerzählung von Karl May.
In: Deutscher Hausschatz in Wort und Bild.
Regensburg-Rom-New York-Cincinnati, Verlag von Friedrich Pustet.
34. Jg. 1908. 24 Hefte (offiziell: Oktober 1907-Oktober 1908; tatsächlich: Oktober 1907-September 1908). 4°
Heft 3, S. 81-87 (Red.S.: 18. 10. 1907)
Heft 4, S. 121-128 (Red.S.: 4. 11. 1907)
Heft 5, S. 161-166 (Red.S.: 20. 11. 1907)
Heft 6, S. 201-206 (Red.S.: 4. 12. 1907)
Heft 7, S. 241-247 (Red.S.: 16. 12. 1907)
Heft 8, S. 281-287 (Red.S.: 3. 1. 1908)
Heft 9, S. 321-326 (Red.S.: 18. 1. 1908)
Heft 10, S. 361-367 (Red.S.: 31. 1. 1908)
Heft 11, S. 401-407 (Red.S.: 15. 2. 1908)
Heft 12, S. 441-446 (Red.S.: 29. 2. 1908)
Heft 13, S. 481-485 (Red.S.: 14. 3. 1908)
Heft 14, S. 521-525 (Red.S.: 1. 4. 1908)
Heft 15, S. 561-567 (Red.S.: 13. 4. 1908)
Heft 16, S. 601-608 (Red.S.: 29. 4. 1908)
Heft 17, S. 641-647 (Red.S.: 15. 5. 1908)
Heft 18, S. 681-687 (Red.S.: 30. 5. 1908)

Heft 19, S. 721-727 (Red.S.: 15. 6. 1908)
Heft 20, S. 761-766 (Red.S.: 1. 7. 1908)
Heft 21, S. 801-807 (Red.S.: 16. 7. 1908)
Heft 22, S. 841-846 (Red.S.: 31. 7. 1908)
Heft 23, S. 881-888 (Red.S.: 16. 8. 1908)
Heft 24, S. 922-938 (Red.S.: 31. 8. 1908)
Fortsetzung in:
Deutscher Hausschatz in Wort und Bild.
Regensburg-Rom-New York-Cincinnati, Verlag von Friedrich
Pustet.
35. Jg. 1909. 24 Hefte (offiziell: Oktober 1908-Oktober 1909; tat-
sächlich: Oktober 1908-September 1909). 4°
Heft 1, S. 11-12, 14-16, 18 (Red.S.: 15. 9. 1908)
Heft 2, S. 55-56, 58-60 (Red.S.: 30. 9. 1908)
Heft 3, S. 98-102 (Red.S.: 16. 10. 1908)
Heft 4, S. 135-138 (Red.S.: 31. 10. 1908)
Heft 5, S. 172-174 (Red.S.: 14. 11. 1908)
Heft 6, S. 214-216
Heft 7, S. 252-256 (Red.S.: 15. 12. 1908)
Heft 8, S. 288, 290-294 (Red.S.: 31. 12. 1908)
Heft 9, S. 331-335 (Red.S.: 16. 1. 1909)
Heft 10, S. 384, 386-388 (Red.S.: 31. 1. 1909)
Heft 11, S. 431-434 (Red.S.: 15. 2. 1909)
Heft 12, S. 470-474 (Red.S.: 28. 2. 1909)
Heft 13, S. 500, 502-503 (Red.S.: 15. 3. 1909)
Heft 14, S. 532-536 (Red.S.: 31. 3. 1909)
Heft 15, S. 587-588, 590-592 (Red.S.: 17. 4. 1909)
Heft 16, S. 624-631 (Red.S.: 30. 4. 1909)
Heft 17, S. 662-664, 666-668 (Red.S.: 18. 5. 1909)
Heft 18, S. 702-704, 706-711 (Red.S.: 28. 5. 1909)
Heft 19, S. 739-744, 746-748 (Red.S.: 15. 6. 1909)
Heft 20, S. 778-786 (Red.S.: 30. 6. 1909)
Heft 21, S. 808, 810-818 (Red.S.: 15. 7. 1909)
Heft 22, S. 847-860 (Red.S.: 31. 7. 1909)
Heft 23, S. 884-888, 890-898 (Red.S.: 16. 8. 1909)
Heft 24, S. 922-928, 930-936 (Red.S.: 30. 8. 1909)
Erschienen: Anfang November 1907 bis Mitte September 1909
Nachedition: 479, 485

433

Tragt euer Evangelium hinaus ...
In: Heimgarten. Eine Monatsschrift, gegr. v. P. Rosegger.
Graz, Verlag von »Leykam«.
32. Jg. 1907/08. 12 Hefte (Oktober 1907-September 1908). gr.-
8°
Heft 2, S. 108
Erschienen: November 1907
Voredition: 341 (Leitgedicht), 373 (Leitgedicht), 375 H
Nachedition: 583 (S. 282), 588 (Leitgedicht)

434

Sehr geehrter Herr Redakteur! Die »Kölnische Volkszeitung«
brachte am 10. ds. Mts. einen Artikel, in welchem Herr Cardauns
sich über die kürzlich erschienene Veröffentlichung meines
Rechtsanwaltes äußert ... In vorzüglicher Hochachtung Ihr ergebener Karl May. Radebeul, den 13. November 1907.

In: Augsburger Postzeitung.

Augsburg, Verlag des Literarischen Instituts von Haas & Grabherr, G.m.b.H.

221. Jg. 1907. 2°

Nr. 261, S. 1-3

Erschienen: 17. November 1907

435
Durch die Wüste.

Lieferungsausgabe

435.0

(= 1. bis 10. Lieferung »Karl Mays Illustrierte Reiseerzählungen«).
8°

EN: 19. Dezember 1907 - 1. Lfg. (S. 1-48, 4 Illustr., 1 Taf.) / VA
(12. Dezember 1907): »Wird in den nächsten Tagen ... versandt«;
EN: 4. Januar 1908 - 2. Lfg. (S. 49-96, 2 Illustr., 1 Taf.) / FB: 9. Januar 1908 - 3. Lfg. / FB: 16. Januar 1908 - 4. Lfg. / FB: 23. Januar
1908 - 5. Lfg. / FB: 31. Januar 1908 - 6. Lfg. / Kein Nachweis
über Umfang und Datierung der weiteren Lieferungen.

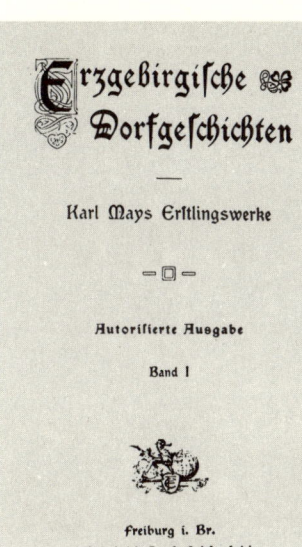

Erzgebirgifche Dorfgefchichten

—

Karl Mays Erftlingswerke

– ▢ –

Autorifierte Ausgabe

Band I

Freiburg i. Br.
Friedrich Ernft Fehfenfeld

Buch-Erstausgabe

435.1

RT: Karl Mays Illustrierte Reiseerzählungen. Band I. **T:** Durch die Wüste. Illustrierte Reiseerzählung von Karl May
Erstes bis fünftes Tausend. Mit Verlagssignet.
Freiburg i. B., Verlag von Friedrich Ernst Fehsenfeld, 1907.
518 S., 1 farbiges Frontispiz, 10 Taf., 15 Illustr. (von Peter Schnorr). 8°
TR: Erstes bis fünftes Tausend. Erschienen am 15. XI. 1907.
DB: 124, 124 a
Erschienen: EN: 4. Januar 1908
Voredition: 140 (S. 254-648), 226

Nachauflage der Erstausgabe

435.2

Sechstes bis zehntes Tausend: wie 435.1. **TR:** Erschienen im Dezember 1908
DB: 124, 124 a
Erschienen: 1908

Fortführung der Buchreihe: 438

436

Erzgebirgische Dorfgeschichten.

Es handelt sich um einen Sammelband mit folgenden Erzählungen:

436 A
Sonnenscheinchen. (S. 1-40)
Voredition: 372 B

436 B
Des Kindes Ruf. (S. 41-80)
Voredition: 85, 94, 118, 143, 372 C

436 C
Der Einsiedel. (S. 81-140)
Voredition: 51, 67, 115, 115 P, 372 D

436 D
Der Dukatenhof. (S. 141-235)
Voredition: 40, 103, 103 P, 243, 372 E
Nachedition: 466

436 E
Vergeltung. (S. 237-371)
Voredition: 91, 91 P, 107, 130, 144, 151, 154, 172, 195, 239, 255, 268, 354, 371, 372 F

436 F
Das Geldmännle. (S. 373-550)
Voredition: 372 G

Buchausgabe

436.1
Erzgebirgische Dorfgeschichten. Karl Mays Erstlingswerke. Autorisierte Ausgabe. Band I.
  Freiburg i. B., Verlag von Friedrich Ernst Fehsenfeld, 1907.
  550 S. 8°
  DB: 125, 126, 127
Erschienen: VA: Vor Weihnachten 1907; EN: 4. Januar 1908
Voredition: 372

Ein zweiter Band ist hiervon nie erschienen.

437
Bei den Aussätzigen. Reiseskizze von Karl May.
In: Grazer Volksblatt.
  Graz, Verlag der K. K. Universitäts-Buchdruckerei »Styria«.
  40. Jg. 1907. gr. 2°
  Nr. 594, Morgen-Ausgabe, S. 10-11 (= Weinachts=Beilage 1907)
Erschienen: 25. Dezember 1907
Nachedition: 451, 452, 456, 461, 463, 465, 551, 553

438
Durchs Wilde Kurdistan.

Lieferungsausgabe

438.0
(= 11. bis 20. Lieferung »Karl Mays Illustrierte Reiseerzählungen«).
  8°
  Kein Nachweis über Umfang und Datierung der einzelnen Lieferungen.

Buch-Erstausgabe

438.1
RT: Karl Mays Illustrierte Reiseerzählungen. Band II. **T:** Durchs
    Wilde Kurdistan. Illustrierte Reiseerzählung von Karl May.
    Erstes bis fünftes Tausend. Mit Verlagssignet.
    Freiburg i. B., Verlag von Friedrich Ernst Fehsenfeld, 1907.
    528 S., 1 farbiges Frontispiz, 9 Taf., 17 Illustr. (von Claus Ber-
    gen). 8°
    TR: Erstes bis fünftes Tausend. Erschienen am 1. XII. 1907.
    DB: analog 124
Erschienen: EN: 4. Januar 1908
Voredition: 140 (S. 648-823), 147 (S. 44-407), 228

Nachauflagen der Erstausgabe

438.2
Sechstes und siebentes Tausend: wie 438.1. **TR:** Erschienen im No-
vember 1908
DB: analog 124
Erschienen: 1908

438.3
Achtes und neuntes Tausend: wie 438.1 **TR:** Erschienen im De-
zember 1909
DB: analog 124
Erschienen: 1909

Fortführung der Buchreihe: 439

439
Von Bagdad nach Stambul.

Lieferungsausgabe

439.0
(=21. bis 30. Lieferung »Karl Mays Illustrierte Reiseerzählungen«).
    8°
    Kein Nachweis über Umfang und Datierung der einzelnen Liefe-
    rungen.

Buch-Erstausgabe

439.1
RT: Karl Mays Illustrierte Reiseerzählungen. Band III. **T:** Von Bag-
    dad nach Stambul. Illustrierte Reiseerzählung von Karl May.
    Erstes bis fünftes Tausend. Mit Verlagssignet.
    Freiburg i. B., Verlag von Friedrich Ernst Fehsenfeld, 1907.
    527 S., 1 farbiges Frontispiz, 12 Taf., 20 Illustr. (von Willy Mo-
    ralt). 8°
    TR: Erstes bis fünftes Tausend. Erschienen am 9. XII. 1907.
    DB: analog 124
Erschienen: EN: 4. Januar 1908
Voredition: 153, 157, 160, 165, 175 (S. 81-164), 230

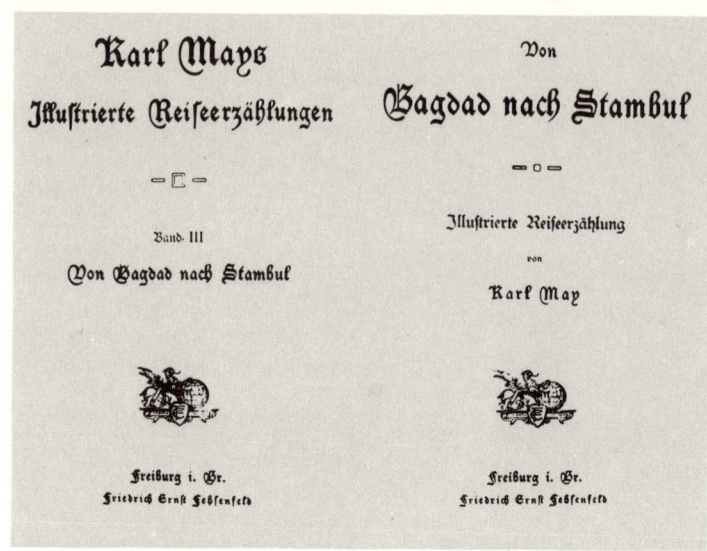

Nachauflagen der Erstausgabe

439.2
Sechstes und siebentes Tausend: wie 439.1. **TR:** Erschienen im Dezember 1908
DB: analog 124
Erschienen: 1908

439.3
Achtes und neuntes Tausend: wie 439.1. **TR:** Erschienen im Dezember 1909.
DB: analog 124
Erschienen: 1909

Fortführung der Buchreihe: 450

440

May, Karl …

In: Deutschlands, Oesterreich-Ungarns und der Schweiz Gelehrte,
   Künstler und Schriftsteller in Wort und Bild.
   Leipzig-Gohlis, Bruno Volger Verlagsbuchhandlung, 1908.
   gr. 8°
   S. 303-304, 1 May-Porträt
Erschienen: Im laufenden Jahr 1908
Voredition: 417
Nachedition: 526

Nachauflagen

440.2

Zweite Ausgabe.
Hannover, Bio-bibliographischer Verlag Albert Steinhage, 1910.
   gr. 8°
S. 486-487

440.3

Dritte Ausgabe.
Hannover, Bio-bibliographischer Verlag Albert Steinhage, 1911.
   gr. 8°
S. 353-354

441

Deutsche Herzen, deutsche Helden. (Anonyme Ausgabe).

Lieferungsausgabe

441.0

(= 35 Lieferungen: Serie I. Neue illustrierte Ausgabe). 8°
   Anzahl der Illustrationen und Umfang der einzelnen Lieferungen: wie 331.0. Kein Nachweis über die Datierung der Lieferungen.

Band-Ausgabe

441.1 A

RT: Deutsche Herzen, deutsche Helden. Roman. Neue illustrierte
   Ausgabe. Band I. T: Eine deutsche Sultana. Erster Band des Ro-
   mans »Deutsche Herzen, deutsche Helden.«
   Niedersedlitz-Dresden, Verlag von H. G. Münchmeyer G.m.b.H.,
   o. J., 614 S., 100 Illustr. 8°
DB: 121, analog 123
Erschienen: Vermutlich frühestens ab 1908

Deutsche Herzen,   Eine deutsche Sultana.
deutsche Helden.

Roman.

Erster Band
des Romans „Deutsche Herzen, deutsche Helden."

Neue illustrierte Ausgabe.

Band I.

B. G. Münchmeyer, G. m. b. H., Niedersedlitz-Dresden.   B. G. Münchmeyer G. m. b. H., Niedersedlitz-Dresden.

441.1 B

RT: Deutsche Herzen, deutsche Helden. Roman. Neue illustrierte
Ausgabe. Band II. **T:** Die Königin der Wüste. Zweiter Band des
Romans »Deutsche Herzen, deutsche Helden.«
Niedersedlitz-Dresden, Verlag von H. G. Münchmeyer G.m.b.H.,
o. J., 623 S., 96 Illustr. 8°
DB: 103 (ohne Verfasserangabe: vgl. 121), analog 123
Erschienen: Vermutlich frühestens ab 1908

441.1 C

RT: Deutsche Herzen, deutsche Helden. Roman. Neue illustrierte
Ausgabe. Band III. **T.:** Der Fürst der Bleichgesichter. Band I.
Dritter Band des Romans »Deutsche Herzen, deutsche Helden.«
Niedersedlitz-Dresden,   Verlag   von   H. G. Münchmeyer
G.m.b.H., o. J., 528 S., 89 Illustr. 8°
DB: 104 (ohne Verfasserangabe: vgl. 121), analog 123
Erschienen: Vermutlich frühestens ab 1908

441.1 D

RT: Deutsche Herzen, deutsche Helden. Roman. Neue illustrierte
Ausgabe. Band IV. **T:** Der Fürst der Bleichgesichter. Band II.
Vierter Band des Romans »Deutsche Herzen, deutsche Hel-
den.«
Niedersedlitz-Dresden, Verlag von H. G. Münchmeyer G.m.b.H.,
o. J., 544 S., 99 Illustr. 8°
DB: 104 (ohne Verfasserangabe: vgl. 121), analog 123
Erschienen: Vermutlich frühestens ab 1908

441.1 E

RT: Deutsche Herzen, deutsche Helden. Roman. Neue illustrierte
Ausgabe. Band V. **T:** Der Engel der Verbannten. Fünfter Band
des Romans »Deutsche Herzen, deutsche Helden.«
Niedersedlitz-Dresden, Verlag von H. G. Münchmeyer G.m.b.H.,
o. J., 800 S., 113 Illustr. 8°

Das Waldröschen

oder

Die Verfolgung rund um die Erde.

Enthüllungsroman

über die

Geheimnisse der menschlichen Gesellschaft.

Neue illustrierte Ausgabe.

– ⚬⟋⟍⚬ –

B. G. Münchmeyer, G. m. b. H., Niedersedlitz-Dresden.

DB: 105 (ohne Verfasserangabe: vgl. 121), analog 123
Erschienen: Vermutlich frühestens ab 1908

Voredition: 180, 331

Auch den Abonnenten der anonymen Lieferungsausgabe wurde zwecks Herstellung einer Bandedition gewöhnlich ein Gesamttitelblatt mitgeliefert. - Es existieren auch Ausgaben, die auf dem Einband keine Verfasserangabe enthalten (vgl. DB: 121), jedoch noch die alten Titelseiten mit Verfasserangabe aufweisen (vgl. 331.2 A).

442
Das Waldröschen. (Anonyme Ausgabe).

Lieferungsausgabe

442.0
(= 44 Lieferungen: Serie II. Neue illustrierte Ausgabe). 8°
Anzahl der Illustrationen und Umfang der einzelnen Lieferungen: wie 347.0. Kein Nachweis über die Datierung der Lieferungen.

Band-Ausgabe

442.1 A
RT: Das Waldröschen oder Die Verfolgung rund um die Erde. Enthüllungsroman über die Geheimnisse der menschlichen Gesellschaft. Band I. Die Tochter des Granden. T: Die Tochter des Granden. Neue illustrierte Ausgabe.
Niedersedlitz-Dresden, Verlag von H. G. Münchmeyer G.m.b.H., o. J., 565 S., 101 Illustr., 1 Vignette. 8°
DB: 106 (ohne Verfasserangabe), analog 123
Erschienen: Vermutlich frühestens ab 1908

442.1 B
RT: Das Waldröschen oder Die Verfolgung rund um die Erde. Enthüllungsroman über die Geheimnisse der menschlichen Gesellschaft. Band II. Der Schatz der Mixtekas. T: Der Schatz der Mixtekas. Neue illustrierte Ausgabe.
Niedersedlitz-Dresden, Verlag von H. G. Münchmeyer G.m.b.H., o. J., 360 S., 58 Illustr. 8°
DB: 107 (ohne Verfasserangabe), analog 123
Erschienen: Vermutlich frühestens ab 1908

442.1 C
RT: Das Waldröschen oder Die Verfolgung rund um die Erde. Enthüllungsroman über die Geheimnisse der menschlichen Gesellschaft. Band III. Matavase, der Fürst des Felsens. T: Matavase, der Fürst des Felsens. Neue illustrierte Ausgabe.
Niedersedlitz-Dresden, Verlag von H. G. Münchmeyer G.m.b.H., o. J., 968 S., 146 Illustr., 1 Vignette. 8°
DB: 108 (ohne Verfasserangabe), analog 123
Erschienen: Vermutlich frühestens ab 1908

442.1 D
RT: Das Waldröschen oder Die Verfolgung rund um die Erde. Enthüllungsroman über die Geheimnisse der menschlichen Gesellschaft. Band IV. Erkämpftes Glück. **T:** Erkämpftes Glück. Neue
illustrierte Ausgabe.
Niedersedlitz-Dresden, Verlag von H. G. Münchmeyer G.m.b.H.,
o. J., 840 S., 126 Illustr. 8°
DB: 109 (ohne Verfasserangabe), analog 123
Erschienen: Vermutlich frühestens ab 1908

442.1 E
RT: Das Waldröschen oder Die Verfolgung rund um die Erde. Enthüllungsroman über die Geheimnisse der menschlichen Gesellschaft. Band V. Erkämpftes Glück. **T:** Erkämpftes Glück. Neue
illustrierte Ausgabe.
Niedersedlitz-Dresden, Verlag von H. G. Münchmeyer G.m.b.H.,
o. J., 714 S., 96 Illustr. 8°
DB: 109 (ohne Verfasserangabe), analog 123
Erschienen: Vermutlich frühestens ab 1908

442.1 F
RT: Das Waldröschen oder Die Verfolgung rund um die Erde. Enthüllungsroman über die Geheimnisse der menschlichen Gesellschaft. Band VI. Erkämpftes Glück. **T:** Erkämpftes Glück. Neue
illustrierte Ausgabe.
Niedersedlitz-Dresden, Verlag von H. G. Münchmeyer G.m.b.H.,
o. J., 632 S., 88 Illustr. 8°
DB: 109 (ohne Verfasserangabe), analog 123
Erschienen: Vermutlich frühestens ab 1908

Voredition: 161, 347
Nachedition: 592

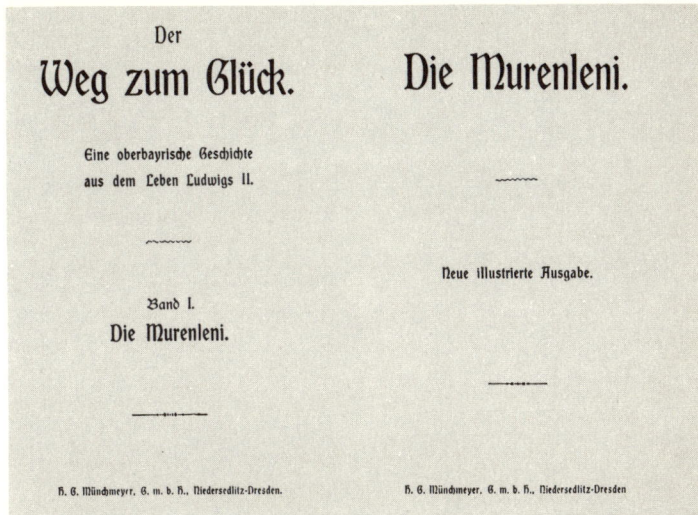

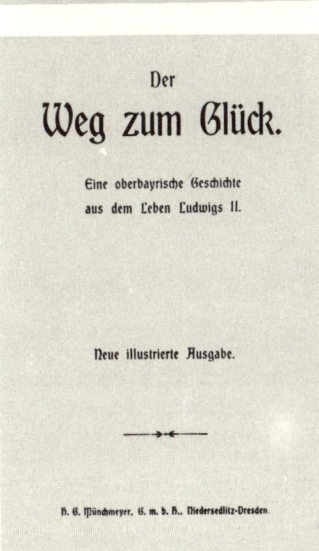

443
Der Weg zum Glück. (Anonyme Ausgabe).

Lieferungsausgabe

443.0
(= 37 Lieferungen. Neue illustrierte Ausgabe). 8°
  Anzahl der Illustrationen und Umfang der einzelnen Lieferungen: wie 374.0. Kein Nachweis über die Datierung der Lieferungen.

Band-Ausgabe

443.1 A
RT: Der Weg zum Glück. Eine oberbayrische Geschichte aus dem Leben Ludwigs II. Band I. Die Murenleni. **T:** Die Murenleni. Neue illustrierte Ausgabe.
  Niedersedlitz-Dresden, Verlag von H. G. Münchmeyer G.m.b.H., o. J., 783 S., 96 Illustr., 1 Vignette. 8°
  DB: analog 110 (ohne Verfasserangabe), analog 123
Erschienen: Vermutlich frühestens ab 1908

443.1 B
RT: Der Weg zum Glück. Eine oberbayrische Geschichte aus dem Leben Ludwigs II. Band II. Der Wurz'nsepp. **T:** Der Wurz'nsepp. Neue illustrierte Ausgabe.
  Niedersedlitz-Dresden, Verlag von H. G. Münchmeyer G.m.b.H., o. J., 972 S., 88 Illustr. 8°
  DB: analog 110 (ohne Verfasserangabe), analog 123
Erschienen: Vermutlich frühestens ab 1908

443.1 C

RT: Der Weg zum Glück. Eine oberbayrische Geschichte aus dem
Leben Ludwigs II. Band III. Der Geldprotz. **T:** Der Geldprotz.
Neue illustrierte Ausgabe.
Niedersedlitz-Dresden, Verlag von H. G. Münchmeyer G.m.b.H.,
o. J., 720 S., 64 Illustr. 8°
DB: 110 (ohne Verfasserangabe), analog 123
Erschienen: Vermutlich frühestens ab 1908

443.1 D

RT: Der Weg zum Glück. Eine oberbayrische Geschichte aus dem
Leben Ludwigs II. Band IV. Der Krikelanton. **T:** Der Krikelan-
ton. Neue illustrierte Ausgabe.
Niedersedlitz-Dresden, Verlag von H. G. Münchmeyer G.m.b.H.,
o. J., 1052 S., 93 Illustr., 1 Vignette. 8°
DB: analog 110 (ohne Verfasserangabe), analog 123
Erschienen: Vermutlich frühestens ab 1908
Voredition: 181, 374

444

Der verlorene Sohn. (Anonyme Ausgabe).

Lieferungsausgabe

444.0

(= 34 Lieferungen. Neue illustrierte Ausgabe). 8°
Kein Nachweis über Anzahl der Illustrationen, Umfang und Datierung der einzelnen Lieferungen.

Band-Ausgabe

444.1 A

RT: Der verlorene Sohn. Sozialer Roman. Band I. Sklaven des
Elends. **T:** Sklaven des Elends. Neue illustrierte Ausgabe.
Niedersedlitz-Dresden, Verlag von H. G. Münchmeyer G.m.b.H.,
o. J., 651 S., 48 Illustr. 8°
DB: 111 (ohne Verfasserangabe), analog 123
Erschienen: Vermutlich frühestens ab 1908

444.1 B

RT: Der verlorene Sohn. Sozialer Roman. Band II. Sklaven der Ar-
beit. **T:** Sklaven der Arbeit. Neue illustrierte Ausgabe.
Niedersedlitz-Dresden, Verlag von H. G. Münchmeyer G.m.b.H.,
o. J., 606 S., 36 Illustr. 8°
DB: 112 (ohne Verfasserangabe), analog 123
Erschienen: Vermutlich frühestens ab 1908

444.1 C

RT: Der verlorene Sohn. Sozialer Roman. Band III. Sklaven der
Schande. **T:** Sklaven der Schande. Neue illustrierte Ausgabe.
Niedersedlitz-Dresden, Verlag von H. G. Münchmeyer G.m.b.H.,
o. J., 592 S., 36 Illustr. 8°
DB: 113 (ohne Verfasserangabe), analog 123
Erschienen: Vermutlich frühestens ab 1908

Der verlorene Sohn. Sklaven des Elends.

Sozialer Roman.

Neue illustrierte Ausgabe.

Band I.
Sklaven des Elends.

H. G. Münchmeyer, G. m. b. H., Niedersedlitz-Dresden.

H. G. Münchmeyer, G. m. b. H., Niedersedlitz-Dresden.

444.1 D

RT: Der verlorene Sohn. Sozialer Roman. Band IV. Sklaven des
Goldes. **T:** Sklaven des Goldes. Neue illustrierte Ausgabe.
Niedersedlitz-Dresden, Verlag von H. G. Münchmeyer G.m.b.H.,
o. J., 560 S., 29 Illustr. 8°
DB: 114 (ohne Verfasserangabe), analog 123
Erschienen: Vermutlich frühestens ab 1908

444.1 E

RT: Der verlorene Sohn. Sozialer Roman. Band V. Sklaven der
Ehre. **T:** Sklaven der Ehre. Neue illustrierte Ausgabe.
Niedersedlitz-Dresden, Verlag von H. G. Münchmeyer G.m.b.H.,
o. J., 704 S., 37 Illustr. 8°
DB: 115 (ohne Verfasserangabe), analog 123
Erschienen: Vermutlich frühestens ab 1908
Voredition: 174, 376

445
Die Liebe des Ulanen. (Anonyme Ausgabe).

Lieferungsausgabe

445.0
(= 40 bzw. 37 Lieferungen: Serie V. Neue illustrierte Ausgabe). 8°
Anzahl der Illustrationen und Umfang der einzelnen Lieferungen: wie 394.0. Kein Nachweis über die Datierung der Lieferungen.

Band-Ausgabe

445.1 A
RT: Die Liebe des Ulanen. Roman aus der Zeit des Deutsch-Fran-
zösischen Krieges. Band I. Die Herren von Königsau. **T:** Die
Herren von Königsau. Neue illustrierte Ausgabe.

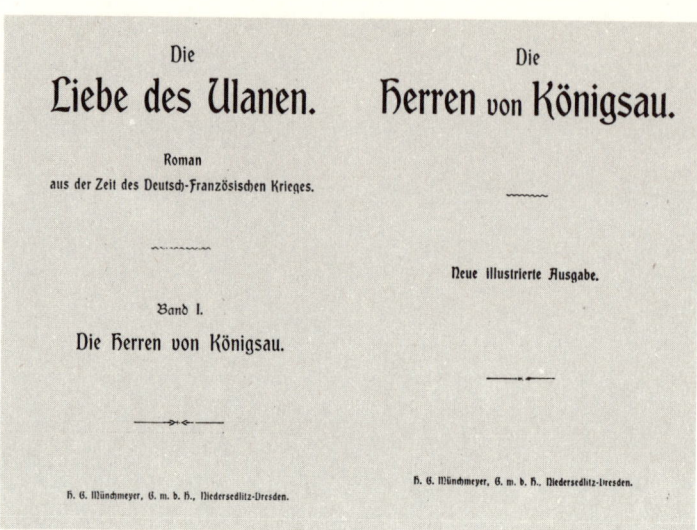

Niedersedlitz-Dresden, Verlag von H. G. Münchmeyer G.m.b.H.,
o. J., 600 S., 49 Illustr. 8°
DB: 122, analog 123
Erschienen: Vermutlich frühestens ab 1908

445.1 B

RT: Die Liebe des Ulanen. Roman aus der Zeit des Deutsch-Fran-
zösischen Krieges. Band II. Napoleons letzte Liebe. **T:** Napoleons letzte Liebe. Neue illustrierte Ausgabe.
Niedersedlitz-Dresden, Verlag von H. G. Münchmeyer G.m.b.H.,
o. J., 586 S., 40 Illustr. 8°
DB: 122, analog 123
Erschienen: Vermutlich frühestens ab 1908

445.1 C

RT: Die Liebe des Ulanen. Roman aus der Zeit des Deutsch-Fran-
zösischen Krieges. Band III. Der Kapitän der Kaisergarde. **T:**
Der Kapitän der Kaisergarde. Neue illustrierte Ausgabe.
Niedersedlitz-Dresden, Verlag von H. G. Münchmeyer G.m.b.H.,
o. J., 556 S., 27 Illustr. 8°
DB: 122, 123
Erschienen: Vermutlich frühestens ab 1908

445.1 D

RT: Die Liebe des Ulanen. Roman aus der Zeit des Deutsch-Fran-
zösischen Krieges. Band IV. Der Spion von Ortry. **T:** Der Spion
von Ortry. Neue illustrierte Ausgabe.
Niedersedlitz-Dresden, Verlag von H. G. Münchmeyer G.m.b.H.,
o. J., 602 S., 33 Illustr. 8°
DB: 122, analog 123
Erschienen: Vermutlich frühestens ab 1908

445.1 E

RT: Die Liebe des Ulanen. Roman aus der Zeit des Deutsch-Fran-

zösischen Krieges. Band V. Durch Kampf zum Sieg. **T:** Durch Kampf zum Sieg. Neue illustrierte Ausgabe.
Niedersedlitz-Dresden, Verlag von H. G. Münchmeyer G.m.b.H., o. J., 541 S., 39 Illustr. 8°
DB: 122, analog 123
Erschienen: Vermutlich frühestens ab 1908
Voredition: 169, 325, 329, 388, 394

446
Humoresken und Erzählungen. (Anonyme Ausgabe).

Es handelt sich um einen Sammelband mit folgenden Erzählungen:

446 A
I. Auf den Nußbäumen. (S. 5-53)
Voredition: 34, 142, 350 A, 397 A

446 B
II. Unter den Werbern. Humoristische Episode aus dem Leben des alten Dessauer. (S. 55-191)
Voredition: 35, 39, 86, 86 P, 121, 176, 350 B, 397 B

446 C
III. Ein Stücklein vom alten Dessauer. Humoristische Episode aus dem Leben des alten Dessauer. (S. 193-239)
Voredition: 167, 327, 350 C, 397 C

446 D
IV. Die Fastnachtsnarren. (S. 241-283)
Voredition: 11, 52 a, 63, 350 D, 397 D

446 E
I. Old Firehand. (S. 1-184)
Voredition: 8, 22, 113, 179, 201, 242 (Kap. 5 und 6), 350 E, 387 (S. 171-186), 397 E
Nachedition: 468 (Kap. 5 und 6)

446 F
II. Inn-nu-woh, der Indianerhäuptling. (S. 185-204)
Voredition: 6, 47, 77, 215 (S. 1-32), 263 (S. 1-26), 326, 350 F, 397 F

446 G
III. Der Gitano. Ein Abenteuer unter den Carlisten. (S. 205-235)
Voredition: 5, 5 P 1 bis 5 P 15, 45, 110, 110 P, 350 G, 397 G

Buchausgaben

446.1
Humoresken und Erzählungen.
Niedersedlitz-Dresden, Verlag von H. G. Münchmeyer G.m.b.H., o. J., 283 S., 235 S. 8°
DB: 99 (ohne Verfasserangabe)
Erschienen: Vermutlich frühestens ab 1908
Voredition: 350, 397

446.2
Humoresken und Erzählungen. Wanda.
  Niedersedlitz-Dresden, Verlag von H. G. Münchmeyer G.m.b.H.,
  o. J., 283 S., 235 S., 230 S. 8°
  DB: 100
Erschienen: Vermutlich frühestens ab 1908

447
Wanda. (Anonyme Ausgabe).

Buchausgabe

447.1
Wanda. Novelle.
  Niedersedlitz-Dresden, Verlag von H. G. Münchmeyer G.m.b.H.,
  o. J., 230 S. 8°
  DB: 119
Erschienen: Vermutlich frühestens ab 1908
Voredition: 4, 4 P 1 bis 4 P 15, 128, 128 P, 342, 400, 446.2

448
Bedeutende Neuheit: Abu Kital, der Scheik der An'allah von Karl
  May. Die bisherigen Bücher Karl Mays enthalten bekanntlich
  nur die Vorstudien und Vorübungen zu seinem eigentlichen Le-
  benswerke …
In: Kürschners Deutscher Literatur=Kalender auf das Jahr 1908.
  Herausgegeben von Dr. Heinrich Klenz.
  Leipzig, G. J. Göschen'sche Verlagshandlung.
  30. Jg. 1908.
  Zweite Abteilung, S. 2085
Erschienen: Anfang Januar 1908

Es handelt sich hierbei um den Text eines Inserates; den angezeig-
ten Roman hat Karl May allerdings nie geschrieben.

449
Nach meines Lebens Vor- und Nachmittag … Karl May.
In: Verein Berliner Presse. Damenspende 1908. (Auf dem Einband:
  Ballfest des Vereins Berliner Presse. 25. Januar 1908.)
  Berlin, Druck von H. S. Hermann. 16°
  S. 58
Erschienen: 25. Januar 1908
Nachedition: 455, 469, 527, 546 (S. 320), 567, 570, 572, 583
  (S. 273), 591, 594, 595

Dieses Büchlein wurde beim Berliner Presseball, einer Wohltätig-
keitsveranstaltung, die im Gebäude der Philharmonie stattfand,
ausgegeben.

450
In den Schluchten des Balkan.

Lieferungsausgabe

450.0
(= 31. bis 40. Lieferung »Karl Mays Illustrierte Reiseerzählungen«).
8°
Kein Nachweis über Umfang und Datierung der einzelnen Lieferungen.

Buch-Erstausgabe

450.1
RT: Karl Mays Illustrierte Reiseerzählungen. Band IV. **T:** In den
Schluchten des Balkan. Illustrierte Reiseerzählung von Karl
May.
Erstes bis fünftes Tausend. Mit Verlagssignet.
Freiburg i. B., Verlag von Friedrich Ernst Fehsenfeld, 1908.
505 S., 1 farbiges Frontispiz, 10 Taf., 18 Illustr. (von Peter
Schnorr). 8°
TR: Erstes bis fünftes Tausend. Erschienen am 15. März 1908.
DB: analog 124
Erschienen: VA: Mitte März 1908; EN: 16. November 1908
Voredition: 175 (S. 769-820; 6-820), 190 (S. 129-235), 232

Nachauflage der Erstausgabe

450.2
Sechstes und siebentes Tausend: wie 450.1. **TR:** Erschienen im De-
zember 1908
DB: analog 124
Erschienen: 1908

Fortführung der Buchreihe: 457

Druck und Verlag: M. v. Witzleben, Hildesheim — Donnerstags=Beilage zum Hildesheimer Kurier. — Berantwortl. Redakteur: M. v. Witzleben, Hildesheim.
Nr. 12.   Hildesheim, den 19. März.   1908.

451

Bei den Aussätzigen. Reiseskizze von Karl May. (Mit persönlicher
Erlaubnis des Verfassers.)
In: Hildesia. Donnerstags=Beilage zum Hildesheimer Kurier.
Hildesheim, Verlag von M. v. Witzleben.
49. Jg. 1908. 4°
Nr. 12, S. 4-6 (unpag.)
Erschienen: 19. März 1908
Voredition: 437
Nachedition: 452, 456, 461, 463, 465, 551, 553

452

Bei den Aussätzigen. Reiseskizze von Karl May.
In: Hannoversches Familienblatt. Sonntags-Beilage Hannoversche
Tages-Nachrichten.
Hannover, Verlag von W. v. Witzleben.
0. Jg. 1908. 4°
Nr. 12, S. ?
Erschienen: 22. März 1908
Voredition: 437, 451
Nachedition: 456, 461, 463, 465, 551, 553

453

Abdahn Effendi. Reiseerzählung von Karl May.
In: Grazer Volksblatt.
Graz, Verlag der K. K. Universitäts-Buchdruckerei »Styria«.
41. Jg. 1908. gr. 2°
Nr. 137, Abend-Ausgabe, S. 1
Nr. 139, Abend-Ausgabe, S. 1
Nr. 141, Abend-Ausgabe, S. 1
Nr. 143, Abend-Ausgabe, S. 1
Nr. 145, Abend-Ausgabe, S. 1
Nr. 147, Abend-Ausgabe, S. 1
Nr. 149, Abend-Ausgabe, S. 1
Nr. 151, Abend-Ausgabe, S. 1
Nr. 153, Abend-Ausgabe, S. 1
Nr. 155, Abend-Ausgabe, S. 1
Nr. 157, Abend-Ausgabe, S. 1
Nr. 159, Abend-Ausgabe, S. 1

Abdahn Effendi.

Reiseerzählung von

Karl May

Was ich heut' so öffentlich erzähle, war bisher ein tiefes Geheimnis. Und dennoch war es keines, weil es sich vor allen Augen und Ohren vollzog, die sehen und hören wollten. Viele berufene und unberufene Menschen gaben sich Mühe, das Rätsel zu lösen, doch stets vergeblich, weil sie selbst mit im Geheimnis standen, ohne daß sie es glaubten oder wußten. Keiner von ihnen allen brachte es fertig, sich aus diesem Geheimnisse herauszustellen, um die ganze, unsaubere Bande zu durchschauen, die aus fünf Personen bestand, die in Summa nur drei Namen hatten, nämlich zwei Achmed Agha, zwei Selim Agha und Abdahn Effendi, der eigentliche Gebieter.

Die vier Agha waren Offiziere; der Effendi aber war Zivilist und zugleich der böseste Mensch, den ich in meinem Leben gesehen habe. Er betrieb die Viehzucht, die Landwirtschaft, die Bäckerei, die Fleischerei, die Fischerei, die Jagd, die Gastwirtschaft, den Binnen- und Außenhandel und war zu gleicher Zeit der Scheych el Beled, der Kadi und der Imahm (Schultheiß, Richter und Geistlicher) der weit ausgedehnten

Abdahn Effendi.

Reiseerzählung von *Karl May*.

(2. Fortsetzung.)

Kein hiesiger Mensch getraute sich an ihn. Meine Leser kennen diese Art des Bären; ich habe wiederholt von ihr erzählt. Der kleine Hafiz hatte erklärt, daß ich diesen Wunsch wahrscheinlich erfüllen werde, weil es uns zu aller Zeit eine Freude sei, mit einem solchen Raubwilde Bekanntschaft zu machen. Ich hatte keinen Grund, anders zu denken als er, und stellte nur die Bedingung, daß uns gute Unterkunft und gutes, gesundes Futter für unsere Pferde geboten werde. Dieser Bescheid erregte allgemeine Freude. Die Pferde bekamen einen schnell gesäuberten Stall für sich allein angewiesen und so viel Gerste, gequollenen Reis und gequetschte Bohnen, daß sie förmlich wüsten konnten. Und was uns selbst betraf, bedeutete der ultrabide Effendi, er wolle uns in eigener Person die Zimmer anweisen werde, die wir bewohnen sollten. Er bekümmerte sich um seine Gäste nie, benn er habe keine Zeit dazu. Daß er sich mit uns jetzt diese Mühe gebe, sei eine Auszeichnung, die wir dankbar anzuerkennen hätten.

Er führte uns hinaus und hinter das Haus, wo eine Holztreppe auf das platte Dach leitete. Er stieg uns da voran, langsam und schwer, ächzend und stöhnend, hustend und pustend, pro Minute einen Schritt. Wir, die wir hinter ihm gingen, hatten das Glück, den Anblick seiner unförmlichen Fleischmasse mit Demut und Ergebenheit zu genießen. Das Dach war lang und breit. Es bestand aus festgeschlagenem Lehm. Man konnte

Karl May,

ein Verderber der deutschen Jugend.

Von

F. W. Kahl-Basel.

1908.
Hermann Walther, Verlagsbuchhandlung, G. m. b. H.
Berlin W. 30, Nollendorfplatz 7.

Preis für Graz: 4 Heller.

Grazer Volksblatt

Abend-Ausgabe.

Preis für auswärts: 6 Heller.

Schriftleitung: Schönaugasse Nr. 64 ("Piergerhof").

Verwaltung: Albrechtgasse Nr. 6.

Nummer 137.   Graz, Montag den 23. März 1908.   41. Jahrgang.

Nr. 161, Abend-Ausgabe, S. 1
Nr. 163, Abend-Ausgabe, S. 1
Nr. 165, Abend-Ausgabe, S. 1
Nr. 167, Abend-Ausgabe, S. 1
Nr. 169, Abend-Ausgabe, S. 1
Nr. 171, Abend-Ausgabe, S. 2
Nr. 173, Abend-Ausgabe, S. 1
Nr. 175, Abend-Ausgabe, S. 1
Nr. 177, Abend-Ausgabe, S. 1
Nr. 179, Abend-Ausgabe, S. 1
Nr. 181, Abend-Ausgabe, S. 1
Nr. 183, Abend-Ausgabe, S. 1
Nr. 185, Abend-Ausgabe, S. 1
Nr. 187, Abend-Ausgabe, S. 1

Erschienen: Zwischen dem 23. März und 23. April 1908 (außer am 25. und 29. März, 5., 12., 19. und 20. April)

Nachedition: 458, 471, 473, 489

454

Bei einer Glut von 41 Grad Réaumur schreibe ich Ihnen diesen Gruß … Indem ich bitte, Ihren Lesern einen herzlichen Gruß aus Aethiopien senden zu dürfen, bin mit vorzüglicher Hochachtung Ihr ergebener Karl May.

In: Karl May, ein Verderber der deutschen Jugend. Von F. W. Kahl-Basel.

Berlin, Verlag von Hermann Walther, 1908. 8°

S. 17

Erschienen: 1. April 1908

Voredition: 319

Es handelt sich bei dieser Zuschrift um eine Grußkarte Karl Mays vom 23. 9. 1899 aus Massaua. - Die Schrift »Karl May, ein Verderber der deutschen Jugend« war von dem Journalisten und Funktionär der arbeiterfeindlichen »Gelben Gewerkschaften«, Rudolf Lebius, angeregt und veröffentlicht worden. Sie war Teil einer publizistischen Polemik im Umfeld eines politischen Prozesses zwischen Lebius und der sozialdemokratischen Zeitung »Vorwärts«, in welchem die Sozialdemokraten Karl May als Belastungszeugen gegen Lebius benannt hatten. May erwirkte noch im April 1908 eine einstweilige Verfügung gegen die Weiterverbreitung dieser Broschüre und stellte gegen ihre Urheber und Hersteller Strafantrag. Im Ergebnis dieses gerichtlichen Vorgehens erhielt Karl May im Januar 1909 sämtliche Exemplare der Schrift, die sich noch im Lagerbestand des Verlages befanden, zur Vernichtung ausgehändigt.

455
Nach meines Lebens Vor= und Nachmittag ... Karl May.
In: Festzeitung. Zur Erinnerung an unsere Schulzeit. Ostern 1908.
  Potsdam, Druck von ? 1908. gr. 8°
  S. 10
Erschienen: April 1908
Voredition: 449
Nachedition: 469, 527, 546 (S. 320), 567, 570, 572, 583 (S. 273),
  591, 594, 595

Es handelt sich um eine Festzeitung des Königlichen Viktoria-
Gymnasiums in Potsdam. Das Gedicht selbst ist datiert: Radebeul=
Dresden, den 19. Februar 1908. Villa Shatterhand.

456
Bei den Aussätzigen. Reiseskizze von Karl May.
In: Illustrierter Apostel-Kalender für das Jahr nach der Geburt un-
  seres Herrn und Heilandes Jesus Christus 1909.
  Herbesthal, Verleger der Salvatorianischen Zeitschriften.
  24. Jg. Lex.-8°
  S. 71-74, 1 Illustr.
Erschienen: Zweite Jahreshälfte 1908
Voredition: 437, 451, 452
Nachedition: 461, 463, 465, 551, 553

457
Durch das Land der Skipetaren.

Lieferungsausgabe

457.0
(=41. bis 50. Lieferung »Karl Mays Illustrierte Reiseerzählungen«).
  8°
  Kein Nachweis über Umfang und Datierung der einzelnen Lieferungen.

Buchausgabe

457.1
RT: Karl Mays Illustrierte Reiseerzählungen. Band V. **T:** Durch das
  Land der Skipetaren. Illustrierte Reiseerzählung von Karl May.
  Erstes bis fünftes Tausend. (Auflage: 7.420 Exemplare). Mit
  Verlagssignet. (6. u. 7. Taus. ist Nachaufl.: wie 457.1)
  Freiburg i. B., Verlag von Friedrich Ernst Fehsenfeld, 1908.
  492 S., 1 farbiges Frontispiz, 10 Taf., 23 Illustr. (von Willy Mo-
  ralt). 8°
  TR: Erstes bis fünftes Tausend. Erschienen am 15. Mai 1908.
  Sechstes und siebentes Tausend. Erschienen im Dezember 1908.
  DB: analog 124
Erschienen: VA: Ende Juli 1908; EN: 16. November 1908
Voredition: 190 (S. 235-529), 237

Fortführung der Buchreihe: 460

Karl Mays

Illustrierte Reiseerzählungen

–□–

Band V

Durch das Land der Skipetaren

Freiburg i. Br.
Friedrich Ernst Fehsenfeld

Durch das

Land der Skipetaren

–□–

Illustrierte Reiseerzählung
von
Karl May

Illustrationen von W. Moralt

Freiburg i. Br.
Friedrich Ernst Fehsenfeld

458
Abdahn Effendi. Reiseerzählung von Karl May.
In: Mülheimer Volkszeitung. Anzeiger für den Stadt= und Land-
kreis Mülheim am Rhein.
Mülheim, Verlag der »Mülheimer Volkszeitung«.
3. Jg. 1908. 2°
Nr. 355, Abend=Ausgabe, S. 1-2 (sämtlich unpag.)
Nr. 359, Abend=Ausgabe, S. 1-2
Nr. 361, Abend=Ausgabe, S. 1-2
Nr. 365, Abend=Ausgabe, S. 1-2
Nr. 369, Abend=Ausgabe, S. 1-2
Nr. ?, Abend=Ausgabe, S. ?
Nr. 377, Abend=Ausgabe, S. 1-2
Nr. 381, Abend=Ausgabe, S. 1-2
Nr. 385, Abend=Ausgabe, S. 1-2
Nr. 391, Abend=Ausgabe, S. 1-2
Nr. 397, Abend=Ausgabe, S. 1-2
Nr. 401, Abend=Ausgabe, S. 1-2
Nr. 405, Abend=Ausgabe, S. 1-2
Erschienen: 5., 7., 8., 11., 13., ?, 18., 20., 22., 26. und 29. August, 1.
und 3. September 1908
Voredition: 453
Nachedition: 471, 473, 489

459

Schamah. Reiseerzählung aus dem Gelobten Lande von Karl May.

In: Donau=Zeitung.

Passau, Verlag der Buchdruckerei Aktiengesellschaft Passavia.

118. Jg. 1908. 2°

Nr. 225, S. 3

Nr. 226, S. 3

Nr. 227, S. 3

Nr. 228, S. 4-5

Nr. 229, S. 3

Nr. 230, S. 3-4

Nr. 231, S. ?

Nr. 232, S. 3

Nr. 233, S. 3

Nr. 234, S. 3

Nr. 235, S. 4-5

Nr. 236, S. 3

Nr. 237, S. 3

Nr. 238, S. 3

Nr. 239, S. 3-4

Nr. 240, S. 3

Nr. 241, S. 3

Nr. 245, S. 3

Nr. 246, S. 3

Nr. 248, S. 3

Nr. 249, S. 3

Nr. 252, S. 3

Nr. 253, S. 3-4

Nr. 255, S. 3-4

Nr. 256, S. 3

Nr. 258, S. 3

Nr. 259, S. 3-4

Nr. 260, S. 3

Nr. 266, S. 3

Nr. 267, S. 3

Nr. 268, S. 3-4

Nr. 269, S. 3

Nr. 270, S. 3

Nr. 271, S. 3

Nr. 272, S. 3

Nr. 273, S. 3

Nr. 274, S. 3

Nr. 275, S. 3-4

Nr. 277, S. 3

Nr. 278, S. 3-4

Erschienen: 16./17. August bis 2. September, 6.-7., 9.-10., 13.-14., 16.-17., 19.-21. September, 27. September bis 6. Oktober, 8.-9. Oktober 1908

Voredition: 430

Nachedition: 487, 552

Karl Mays   **Der Schut**

Illustrierte Reiseerzählungen

                                        Illustrierte Reiseerzählung

            ▭ ▯ ▭   *von*

          Band VI   **Karl May**

        Der Schut

                                        Illustrationen von Klaus Bergen

          Freiburg i. Br.   Freiburg i. Br.
    Friedrich Ernst Fehsenfeld   Friedrich Ernst Fehsenfeld

460
Der Schut.

Lieferungsausgabe

460.0
(= 51. bis 60. Lieferung »Karl Mays Illustrierte Reiseerzählungen«).
8°
Kein Nachweis über Umfang und Datierung der einzelnen Lieferungen.

Buch-Erstausgabe

460.1
RT: Karl Mays Illustrierte Reiseerzählungen. Band VI. T: Der
Schut. Illustrierte Reiseerzählung von Karl May.
Erstes bis fünftes Tausend. Mit Verlagssignet.
Freiburg i. B., Verlag von Friedrich Ernst Fehsenfeld, 1908.
545 S., 1 farbiges Frontispiz, 10 Taf., 16 Illustr. (von Claus Ber-
gen). 8°
TR: Erstes bis fünftes Tausend. Erschienen im August 1908.
DB: analog 124
Erschienen: VA: Ende September 1908; EN: 16. November 1908
Voredition: 190 (S. 529-750), 238

Das Haus der hl. Familie.

Bei den Aussätzigen.

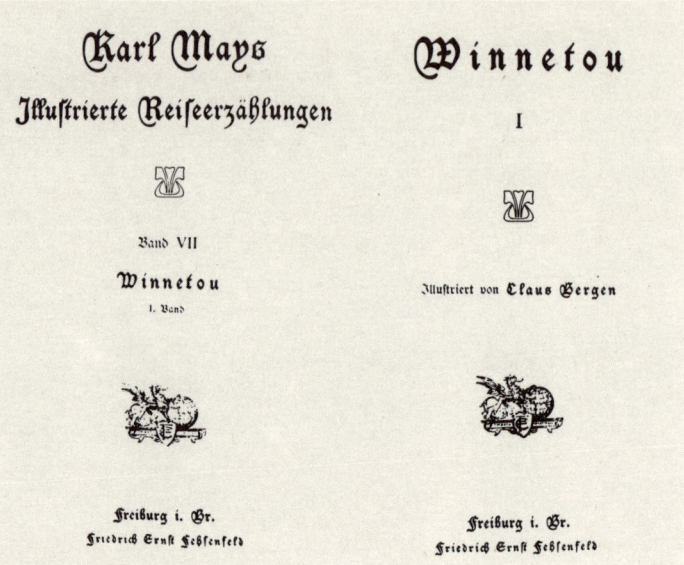

Nachauflage der Erstausgabe

460.2
Sechstes und siebentes Tausend: wie 460.1. **TR:** Erschienen im
 Juni 1909
DB: analog 124
Erschienen: 1909

Fortführung der Buchreihe: 462

461
Bei den Aussätzigen. Reiseskizze von Karl May.
In: Eichsfelder Marienkalender. Jahrbuch für die Mitglieder des
 allg. Vereins der christlichen Familien. 1909.
 Heiligenstadt, Verlag von F. W. Cordier.
 33. Jg. Lex.-8°
 Sp. 93–100, 2 Illustr.
Erschienen: EN: 24. Oktober 1908
Voredition: 437, 451, 452, 456
Nachedition: 463, 465, 551, 553

462
Winnetou. 1. Band.

Lieferungsausgabe

462.0
(= 61. bis 70. Lieferung »Karl Mays Illustrierte Reiseerzählungen«).
 8°
 Kein Nachweis über Umfang und Datierung der einzelnen Lieferungen.

Buch-Erstausgabe

462.1

RT: Karl Mays Illustrierte Reiseerzählungen. Band VII. **T:** Winne-
    tou I. Erstes bis fünftes Tausend. Mit Verlagssignet.
    Freiburg i. B., Verlag von Friedrich Ernst Fehsenfeld, 1908.
    524 S. Mit einer »Einleitung … Der Verfasser« (S. 1-4), 1 farbi-
    ges Frontispiz, 10 Taf., 26 Illustr. (von Claus Bergen). 8°
    TR: Erstes bis fünftes Tausend. Erschienen im Oktober 1908.
    DB: analog 124
Erschienen: VA: Ende November 1908; EN: 18. Dezember 1908
Voredition: 240

Nachauflage der Erstausgabe

462.2

Sechstes und siebentes Tausend: wie 462.1. **TR:** Erschienen im
    Juni 1909
DB: analog 124
Erschienen: 1909

Fortführung der Buchreihe: 468

463

Weihnachten bei den Aussätzigen. Reiseskizze von Karl May.
In: Weihnachts-Glocken 1908. Gratis=Beilage zum »Bamberger
    Volksblatt«.
    Bamberg, Verlag von Paul Frankes Erben.
    36. Jg. 1908. 2°
    Nr. 293, S. 1-3 (der unpag. Beilage)
Erschienen: 24. Dezember 1908
Voredition: 437, 451, 452, 456, 461
Nachedition: 465, 551, 553

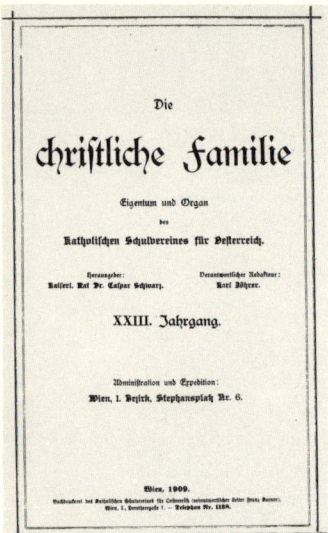

464
»Weihnacht!« Reiseerzählung von Karl May.
In: Die christliche Familie
   Wien, Eigentum und Organ des Katholischen Schulvereines für
   Oesterreich.
   23. Jg. 1909. 24 Nummern (Januar-Dezember 1909). Lex.-8°
   Nr. 1, S. 1-4
   Nr. 2, S. 17-20
   Nr. 3, S. 33-37
   Nr. 4, S. 49-53
   Nr. 5, S. 68-70
   Nr. 6, S. 81-84
   Nr. 7, S. 97-100
   Nr. 8, S. 115-118
   Nr. 9, S. 130-133
   Nr. 10, S. 145-148
   Nr. 11, S. 164-168
   Nr. 12, S. 177-180
   Nr. 13, S. 193-197
   Nr. 14, S. 209-213
   Nr. 15, S. 225-229
   Nr. 16, S. 241-245
   Nr. 17, S. 257-261
   Nr. 18, S. 273-277
   Nr. 19, S. 289-294
   Nr. 20, S. 305-310
   Nr. 21, S. 324-329
   Nr. 22, S. 337-342
   Nr. 23, S. 355-358
   Nr. 24, S. 370-372, 374
Fortsetzung in:
   Die christliche Familie.

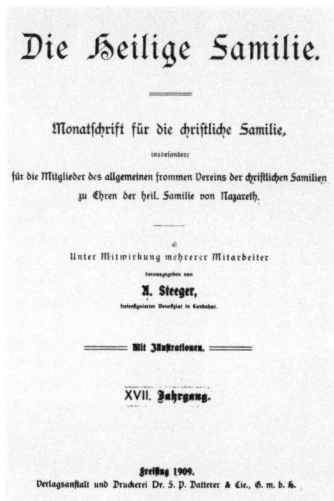

Wien, Eigentum und Organ des Katholischen Schulvereines für Oesterreich.

24. Jg. 1910. 24 Nummern (Januar-Dezember 1910). Lex.-8°

Nr. 1, S. 2-5 (S. 1-2 enthalten eine »Synopsis« über den im vergangenen Jahrgang geschilderten Handlungsverlauf).

Nr. 2, S. 17-20

Nr. 3, S. 33-36

Nr. 4, S. 49-52

Nr. 5, S. 65-68

Nr. 6, S. 84-87

Nr. 7, S. 100-102

Nr. 8, S. 115-118

Nr. 9, S. 129-132

Nr. 10, S. 145-148

Nr. 11, S. 161-164

Nr. 12, S. 177-181

Nr. 13, S. 193-197

Nr. 14, S. 209-212

Nr. 15, S. 225-234

Nr. 16, S. 241-246, 248-251

Nr. 17, S. 258-266

Nr. 18, S. 273-282

Nr. 19, S. 289-299

Nr. 20, S. 305-315

Nr. 21, S. 323-332

Nr. 22, S. 337-345

Nr. 23, S. 355-359

Erschienen: Zwischen dem 1. Januar 1909 und dem 1. Dezember 1910 (Turnus: am 1. und 15. jeden Monats)

Voredition: 300

Nachedition: 564

465

Bei den Aussätzigen. Reiseskizze von Karl May.

In: Die Heilige Familie. Monatschrift für die christliche Familie, insbesondere für die Mitglieder des allgemeinen frommen Vereins der christlichen Familien zu Ehren der heil. Familie von Nazareth.

Freising, Verlagsanstalt von Dr. F. P. Datterer & Cie., G. m. b. H.

17. Jg. 1909. 12 Hefte (Januar-Dezember 1909). gr. 8°

Heft 1, S. 14-17

Erschienen: Januar 1909

Voredition: 437, 451, 452, 456, 461, 463

Nachedition: 551, 553

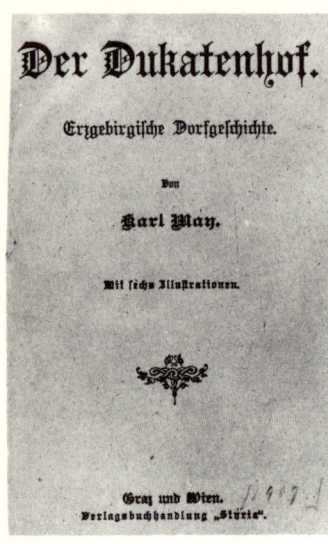

466
Der Dukatenhof.

Broschierte Ausgabe

466.1
Der Dukatenhof. Erzgebirgische Dorfgeschichte. Von Karl May.
    Graz-Wien, Verlagsbuchhandlung »Styria«, 1909. 90 S., 6 Illustr.
    kl. 8°
    (= Volksbücherei, Nr. 215/216).
    DB: 129
Erschienen: EN: 21. Januar 1909

Gebundene Ausgabe

466.2
Der Dukatenhof. Erzgebirgische Dorfgeschichte. Von Karl May.
    Graz-Wien, Verlagsbuchhandlung »Styria«, 1909. 90 S., 6 Illustr.
    kl. 8°
    (= Volksbücherei, Nr. 215/216 = Bd. 61).
    DB: 130
Erschienen: EN: 21. Januar 1909
Voredition: 40, 103, 103 P, 243, 372 E, 436 D

467
Ich bin so müd, so herbstesschwer ...
In: Literarische Beilage zur »Augsburger Postzeitung«.
    Augsburg, Verlag des Literarischen Instituts von Haas & Grab-
    herr, G. m. b. H.
    1909, 2°
    Nr. 9, S. 67
Erschienen: 26. Februar 1909
Voredition: 330 (S. 117)

468
Winnetou. 2. Band.

Lieferungsausgabe

468.0
(= 71. bis 80. Lieferung »Karl Mays Illustrierte Reiseerzählungen«).
    8°
    Kein Nachweis über Umfang und Datierung der einzelnen Liefe-
    rungen.

Buchausgabe

468.1
RT: Karl Mays Illustrierte Reiseerzählungen. Band VIII. **T:** Winne-
    tou II. Erstes bis siebentes Tausend. Mit Verlagssignet.
    Freiburg i. B., Verlag von Friedrich Ernst Fehsenfeld, 1909.
    516 S., 1 farbiges Frontispiz, 10 Taf., 25 Illustr. (von Claus Ber-
    gen). 8°

TR: Sechstes bis siebentes Tausend. Erschienen 1. März 1909.
DB: analog 124
Erschienen: VA: Anfang März 1909; EN: 24. März 1909
Voredition: 8, 22, 113, 179, 199, 201, 242, 350 E, 387 (S. 171-186),
397 E, 446 E

Die Angabe auf der Titelblatt-Rückseite »Sechstes bis siebentes
Tausend« ist vermutlich ein Druckfehler.

Fortführung der Buchreihe: 474

469
Nach meines Lebens schwerem Arbeitstag ... Karl May.
In: Zur Erinnerung an den Abiturienten=Kommers des
     Johannes=Gymnasiums zu Breslau Ostern 1909.
     Breslau, Druck von ? 1909. gr. 8°
     S. ?
Erschienen: 22. März 1909
Voredition: 449, 455
Nachedition: 527, 546 (S. 320), 567, 570, 572, 583 (S. 273), 591,
594, 595

Die Verfasserangabe ist als faksimilierter Namenszug wiedergegeben.

470
Ein Schundverlag und seine Helfershelfer von Karl May. Band II.
     Korrekturheft, Bogen ... bis ...
     Dresden, Druck von Alwin Risse. gr. 8°
     S. 81-148 und Rudolf Lebius-Liste, S. 1-12
     DB: 136
Erschienen: Zwischen Anfang April und Mitte Mai 1909

Karl May verfaßte diesen Text im Zusammenhang mit seiner Beleidigungsklage gegen Rudolf Lebius aus Anlaß des Erscheinens der
Kahl-Broschüre (vgl. Nr. 454).

471
Abdahn Effendi. Reiseerzählung von Karl May.
In: Gardasee Post. Fremdenverkehrs-Zeitung für Arco, Riva, Tor-
     bole und die Gardasee-Kurorte. Südtiroler VerkehrsAnzeiger.
     Riva, Expedition der »Gardasee Post«.
     4. Jg. 1909. 2°
     Nr. 14/15, S. 2-6
     Nr. 16, S. 2-4
     Nr. 17, S. 2-4
     Nr. 18, S. 2-4
     Nr. 19, S. 2-4
     Nr. 20, S. 2-4
     Nr. 21, S. 2-4
     Nr. 22, S. 2-4
     Nr. 23, S. 2-4
     Nr. 24, S. 2-4
     Nr. 25, S. 2-5

Nr. 26, S. 2-3
Nr. 27, S. 2-5
Nr. 28, S. 2-4
Nr. 29, S. 2-4
Nr. 30, S. 2-4
Nr. 31, S. 2-5
Nr. 32, S. 2-6
Nr. 33, S. 2-6

Erschienen: Zwischen dem 10. April und 14. August 1909 (Turnus: allwöchentlich sonnabends abends)
Voredition: 453, 458
Nachedition: 473, 489

472

O bete gern! (Aus »Himmelsgedanken« von Karl May.)
    O bete gern! Du brauchst dich nicht zu scheun ...
In: Die christliche Familie.
    Wien, Eigentum und Organ des Katholischen Schulvereines für Oesterreich.
    23. Jg. 1909. 24 Nummern (Januar-Dezember 1909). Lex.-8°
    Nr. 8, S. 122
Erschienen: 15. April 1909
Voredition: 330 (S. 158)

473

Abdahn Effendi. Reise Erzählung von Karl May.
In: Bamberger Volksblatt.
    Bamberg, Verlag von Paul Franke's Erben.
    37. Jg. 1909. 2°
    Nr. 104, S. 1-2
    Nr. 105, S. 5-6 (Zweites Blatt)
    Nr. 106, S. 1-2
    Nr. 107, S. 1-2

Nr. 108, S. 1-2
Nr. 109, S. 1-2
Nr. 110, S. 1-2
Nr. 111, S. 1-2
Nr. 112, S. 5-6 (Zweites Blatt)
Nr. 113, S. 1-2
Nr. 114, S. 5-6 (Zweites Blatt)
Nr. 115, S. 1-2
Nr. 116, S. 1-2
Nr. 117, S. 1-2
Nr. 118, S. 1-2
Nr. 119, S. 1-2
Nr. 120, S. 1-2
Nr. 121, S. 1-2
Nr. 122, S. 1-2
Nr. 123, S. 1-2
Nr. 124, S. 1-2
Nr. 125, S. 1-2
Nr. 126, S. 1-2
Nr. 127, S. 1-2
Nr. 128, S. 5-6 (Zweites Blatt)
Nr. 129, S. 1-2
Nr. 130, S. 1-3
Nr. 131, S. 1-2
Nr. 132, S. 1-2
Nr. 133, S. 1-2
Nr. 134, S. 1
Nr. 135, S. 1-2
Nr. 136, S. 1-2
Nr. 137, S. 5-6 (Zweites Blatt)
Erschienen: Zwischen dem 10. Mai und 21. Juni 1909 (außer sonn-
und feiertags)
Voredition: 453, 458, 471
Nachedition: 489

474
Winnetou. 3. Band.

Lieferungsausgabe

474.0
(= 81. bis 90. Lieferung »Karl Mays Illustrierte Reiseerzählungen«).
8°
Kein Nachweis über Umfang und Datierung der einzelnen Lieferungen.

Buchausgabe

474.1
RT: Karl Mays Illustrierte Reiseerzählungen. Band IX. **T:** Winne-
tou III.
Erstes bis siebentes Tausend. Mit Verlagssignet.

Freiburg i. B., Verlag von Friedrich Ernst Fehsenfeld, 1909.
537 S., Nachwort, 1 farbiges Frontispiz, 10 Taf., 29 Illustr. (von
Claus Bergen). 8°
TR: Erstes bis siebentes Tausend. Erschienen im Mai 1909.
DB: analog 124
Erschienen: VA: Anfang Juni 1909; EN: 19. Juni 1909
Voredition: 126, 163, 213, 229, 245

Fortführung der Buchreihe: 478

475

Die Schund= und Giftliteratur und Karl May, ihr unerbittlicher
  Gegner. Von Oberlehrer Franz Langer.
In: Mährischer Volksbote.
  Olmütz, Verlag von Oskar Tiller.
  19. Jg. 1909. gr. 2°
  Nr. 25, S. 1-2
  Nr. 26, S. 1-2
  Nr. 27, S. 1-2
Erschienen: 19. und 26. Juni, 3. Juli 1909
Nachedition: 476, 480, 481, 484

Mit hoher Wahrscheinlichkeit von Karl May selbst verfaßt.

476

Die Schund= und Giftliteratur und Karl May, ihr unerbittlicher
  Gegner. Von Oberlehrer Franz Langer.
In: Augsburger Postzeitung.
  Augsburg, Verlag des Literarischen Instituts von Haas & Grab-
  herr, G. m. b. H.
  223. Jg. 1909. 2°
  Nr. 160, S. 2-4
Erschienen: 20. Juli 1909
Voredition: 475
Nachedition: 480, 481, 484

477

›Marhameh‹ (im Text: Merhameh) Reiseerzählung von Karl May.
In: Eichsfelder Marienkalender. Jahrbuch für die Mitglieder des
  allg. Vereins der christlichen Familien. 1910.
  Heiligenstadt, Verlag von F. W. Cordier.
  34. Jg. Lex.-8°
  Sp. 117-132, 3 Illustr.
Erschienen: EN: 31. Juli 1909

Die Überschrift »Marhameh« ist offensichtlich ein Fehler des Gra-
phikers. Im handschriftlichen Original Karl Mays, das erhalten geblieben ist, steht durchweg, auch in der Überschrift, »Merhameh«.

478
Orangen und Datteln.

Es handelt sich um einen Sammelband mit folgenden Erzählungen:

478 A
Die Gum. (S. 1-154)
Voredition: 53, 98, 171, 177, 250 A, 257 A, 258 A, 264 A, 265 A,
    267 A, 328 A, 353 A
Nachedition: 558 A, 563 A

478 B
Christus oder Muhammed. (S. 155-212)
Voredition: 214, 214 P, 250 B

478 C
Der Krumir. (S. 213-425)
Voredition: 150, 155, 250 C

478 D
Eine Ghasuah. (S. 427-461)
Voredition: 234, 250 D

478 E
Nûr es Semâ. – Himmelslicht. (S. 463-510)
Voredition: 231, 231 P, 250 E

478 F
Christi Blut und Gerechtigkeit. (S. 511-544)
Voredition: 158, 250 F

478 G
Mater dolorosa. (S. 545-610)
Voredition: 222, 222 P, 250 G

478 H
Der Verfluchte. (S. 611-665)
Voredition: 233, 233 P, 250 H

Lieferungsausgabe

478.0
(= 91. bis 100. Lieferung »Karl Mays Illustrierte Reiseerzählungen«). 8°
Kein Nachweis über Umfang und Datierung der einzelnen Lieferungen.

Buchausgabe

478.1
RT: Karl Mays Illustrierte Reiseerzählungen. Band X. **T:** Orangen und Datteln. Reisefrüchte aus dem Oriente von Karl May.
Erstes bis siebentes Tausend. Mit Verlagssignet.
Freiburg i. B., Verlag von Friedrich Ernst Fehsenfeld, 1909.
665 S., 1 farbiges Frontispiz, 16 Taf. (von Willy Planck). 8°
TR: Erstes bis siebentes Tausend. Erschienen im Mai 1909.
DB: analog 124
Erschienen: VA: Anfang August 1909; EN: 23. August 1909

Fortführung der Buchreihe: 488

479
Ardistan und Dschinnistan. 1. Band.

Lieferungsausgabe

479.0
(= 301. bis 310. Lieferung »Karl Mays Reiseerzählungen«). kl. 8°
VA (6. August 1909): »Die Lieferungsausgabe (Heft 301 uff.) wird schon jetzt - mit Fortschreiten des Druckes - ausgegeben ...« Kein Nachweis über Umfang und Datierung der einzelnen Lieferungen.

Buchausgabe

479.1

RT: Karl Mays Reiseerzählungen. Band XXXI. **T:** Ardistan und Dschinnistan. 1. Band. Reiseerzählung von Karl May. 1.-10. Tausend. Mit Verlagssignet.
Freiburg i. B., Verlag von Friedrich Ernst Fehsenfeld, 1909. 602 S. kl. 8°
DB: 87, 140
Erschienen: VA: Herbst 1909
Voredition: 432 (34. Jg., S. 81-938)

Fortführung der Buchreihe: 485

480

Die Schund= und Giftliteratur und Karl May, ihr unerbittlicher Gegner. Von Oberlehrer Franz Langer.
In: Hildesheimer Kurier. Zeitung und Anzeiger für Stadt und Stift Hildesheim.
Hildesheim, Verlag von M. v. Witzleben.
50. Jg. 1909. gr. 2°
Nr. 182, II. Blatt, S. 6-7 (sämtlich unpag.)
Nr. 183, II. Blatt, S. 6
Nr. 184, II. Blatt, S. 6-7
Erschienen: 6., 7. und 8. August 1909
Voredition: 475, 476
Nachedition: 481, 484

481

Die Schund- und Giftliteratur und Karl May, ihr unerbittlicher Gegner. (Von Oberlehrer Franz Langer).
In: Karl Mays pädagogische Bedeutung. Vom Herausgeber. 2. Auflage.
München, Verlag von Val. Höfling, 1909. 8°
(= Pädagogische Zeitfragen. Sammlung von Abhandlungen aus dem Gebiete der Erziehung. Herausgegeben von Franz Weigl, München. Band IV, 4. Heft 22).
S. 20-38 (Vorspann: S. 19-20)
Erschienen: 1909 (vermutlich nicht vor Anfang August)
Voredition: 475, 476, 480
Nachedition: 484

482

Du hast --- (Aus »Himmelsgedanken« von Karl May.)
Du hast den Kopf zum Sinnen und zum Denken ...
In: Die christliche Familie.
Wien, Eigentum und Organ des Katholischen Schulvereines für Oesterreich.
23. Jg. 1909. 24 Nummern (Januar-Dezember 1909). Lex.-8°
Nr. 19, S. 303
Erschienen: 1. Oktober 1909
Voredition: 330 (S. 150)

483

Winnetou, Band IV. Reise=Erzählung von Karl May.

In: Lueginsland. Unterhaltungsblatt zur »Augsburger Postzeitung«.

Augsburg, Verlag des Literarischen Instituts von Haas & Grabherr, G. m. b. H.

Jg. 1909. 2°

Nr. 88, S. 697-700

Nr. 89, S. 705-708, 710

Nr. 90, S. 713-718

Nr. 91, S. 721-725

Nr. 92, S. 729-732, 734

Nr. 93, S. 737-741

Nr. 94, S. 745-746, 748-750

Nr. 95, S. 753-757

Nr. 96, S. 762, 764, 766-768

Nr. 97, S. 769-773

Nr. 98, S. 777-779, 782-783

Nr. 99, S. 787-791

Nr. 100, S. 793-796

Nr. 101, S. 801-806

Nr. 102, S. 809-813

Nr. 103, S. 817-818, 822-824

Nr. 104, S. 825-829

Nr. 105, S. 834-838

Nr. 106, S. 841-843

Nr. 107, S. 849-852

Nr. 108, S. 857-860

Nr. 109, S. 865-868

Nr. 110, S. 873-877

Nr. 111, S. 881-883

Nr. 112, S. 889-891

Nr. 113, S. 897-898

Nr. 114, S. 905-907

Nr. 115, S. 916-918

Nr. 116, S. 921-922

Fortsetzung in:

Lueginsland. Unterhaltungsblatt zur »Augsburger Postzeitung«.

Augsburg, Verlag des Literarischen Instituts von Haas & Grabherr, G. m. b. H.

Jg. 1910. 2°

Nr. 1, S. 2-4

Nr. 2, S. 9-10

Nr. 3, S. 17-20

Nr. 4, S. 25-28

Nr. 5, S. 33-36

Nr. 6, S. 41-43

Nr. 7, S. 49-52

Nr. 8, S. 57-59

Nr. 9, S. 65-67

Nr. 10, S. 73-75

Nr. 11, S. 81-83

Nr. 12, S. 89-92

Die Schund= und Giftliteratur und Karl May, ihr unerbittlicher Gegner.

Von Oberlehrer Franz Langer.

Früher sprach man nur von Schundliteratur. Das reicht jetzt nicht mehr aus. Man hat die entsetzliche Giftigkeit und Gefährlichkeit dieses Schundes erkannt. Darum bezeichnet man in neuerer Zeit die bisherige Schundnun auch als Giftliteratur, und zwar mit vollstem Rechte. Dieses Gift ist geistig, seelisch, körperlich, ethisch und volkswirtschaftlich noch viel ekelhafter und gefährlicher als das fürchterliche Kontagium der Lepra. Jammerschade, daß es auf den Körper nur indirekt wirkt und daß man die Verheerungen, die es anrichtet, also nicht mit dem leiblichen Auge sehen kann! Wie würden sie sich schämen müssen, die Schundverleger, die Schundschriftsteller und die Schundverkäufer, wenn ihr äußeres Angesicht ihrer seelischen Bilage gliche: zerbeizt, zerfressen und zerstört von schundliterarischem Eiter, ein Abscheu, ein Ärgernis und ein Schwefelwasserstoff für einen jeden reinlichen Menschen, der gewohnt ist, nicht nur äußerlich, sondern auch innerlich sauber zu sein! Ich bitte, nicht etwa, mir diese gerade Ausdrucksweise zu verzeihen, denn sie ist vollständig begründet. Man geht mit diesen Leuten viel zu höflich um. Das sollte anders werden! Man muß sie wissen und fühlen lassen, daß sie Giftherde sind, die man zu meiden hat! Wer würde mit einem aussätzigen Bäcker oder Fleischer verkehren? Wer würde Brot oder Fleisch von ihm kaufen und essen? Kein Mensch, kein einziger! Aber mit diesen literarischen Giftbäckern und Giftfleischern, mit diesen von der moralischen Lepra verunstalteten Schundbuchhändlern und Schundschriftstellern verkehrt man wie mit anständigen, gesunden Menschen! Und ihre von der Seuche infizierten Waren kauft und genießt man, ohne sich zu ekeln und ohne sich zu schämen! Es wird die Zeit kommen, in der, wenn der Schundkolporteur durch die Gassen geht, alle Türen von innen verschlossen werden. Es wird die Zeit kommen, in der ein Schundschriftsteller von jeder literarischen Vereinigung wie ein verpesteter ohne weiteres und für immer ausgeschlossen ist. Es wird die Zeit kommen, in welcher der Schundverleger höchstens nur noch bei seinesgleichen Umgang findet, sonst aber von jedermann gemieden wird. Wenn wir erst so weit sind, dann wird der Schund sehr schnell überwunden sein. So lange wir aber vor den Giftmischern, die uns

Nr. 41.   Samstag, den 9. Oktober 1909.   4. Jahrgang.

Badische Lehrerzeitung

Zeitschrift zur Förderung der Erziehung, der Schule und des Lehrerstandes.

Amtliches Veröffentlichungsblatt des Katholischen Lehrerverbandes d. D. R., Landesverein Baden.

Erscheint jeden Samstag. Bezugspreis: Vierteljährlich 2 Mark inklusive Postgebühren. Anzeigen: Die einspalt. Petitzeile 15 ₰.	Verantwortliche Redaktion: Joseph Koch, Mannheim, Langstraße 12.	Alle Mitteilungen und Einsendungen an die Redaktion. Anzeigen an die Druckerei Unitas in Bühl (Baden).

Inhalt: Die Religion und die Natur. — Zur Psychologie des Kindes. — Das neue Volksschullesebuch für die katholischen Schulen des Königreichs Württemberg. — Fremde Sprachen. — Die Schutzmittel der Insekten gegen feindliche Angriffe und Witterungseinflüsse. — Die Schund- und Giftliteratur und Karl May ihr unerbittlicher Gegner. — Rundschau. — Aus der Literatur. — Personalnachrichten. — Feuilleton. — Anzeigen.

Erschienen: Zwischen dem 6. Oktober 1909 und dem 27. April 1910 (Turnus: jeweils mittwochs und sonnabends, in einigen Fällen auch montags)
Nachedition: 513, 530

484

Die Schund= und Giftliteratur und Karl May, ihr unerbittlicher Gegner. Von Oberlehrer Franz Langer.
In: Badische Lehrerzeitung. Zeitschrift zur Förderung der Erziehung, der Schule und des Lehrerstandes. Amtliches Veröffentlichungsblatt des Katholischen Lehrerverbandes d. D. R., Landesverein Baden.
Bühl, Verlag der Buchdruckerei Unitas.
4. Jg. 1909. 4°
Nr. 41, S. 482-483

Nr. 42, S. 492-493
Nr. 43, S. 504-505
Nr. 44, S. 517-518
Nr. 45, S. 529-530
Erschienen: 9., 16., 23. und 30. Oktober, 6. November 1909
Voredition: 475, 476, 480, 481

485
Ardistan und Dschinnistan. 2. Band.

Lieferungsausgabe

485.0
(= 311. und 320. Lieferung »Karl Mays Reiseerzählungen«). kl. 8°
Erschienen: Vermutlich ab Oktober 1909. Kein Nachweis über
Umfang und Datierung der einzelnen Lieferungen.

Buchausgabe

485.1
RT: Karl Mays Reiseerzählungen. Band XXXII. **T:** Ardistan und
Dschinnistan. 2. Band. Reiseerzählung von Karl May. 1.-10. Tau-
send. Mit Verlagssignet.
Freiburg i. B., Verlag von Friedrich Ernst Fehsenfeld, 1909.
651 S. kl. 8°
DB: 87, 140
Erschienen: VA: Herbst 1909
Voredition: 432 (35. Jg., S. 11-936)

Fortführung der Buchreihe: 513

486
Ardistan und Dschinnistan.
  Freiburg i. B., Verlag von Friedrich Ernst Fehsenfeld.
  1 Doppelblatt. 8°
  S. 2
Erschienen: Vermutlich Oktober 1909

Es handelt sich hierbei um einen Waschzettel des Fehsenfeld-Ver-
lages; die S. 1 enthält ein Anschreiben des Verlegers.

487
Schamah. Reise=Erzählung aus dem Gelobten Lande von Karl
  May.
In: Bamberger Volksblatt.
  Bamberg, Verlag von Paul Franke's Erben.
  37. Jg. 1909. 2°
  Nr. 237, S. 2
  Nr. 238, S. 2
  Nr. 239, S. 2
  Nr. 240, Zweites Blatt, S. 2
  Nr. 241, S. 2
  Nr. 242, S. 2
  Nr. 243, S. 2
  Nr. 244, S. 2
  Nr. 245, S. 2
  Nr. 246, S. 2
  Nr. 247, S. 2
  Nr. 248, S. 2
  Nr. 249, S. 2
  Nr. 250, S. 2
  Nr. 251, S. 2
  Nr. 252, S. 2
  Nr. 253, S. 2
  Nr. 254, S. 2
  Nr. 255, S. 2
  Nr. 256, S. 2
  Nr. 257, S. 2
  Nr. 258, S. 2
  Nr. 259, S. 2
  Nr. 260, S. 2
  Nr. 261, S. 2
  Nr. 262, S. 2
  Nr. 263, Zweites Blatt, S. 2
  Nr. 264, S. 2
  Nr. 265, S. 2
  Nr. 266, S. 2
  Nr. 267, S. 2
  Nr. 268, S. 2-3
Erschienen: Zwischen dem 20. Oktober und 26. November 1909
  (außer sonn- und feiertags)
Voredition: 430, 459
Nachedition: 552

488
Old Surehand. 1. Band.

Lieferungsausgabe

488.0
(= 101. bis 110. Lieferung »Karl Mays Illustrierte Reiseerzählungen«). 8°
Kein Nachweis über Umfang und Datierung der einzelnen Lieferungen.

Buchausgabe

488.1
RT: Karl Mays Illustrierte Reiseerzählungen. Band XI. **T:** Old Surehand. 1. Band. Illustrierte Reiseerzählungen von Karl May.
Erstes bis siebentes Tausend. Mit Verlagssignet.
Freiburg i. B., Verlag von Friedrich Ernst Fehsenfeld, 1909.
644 S., 1 farbiges Frontispiz, 16 Taf. (von Claus Bergen). 8°
TR: Erstes bis siebentes Tausend. Erschienen im Mai 1909.
DB: analog 124
Erschienen: VA: Ende Oktober 1909; EN: 8. November 1909
Voredition: 261

Fortführung der Buchreihe: 490

489
Abdahn Effendi. Reiseerzählung von Karl May. Mit Bildern von Theodor Volz.
Stuttgart, Verlag Neues literarisches Institut, Verlagsgesellschaft m. b. H., 1909. 102 S. (Mit einem Vorwort »Zum Problem Karl May«, S. 5-10), 2 Vollbilder, 1 Illustr. (von Theodor Volz).

Abdahn Effendi

Reiſeerzählung

von

Karl May

Mit Bildern von Theodor Volz

Stuttgart
Neues literariſches Inſtitut ● Verlagsgeſellſchaft m. b. H.

(= Bibliothek Saturn. Illustrierte Universal=Bibliothek, Bd. 3/4 Doppelband).
DB: 131
Erschienen: SE: 22. November 1909; EN: 17. Dezember 1909
Voredition: 453, 458, 471, 473

Das anonyme Vorwort stammt von Amand v. Ozoróczy; Erstveröffentlichung (ebenfalls anonym) in der »Augsburger Postzeitung«, 222. Jg., Nr. 172, vom 28. 7. 1908.

490
Old Surehand. 2. Band.

Lieferungsausgabe

490.0
(= 111. bis 120. Lieferung »Karl Mays Illustrierte Reiseerzählungen«). 8°
Kein Nachweis über Umfang und Datierung der einzelnen Lieferungen.

Buchausgabe

490.1
RT: Karl Mays Illustrierte Reiseerzählungen. Band XII. **T:** Old Surehand. 2. Band. Illustrierte Reiseerzählungen von Karl May.
Erstes bis siebentes Tausend. Mit Verlagssignet.
Freiburg i. B., Verlag von Friedrich Ernst Fehsenfeld, 1909.
647 S., 1 farbiges Frontispiz, 16 Taf. (von Claus Bergen). 8°
TR: Erstes bis siebentes Tausend. Erschienen im Oktober 1909.
DB: analog 124
Erschienen: VA: Anfang Dezember 1909; EN: 16. Dezember 1909
Voredition: 59, 62, 76, 87, 92, 104, 161 (Lfg. 16-21 = S. 376-481), 183, 194, 212, 257 B, 264 B, 266.1, 266 P, 266.2, 267 B, 269, 328 B, 347.1 B (S. 93-177), 353 B, 442.1 B (S. 93-177)
Nachedition: 558 E, 563 E, 592 (S. 93-177)

Fortführung der Buchreihe: 505

491
Es will das Licht des Tages scheiden ...
In: Kath. kaufm. Verein Laetitia (E. V.) Augsburg ... Vortrag des Schriftstellers Herrn Dr. Karl May, Dresden.
Augsburg, Druck von Haas & Grabherr. 4°
S. 3
Erschienen: Spätestens am 8. Dezember 1909
Voredition: 163 (S. 237), 213 (Nr. 238, S. 2; Nr. 251, S. 1-2), 229 (Nr. 107, S. 3; Nr. 109, S. 2; Nr. 120, S. 2), 245 (S. 414, 422, 473, 474, 476), 285 (S. 21), 289, 293, 295, 297, 301, 302, 310, 314, 315 (S. 106), 474 (S. 352, 358, 403, 404, 406)

Es handelt sich um den Programmzettel zum Vortrag Karl Mays

»Sitara, das Land der Menschheitsseele (Ein orientalisches Mär-
chen)«, den er am 8.12.1909 vor dem genannten Verein in Augsburg gehalten hat.

492

Heilige Nacht. Von Karl May.
  »Ich verkünde große Freude / Die Euch widerfahren ist …«
In: Bamberger Volksblatt.
  Bamberg, Verlag von Paul Franke's Erben.
  37. Jg. 1909.
  Nr. 291, S. 1
Erschienen: 24. Dezember 1909
Voredition: 99 (S. 776), 99 P (S. 776), 137 (S. ?), 161 (S. 190, 191),
  174 (S. 452-454, 639-640), 300 (Leitgedicht), 347.1 A (S. 327,
  328), 376.1 A (S. 612-615), 376.1 B (S. 222), 387 (S. 16-17),
  442.1 A (S. 327, 328), 444.1 A (S. 612-615), 444.1 B (S. 222), 464
  (Leitgedicht)
Nachedition: 564 (Leitgedicht), 592 (S. 327, 328)

493

Sie brachten am 21. d. Mts. den Räuberartikel aus dem »Bund« des
  Rudolf Lebius … Hochachtungsvoll Karl May.
In: Deutsche Nachrichten. Berliner Tageszeitung.
  Berlin, Verlag der Deutschen Nachrichten G. m. b. H.
  3. Jg. 1909. gr. 2°
  Nr. ?, S. ?
Erschienen: Nach dem 21. und vor dem 29. Dezember 1909
Nachedition: 495, 499

Nr. 303.

Vorwärts

Berliner Volksblatt.

Zentralorgan der sozialdemokratischen Partei Deutschlands.

26. Jahrg.

Erscheint täglich außer Montags.

Redaktion: SW. 68, Lindenstrasse 69. | **Mittwoch, den 29. Dezember 1909.** | Expedition: SW. 68, Lindenstrasse 69.
Fernsprecher: Amt IV, Nr. 1983. | | Fernsprecher: Amt IV, Nr. 1984.

494

Nr. 354 Ihrer »Abendzeitung« beschäftigt sich mit den »Räuberge-
schichten«, welche Herr Rudolf Lebius in seinem »Bund« von
mir erzählt …
In: Augsburger Abendzeitung.
   Augsburg, Verlag von F. Bruckmann AG.
   Jg. 1909. 2°
   Nr. 359, S. 6
Erschienen: 27. Dezember 1909
Nachedition: 496

495

Sie brachten am 21. d. Mts. den Räuberartikel aus dem »Bund« des
Rudolf Lebius … Hochachtungsvoll Karl May.
In: Vorwärts. Berliner Volksblatt. Zentralorgan der sozialdemokra-
tischen Partei Deutschlands.
   Berlin, Verlag der Vorwärts Buchdruckerei und Verlagsanstalt
   Paul Singer & Co.
   26. Jg. 1909. 2°
   Nr. 303, S. 4 (unpag.)
Erschienen: 29. Dezember 1909
Voredition: 493
Nachedition: 499

496

Nr. 354 Ihrer »Abendzeitung« beschäftigt sich mit den »Räuberge-
schichten«, welche Herr Rudolf Lebius in seinem »Bund« von
mir erzählt …
In: Augsburger Postzeitung.
   Augsburg, Verlag des Literarischen Instituts von Haas & Grab-
   herr, G. m. b. H.
   223. Jg. 1909. 2°
   Nr. 297, S. 8-9
Erschienen: 31. Dezember 1909
Voredition: 494

497

G. H. R.! Sie senden mir den Artikel »Karl May's Ende?« mit der
   Aufforderung, mich über ihn zu äußern ... In vorzüglichster
   Hochachtung ergebenst Karl May.
In: Hildesheimer Kurier. Zeitung und Anzeiger für Stadt u. Stift
   Hildesheim.
   Hildesheim, Verlag von M. v. Witzleben.
   51. Jg. 1910. gr. 2°
   Nr. 2, II. Blatt, S. 2 (unpag.)
Erschienen: 4. Januar 1910

498

Auch Ihre Zeitung beschäftigte sich mit den »Räubergeschichten«,
   welche Herr Rudolf Lebius in seinem »Bund« von mir erzählt ...
In: Freie Stimme.
   Radolfzell, Verlag der Wilhelm Moriell'schen Buchdruckerei.
   46. Jg. 1910. gr. 2°
   Nr. 4, Erstes Blatt, S. 2
Erschienen: 6. Januar 1910

499

Sie brachten am 21. dieses Monats den Räuberartikel aus dem
   Bund des Rudolf Lebius ... Hochachtungsvoll Karl May.
In: Metallarbeiter=Zeitung. Organ für die Interessen der Metallar-
   beiter. Publikationsorgan des Deutschen Metallarbeiter=Verban-
   des u. d. Allg. Kranken= u. Sterbekasse der Metallarbeiter.
   Stuttgart, Verlag von Alexander Schlicke & Cie.
   28. Jg. 1910. gr. 2°
   Nr. 2, S. 12
Erschienen: 8. Januar 1910
Voredition: 493, 495

500

»Ergebenste Bitte.

»Bei meinen oft sehr lange währenden Reisen ...
Radebeul=Dresden, ›Villa Shatterhand‹. Dr. Karl May.«

In: Über den Wassern. Halbmonatschrift für schöne Literatur. Herausgeber: Dr. P. Expeditus Schmidt O. F. M.

Münster i. W., Verlag der Alfonsusbuchhandlung.

3. Jg. 1910. 24 Hefte (Januar-Dezember 1910). gr. 8°

Heft 2, S. 63

Erschienen: 25. Januar 1910

Voredition: 278

501

»Gestern abend ganz matt hier angekommen ...«

In: Über den Wassern. Halbmonatschrift für schöne Literatur. Herausgeber: Dr. P. Expeditus Schmidt O. F. M.

Münster i. W., Verlag der Alfonsusbuchhandlung.

3. Jg. 1910. 24 Hefte (Januar-Dezember 1910). gr. 8°

Heft 2, S. 63

Erschienen: 25. Januar 1910

Es handelt sich hierbei um den Text eines Telegramms, das Karl May nach seinem Aufenthalt 1897 in München (vermutlich 4.-9. Juli) an »eine hochgestellte Dame« abgeschickt hatte.

502

Villa Shatterhand Radebeul=Dresden, den 21. 1. 10. Sehr geehrter Herr Redakteur! Sie senden mir den Artikel »Aufsehenerregende Enthüllungen über Karl May« mit der Aufforderung, mich über ihn zu äußern ... Mit hochachtungsvollem Gruß, Herr Redakteur, Ihr ergebenster Karl May.

In: Freie Stimme.

Radolfzell, Verlag der Wilhelm Moriell'schen Buchdruckerei.

46. Jg. 1910. gr. 2°

Nr. 20, S. 2

Erschienen: 26. Januar 1910

503

Zur Erklärung des Herrn P. Pöllmann in Nr. 23 Ihres Blattes habe ich folgendes zu sagen ... Karl May, Radebeul=Dresden.

In: Freie Stimme.

Radolfzell, Verlag der Wilhelm Moriell'schen Buchdruckerei.

46. Jg. 1910. gr. 2°

Nr. 29, Erstes Blatt, S. 2

Erschienen: 6. Februar 1910

504

Man sendet mir Ihre Zeitung vom 1. Februar, welche sich über den Aufsatz des Benediktinerpaters Pöllmann in der »Freien Stimme« äußert ...
In: Augsburger Abendzeitung.
Augsburg, Verlag von F. Bruckmann AG.
Jg. 1910. 2°
Nr. 38, S. 5-6
Erschienen: 8. Februar 1910

505

Old Surehand. 3. Band.

Lieferungsausgabe

505.0

(= 121. bis 130. Lieferung »Karl Mays Illustrierte Reiseerzählungen«). 8°
Kein Nachweis über Umfang und Datierung der einzelnen Lieferungen.

Buchausgabe

505.1

RT: Karl Mays Illustrierte Reiseerzählungen. Band XIII. **T:** Old Surehand. 3. Band. Illustrierte Reiseerzählung von Karl May.
Erstes bis siebentes Tausend. Mit Verlagssignet.
Freiburg i. B., Verlag von Friedrich Ernst Fehsenfeld, 1910.
566 S., 1 farbiges Frontispiz, 16 Taf. (von Claus Bergen). 8°
TR: Erstes bis siebentes Tausend. Erschienen im November 1909.
DB: analog 124
Erschienen: VA: Ende Februar 1910; EN: 30. März 1910
Voredition: 286

Fortführung der Buchreihe: 506

506

Im Lande des Mahdi. 1. Band.

Lieferungsausgabe

506.0

(= 131. bis 140. Lieferung »Karl Mays Illustrierte Reiseerzählungen«). 8°
Kein Nachweis über Umfang und Datierung der einzelnen Lieferungen.

Buchausgabe

506.1

RT: Karl Mays Illustrierte Reiseerzählungen. Band XIV. **T:** Im Lande des Mahdi. 1. Band. Illustrierte Reiseerzählungen von Karl May.

Erstes bis siebentes Tausend. Mit Verlagssignet.
Freiburg i. B., Verlag von Friedrich Ernst Fehsenfeld, 1910.
638 S., 1 farbiges Frontispiz, 16 Taf. (von Claus Bergen). 8°
TR: Erstes bis siebentes Tausend. Erschienen im November
1909.
DB: analog 124
Erschienen: VA: Ende Februar 1910; EN: 30. März 1910
Voredition: 224, 276

Fortführung der Buchreihe: 537

507
Sie bringen in Ihrem Blatte unter »Eingesandt« einen gegen mich
    gerichteten Aufsatz des Rechtsanwaltes M. Weiß ... In vorzügli-
    cher Hochachtung Karl May.
In: Bamberger Neueste Nachrichten.
    Bamberg, Verlag von Erich Spandel.
    Jg. 1910.
    Nr. 64, S. 4
Erschienen: 18. März 1910

508

Auch »Über den Wassern«. Von Karl May.

In: Die Freistatt. Wochenschrift für alle Gebiete des öffentlichen
   Lebens.
   Wien, Druck von Johann L. Bondi & Sohn.
   2. Jg. 1910. 52 Nummern (Januar-Dezember 1910). 4°
   Nr. 14, S. 213-216
   Nr. 17, S. 264-267
   Nr. 19, S. 295-298
   Nr. 21, S. 329-331
   Nr. 22, S. 344-347
   Nr. 23, S. 359-363

Erschienen: 9. und 30. April, 14. und 28. Mai, 4. und 11. Juni 1910
Nachedition: Nr. 14 = 510

Karl May reagierte hiermit auf eine Artikelserie des Benediktinerpaters Ansgar Pöllmann in der Zeitschrift »Über den Wassern«.
Der IV. Artikel ist von May selbst datiert: Radebeul=Dresden, den
24. Mai 1910.

509

An das Königliche Schöffengericht Charlottenburg. Privatklage-
   sache: May/Lebius 35. B. 295/09 ... Radebeul-Dresden, den
   10. April 1910. Karl May.
   Privatdruck. 3 S. (unpag.). 4°
Erschienen: 10. April 1910

510

Es erscheinen jetzt Aufsätze gegen mich, denen man den Gesamt-
   titel gegeben hat: »Ein Abenteurer und sein Werk. Untersuchun-
   gen und Feststellungen von P. Ansgar Pöllmann, O. S. B.« ...
In: Augsburger Postzeitung.
   Augsburg, Verlag des Literarischen Instituts von Haas & Grab-
   herr, G. m. b. H.
   224. Jg. 1910. 2°
   Nr. 82, S. 2-4
Erschienen: 13. April 1910
Voredition: 508 (Nr. 14)

511

»Also ein Kritiker hat Zweifel ausgesprochen, ob ich katholisch
   oder sonst was sei? ...«
In: Über den Wassern. Halbmonatschrift für schöne Literatur. Her-
   ausgeber: Dr. P. Expeditus Schmidt O. F. M.
   Münster i. W., Verlag der Alfonsusbuchhandlung.
   3. Jg. 1910. 24 Hefte (Januar-Dezember 1910). gr. 8°
   Heft 8, S. 276
Erschienen: 25. April 1910

Brief an einen katholischen »geistlichen Schriftsteller« vom Januar
1901.

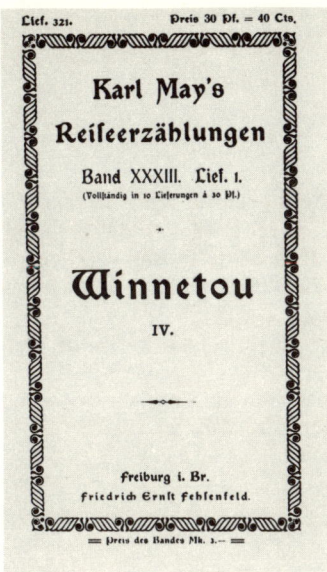

512
»Ich glaube an die einzige, alles umfassende katholische Gemeinde der Gläubigen ...«
In: Über den Wassern. Halbmonatschrift für schöne Literatur. Herausgeber: Dr. P. Expeditus Schmidt O. F. M.
Münster i. W., Verlag der Alfonsusbuchhandlung.
3. Jg. 1910. 24 Hefte (Januar-Dezember 1910). gr. 8°
Heft 8, S. 277-278
Erschienen: 25. April 1910
Voredition: 411, 414

513
Winnetou. 4. Band.

Lieferungsausgabe

513.0
(= 321. bis 330. Lieferung »Karl May's gesammelte Reiseerzählungen«). kl. 8°
Kein Nachweis über Umfang und Datierung der einzelnen Lieferungen.

Buchausgabe

513.1
RT: Karl May's gesammelte Reiseerzählungen. Band XXXIII. **T:** Winnetou. 4. Band. Von Karl May. 1.-10. Tausend. Mit Verlagssignet.
Freiburg i. B., Verlag von Friedrich Ernst Fehsenfeld, 1910.
623 S. kl. 8°
DB: 53, 88, 140

Erschienen: VA: Anfang Mai 1910; EN: 13. Juni 1910
Voredition: 483
Nachedition: 530

Letzter Band der Freiburger Buchreihe (kl. 8°).

514

»Oberlößnitz=Dresden, d. 3./1. 95. Sehr geehrter Herr! Es war mir
unmöglich, Ihren Brief vom 1./11. eher als heut zu beantworten.
Aber was soll ich antworten? Ich habe diese Reisen wirklich gemacht und spreche die Sprachen der Völker, bei denen ich gewesen bin ... Ergebenst Dr. Karl May.«
In: Über den Wassern. Halbmonatschrift für schöne Literatur. Herausgeber: Dr. P. Expeditus Schmidt O. F. M.
Münster i. W., Verlag der Alfonsusbuchhandlung.
3. Jg. 1910. 24 Hefte (Januar-Dezember 1910). gr. 8°
Heft 9, S. 307
Erschienen: 10. Mai 1910

Brief an einen nicht näher bezeichneten Adressaten.

515

»Radebeul=Dresden, Villa ›Shatterhand‹, d. 15./4. 97. Sehr geehr-
ter Herr! Es ist doch eigentümlich, daß, so weit die deutsche
Zunge klingt und weit darüber hinaus, niemals ein Zweifel über
mich und meine Werke verlautet ... Bitte, herzlichen Gruß an
die Herren, welche sich mit unterschrieben! Ihr ergebener
Dr. Karl May.«
In: Über den Wassern. Halbmonatschrift für schöne Literatur. Her-
ausgeber: Dr. P. Expeditus Schmidt O. F. M.
Münster i. W., Verlag der Alfonsusbuchhandlung.
3. Jg. 1910. 24 Hefte (Januar-Dezember 1910). gr. 8°
Heft 9, S. 308
Erschienen: 10. Mai 1910

Brief an mehrere, nicht näher benannte Adressaten in Düsseldorf.

516

»Der Weg begann in jener fernen Wüste, in der wir unsern Halef
Omar trafen ...«
In: Über den Wassern. Halbmonatschrift für schöne Literatur. Her-
ausgeber: Dr. P. Expeditus Schmidt O. F. M.
Münster i. W., Verlag der Alfonsusbuchhandlung.
3. Jg. 1910. 24 Hefte (Januar-Dezember 1910). gr. 8°
Heft 9, S. 309-310
Erschienen: 10. Mai 1910
Voredition: 399

517

»Radebeul=Dresden, Villa ›Shatterhand‹, den 2./1. 1. Ew. Hochwürden wollen mir gütigst gestatten, Ihnen meinen neuesten
Band ergebenst zu Handen zu stellen! ... Mit aufrichtiger Hochachtung und Ehrerbietung Ew. Hochwürden ergebener May.«

In: Über den Wassern. Halbmonatschrift für schöne Literatur. Herausgeber: Dr. P. Expeditus Schmidt O. F. M.
Münster i. W., Verlag der Alfonsusbuchhandlung.
3. Jg. 1910. 24 Hefte (Januar-Dezember 1910). gr. 8°
Heft 9, S. 310-311
Erschienen: 10. Mai 1910

Begleitbrief zur Übersendung des Bandes »Himmelsgedanken« (vgl. Nr. 330) an einen nicht näher bezeichneten Adressaten.

518

»Radebeul=Dresden, d. 10./7. 1. Hochgeehrter, hochwürdiger Herr Doctor! Gestern von einer Reise heimgekehrt, welche länger währte, als ich bei ihrem Beginne wissen konnte ... Sie erwähnen die ›hist.=polit. Blätter‹. Ich bin nicht Abonnent ... Mit vorzüglichster Hochachtung Ew. Hochwürden ergebener May.«
In: Über den Wassern. Halbmonatschrift für schöne Literatur. Herausgeber: Dr. P. Expeditus Schmidt O. F. M.
Münster i. W., Verlag der Alfonsusbuchhandlung.
3. Jg. 1910. 24 Hefte (Januar-Dezember 1910). gr. 8°
Heft 9, S. 311-312
Erschienen: 10. Mai 1910

Brief an einen nicht näher benannten Adressaten.

519

»Radebeul=Dresden, d. 13./7. 1. Sehr geehrter Herr Doctor! Es tut mir unendlich leid, immer und immer wieder in diese Pfütze herniedersteigen zu sollen, mit welcher ich weder als Christ noch als Mensch oder als Schriftsteller etwas zu schaffen habe ... Mit ausgezeichneter Hochachtung bin ich Ew. Hochwürden ergebenster May.«
In: Über den Wassern. Halbmonatschrift für schöne Literatur. Herausgeber: Dr. P. Expeditus Schmidt O. F. M.
Münster i. W., Verlag der Alfonsusbuchhandlung.
3. Jg. 1910. 24 Hefte (Januar-Dezember 1910). gr. 8°
Heft 9, S. 312-313
Erschienen: 10. Mai 1910

Brief an einen nicht näher bezeichneten Adressaten.

520

»Ich gehe jetzt nach dem Sudan, Arabien, Persien, Rückweg über Kurdistan, Kleinasien und Palästina ...«
In: Über den Wassern. Halbmonatschrift für schöne Literatur. Herausgeber: Dr. P. Expeditus Schmidt O. F. M.
Münster i. W., Verlag der Alfonsusbuchhandlung.
3. Jg. 1910. 24 Hefte (Januar-Dezember 1910). gr. 8°
Heft 9, S. 316
Erschienen: 10. Mai 1910

Zitat aus einer Grußkartenserie aus Kairo (Poststempel: 25. 4. 1899) an einen nicht näher bezeichneten Adressaten.

521

»Gestatte mir die Mitteilung, daß ich ein überaus reiches Goldlager entdeckt habe …«

In: Über den Wassern. Halbmonatschrift für schöne Literatur. Herausgeber: Dr. P. Expeditus Schmidt O. F. M.
Münster i. W., Verlag der Alfonsusbuchhandlung.
3. Jg. 1910. 24 Hefte (Januar-Dezember 1910). gr. 8°
Heft 9, S. 316-317
Erschienen: 10. Mai 1910

Zitate aus einer Grußkartenserie aus Colombo vom 10. und 12. 10. 1899 an einen nicht näher benannten Adressaten.

522

Radebeul=Dresden, 12. Mai 10. Sehr geehrter Herr Chefredakteur!
Zur Pater Pöllmannschen Behauptung in Nr. 5 Ihres Blattes, daß ich mich gegen ihn nicht zum Gericht bemüht hätte, habe ich Folgendes zu sagen … In vorzüglichster Hochachtung ergebenst Karl May.

In: Augsburger Postzeitung.
Augsburg, Verlag des Literarischen Instituts von Haas & Grabherr, G.m.b.H.
224. Jg. 1910. 2°
Nr. 109, S. 2
Erschienen: 15. Mai 1910

Tatsächlich ist die erwähnte »Pöllmannsche Behauptung« nicht in Nr. 5, sondern in Nr. 105 der »Augsburger Postzeitung« abgedruckt.

523

»Ich gestatte mir den Beweis beizulegen, daß das letztentscheidende gerichtliche Wort gefallen ist …«

In: Heimgarten. Eine Monatsschrift, gegr. v. P. Rosegger.
Graz, Verlag von »Leykam«.
34. Jg. 1910. 12 Hefte (Oktober 1909-September 1910). gr. 8°
Heft 8, S. 615
Erschienen: Mai 1910

Brief an Peter Rosegger vom 3. 11. 1907

524

Radebeul=Dresden, den 14. 1. 07. Sehr geehrter Herr Rittmeister!
Verträge binden mich nicht; aber ich habe mir Zwecke und Ziele vorgeschrieben, deren Verwirklichung resp. Erwähnung meine ganze Zeit in Anspruch nimmt … Mit vorzüglicher Hochachtung Karl May.

In: Der Fall May und die Presse. Beilage zu »Der Bund. Organ für die gemeinsamen Interessen der Arbeiter und Arbeitgeber«.
Berlin, Druck der Lindendruckerei und Verlagsgesellschaft m. b. H.
5. Jg. 1910. Nr. 24.
S. 1 (unpag.). 2°
Erschienen: 12. Juni 1910
Nachedition: 549 R

525

Radebeul=Dresden, den 16.2.07. Sehr geehrter Herr! Die Ehre, mit Ihnen in Geschäftsverbindung zu treten, winkt mir für dieses Mal leider vergeblich … Mit vorzüglicher Hochachtung Ihr ergebener Karl May.

In: Der Fall May und die Presse. Beilage zu »Der Bund. Organ für die gemeinsamen Interessen der Arbeiter und Arbeitgeber«.
Berlin, Druck der Lindendruckerei und Verlagsgesellschaft m. b. H.
5. Jg. 1910. Nr. 24.
S. 1 (unpag.). 2°
Erschienen: 12. Juni 1910
Nachedition: 549 Q

526

Karl May. (Biographisches.)
In: Neue Illustrierte Zeitung.
Wien-Czernowitz.
15. Jg. 1910. 2°
S. 4-5, 1 May-Porträt
Erschienen: 15. Juni 1910
Voredition: 417, 440

527

Nach meines Lebens schwerem Arbeitstag … Radebeul=Dresden, Im Mai 1910. Karl May. (Faksimile der Handschrift).
In: Neue Illustrierte Zeitung.
Wien-Czernowitz.
15. Jg. 1910. 2°
S. 4
Erschienen: 15. Juni 1910
Voredition: 449, 455, 469
Nachedition: 546 (S. 320), 567, 570, 572, 583 (S. 273), 591, 594, 595

528

An die 4. Strafkammer des Königl. Landgerichtes III in Berlin.
 Berufungssache May=Lebius 16 P. 221/17 10 … Radebeul-Dres-
 den, Mitte Juni 1910. Karl May.
 Privatdruck. 50 S. gr. 8°
DB: 128
Erschienen: Mitte Juni 1910
Nachedition: 546 (S. 259-290), 561 (S. 1-40)

529

Herr Rudolf Lebius, sein Syphilisblatt und sein Indianer.
 Soeben versendet Herr Rudolf Lebius ein neues Flugblatt gegen
 mich … Ende Juni 1910. Karl May.
 Privatdruck. 3 S. (unpag.). 4°
Erschienen: Ende Juni 1910
Nachedition: 531, 533

530

Winnetou, Band IV. Reise=Erzählung von Karl May. (?)
In: Der Volksfreund.
 Aachen, Verlag von Viktor Deterre.
 17. Jg. 1910.
 Nr. ?, S. ?
Erschienen: Vermutlich ab Juli 1910
Voredition: 483, 513

531

**Soeben versendet Herr Rudolf Lebius ein neues Flugblatt gegen
 mich,** welches angeblich aus der Feder eines »Vollblutindianers«
 stammen soll. Dieser Indianer ist ein Mohawk und nennt sich
 Brant Sero … Ende Juni 1910. Karl May.
In: Der Volksfreund.
 Aachen, Verlag von Viktor Deterre.
 17. Jg. 1910.
 Nr. 158, S. 1-2 (?)
Erschienen: 12. Juli 1910
Voredition: 529
Nachedition: 533

Es ist möglich, daß dieser Text noch von weiteren Zeitungen als
den hier verzeichneten nachgedruckt worden ist.

532

Verzeihen. Aus »Himmelsgedanken« von Karl May.
 Vergib, mein Herz, so wird auch dir vergeben …
In: Die christliche Familie.
 Wien, Eigentum und Organ des Katholischen Schulvereines für
 Oesterreich.
 24. Jg. 1910. 24 Nummern (Januar-Dezember 1910). Lex.-8°
 Nr. 14, S. 218-219
Erschienen: 15. Juli 1910
Voredition: 330 (S. 56-57)

533

Soeben versendet Herr Rudolf Lebius ein neues Flugblatt gegen mich, welches angeblich aus der Feder eines »Vollblutindianers« stammen soll. Dieser Indianer ist ein Mohawk und nennt sich Brant Sero … Ende Juni 1910. Karl May.

In: Wiener Montags=Journal. Unparteiische Zeitung.
   Wien, Druck der Buchdruckerei »Industrie«.
   29. Jg. 1910. 2°
   Nr. 1485, S. 1-2
Erschienen: 25. Juli 1910 (5 Uhr früh)
Voredition: 529, 531

534

»Ich habe meine Vorstrafen in keiner Verhandlung bestritten, sondern sie sogar freiwillig eingestanden …«

In: Kötzschenbrodaer Zeitung. General-Anzeiger des Amtsgerichtsbezirks Kötzschenbroda bestehend aus den Orten Coswig, Kötzschenbroda, Kötitz, Lindenau, Naundorf, Niederlößnitz, Neu=Coswig, Niederwartha, Oberlößnitz, Radebeul mit Serkowitz, Wahnsdorf, Wildberg u. Zitzschewig. Amtsblatt für das Königliche Amtsgericht und die Gemeindebehörden Kötzschenbroda, Niederlößnitz, Naundorf, Zitzschewig und Lindenau.
   Kötzschenbroda, Verlag von Gebrüder Ziegner.
   45. Jg. 1910. 2°
   Nr. 105, vom 30. 7. 1910, S. 2
Erschienen: 29. Juli 1910 (abends)

Nachdruck, möglicherweise gekürzt, aus den »Eilenburger Neuesten Nachrichten«.

535

Sehr geehrter Herr Redakteur! Die vielen zuschriftlichen Fragen, die gerade jetzt aus Hohenstein-Ernstthal und Umgegend an mich gerichtet werden … Hochachtungsvoll Karl May. Radebeul=Dresden, den 4. August 1910.

In: Hohenstein=Ernstthaler Anzeiger. Tageblatt für Hohenstein= Ernstthal, Oberlungwitz, Gersdorf, Hermsdorf, Bernsdorf, Wüstenbrand, Ursprung, Mittelbach, Kirchberg, Erlbach, Langenberg, Falken, Langenchursdorf, Meinsdorf, Hüttengrund etc.

Hohenstein-Ernstthal, Verlag von Horn & Lehmann.

37. Jg. 1910. gr. 2°

Nr. 180, vom 6. 8. 1910, S. 2-3 (unpag.)

Erschienen: 5. August 1910 (abends)

Diese Stellungnahme Karl Mays steht im Zusammenhang mit seiner Beleidigungsklage gegen den Hohenstein-Ernstthaler Gartenarbeiter Richard Krügel.

536

Begleitwort.

Herr Rudolf Lebius zwingt mich durch seine allerneuesten Kabalen, den beifolgenden Schriftsatz … derjenigen Oeffentlichkeit zu übergeben, an die er sich mit Vorliebe zu wenden pflegt … Radebeul, im August 1910. Karl May.

Privatdruck. 4 S. (unpag.).

Erschienen: August 1910 (nach dem 9. 8.)

Es handelt sich um das Begleitwort zum Schriftsatz von Mitte Juni 1910 (vgl. Nr. 528).

537

Im Lande des Mahdi. 2. Band.

Lieferungsausgabe

537.0

(= 141. bis 150. Lieferung »Karl Mays Illustrierte Reiseerzählungen«). 8°

Kein Nachweis über Umfang und Datierung der einzelnen Lieferungen.

Buchausgabe

537.1

RT: Karl Mays Illustrierte Reiseerzählungen. Band XV. T: Im Lande des Mahdi. 2. Band. Illustrierte Reiseerzählungen von Karl May.

Erstes bis siebentes Tausend. Mit Verlagssignet.

Freiburg i. Br., Verlag von Friedrich Ernst Fehsenfeld, 1910.

587 S., 1 farbiges Frontispiz, 16 Taf. (von Claus Bergen). 8°

TR: Erstes bis siebentes Tausend. Erschienen im April 1910.

DB: analog 124

Erschienen: FB: 15. August 1910; EN: 26. August 1910
Voredition: 235 (S. 14-699), 279

Fortführung der Buchreihe: 538

538
Im Lande des Mahdi. 3. Band.

Lieferungsausgabe

538.0
(= 151. bis 160. Lieferung »Karl Mays Illustrierte Reiseerzählungen«). 8°
Kein Nachweis über Umfang und Datierung der einzelnen Lieferungen.

Buchausgabe

538.1
RT: Karl Mays Illustrierte Reiseerzählungen. Band XVI. **T:** Im Lande des Mahdi. 3. Band. Illustrierte Reiseerzählungen.
Erstes bis siebentes Tausend. Mit Verlagssignet.
Freiburg i. B., Verlag von Friedrich Ernst Fehsenfeld, 1910.
567 S. (ohne Nachwort), 1 farbiges Frontispiz, 16 Taf. (von Claus Bergen). 8°
TR: Erstes bis siebentes Tausend. Erschien im April 1910.
DB: analog 124
Erschienen: FB: 15. August 1910; EN: 26. August 1910
Voredition: 235 (S. 700-822), 280

Fortführung der Buchreihe: 547

539
Vorwort.
Ich wurde ganz plötzlich von zuverlässiger Seite benachrichtigt ... Radebeul=Dresden, den 19. August 1910. Karl May.
In: Hohenstein=Ernstthaler Anzeiger. Tageblatt für Hohenstein=Ernstthal, Oberlungwitz, Gersdorf, Hermsdorf, Bernsdorf, Wüstenbrand, Ursprung, Mittelbach, Kirchberg, Erlbach, Langenberg, Falken, Langenchursdorf, Meinsdorf, Hüttengrund etc.
Hohenstein-Ernstthal, Verlag von Horn & Lehmann.
37. Jg. 1910. gr. 2°
Nr. 193, (Dritte) Beilage, S. 1 (unpag.)
Erschienen: 21. August 1910

Es handelt sich um das Vorwort zum Abdruck eines »Beeidigten notariellen Protokolls«, das der Rechtsanwalt Dr. Oskar Dierks am 17. 8. 1910 in seiner Kanzlei in Anwesenheit von Karl May aufgenommen hat; es beinhaltet die Aussage von Richard Krügel und seiner Ehefrau Anna aus Hohenstein-Ernstthal über ihr Verhältnis zu dem Journalisten Rudolf Lebius, mit dem sich Karl May damals in publizistischer und prozessualer Auseinandersetzung befand. Das Protokoll selbst ist auf S. 1-2 dieser Beilage abgedruckt, ihm angeschlossen ist ein kurzes Nachwort der Redaktion (S. 2).

540

Sehr geehrter Herr Redakteur! In Ihrer Nummer 188 bringen Sie
eine sogenannte »Berichtigung« des Herrn Rudolf Lebius ...
Hochachtungsvoll Karl May. Radebeul=Dresden, den 19. August
1910.

In: Hohenstein=Ernstthaler Anzeiger. Tageblatt für Hohenstein=
Ernstthal, Oberlungwitz, Gersdorf, Hermsdorf, Bernsdorf,
Wüstenbrand, Ursprung, Mittelbach, Kirchberg, Erlbach, Langen-
berg, Falken, Langenchursdorf, Meinsdorf, Hüttengrund etc.
Hohenstein-Ernstthal, Verlag von Horn & Lehmann.
37. Jg. 1910. gr. 2°
Nr. 194, vom 23. 8. 1910, Beilage, S. 1 (unpag.)
Erschienen: 22. August 1910 (abends)

Diese Zuschrift ist Teil der publizistischen Auseinandersetzung
mit dem Berliner Journalisten Rudolf Lebius.

541

Sehr geehrter Herr Redakteur! Ich belästige Sie abermals. Ich be-
kam die Nr. 195 des »Hohenstein-Ernstthaler Tageblattes« zuge-
schickt ... Mit hochachtungsvollem Gruß Ihr Karl May.

In: Hohenstein=Ernstthaler Anzeiger. Tageblatt für Hohenstein=
Ernstthal, Oberlungwitz, Gersdorf, Hermsdorf, Bernsdorf,
Wüstenbrand, Ursprung, Mittelbach, Kirchberg, Erlbach, Langen-
berg, Falken, Langenchursdorf, Meinsdorf, Hüttengrund etc.
Hohenstein-Ernstthal, Verlag von Horn & Lehmann.
37. Jg. 1910. gr. 2°
Nr. 197, vom 26. 8. 1910, S. 3 (unpag.)
Erschienen: 25. August 1910 (abends)

Diese Zuschrift steht im Zusammenhang mit Karl Mays Beleidigungsklage gegen Dr. Alban Frisch, Herausgeber des »Hohenstein-
Ernstthaler Tageblattes«.

542

**Herr Dr. Frisch will sich bis zur Verhandlung in Schweigen hül-
len.** Das rate ich ihm auch ... Karl May.

In: Hohenstein=Ernstthaler Anzeiger. Tageblatt für Hohenstein=
Ernstthal, Oberlungwitz, Gersdorf, Hermsdorf, Bernsdorf,
Wüstenbrand, Ursprung, Mittelbach, Kirchberg, Erlbach, Langen-
berg, Falken, Langenchursdorf, Meinsdorf, Hüttengrund etc.
Hohenstein-Ernstthal, Verlag von Horn & Lehmann.
37. Jg. 1910. gr. 2°
Nr. 201, vom 31. 8. 1910, S. 3 (unpag.)
Erschienen: 30. August 1910 (abends)

Dieses Eingesandt bezieht sich auf Karl Mays Auseinandersetzung
mit Dr. Alban Frisch, Herausgeber des »Hohenstein-Ernstthaler Tageblattes«.

543

Sehr geehrte Schriftleitung des »Deutschen Volksblattes«! ...
Radebeul=Dresden, den 23. August 1910. Hochachtungsvoll Ihr
ergebener Karl May.

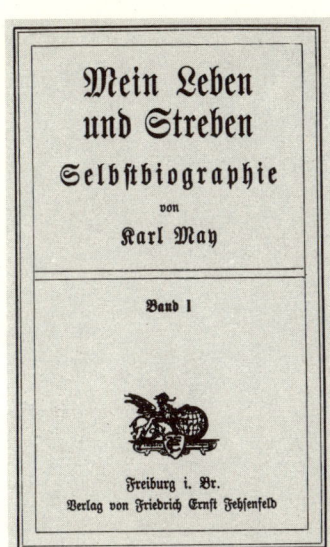

In: Deutsches Volksblatt.
    Wien, Verlag von Ernst Vergani & Comp.
    22. Jg. 1910. 2°
    Nr. 7779, Morgen-Ausgabe, S. 5-6 (unpag.)
Erschienen: 30. August 1910

Es handelt sich hierbei um eine längere Stellungnahme Karl Mays
zu seinen Prozessen und Pressefehden insgesamt, um die er von
der Redaktion dieses Blattes gebeten worden war (Anlaß dafür waren die Prozesse gegen Lebius im April 1910 und gegen Krügel im
August 1910) – Zitat daraus: 549 U.

544

Meine Eltern bewogen mich vor nun über 30 Jahren, bei einem
    ihrer Bekannten als Redakteur einzutreten ...
In: Stettiner Gerichts-Zeitung.
    Stettin, Verlag von Hans Friedrich Durschnabel.
    1. Jg. 1910. 2°
    Nr. 11, S. 1-2
Erschienen: 7. Oktober 1910
Voredition: 424, 428, 429

545

Die ganze sogenannte »Karl May=Hetze« ist auf Unwahrheiten
    aufgebaut ... Radebeul=Dresden, Oktober 1910. Karl May.
In: Wiener Montags=Journal. Unparteiische Zeitung.
    Wien, Druck der Buchdruckerei »Industrie«.
    29. Jg. 1910. 2°
    Nr. 1497, S. 1-2
Erschienen: 17. Oktober 1910 (5 Uhr früh)
Nachedition: 546 (S. 295-298)

546

Mein Leben und Streben. Selbstbiographie von Karl May. Band I.
    Freiburg i. B., Verlag von Friedrich Ernst Fehsenfeld, 1910.
    320 S. 8° (Mit Verlagssignet)
    DB: 137
Erschienen: Ende November 1910
Nachedition: 583

Zwischen Weihnachten und Jahresende 1910 durch eine einstweilige Verfügung am Vertrieb gehindert, wurde die Verbreitung des
Buches durch Gerichtsbeschluß von Ende Januar 1911 endgültig un-
tersagt. – Ein zweiter Band der Selbstbiographie ist nie erschienen.

547

Am Stillen Ocean.

Es handelt sich um einen Sammelband mit den Erzählungen:

547 A

Der Ehri. (S. 1-66)
Voredition: 81, 114, 138, 252 A, 257 F, 264 F, 267 F, 328 F, 353 F
Nachedition: 558 D, 563 D

547 B
Der Kiang-lu. (S. 67-318)
Voredition: 136, 252 B

547 C
Der Brodnik. (S. 319-382)
Voredition: 84, 131, 159, 252 C

547 D
Der Girl-Robber. (S. 383-476)
Voredition: 55, 108, 252 D, 257 D, 264 D, 267 D, 328 D, 353 D
Nachedition: 558 B, 563 B

547 E
An der Tigerbrücke. (S. 477-607)
Voredition: 252 E

Lieferungsausgabe

547.0
(= 161. bis 170. Lieferung »Karl Mays Illustrierte Reiseerzählungen«). 8°
Kein Nachweis über Umfang und Datierung der einzelnen Lieferungen.

Buchausgabe

547.1
RT: Karl Mays Illustrierte Reiseerzählungen. Band XVII. **T:** Am
Stillen Ocean. Illustrierte Reiseerzählungen von Karl May.
Erstes bis siebentes Tausend. Mit Verlagssignet.
Freiburg i. B., Verlag von Friedrich Ernst Fehsenfeld, 1910.
607 S., 1 farbiges Frontispiz, 16 Taf. (von Willy Moralt). 8°

TR: Erstes bis siebentes Tausend. Erschienen im Mai 1910.
DB: analog 124
Erschienen: VA: Ende November 1910; EN: 9. Dezember 1910

Fortführung der Buchreihe: 548

548
Auf fremden Pfaden.

Es handelt sich um einen Sammelband mit folgenden Erzählungen:

548 A
Saiwa tjalem. (S. 1-48)
Voredition: 166, 294 A

548 B
Der Boer van het Roer. (S. 49-196)
Voredition: 74, 111, 257 C, 258 B, 264 C, 265 B, 267 C, 294 B,
    328 C, 353 C

548 C
Er Raml el Helahk. (S. 197-258)
Voredition: 271, 271 P, 294 C

548 D
Blutrache. (S. 259-320)
Voredition: 260, 260 P, 294 D

548 E
Der Kutb. (S. 321-386)
Voredition: 259, 259 P, 294 E

548 F
Der Kys=Kaptschiji. (S. 387-454)
Voredition: 270, 270 P, 283, 283 P, 294 F

548 G

Maria oder Fatima. (S. 455-500)
Voredition: 246, 294 G

548 H

Gott läßt sich nicht spotten. (S. 501-566)
Voredition: 282, 282 P, 294 H

548 I

Ein Blizzard. (S. 567-598)
Voredition: 281, 294 I

Lieferungsausgabe

548.0

(= 171. bis 180. Lieferung »Karl Mays Illustrierte Reiseerzählungen«). 8°
Kein Nachweis über Umfang und Datierung der einzelnen Lieferungen.

Buchausgabe

548.1

RT: Karl Mays Illustrierte Reiseerzählungen. Band XVIII. **T:** Auf fremden Pfaden. Illustrierte Reiseerzählungen von Karl May.
Erstes bis fünftes Tausend. Mit Verlagssignet.
Freiburg i. B., Verlag von Friedrich Ernst Fehsenfeld, 1910.
598 S., 1 farbiges Frontispiz, 12 Taf. (von Willy Planck). 8°
TR: Erstes bis fünftes Tausend. Erschienen im September 1910.
DB: analog 124
Erschienen: VA: Ende November 1910; EN: 9. Dezember 1910

Fortführung der Buchreihe: 554

549

Die Zeugen Karl May und Klara May.

Die Publikation enthält folgende May-Texte:

549 A

Meine Beichte. Ich bin der Sohn blutarmer Webersleute ... Radebeul, den 28. Mai 1908. gez. Karl May. (S. 4-7)

549 B

Villa Shatterhand, Radebeul-Dresden, 30. 12. 1907. Sehr geehrter Herr Assessor! Sie haben meine Frau zu einer Zeugenvernehmung zu sich berufen ... In schuldiger Hochachtung ergebenst Karl May. (S. 87-88)

549 C

Dem Untersuchungsrichter Herrn Assessor Dr. jur. Larras, Dresden. Es wurde eine Haussuchung bei mir vorgenommen. Volle 8 Stunden lang ... (S. 88-95)

**Die Zeugen
Karl May und Klara May**

Ein Beitrag zur Kriminalgeschichte unserer Zeit

von

Rudolf Lebius.

Berlin-Charlottenburg
Spreeverlag G. m. b. H.
Mommsenstr. 47.
1910.

549 D

Herrn Rechtsanwalt Ernst Klotz, Dresden. Hochgeehrter Herr
Rechtsanwalt! Eine Ablehnung des Untersuchungsrichters Asses-
sor Larrass ... In vorzüglicher Hochachtung Ihr ergebener gez.
Karl May. Radebeul, den 20. Mai 1908. (S. 103-108)

549 E

Königliches Landgericht. Dresden, den 6. April 1908 ... Ich be-
streite ganz entschieden ... wissentlich falsch geschworen zu haben ... Vorgelesen, genehmigt und mit gez. Karl May unterschrieben ... (S. 119-123)

549 F

Centralhotel, Berlin NW., den 8. April 1908. Geehrter Herr Assessor! Die Sache, die mich nach Berlin führte ... Hochachtungsvoll
gez. Karl May. (S. 123)

549 G

Königl. Landgericht. Dresden, den 13. April 1908 ... Bemerken will
ich noch, daß ich kurz nachdem ich meine Stellung als Redakteur bei Münchmeyer Mitte der 70er Jahre angetreten habe ...
Vorgelesen, genehmigt und unterschrieben. gez. Karl May ...
(S. 123-126)

549 H

Dresden, den 15. April 1908 ... Ich bin heute derartig kaput, daß
ich bitte, von meiner heutigen Vernehmung Abstand zu nehmen ... Vorgelesen, genehmigt und unterschrieben gez. Karl
May. (S. 127)

549 I

Königliches Landgericht. Dresden, den 22. April 1908 ... Ich über-
reiche anbei einen Bericht meiner Frau über einen Besuch meiner Frau bei der als Zeugin vernommenen Buchbindermeisters-
witwe Anna Meissner ... Vorgelesen, genehmigt und mit gez.
Karl May unterschrieben ... (S. 127-128)

549 J

Villa Shatterhand. Radebeul-Dresden, den 14.5.08. Herrn Untersuchungsrichter Assessor Larrass, Dresden. Es war im Anfang des
Jahres 1899, als Frau Pauline Münchmeyer meine Romane wi-
derrechtlicherweise an Adalbert Fischer verkaufte ... gez. Karl
May. (S. 129)

549 K

Königliches Amtsgericht, Abteilung VIII. Dresden-Neustadt, am
13. August 1903 ... Nach dem hiermit überreichten, am 4. März
1903 rechtskräftig gewordenen Urteile ... ist die zwischen mir
und Emma Lina May, geborene Pollmer ... geschlossene Ehe ge-
schieden ... Vorgelesen, genehmigt und von Herrn May eigen-
händig wie folgt: gez. Karl Friedrich May unterschrieben ...
(S. 149)

549 L

An das Großherzogl. Sächsische Schöffengericht Weimar ... Auf
die Erklärung der Frau Pollmer vom 14. Dezember 1909 bemerke
ich folgendes ... Radebeul-Dresden, den 26. Dezember 1909.
Hochachtungsvoll gez. Karl May. (S. 161-162)

549 M

In Bezug auf Karl May's Illustrierte Werke ... Radebeul-Dresden.
Villa Shatterhand. Karl May. (S. 185)
Voredition: 332, 351

549 N

Ich habe niemals ein ethisch anfechtbares Wort geschrieben ...
(S. 186-187)
Voredition: 336, 337

549 O

Ich, Karl May, erkläre hiermit, das Hr. Verlagsbuchhändler Adalbert Fischer ... (S. 205)
Voredition: 366, 367, 368, 370, 402, 422

549 P

Diese sogenannte Frau Emma May ist niemals in Wirklichkeit
meine Frau gewesen ... (S. 217-218)

549 Q

Radebeul-Dresden, den 17. 2. 1907. Sehr geehrter Herr! Die Ehre
mit Ihnen in Geschäftsverbindung zu treten, winkt mir für dieses
Mal leider vergeblich ... Mit vorzüglicher Hochachtung Ihr ergebener gez. Karl May. Zwei Bücher zurück! (S. 221-222)
Voredition: 525

549 R

Radebeul-Dresden, den 14. 1. 1907. Sehr geehrter Herr Rittmeister;
Verträge binden mich nicht; aber ich habe mir Zwecke und Ziele
vorgeschrieben, deren Verwirklichung resp. Erwähnung meine
ganze Zeit in Anspruch nimmt ... Mit vorzüglicher Hochachtung gez. Karl May. (S. 222)
Voredition: 524

549 S

Radebeul-Dresden, den 3. Juli 1909. Sehr geehrter Herr! So? Die
Frau Pollmer hat sich an Sie gewendet? ... Hochachtungsvoll
May. (S. 222)

549 T

Herrn Professor Dr. Paul Schumann. Sehr geehrter Herr! Als ich
mein letztes Buch »Und Friede auf Erden« veröffentlicht
hatte ... Radebeul, den 18. November 1904. May. (S. 229-236)
Voredition: 382, 383, 384, 385, 386

549 U

Wer Rudolf Lebius, der »Karl May-Töter«, ist, weiß heutzutage jedermann ... (S. 269-270) – Zitat aus: 543.

549 V

An das Königliche Schöffengericht Charlottenburg. Privatklage ...
gegen den Journalisten Rudolf Lebius ... Dresden-Radebeul,

d. 17. Dezember 1909. Hochachtungsvoll Karl May, Schriftsteller. (S. 289)

549 W

Ich erkläre diese Räubergeschichte für pure Erfindung ... Hochachtungsvoll Karl May. (S. 325)

Es handelt sich hierbei um eine Antwort Karl Mays vom 18. 12. 1909 an die »Sächsische Korrespondenz« in Erwiderung auf Behauptungen, die Rudolf Lebius in seinem Sonntagsblatt »Der Bund« aufgestellt hatte.

Buchausgabe

549.1

Die Zeugen Karl May und Klara May. Ein Beitrag zur Kriminalgeschichte unserer Zeit von Rudolf Lebius.
    Berlin-Charlottenburg, Spreeverlag G.m.b.H., 1910. 335 S. gr. 8°
Erschienen: Vermutlich Übergangswoche November/Dezember 1910

Die Weiterverbreitung dieses Buches wurde durch gerichtliche Verfügung vom 13. 12. 1910 verboten. Es war Teil einer publizistischen Polemik im Umfeld politischer Prozesse zwischen Lebius und der Sozialdemokratischen Partei Deutschlands, in welchem die Eheleute May als Belastungszeugen gegen Lebius benannt worden waren.

550

Ich habe von diesem Preisausschreiben nicht die geringste Ahnung gehabt ... Karl May.
In: Die Gegenwart. Wochenschrift für Literatur, Kunst und öffentliches Leben.
    Berlin, Verlag von Hermann Hillger.
    39. Jg. 1910. 78. Bd. 4°
    Nr. 51, S. 1013-1014
Erschienen: 17. Dezember 1910
Nachedition: 556

Diese Zuschrift Karl Mays stellt eine Berichtigung dar auf eine Notiz in der »Gegenwart«, Nr. 50, vom 10. 12. 1910, S. 992, über ein Preisausschreiben der Verlagsbuchhandlung Rich. Wehse. Die Aufgaben sollten lauten: eine deutsche Literaturgeschichte (May sei dabei zu nennen), Abhandlungen, Kritiken, Biographien usw. über Karl May und einen Brief an Karl May zu schreiben.

551

Bei den Aussätzigen. Reiseskizze von Karl May.
In: Westfalia. Wochenblatt für das christliche Volk.
    Dortmund, Verlag von Gebr. Lensing.
    29. Jg. 1910. 52 Nummern (Januar-Dezember 1910). 4°
    Nr. 51, vom 25. 12. 1910, S. 602-604
Erschienen: 23. Dezember 1910
Voredition: 437, 451, 452, 456, 461, 463, 465
Nachedition: 553

552

Schamah. Reiseerzählung aus dem Gelobten Lande von Karl May.
(Titelblatt: Reiseerzählung von Karl May.) Mit Bildern von
Theodor Volz.
Stuttgart, Verlag Neues literarisches Institut, Verlagsgesellschaft
m. b. H., 1911. 80 S., 1 Vollbild, 1 Illustr., 1 Vignette (von Theo-
dor Volz). 8°
(= Bibliothek Saturn. Illustrierte Universal=Bibliothek, Bd. 7).
DB: 132
Erschienen: VA: 3. Januar 1911
Voredition: 430, 459, 487

553

Bei den Aussätzigen. Reiseskizze von Karl May.
In: Wiener Montags=Journal. Unparteiische Zeitung.
Wien, Druck der Buchdruckerei »Industrie«.
30. Jg. 1911. 2°
Nr. 1509, S. 1-3
Erschienen: 9. Januar 1911 (5 Uhr früh)
Voredition: 437, 451, 452, 456, 461, 463, 465, 551

554

Am Rio de la Plata.

Lieferungsausgabe

554.0

(= 181. bis 190. Lieferung »Karl Mays Illustrierte Reiseerzählungen«). 8°
Kein Nachweis über Umfang und Datierung der einzelnen Lieferungen.

Buchausgabe

554.1
RT: Karl Mays Illustrierte Reiseerzählungen. Band XIX. **T:** Am
   Rio de la Plata. Illustrierte Reiseerzählungen von Karl May.
   Erstes bis fünftes Tausend. Mit Verlagssignet.
   Freiburg i. B., Verlag von Friedrich Ernst Fehsenfeld, 1911.
   676 S., 1 farbiges Frontispiz, 16 Taf. (von Claus Bergen). 8°
   TR: Erstes bis fünftes Tausend. Erschienen im Oktober 1910.
   DB: analog 124
Erschienen: VA (8. März 1911): »Gelangen in dieser Woche zur
   Ausgabe«; EN: 17. März 1911
Voredition: 207, 216 (S. 14-219), 253

Fortführung der Buchreihe: 555

555
In den Cordilleren.

Lieferungsausgabe

555.0
(= 191. bis 200. Lieferung »Karl Mays Illustrierte Reiseerzählungen«). 8°
   Kein Nachweis über Umfang und Datierung der einzelnen Lieferungen.

Buchausgabe

555.1
RT: Karl Mays Illustrierte Reiseerzählungen. Band XX. **T:** In den
   Cordilleren. Illustrierte Reiseerzählungen von Karl May.

Dresdner Anzeiger

Amtsblatt des Königlichen Landgerichtes, des Königlichen Amtsgerichtes, der Königlichen Hauptzollämter I und II, der Königlichen
Polizeidirektion und des Rates zu Dresden, sowie des Gemeindevorstandes und Gemeinderates zu Blasewitz
Stiftungseigentum

Nr. 81   Mittwoch den 22. März 1911   181. Jahrgang

Erstes bis fünftes Tausend. Mit Verlagssignet.

Freiburg i. Br., Verlag von Friedrich Ernst Fehsenfeld, 1911.

584 S., 1 farbiges Frontispiz, 16 Taf. (von Claus Bergen). 8°

TR: Erstes bis fünftes Tausend. Erschienen im November 1910.

DB: analog 124

Erschienen: VA (8. März 1911): »Gelangen in dieser Woche zur Ausgabe«; EN: 17. März 1911

Voredition: 216 (S. 238-824), 256

Fortführung der Buchreihe: 557

556

Ich habe von diesem Preisausschreiben nicht die geringste Ahnung gehabt … Karl May.

In: Dresdner Anzeiger. Amtsblatt des Königlichen Landgerichtes, des Königlichen Amtsgerichtes, der Königlichen Hauptzollämter I und II, der Königlichen Polizeidirektion und des Rates zu Dresden, sowie des Gemeindevorstandes und Gemeinderates zu Blasewitz.

Dresden, Verlag des K. S. Adreß=Comptoirs.

181. Jg. 1911. gr. 2°

Nr. 81, S. 2

Erschienen: 22. März 1911 (früh)

Voredition: 550

557
Satan und Ischariot. 1. Band.

Lieferungsausgabe

557.0

(= 201. bis 210. Lieferung »Karl Mays Illustrierte Reiseerzählungen«). 8°

Kein Nachweis über Umfang und Datierung der einzelnen Lieferungen.

Buchausgabe

557.1

RT: Karl Mays Illustrierte Reiseerzählungen. Band XXI. T: Satan und Ischariot. 1. Band. Illustrierte Reiseerzählungen von Karl May.

Erstes bis fünftes Tausend. Mit Verlagssignet.

Freiburg i. B., Verlag von Friedrich Ernst Fehsenfeld, 1911.
550 S., 1 farbiges Frontispiz, 10 Taf. (von Claus Bergen). 8°
TR: Erstes bis fünftes Tausend. Erschienen im Mai 1911.
DB: analog 124
Erschienen: VA (26. Juni 1911): »Gelangt in dieser Woche zur Aus-
gabe«; EN: 28. Juli 1911
Voredition: 248, 287

Fortführung der Buchreihe: 559

558
Sigismund Rüstig oder Der Schiffbruch des ›Pacific‹.

Es handelt sich um einen Sammelband mit folgenden May-Texten:

558 A
Der Karawanenwürger. Von Karl May. (S. 3-22)
Voredition: 53, 98, 171, 177, 250 A, 257 A, 258 A, 264 A, 265 A,
   267 A, 328 A, 353 A, 478 A
Nachedition: 563 A

558 B
An Bord der Schwalbe. Von Karl May. (S. 22-37)
Voredition: 55, 108, 252 D, 257 D, 264 D, 267 D, 328 D, 353 D,
   547 D
Nachedition: 563 B

558 C
Der Brand des Oeltals. Ein Abenteuer aus den Vereinigten Staaten.
   Von Karl May. (S. 37-51)
Voredition: 52, 257 E, 258 C, 264 E, 265 C, 267 E, 328 E, 353 E
Nachedition: 563 C

Sigismund Rüstig

oder Der Schiffbruch des ‚Pacific‘

Eine Erzählung für die Jugend
nach Kapitän Marryat von
H. W. Georg

Mit vier Original=Chromobildern

Mit neuester Rechtschreibung

A. Weichert, Verlagsbuchhandlung und Buchdruckerei
Berlin NO.⁶   Neue Königstr. 9.

Sigismund Rüstig

oder Der Schiffbruch des ‚Pacific‘

Eine Erzählung für die Jugend
nach Kapitän Marryat von
H. W. Georg

Mit vier Original=Chromobildern

Mit neuester Rechtschreibung

A. Weichert Verlag, Berlin N.O. 43.

558 D

Die Rache des Ehri. Ein Abenteuer aus dem südlichen Polynesien
  von Emma Pollmer. (S. 52-60)
Voredition: 81, 114, 138, 252 A, 257 F, 264 F, 267 F, 328 F, 353 F,
  547 A
Nachedition: 563 D

558 E

Im wilden Westen. Eine Erzählung aus dem Leben der Grenzer
  von E. Pollmer. (S. 84-102)
Voredition: 62, 92, 104, 212, 257 B, 264 B, 267 B, 269 (S. 24-30),
  328 B, 353 B, 490 (S. 24-30)
Nachedition: 563 E

Buchausgabe

558.1

Sigismund Rüstig oder Der Schiffbruch des ›Pacific‹. Eine Erzählung für die Jugend nach Kapitän Marryat von H. W. Georg. Mit
  neuester Rechtschreibung.
  Berlin NO. 43, Verlag von A. Weichert, Neue Königstraße 9, o. J.
  142 S., 4 Original=Chromobilder. 102 S. 8°
DB: 34
Erschienen: Zweites Halbjahr 1911

Die May-Texte bilden den zweiten Teil der Buchausgabe (102 S.),
zusammen mit der Erzählung »Auf dem Rio Gila. Von Heinrich
Walden« (S. 61-83). Der erste Teil der Buchausgabe (142 S.) besteht
aus der Marryat-Erzählung »Sigismund Rüstig«.
Bekannt ist auch eine (nicht genauer datierbare) Nachauflage mit
veränderter Verlagsadressen-Angabe auf dem Titelblatt.

559
Satan und Ischariot. 2. Band.

Lieferungsausgabe

559.0
(= 211. bis 220. Lieferung »Karl Mays Illustrierte Reiseerzählungen«). 8°
  Kein Nachweis über Umfang und Datierung der einzelnen Lieferungen.

Buchausgabe

559.1
RT: Karl Mays Illustrierte Reiseerzählungen. Band XXII. **T:** Satan
  und Ischariot. 2. Band. Illustrierte Reiseerzählungen von Karl
  May.
  Erstes bis fünftes Tausend. Mit Verlagssignet.
  Freiburg i. B., Verlag von Friedrich Ernst Fehsenfeld, 1911.
  540 S., 1 farbiges Frontispiz, 9 Taf. (von Claus Bergen). 8°
  TR: Erstes bis fünftes Tausend. Erschienen im Juni 1911.

DB: analog 124
Erschienen: EN: 28. Juli 1911
Voredition: 248 (S. 652-820), 262, 291

Fortführung der Buchreihe: 560

560
Satan und Ischariot. 3. Band.

Lieferungsausgabe

560.0
(= 221. bis 230. Lieferung »Karl Mays Illustrierte Reiseerzählungen«). 8°
Kein Nachweis über Umfang und Datierung der einzelnen Lieferungen.

Buchausgabe

560.1
RT: Karl Mays Illustrierte Reiseerzählungen. Band XXIII. T: Satan
  und Ischariot. 3. Band. Illustrierte Reiseerzählungen von Karl
  May.
  Erstes bis fünftes Tausend. Mit Verlagssignet.
  Freiburg i. B., Verlag von Friedrich Ernst Fehsenfeld, 1911.
  615 S., 1 farbiges Frontispiz, 10 Taf. (von Claus Bergen). 8°
  TR: Erstes bis fünftes Tausend. Erschienen im Juli 1911.
  DB: analog 124
Erschienen: EN: 14. Oktober 1911
Voredition: 272, 292

Fortführung der Buchreihe: 564

561
An die 4. Strafkammer des Königl. Landgerichtes III in Berlin.
  Berufungssache May=Lebius 16 P. 221/17 10 ...1911, den 3. Dezember. Karl May.
  Privatdruck. 147 S. gr. 8°
  DB: 128
Erschienen: 3. Dezember 1911
Voredition: 528, 546 (S. 259-290)

562
Villa Shatterhand, Dresden-Radebeul, den 29. 12. 1911. Sehr geehrter Herr Chefredakteur! ... In vorzüglicher Hochachtung ergebenst Karl May.

In: Oberschlesische Volkszeitung. Ratibor=Leobschützer=Zeitung.
Ratibor, Verlag der Marzellus-Druckerei von Johannes Schimit-
zek.
39. Jg. 1911. gr. 2°
Nr. 299, S. 2 (unpag.)
Erschienen: 31. Dezember 1911

Es handelt sich hierbei um eine Erwiderung Karl Mays zu einem
Bericht der Zeitung unter der Überschrift »Karl May als Kläger«,
der sich mit der Berliner Berufungsverhandlung May-Lebius am
18. 12. 1911 beschäftigt hatte.

563

Sigismund Rüstig oder Der Schiffbruch des ›Pacific‹.

Es handelt sich um einen Sammelband mit folgenden May-Texten:

563 A

Der Karawanenwürger. Von Karl May. (S. 3-22)
Voredition: 53, 98, 171, 177, 250 A, 257 A, 258 A, 264 A, 265 A, 267 A,
   328 A, 353 A, 478 A, 558 A

563 B

An Bord der Schwalbe. Von Karl May. (S. 22-37)
Voredition: 55, 108, 252 D, 257 D, 264 D, 267 D, 328 D, 353 D, 547 D,
   558 B

563 C

Der Brand des Oeltals. Ein Abenteuer aus den Vereinigten Staaten.
   Von Karl May. (S. 37-51)
Voredition: 52, 257 E, 258 C, 264 E, 265 C, 267 E, 328 E, 353 E, 558 C

563 D

Die Rache des Ehri. Ein Abenteuer aus dem südlichen Polynesien
   von Emma Pollmer. (S. 52-60)
Voredition: 81, 114, 138, 252 A, 257 F, 264 F, 267 F, 328 F, 353 F, 547 A,
   558 D

563 E

Im wilden Westen. Eine Erzählung aus dem Leben der Grenzer von
   E. Pollmer. (S. 84-102)
Voredition: 62, 92, 104, 212, 257 B, 264 B, 267 B, 269 (S. 24-30), 328 B,
   353 B, 490 (S. 24-30), 558 E

Buchausgabe

563.1

Sigismund Rüstig oder Der Schiffbruch des ›Pacific‹. Eine Erzählung für die Jugend nach Kapitän Marryat von H. W. Georg. Mit
   neuester Rechtschreibung.
   Berlin, Verlag von Robert Bachmann, o. J. 142 S.,
   4 Original=Chromobilder. 102 S. 8°
   DB: 34
Erschienen: Vermutlich frühestens ab 1912

Die May-Texte bilden den zweiten Teil der Buchausgabe (102 S.),
zusammen mit der Erzählung »Auf dem Rio Gila. Von Heinrich
Walden« (S. 61-83). Der erste Teil der Buchausgabe (142 S.) besteht aus der Marryat-Erzählung »Sigismund Rüstig«.

564
Weihnacht.

Lieferungsausgabe

564.0
(= 231. bis 240. Lieferung »Karl Mays Illustrierte Reiseerzählungen«). 8°
Kein Nachweis über Umfang und Datierung der einzelnen Lieferungen.

Buchausgabe

564.1
RT: Karl Mays Illustrierte Reiseerzählungen. Band XXIV. **T:** Weihnacht. Illustrierte Reiseerzählungen von Karl May.
Erstes bis viertes Tausend. Mit Verlagssignet.
Freiburg i. B., Verlag von Friedrich Ernst Fehsenfeld, 1912. 623 S., 1 farbiges Frontispiz, 10 Taf. (von Claus Bergen). 8°
TR: Erstes bis viertes Tausend. Erschienen im Oktober 1911.
DB: analog 124
Erschienen: FB: 16. Februar 1912; EN: 2. Mai 1912
Voredition: 300, 464

Fortführung der Buchreihe: 565

565
Am Jenseits.

Lieferungsausgabe

565.0
(= 241. bis 250. Lieferung »Karl Mays Illustrierte Reiseerzählungen«). 8°

Kein Nachweis über Umfang und Datierung der einzelnen Lieferungen.

Buchausgabe

565.1
RT: Karl Mays Illustrierte Reiseerzählungen. Band XXV. **T:** Am Jenseits. Illustrierte Reiseerzählungen von Karl May.
Erstes bis viertes Tausend. Mit Verlagssignet.
Freiburg i. B., Verlag von Friedrich Ernst Fehsenfeld, 1912. 594 S.,
1 farbiges Frontispiz, 11 Taf. (von Claus Bergen). 8°
TR: Erstes bis viertes Tausend. Erschienen im November 1911.
DB: analog 124
Erschienen: FB: 16. Februar 1912; EN: 2. Mai 1912
Voredition: 311

Fortführung der Buchreihe: 584

566
Empor in das Reich der Edelmenschen. Vortrag von Karl May. Im Sophiensaal.
Privatdruck. 2 S. (unpag.). 8°
Erschienen: Vermutlich am 22. März 1912

Es handelt sich hierbei um eine Berichtsunterlage für die Presse zu seinem Vortrag in Wien am 22. 3. 1912.

567
Nach meines Lebens schwerem Arbeitstag ...
In: Radebeuler Tageblatt. Amtsblatt für Radebeul, Oberlößnitz, Wahnsdorf, Reichenberg, Boxdorf mit Baumwiese, Eisenberg=Moritzburg. Publikationsorgan für Dippelsdorf=Buchholz, Kötzschenbroda, Niederlößnitz, Naundorf und Dresden=Kaditz.

Radebeul, Verlag von Kupky & Dietze (Inh. Max Brummer).
41. Jg. 1912. 2°
Nr. 76, vom 2. 4. 1912, S. 2 (unpag.)
Erschienen: 1. April 1912 (abends)
Voredition: 449, 455, 469, 527, 546 (S. 320)
Nachedition: 570, 572, 583 (S. 273), 591, 594, 595

568

Gott schrieb die Schöpfung nicht als Trauerspiel ... (Karl May, »Babel und Bibel«).
In: Österreich=Ungarn. Wochenschrift für alle Gebiete des öffentlichen Lebens.
Wien, Verlag der Wochenschrift »Österreich=Ungarn«.
1. Jg. 1912. 2°
Nr. 15, S. 11
Erschienen: 5. April 1912
Voredition: 404 (S. 3, unpag.)

569

Ich kehre heim! Ich sehne mich nach Ruhe ... (Karl May, »Himmelsgedanken«.)
In: Österreich=Ungarn. Wochenschrift für alle Gebiete des öffentlichen Lebens.
Wien, Verlag der Wochenschrift »Österreich=Ungarn«.
1. Jg. 1912. 2°
Nr. 15, S. 11
Erschienen: 5. April 1912
Voredition: 330 (S. 124)

570

»Nach meines Lebens schwerem Arbeitstag ...« (Geschrieben im
  Mai 1910.)
In: Österreich=Ungarn. Wochenschrift für alle Gebiete des öffentli-
  chen Lebens.
  Wien, Verlag der Wochenschrift »Österreich=Ungarn«.
  1. Jg. 1912. 2°
  Nr. 15, S. 11
Erschienen: 5. April 1912
Voredition: 449, 455, 469, 527, 546 (S. 320), 567
Nachedition: 572, 583 (S. 273), 591, 594, 595

571

Hat meine Stunde einst geschlagen ...
In: Österreich=Ungarn. Wochenschrift für alle Gebiete des öffentli-
  chen Lebens.
  Wien, Verlag der Wochenschrift »Österreich=Ungarn«.
  1. Jg. 1912. 2°
  Nr. 15, S. 11
Erschienen: 5. April 1912
Voredition: 330 (S. 236-239)

572

Nach meines Lebens schwerem Arbeitstag ...
In: Berliner Damen-Zeitung. Haushaltung - Kunst - Theater -
  Mode - Sport.
  Berlin, Verlag der »Berliner Damen-Zeitung«.
  20. Jg. 1912. 52 Nummern (Januar-Dezember 1912). 4°
  Nr. 15, S. 235
Erschienen: 14. April 1912
Voredition: 449, 455, 469, 527, 546 (S. 320), 567, 570
Nachedition: 583 (S. 273), 591, 594, 595

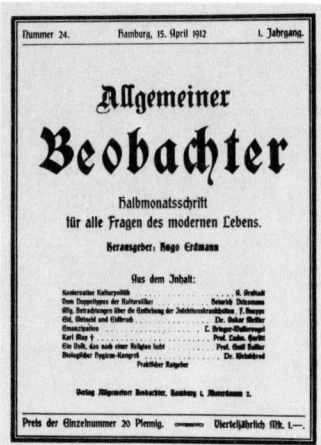

Nummer 24.   Hamburg, 15. April 1912.   1. Jahrgang.

Allgemeiner Beobachter

Halbmonatsschrift für alle Fragen des modernen Lebens.

Erscheint jeden Monat am 1. und 15.
Bezugspreis vierteljährlich Mk. 1.—.

Verlag Allgemeiner Beobachter, Hugo Erdmann.
Hamburg 1, Alsterdamm 2. — Fernsprecher: Gruppe 5, 4018.
(Leipzig: Th. Thomas, Thalstraße 13.)

Anzeigen: 30 Pfg. die viergespaltene
Petitzeile. Beilagen nach Uebereinkunft.

573

Villa Shatterhand, den 1. Januar 1912. Radebeul-Dresden. Sehr geehrter Herr Professor! Herr Justizrat Sello schrieb mir ... bin und verbleibe ich in aufrichtiger Hochachtung Ihr ergebener Karl May.

In: Allgemeiner Beobachter. Halbmonatsschrift für alle Fragen des modernen Lebens.
Hamburg, Verlag Allgemeiner Beobachter, Hugo Erdmann.
1. Jg. 1912.
Nr. 24, S. 377-378
Erschienen: 15. April 1912
Nachedition: 575, 577

Brief an den Pädagogen Ludwig Gurlitt. – Ein Zitat daraus auch in: Nationaldemokrat. Berlin. 2. Jg., Nr. 7, vom 1. 7. 1912, S. 4.

574

Villa Shatterhand, den 8. Januar 1912. Radebeul-Dresden. Sehr geehrter Herr Professor! Ihrem Wunsche entsprechend sende ich Ihnen recht gern einige meiner Bücher ... In aufrichtigster Hochachtung Ihr ergebener Karl May.

In: Allgemeiner Beobachter. Halbmonatsschrift für alle Fragen des modernen Lebens.
Hamburg, Verlag Allgemeiner Beobachter, Hugo Erdmann.
1. Jg. 1912.
Nr. 24, S. 378
Erschienen: 15. April 1912
Nachedition: 576, 578

Brief an den Pädagogen Ludwig Gurlitt.

575

Villa Shatterhand, den 1. Jan. 1912. Radebeul=Dresden. Sehr geehrter Herr Professor! Herr Justizrat Sello schrieb mir ... bin und verbleibe ich in aufrichtiger Hochachtung Ihr ergebener Karl May.

In: Hohenstein=Ernstthaler Anzeiger. Tageblatt für Hohenstein=Ernstthal, Oberlungwitz, Gersdorf, Hermsdorf, Bernsdorf, Wüstenbrand, Mittelbach, Ursprung, Kirchberg, Erlbach, Lugau, Langenberg, Falken, Langenchursdorf, Meinsdorf etc.
Hohenstein-Ernstthal, Verlag von Horn u. Lehmann.
39. Jg. 1912. gr. 2°
Nr. 97, (Dritte) Beilage, S. 1 (unpag.)

Erschienen: 28. April 1912
Voredition: 573
Nachedition: 577

576

Villa Shatterhand, den 8. Jan. 1912. Radebeul=Dresden. Sehr geehrter Herr Professor! Ihrem Wunsche entsprechend sende ich Ihnen recht gern einige meiner Bücher... In aufrichtigster Hochachtung Ihr ergebener Karl May.

In: Hohenstein=Ernstthaler Anzeiger. Tageblatt für Hohenstein=Ernstthal, Oberlungwitz, Gersdorf, Hermsdorf, Bernsdorf, Wüstenbrand, Mittelbach, Ursprung, Kirchberg, Erlbach, Lugau, Langenberg, Falken, Langenchursdorf, Meinsdorf etc.

Hohenstein-Ernstthal, Verlag von Horn u. Lehmann.

39. Jg. 1912. gr. 2°

Nr. 97, (Dritte) Beilage, S. 1 (unpag.)

Erschienen: 28. April 1912
Voredition: 574
Nachedition: 578

577

Villa Shatterhand, den 1. Januar 1912. Radebeul-Dresden. Herr Justizrat Sello schrieb mir... bin und verbleibe ich in aufrichtiger Hochachtung Ihr ergebener Karl May.

In: Dresdner Woche. Wochenschrift für Dresdner Leben, Verkehr und Gerichtswesen.

Dresden, Verlag »Dresdner Woche« G. m. b. H.

4. Jg. 1912. 4°

Nr. 25, S. 5

Erschienen: 20. Juni 1912
Voredition: 573, 575

578

Villa Shatterhand, den 8. Januar 1912. Radebeul-Dresden. Sehr geehrter Herr Professor! Ihrem Wunsche entsprechend sende ich Ihnen recht gern einige meiner Bände ... In aufrichtigter Hochachtung Ihr ergebener Karl May.

In: Dresdner Woche. Wochenschrift für Dresdner Leben, Verkehr
und Gerichtswesen.
Dresden, Verlag »Dresdner Woche« G. m. b. H.
4. Jg. 1912. 4°
Nr. 25, S. 5
Erschienen: 20. Juni 1912
Voredition: 574, 576

579
Laßt hoch die Fahne des Propheten wehn ...
In: Hohenstein=Ernstthaler Anzeiger. Tageblatt für Hohenstein=
Ernstthal, Oberlungwitz, Gersdorf, Hermsdorf, Bernsdorf, Wü-
stenbrand, Mittelbach, Ursprung, Kirchberg, Erlbach, Lugau,
Langenberg, Falken, Langenchursdorf, Meinsdorf etc.
Hohenstein-Ernstthal, Verlag von Horn und Lehmann.
39. Jg. 1912. gr. 2°
Nr. 167, (Zweite) Beilage, S. 3 (unpag.)
Erschienen: 21. Juli 1912
Nachedition: 581

Es handelt sich um das Bruchstück eines Dramenfragmentes aus
Karl Mays literarischem Nachlaß.

580
Es kam eine Klage in funkelnder Nacht ...
In: Hohenstein=Ernstthaler Anzeiger. Tageblatt für Hohenstein=
Ernstthal, Oberlungwitz, Gersdorf, Hermsdorf, Bernsdorf, Wü-
stenbrand, Mittelbach, Ursprung, Kirchberg, Erlbach, Lugau,
Langenberg, Falken, Langenchursdorf, Meinsdorf etc.
Hohenstein-Ernstthal, Verlag von Horn und Lehmann.
39. Jg. 1912. gr. 2°
Nr. 167, (Zweite) Beilage, S. 3 (unpag.)
Erschienen: 21. Juli 1912
Nachedition: 582

Dieser Text entstammt einem Dramenfragment, das sich in Karl
Mays literarischem Nachlaß befindet.

581
Laßt hoch die Fahne des Propheten wehn ...
In: Dresdner Woche. Wochenschrift für Dresdner Leben, Verkehr
und Gerichtswesen.
Dresden, Verlag »Dresdner Woche« G. m. b. H.
4. Jg. 1912. 4°
Nr. 30, S. 2
Erschienen: 24. Juli 1912
Voredition: 579

582

Es kam eine Klage in funkelnder Nacht ...

In: Dresdner Woche. Wochenschrift für Dresdner Leben, Verkehr und Gerichtswesen.

Dresden, Verlag »Dresdner Woche« G. m. b. H.

4. Jg. 1912. 4°

Nr. 30, S. 2

Erschienen: 24. Juli 1912

Voredition: 580

583

Mein Leben und Streben. Selbstbiographie von Karl May. Neu herausgegeben von Klara May.

Freiburg i. B., Verlag von Friedrich Ernst Fehsenfeld, 1912. 297 S. (mit Anhang, S. 277-297: Karl Mays letzter Vortrag ... Klara May.), 1 May-Porträt, 2 Taf. 8°

Broschierte Ausgabe

DB: 138

Gebundene Ausgabe

DB: 139

Erschienen: VA: 25. Juli 1912

Voredition: 546

Anfang September 1912 wurde die Weiterverbreitung des Buches infolge einer einstweiligen Verfügung des Landgerichts Dresden verboten, die jedoch am 17. 12. 1912 wieder aufgehoben wurde. Für die Zeit des Verbotes legte der Verlag eine um die gerichtlich beanstandete Textpassage gekürzte Fassung vor: »Damit nun das Buch weiter verkauft werden kann, habe ich die Seiten 257-258 neu drukken lassen und stelle sie allen denjenigen Firmen, die noch Exemplare auf Lager haben, zur Verfügung, mit der Bitte, die alten Seiten zu entfernen und die neuen dafür einkleben zu lassen, oder die Exemplare an meinen Herrn Kommissionär ... im Umtausch gegen neue veränderte Exemplare zu remittieren« (Verleger Fehsenfeld im »Börsenblatt für den Deutschen Buchhandel«, 79. Jg., Leipzig 1912, No. 217, vom 17. 9. 1912, S. 10835). – Tatsächlich wurden getilgt: von S. 256 die letzten zwölf Zeilen und die S. 257 gänzlich.

584

Im Reiche des silbernen Löwen. 1. Band.

Lieferungsausgabe

584.0

(= 251. bis 260. Lieferung »Karl Mays Illustrierte Reiseerzählungen«). 8°

Kein Nachweis über Umfang und Datierung der einzelnen Lieferungen.

Karl Mays
Illustrierte Reiseerzählungen

Band XXVI
Im Reiche des silbernen Löwen
1. Band

Freiburg i. Br.
Friedrich Ernst Fehsenfeld

**Im Reiche
des silbernen Löwen**
1. Band

Illustrierte Reiseerzählungen
von
Karl May

Illustriert von Claus Bergen

Freiburg i. Br.
Friedrich Ernst Fehsenfeld

Buchausgabe

584.1
RT: Karl Mays Illustrierte Reiseerzählungen. Band XXVI. **T:** Im
Reiche des silbernen Löwen. 1. Band. Illustrierte Reiseerzählun-
gen von Karl May.
Erstes bis viertes Tausend. Mit Verlagssignet.
Freiburg i. B., Verlag von Friedrich Ernst Fehsenfeld, 1912.
624 S., 1 farbiges Frontispiz, 10 Taf. (von Claus Bergen). 8°
TR: Erstes bis viertes Tausend. Erschienen im Dezember
1911.
DB: analog 124
Erschienen: FB: 30. Juli 1912
Voredition: 288 (23. Jg., S. 393-731; 24. Jg., S. 113-561), 303

Fortführung der Buchreihe: 585

585
Im Reiche des silbernen Löwen. 2. Band.

Lieferungsausgabe

585.0
(= 261. bis 270. Lieferung »Karl Mays Illustrierte Reiseerzählungen«). 8°
Kein Nachweis über Umfang und Datierung der einzelnen Lieferungen.

Buchausgabe

585.1
RT: Karl Mays Illustrierte Reiseerzählungen. Band XXVII. **T:** Im
Reiche des silbernen Löwen. 2. Band. Illustrierte Reiseerzählun-
gen von Karl May.
Erstes bis viertes Tausend. Mit Verlagssignet.
Freiburg i. B., Verlag von Friedrich Ernst Fehsenfeld, 1912.
628 S., 1 farbiges Frontispiz, 10 Taf. (von Claus Bergen). 8°
TR: Erstes bis viertes Tausend. Erschienen im Juni 1912.
DB: analog 124
Erschienen: FB: 30. Juli 1912
Voredition: 288 (24. Jg., S. 562-976), 309

Fortführung der Buchreihe: 586

586
Im Reiche des silbernen Löwen. 3. Band.

Lieferungsausgabe

586.0
(= 271. bis 280. Lieferung »Karl Mays Illustrierte Reiseerzählungen«). 8°
Kein Nachweis über Umfang und Datierung der einzelnen Lieferungen.

Buchausgabe

586.1
RT: Karl Mays Illustrierte Reiseerzählungen. Band XXVIII. **T:** Im
Reiche des silbernen Löwen. 3. Band. Illustrierte Reiseerzählun-
gen von Karl May.
Erstes bis viertes Tausend. Mit Verlagssignet.
Freiburg i. B., Verlag von Friedrich Ernst Fehsenfeld, 1912.
636 S., 1 farbiges Frontispiz, 10 Taf. (von Claus Bergen). 8°
TR: Erstes bis fünftes Tausend. Erschienen im Juni 1912.
DB: analog 124
Erschienen: FB: 30. Juli 1912
Voredition: 352

Fortführung der Buchreihe: 587

587
Im Reiche des silbernen Löwen. 4. Band.

Lieferungsausgabe

587.0
(= 281. bis 290. Lieferung »Karl Mays Illustrierte Reiseerzählungen«). 8°
Kein Nachweis über Umfang und Datierung der einzelnen Lieferungen.

Buchausgabe

587.1

RT: Karl Mays Illustrierte Reiseerzählungen. Band XXIX. **T:** Im
Reiche des silbernen Löwen. 4. Band. Illustrierte Reiseerzählun-
gen von Karl May.
Erstes bis viertes Tausend. Mit Verlagssignet.
Freiburg i. B., Verlag von Friedrich Ernst Fehsenfeld, 1912.
644 S., 1 farbiges Frontispiz, 10 Taf. (von Claus Bergen). 8°
TR: Erstes bis viertes Tausend. Erschienen im Juni 1912.
DB: analog 124
Erschienen: FB: 30. Juli 1912
Voredition: 364

Fortführung der Buchreihe: 588

588
Und Friede auf Erden!

Lieferungsausgabe

588.0

(= 291. bis 300. Lieferung »Karl Mays Illustrierte Reiseerzählungen«). 8°
Kein Nachweis über Umfang und Datierung der einzelnen Lieferungen.

Buchausgabe

588.1

RT: Karl Mays Illustrierte Reiseerzählungen. Band XXX. **T:** Und
Friede auf Erden! Illustrierte Reiseerzählungen von Karl May.

Bücher=Bote

Ein Führer für Bücherfreunde
mit einer Einleitung

Verlag von Fr. E. Fehsenfeld
Freiburg i. Br.

Erstes bis viertes Tausend. Mit Verlagssignet.
Freiburg i. B., Verlag von Friedrich Ernst Fehsenfeld, 1912.
660 S., 1 farbiges Frontispiz, 10 Taf. (von Claus Bergen). 8°
TR: Erstes bis viertes Tausend. Erschienen im Juni 1912.
DB: analog 124
Erschienen: FB: 30. Juli 1912
Voredition: 341, 373

Letzter Band der illustrierten Buchreihe (8°).

589

(Leseproben aus Karl May: »Von Bagdad nach Stambul«; »Old Surehand«, 2. Bd.; »Winnetou«, 1. Bd.; »Durch die Wüste«).
In: Bücher=Bote. Ein Führer für Bücherfreunde mit einer Einleitung.
Freiburg i. B., Verlag von Friedrich Ernst Fehsenfeld, o. J. kl. 8°
S. 22, 24, 26, 28, 4 Illustr.
Erschienen: 1912 (vermutlich nicht vor Ende Juli)
Voredition: 230 (S. 551), 439 (S. 450); 269 (S. 387), 490 (S. 387); 240 (S. 495), 462 (S. 410); 226 (S. 298/99), 435 (S. 244)

590

Wenn dich die Welt aus ihren Toren stößt ... (Karl May: »Im Reiche des silbernen Löwen.«)
In: Hohenstein=Ernstthaler Anzeiger. Tageblatt für Hohenstein=Ernstthal, Oberlungwitz, Gersdorf, Hermsdorf, Bernsdorf, Wüstenbrand, Mittelbach, Ursprung, Kirchberg, Erlbach, Lugau, Langenberg, Falken, Langenchursdorf, Meinsdorf etc.
Hohenstein-Ernstthal, Verlag von Horn u. Lehmann.
39. Jg. 1912. gr. 2°
Nr. 191, (Dritte) Beilage, S. 1 (unpag.)
Erschienen: 18. August 1912
Voredition: 364 (S. 166), 546 (Motto), 583 (Motto), 587 (S. 166)
Nachedition: 593

591

Nach meines Lebens schwerem Arbeitstag ...
In: Hohenstein=Ernstthaler Anzeiger. Tageblatt für Hohenstein=Ernstthal, Oberlungwitz, Gersdorf, Hermsdorf, Bernsdorf, Wüstenbrand, Mittelbach, Ursprung, Kirchberg, Erlbach, Lugau, Langenberg, Falken, Langenchursdorf, Meinsdorf etc.
Hohenstein-Ernstthal, Verlag von Horn u. Lehmann.
39. Jg. 1912. gr. 2°
Nr. 191, (Dritte) Beilage, S. 1 (unpag.)
Erschienen: 18. August 1912
Voredition: 449, 455, 469, 527, 546 (S. 320), 567, 570, 572, 583 (S. 273)
Nachedition: 594, 595

592

Helden der Treue oder Erkämpftes Glück von Fritz Perner.
    Grosse illustrierte Ausgabe. 44 Lieferungen. 8°
    Wiedlisbach (Bern), Verlag von Robert Obrecht. (Druck von
    H. G. Münchmeyer G. m. b. H., Niedersedlitz).
    Lfg. 1, S. 1-96, 16 Illustr., 1 Vignette
    Lfg. 2, S. 97-192, 20 Illustr.
    Lfg. 3, S. 193-288, 19 Illustr.
    Lfg. 4, S. 289-384, 18 Illustr.
    Lfg. 5, S. 385-480, 15 Illustr.
    Lfg. 6, S. 481-560, 12 Illustr.
    Lfg. 7, S. 561-565, 1-80, 14 Illustr.
    Lfg. 8, S. 81-176, 15 Illustr.
    Lfg. 9, S. 177-272, 17 Illustr.
    Lfg. 10, S. 273-352, 12 Illustr.
    Lfg. 11, S. 353-360, 1-80, 13 Illustr., 1 Vignette
    Lfg. 12, S. 81-176, 16 Illustr.
    Lfg. 13, S. 177-272, 15 Illustr.
    Lfg. 14, S. 273-368, 13 Illustr.
    Lfg. 15, S. 369-464, 14 Illustr.
    Lfg. 16, S. 465-560, 16 Illustr.
    Lfg. 17, S. 561-656, 14 Illustr.
    Lfg. 18, S. 657-752, 14 Illustr.
    Lfg. 19, S. 753-848, 15 Illustr.
    Lfg. 20, S. 849-944, 13 Illustr.
    Lfg. 21, S. 945-968, 1-64, 12 Illustr.
    Lfg. 22, S. 65-160, 14 Illustr.
    Lfg. 23, S. 161-256, 16 Illustr.
    Lfg. 24, S. 257-352, 13 Illustr.
    Lfg. 25, S. 353-448, 14 Illustr.
    Lfg. 26, S. 449-544, 17 Illustr.
    Lfg. 27, S. 545-640, 16 Illustr.
    Lfg. 28, S. 641-736, 14 Illustr.
    Lfg. 29, S. 737-832, 13 Illustr.
    Lfg. 30, S. 833-840, 1-80, 10 Illustr.
    Lfg. 31, S. 81-176, 13 Illustr.
    Lfg. 32, S. 177-272, 13 Illustr.
    Lfg. 33, S. 273-368, 14 Illustr.
    Lfg. 34, S. 369-464, 14 Illustr.
    Lfg. 35, S. 465-560, 11 Illustr.
    Lfg. 36, S. 561-656, 13 Illustr.
    Lfg. 37, S. 657-714, 1-32, 12 Illustr.
    Lfg. 38, S. 33-128, 15 Illustr.
    Lfg. 39, S. 129-224, 13 Illustr.
    Lfg. 40, S. 225-320, 13 Illustr.
    Lfg. 41, S. 321-400, 11 Illustr.
    Lfg. 42, S. 401-480, 11 Illustr.
    Lfg. 43, S. 481-560, 9 Illustr.
    Lfg. 44, S. 561-632, 13 Illustr.
Erschienen: Vermutlich zwischen September/Oktober 1912 und
    März/April 1913 (Turnus: vierzehntägig 3 Lieferungen)
Voredition: 161, 347, 442

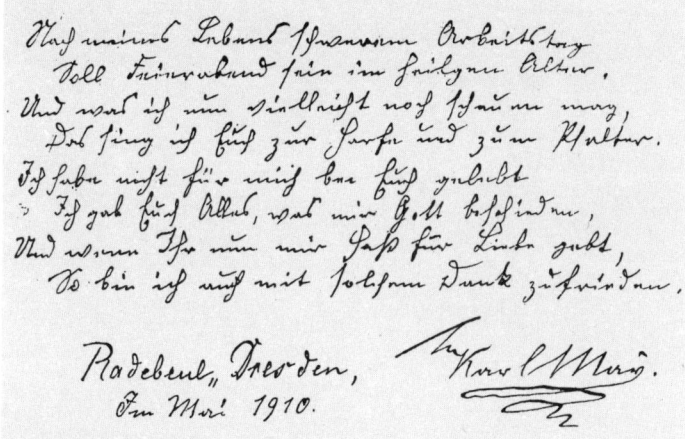

Dr. Franz Sättler:

Reisen und Abenteuer.

Zweiter Band.

Nach
Damaskus und dem Hauran.

Verlagsdruck von E. Bartels, Weißensee-Berlin.

Diese Edition wurde nur in Lieferungen ausgegeben; eine Bandausgabe existiert davon nicht.

593

»Wenn dich die Welt aus ihren Toren stößt ...« (Karl May: »Im Reiche des silbernen Löwen.«)
In: Das Magazin. Monatsschrift für Literatur und Kultur, Kunst und Theater.
Leipzig, Magazinverlag (?).
82. Jg. 1912/13. 12 Hefte (Oktober 1912-September 1913). Lex.-8°
Heft 1, S. 1
Erschienen: Oktober 1912
Voredition: 364 (S. 166), 546 (Motto), 583 (Motto), 587 (S. 166), 590

594

Nach meines Lebens schwerem Arbeitstag ...
In: Das Magazin. Monatsschrift für Literatur und Kultur, Kunst und Theater.
Leipzig, Magazinverlag (?).
82. Jg. 1912/13. 12 Hefte (Oktober 1912-September 1913). Lex.-8°
Heft 1, S. 3
Erschienen: Oktober 1912
Voredition: 449, 455, 469, 527, 546 (S. 320), 567, 570, 572, 583 (S. 273), 591
Nachedition: 595

595

Nach meines Lebens schwerem Arbeitstag ... Radebeul=Dresden, Im Mai 1910. Karl May. (Faksimile der Handschrift).
In: Dr. Franz Sättler: Reisen und Abenteuer. Zweiter Band. Nach Damaskus und dem Hauran.
Weißensee-Berlin, Verlag von E. Bartels, 1912. 8°

S. 588 (Anhang: Wie ich Orientalist und Reiseschriftsteller wurde).

Erschienen: EN: 4. November 1912

Voredition: 449, 455, 469, 527, 546 (S. 320), 567, 570, 572, 583 (S. 273), 591, 594

Erläuternder Hinweis:
Von den Ausgaben mit Deckelbildern des Malers Sascha Schneider (DB: 37, 40, 42, 45, 48, 51, 54, 55, 56, 58, 61, 63, 65, 67, 69, 70, 71, 73, 75, 77, 79, 81, 82, 83, 84, 85, 87, 88) sind mit hoher Wahrscheinlichkeit noch mehr Früh- bzw. Erstauflagen-Bände vorhanden als in dieser Bibliographie nachgewiesen werden. Offenbar wurden Restbestände jener Auflagen später gebunden und dann mit diesen Deckelbildern ausgestattet. Sascha-Schneider-Ausgaben existieren in grünen, grauen, roten und blauen Einbänden.

1
2

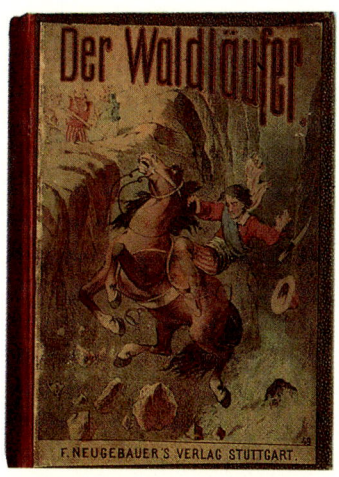

3
4

5
6

**7
8**

**9
10**

11
12

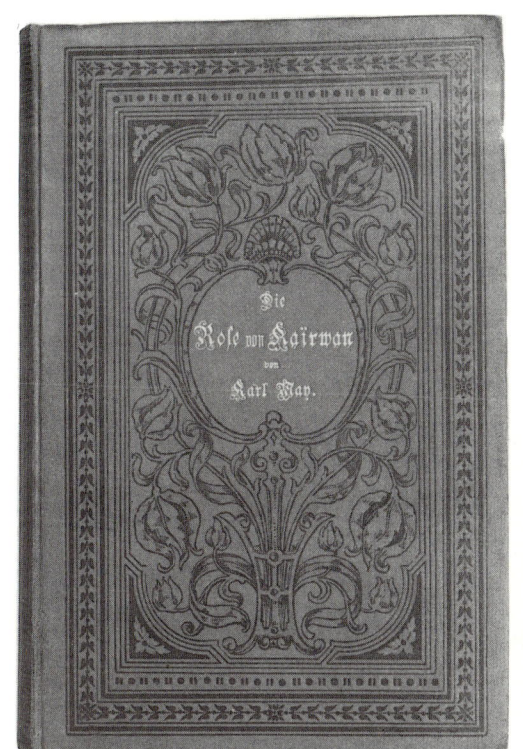 

13
14

15
16

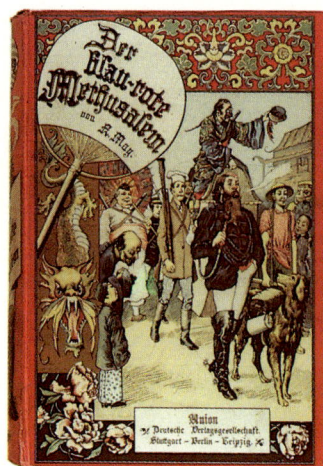

16a
17

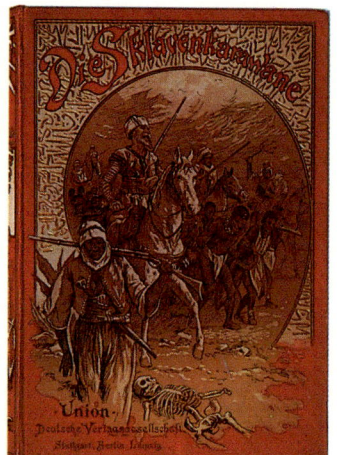

18
19

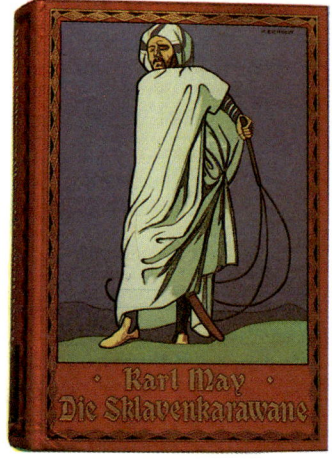

20
21

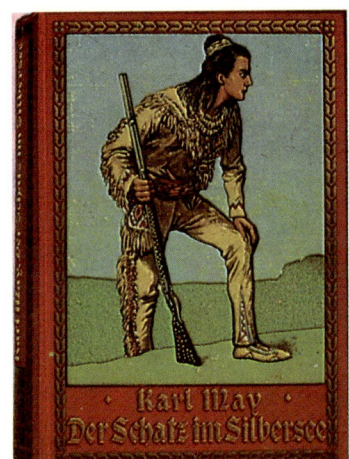 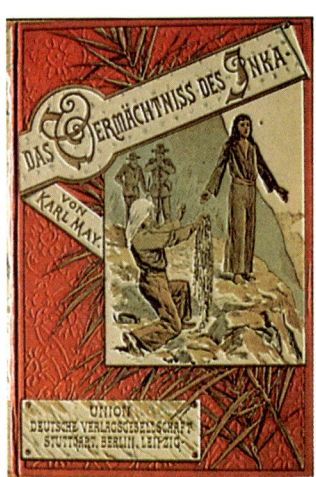

21 a

22
23
24

 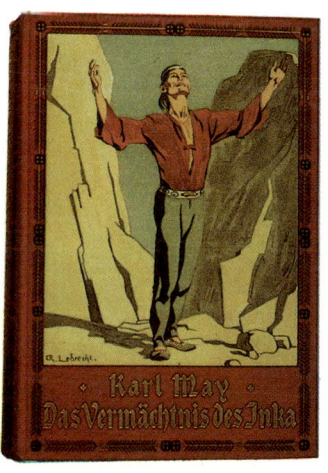  

25
26

27
28

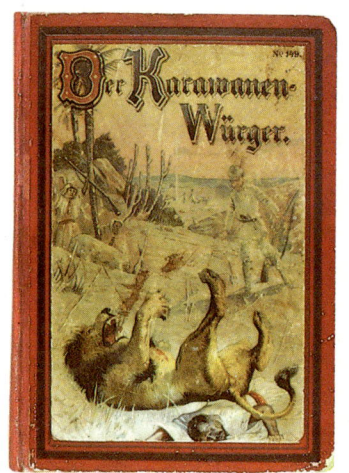

29
30

31
32

33
34

35
36

37
38

39
40

41
42

43
44

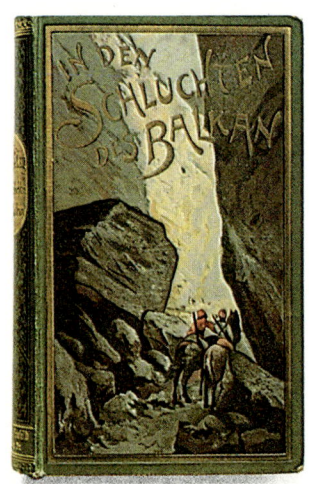

45
46
46a

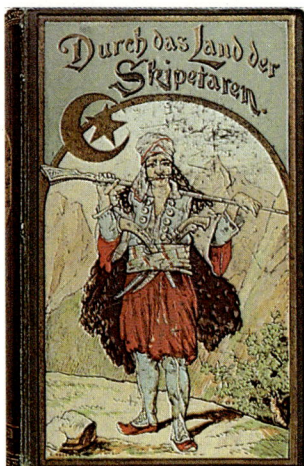

47

Deckelbilder

48
49

50
51

52
53

54
55

56
57

58
59

60
61

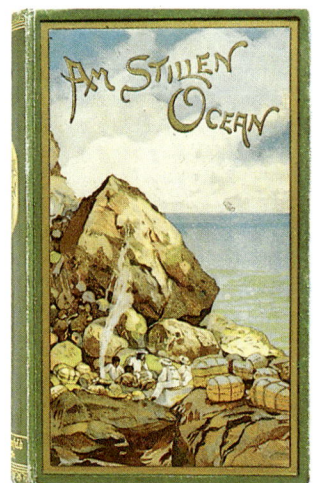

62
63

64
65

66
67

68

69
70
71

72
73

74
75

76
77

78
79

80
81

82
83

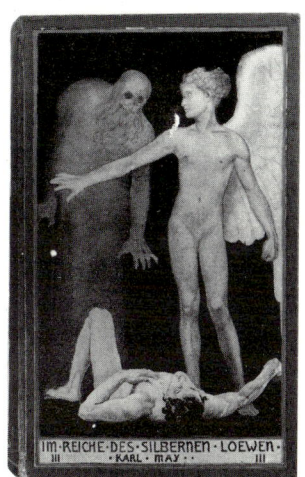

84
85

86
87

88
89

90
91

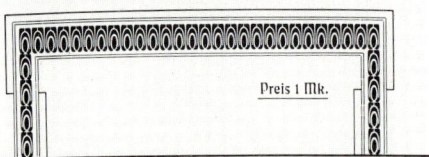

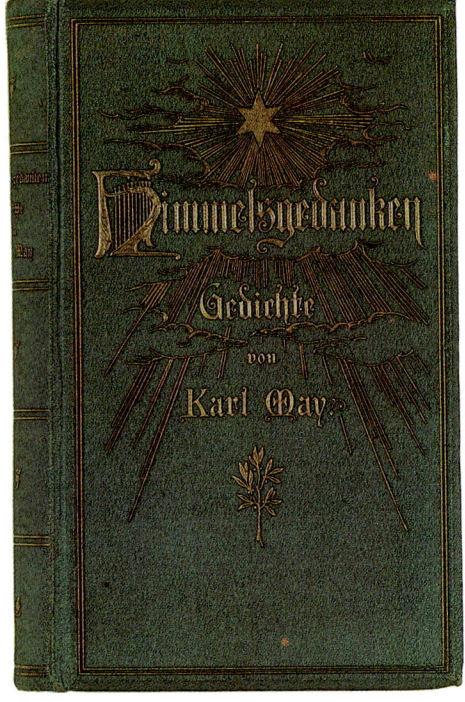

92
93

94
95

Karl May als Erzieher"
und

„Die Wahrheit über Karl May"

oder

Die Gegner Karl Mays in
ihrem eigenen Lichte

von

einem dankbaren May-Leser

Freiburg i. Br.
Friedrich Ernst Fehlenfeld
1902

Preis 10 Pfennig.

96
97

98
99

 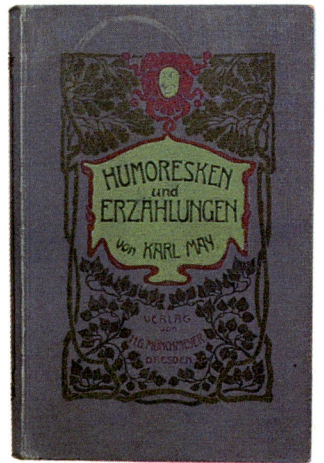

100
101

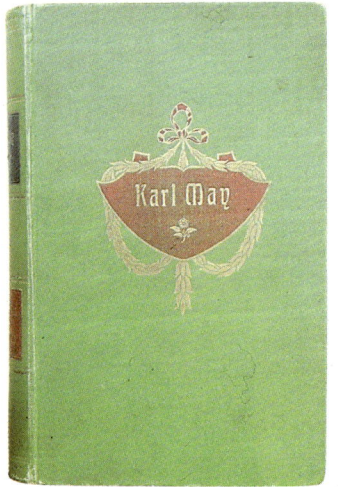 

102
103

104
105

106
107

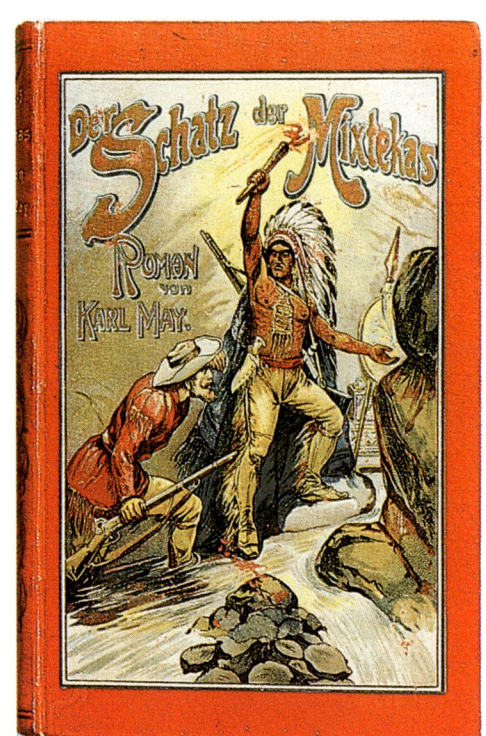

108
109

110
111

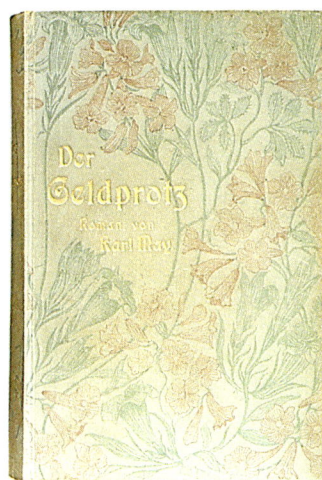

112
113

114
115

116
117

118
119

120
121

122
123

124
124a

125
126

127
128

An

die 4. Strafkammer des
Königl. Landgerichtes III
in Berlin.

Berufungsfache May-Lebius
16 P. 211/17 10.

129
130

131
132

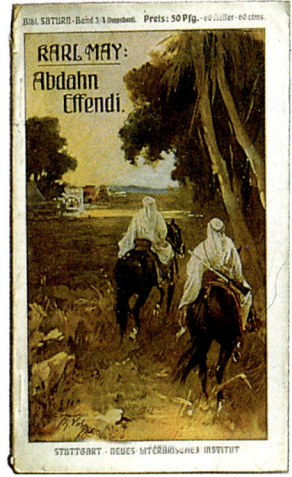 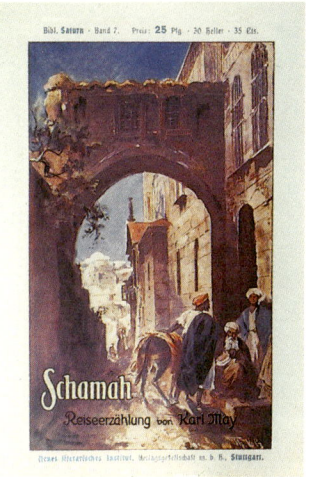

133
134

 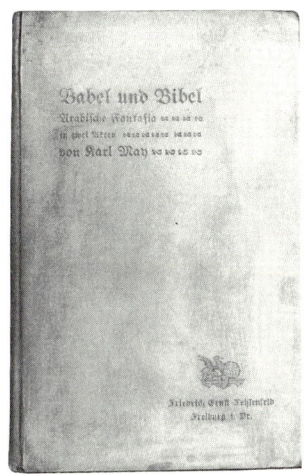

135
136

137
138
139

 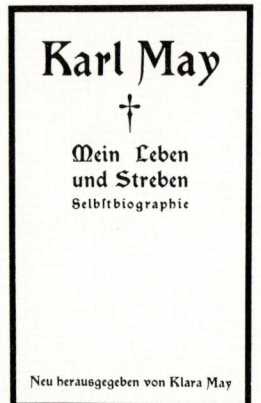 

140

TITELREGISTER

Die Zahlen verweisen auf die jeweiligen Titelnummern. Die Auflistung erfolgt nach der mechanischen Wortfolge unter Übergehung der bestimmten und unbestimmten Artikel. (G) – Gedicht; s.a. – siehe auch

INDEX DER ZEITSCHRIFTEN

Darin sind auch Zeitungen, Nachschlagewerke, Kalender und Serien erfaßt.
Die Zahlen verweisen auf die jeweiligen Titelnummern. Die Auflistung erfolgt nach der mechanischen Wortfolge unter Übergehung der bestimmten und unbestimmten Artikel.

VERZEICHNIS DER VERLAGE BZW. DRUCKEREIEN

Die Zahlen verweisen auf die jeweiligen Titelnummern. Die Auflistung erfolgt nach der mechanischen Wortfolge unter Übergehung der bestimmten und unbestimmten Artikel.

Wolf, Adolph (Dresden) 49, 51, 54, 58, 61, 67, 70, 75, 78, 80, 85, 88, 90, 93, 94, 102, 116, 117, 118, 119

Zickel, S. (New York) 596, 597, 598
Zieger, Hermann (Leipzig) 341.1
Ziegner, Gebrüder (Kötzschenbroda) 534
Zückler, Paul Robert (Zwickau) 362
Zückler, R. (Zwickau) 362

NACHTRÄGE

In den Wochen unmittelbar vor Druckbeginn haben sich weitere Veröffentlichungen und ergänzende Angaben feststellen lassen. Dafür sei insbesondere gedankt den Herren Reinhard Gusky, Bochum, Rüdeger Lorenz, Hamburg, und Günther Wüste, Düsseldorf.

1879

596

Die Universal=Erben. Eine rachgierige Geschichte von Karl Hohenthal.

In: Novellen-Schatz. Ein Unterhaltungsblatt für die Familie, enthaltend: Romane, Novellen, Erzählungen, Humoresken, Skizzen, Schilderungen von Land und Leuten, populäre Abhandlungen über Gesundheitspflege, Poetisches, Lose Blätter.
New York, Verlag von S. Zickel.
20. Jg. 1879. 26 Lieferungen (vermutlich Januar-Dezember 1879). 4°
Lfg. 8, S. 250-254
Erschienen: Vermutlich Mitte April 1879
Voredition: 89, 89 P

1879

597

Der Waldkönig. Von Karl May.

In: Novellen-Schatz. Ein Unterhaltungsblatt für die Familie, enthaltend: Romane, Novellen, Erzählungen, Humoresken, Skizzen, Schilderungen von Land und Leuten, populäre Abhandlungen über Gesundheitspflege, Poetisches, Lose Blätter.
New York, Verlag von S. Zickel.
20. Jg. 1879. 26 Lieferungen (vermutlich Januar-Dezember 1879). 4°
Lfg. 15, S. 458-468
Lfg. 16, S. 496-505
Lfg. 17, S. 530-535
Erschienen: Vermutlich zwischen Mitte Juli und Mitte August 1879

Voredition: 91, 91 P
Nachedition: 107, 130, 144, 151, 154, 172, 195, 239, 255, 268, 354,
371, 372 F, 436 E

1879

598

Die beiden Nachtwächter. Von Wilhelm Meier.
In: Novellen-Schatz. Ein Unterhaltungsblatt für die Familie, ent-
haltend: Romane, Novellen, Erzählungen, Humoresken, Skiz-
zen, Schilderungen von Land und Leuten, populäre Abhandlun-
gen über Gesundheitspflege, Poetisches, Lose Blätter.
New York, Verlag von S. Zickel.
20. Jg. 1879. 26 Lieferungen (vermutlich Januar-Dezember
1879). 4°
Lfg. 16, S. 505-510
Erschienen: Vermutlich Ende Juli oder Anfang August 1879
Voredition: 41, 97, 97 P, 101
Nachedition: 170

Der Verfassername ist mit hoher Wahrscheinlichkeit kein von Karl
May selbst gewähltes Pseudonym, sondern eine Erfindung des ame-
rikanischen Nachdruckers.

1883

599

Der Teufelsbauer. Eine Erzählung aus dem Erzgebirge von Karl
May.
In: Neußer Zeitung (Amtliches Kreisblatt.).
Neuß, Verlag von L. Schwann.
58. Jg. 1883. 2°
Nr. 204, S. 1-2 (sämtlich unpag.)
Nr. 205, S. 1-2
Nr. 206, S. 1-2
Nr. 207, S. 1-2
Nr. 208, S. 1-2
Nr. 209, S. 1-2
Nr. 210, S. 1-2
Nr. 211, S. 1-2
Nr. 212, S. 1-2
Nr. 213, S. 1-2
Nr. 214, S. 1
Erschienen: Zwischen dem 10. und 21. September 1883 (Turnus:
täglich außer sonn- und feiertags)
Voredition: 51, 67, 115, 115 P
Nachedition: 372 D, 436 C

1889

600
Hiermit die gütige Beganntmachung, daß mich der Sultan von
    Zschanzibar ... Hobble Frank.
In: Der Gute Kamerad. Spemanns Illustrierte Knaben-Zeitung.
    (Jg.-Titelblatt: Spemanns Illustriertes Knaben=Jahrbuch).
    Berlin-Stuttgart, Verlag von W. Spemann.
    3. Jg. 1888/89. 52 Nummern (September 1888-September 1889).
    4°
    Nr. 45, S. 720
Erschienen: Übergangswoche Juli/August 1889

Mit hoher Wahrscheinlichkeit von Karl May verfaßt.

1909

601
Verfasser jenes Artikels ist Rudolf Lebius ... Karl May.
In: Bisher nicht feststellbar.
Erschienen: Vermutlich zweite Dezemberhälfte 1909 oder Januar
    1910

Es handelt sich um einen Zeitungsartikel mit der Überschrift »Eine
Erwiderung Carl Mays« unter der Rubrik »Kunst und Wissenschaft«, worin May zu den im Berliner »Bund« vom 19.12.1909 gegen ihn erhobenen Anschuldigungen Stellung nimmt.

INHALT